作者简介

黑静洁

　　法学博士,现任北方民族大学法学院院长、副教授,硕士研究生导师。多年来从事法学专业教学与研究工作,先后主持国家级、省部级项目多项,公开发表论文20余篇。任宁夏法学会理事、宁夏刑事法学研究会理事、第十二届银川市人大法律咨询委员会委员等多项社会兼职。

Possession Theory of Criminal Law

刑法上的占有论

黑静洁/著

图书在版编目(CIP)数据

刑法上的占有论 / 黑静洁著. —北京：北京大学出版社，2023.3
ISBN 978-7-301-33809-4

Ⅰ.①刑… Ⅱ.①黑… Ⅲ.①侵犯财产罪—研究—中国 Ⅳ.①D924.354

中国国家版本馆 CIP 数据核字（2023）第 035941 号

书　　　名	刑法上的占有论 XINGFA SHANG DE ZHANYOU LUN
著作责任者	黑静洁　著
责 任 编 辑	方尔琦
标 准 书 号	ISBN 978-7-301-33809-4
出 版 发 行	北京大学出版社
地　　　址	北京市海淀区成府路 205 号　100871
网　　　址	http://www.pup.cn　http://www.yandayuanzhao.com
电 子 信 箱	yandayuanzhao@163.com
新 浪 微 博	@北京大学出版社　@北大出版社燕大元照法律图书
电　　　话	邮购部 010-62752015　发行部 010-62750672 编辑部 010-62117788
印 　刷 　者	北京中科印刷有限公司
经 　销 　者	新华书店
	650 毫米×980 毫米　16 开本　23.75 印张　455 千字 2023 年 3 月第 1 版　2023 年 3 月第 1 次印刷
定　　　价	89.00 元

未经许可，不得以任何方式复制或抄袭本书之部分或全部内容。
版权所有，侵权必究
举报电话：010-62752024　电子信箱：fd@pup.pku.edu.cn
图书如有印装质量问题，请与出版部联系，电话：010-62756370

序 言

除危害国家安全罪外,财产犯罪是刑法分则中所占篇幅最少的一章罪名,仅有15个条文,13个罪名,且在历次刑法修正中变动最小(除对少数罪状和加重情节等修改外,只在《刑法修正案(八)》中增加了一条"拒不支付劳动报酬罪"),表现出超强的稳定性。但在刑法学研究中,财产犯罪是长盛不衰的研究热点(也是难点),从基本理论到具体罪名都能引起广泛的学术关注和持久的争论。随着时代的变迁,社会生活的变化都能在财产犯罪中以全新的形式表现出来,并且这种变化必然引发财产犯罪基本理论的震动。2017年前后的"偷换二维码"案件使刑法学界不得不重新审视盗窃罪与诈骗罪的传统教义学认知。近年来研究极为火热的大数据以及人工智能技术,也都影响了财产犯罪的表现形式。同时,财产犯罪案件在司法实践中历来占据半壁江山,在危险驾驶罪被写入刑法之前,盗窃罪是发案数最高的犯罪,几乎占每年可统计发案数的一半。可以说,研究财产犯罪具有十分重要的理论和现实意义。

从教义学的角度讲,"占有"是财产犯罪的核心概念,它几乎连接着财产犯罪的全部问题,从财产犯罪的保护法益到具体罪名的构成要件,都离不开对这一概念的精准界定。然而,迄今为止的研究对这一概念的关注还没有达到可以形成共识并有效解释多数财产犯罪相关问题的地步。本书的初衷是想就这个问题全面整理相关学术观点,并对司法实践进行系统观察,尝试凝练一些规律性的认识,在此基础上尝试提出自己的看法,期望能对学术研究和司法实践有所裨益。本书算是著者在这一问题上的阶段性思考成果。

在思考和撰写过程中,著者始终秉承这样的原则,可以概括为"三个坚持":

第一,坚持以"财物"概念作为占有问题研究的逻辑起点。占有的对象决定了占有本身。离开了刑法上的财物概念,刑法上的占有概念注定难以深入探讨下去。很多时候,关于占有概念的学术分歧,归根结底与财物的表现形式息息相关。关于占有概念的传统定义——对财物的事实上的支配——在有体物的背景下是毫无疑问的,但在无体物和以权利形式表现出来的财物场合,这个定义就面临挑战。因此,本书首先对刑法上的财物概念进行重新解析,试图构建一个能够普遍适用于所有财物形态的定义,以此作为研究占有概念的起点。

第二,坚持构建一个具有普适性的占有教义学体系。如前所述,因为对财物概念的定义不同,学者们在理解占有概念时,进行了层次区分。在有体物的场合,多数学者会坚持事实上的占有这一立场,排除法律上的占有或观念上的占有。而在无体物和财产权利的场合,学者们多认可法律上的占有。本书认为,因为财物形态的不同而划分不同层次的占有概念,这在逻辑上是有疑问的。所以,本书抛开传统的对占有概念的定义,直接从占有的实质出发,最终将占有定义为"对财物的排他性支配"。这种定义不仅适用于有体物的场合,也适用于无体物和财产权利。并且,著者坚信,这种定义方式能够适应不同时代财物表现形式的多样化,从而使占有概念展现出强大的生命力。

第三,建议以《中华人民共和国刑法》为研究背景。在对财产犯罪的学术研究进行梳理的过程中,著者感到相关研究有浓厚的德日刑法学的痕迹。以财物概念为例,我国刑法在规定财产犯罪时,使用的都是"财物"概念,然而,受德日刑法学的影响,大多数学者在讨论财产犯罪时都会同时使用"财物"和"财产性利益",并由此展开诸如财产性利益是否属于财产犯罪的保护对象这样的学术争论。这种争论事实上背离了我国刑法的基本规定,在司法实践中也没有任何意义。相当多的刑事判决表明,司法者并没有因为财产犯罪的对象是财产性利益而在适用刑法上有丝毫犹疑,甚至有些判决对于财物概念的理解已经超出了财产性利益的范畴。因此,坚持中国刑法的法条背景,探讨中国的财产犯罪教义学,应当是一项基本的方法论。

本书是在著者博士论文的基础上修订而来,是个人学术思考的总结。但时过境迁,刑法的面貌已然发生了变化,社会生活的形态也日新月异。以现在的眼光看来,书中的许多观点虽然算不上过时,但可能与时代存在一些距离。这就有待于之后努力加以完善了。

黑静洁

2023 年 2 月 21 日

目 录

导 论 ………………………………………………………… 001
  一、现状 ……………………………………………………… 001
  二、问题 ……………………………………………………… 003

第一章　占有的对象（前提）——刑法上的"财物"概念 ……… 016
  第一节　财物的概念 ………………………………………… 018
    一、财产与物 ……………………………………………… 018
    二、财物的基本属性 ……………………………………… 024
  第二节　财物的范畴 ………………………………………… 033
    一、财产的类型 …………………………………………… 033
    二、刑法上的财物范畴（一）：正面论证 ……………… 037
    三、刑法上的财物范畴（二）：反面论证 ……………… 049
    四、刑法上的财物范畴（三）：特别说明 ……………… 051
    五、小结 …………………………………………………… 059

第二章　占有的概念——对"事实支配"的重新理解 ………… 060
  第一节　占有概念的比较考察 ……………………………… 060
    一、民法上的占有概念 …………………………………… 060
    二、刑法上的占有概念——学说的梳理 ………………… 068
    三、刑法占有与民法占有的区别 ………………………… 073
  第二节　占有概念的界定 …………………………………… 079
    一、基本概念的重新定位 ………………………………… 079
    二、占有的本质——排他性的支配 ……………………… 085
    三、占有与持有的界限 …………………………………… 092

第三章 占有的成立要素
第一节 占有的客观要素——事实上的支配 095
  一、实力支配 095
  二、媒介支配 107
  三、权利支配 112
第二节 占有的主观要素——占有意思 116
  一、占有意思的一般见解及疑问 116
  二、占有意思的本体 120
  三、小结 128

第四章 占有的认定 129
第一节 占有的归属 129
  一、具有上下主从关系的占有 129
  二、对等关系的占有 134
  三、封缄物的占有 139
第二节 死者的占有 148
  一、观点:死者财物的占有归属 148
  二、质疑:学说的瑕疵 151
  三、分析:继承人占有说的提倡 153
第三节 存款的占有 156
  一、存款的性质 158
  二、存款占有的本体 160
  三、理论的具体应用 163

第五章 解释论下的占有概念 170
第一节 财产犯罪的既遂标准 171
  一、学说的梳理 171
  二、本书的主张 179
第二节 财产犯罪的数额认定 192

一、数额认定的基本标准 …………………………………… 192
　　二、财产犯罪的对象认识错误与数额认定 ………………… 208

第六章　财产犯罪基础理论解读（一）：财产罪的保护法益 …… 213
第一节　国外理论的梳理 ……………………………………… 213
　　一、德国财产犯罪的保护法益论 …………………………… 213
　　二、日本财产犯罪的保护法益论 …………………………… 219
第二节　我国刑法中的财产犯罪保护法益 …………………… 227
　　一、学说的分歧 ……………………………………………… 227
　　二、判决的立场 ……………………………………………… 233
　　三、小结 ……………………………………………………… 239
第三节　本书的立场：占有说之提倡 ………………………… 241
　　一、支持占有说的理由 ……………………………………… 241
　　二、占有说的理论适用 ……………………………………… 250

第七章　财产犯罪基础理论解读（二）：非法占有目的 ………… 263
第一节　非法占有目的的基本问题 …………………………… 264
　　一、非法占有目的的立场之争——必要说与不要说的
　　　　对立 ……………………………………………………… 264
　　二、非法占有目的的内容 …………………………………… 270
第二节　相关问题的澄清及结论 ……………………………… 277
　　一、中国刑法背景下的"一时使用行为" …………………… 277
　　二、故意毁坏财物罪与取得型财产犯罪的区别 …………… 286
　　三、结论 ……………………………………………………… 295

第八章　占有概念的本源性思考 ………………………………… 297
第一节　占有概念的扩张与明确性原则的紧张关系及辩解 … 297
　　一、财产犯罪的规范保护目的 ……………………………… 298
　　二、占有概念的重新界定及与明确性原则的关系辩证 …… 306
第二节　财产犯罪中的刑民关系 ……………………………… 310

一、问题的所在 …………………………………… 310
　　二、法秩序统一原则的界定——以违法一元论与违法
　　　　相对论的分歧为切入 …………………………… 313
　　三、结论:刑法从属性说的坚持 ………………… 319
　第三节　犯罪本质的再思考 ……………………… 323
　　一、法益侵害说与规范违反说的基本内容 ………… 325
　　二、法益与规范的关系——法益侵害说与规范违反说
　　　　之协调 …………………………………………… 331

结语——刑法学研究方法的反思 ………………… 339
　一、刑法典是刑法教义学的根基 …………………… 339
　二、打破学科界限 …………………………………… 345
　三、阶层式犯罪论体系的优越性 …………………… 347

参考文献 …………………………………………… 351

导 论

一、现状

  财产犯罪是刑事犯罪的主力军,从历年的统计数据中,我们可以很明显地看出这一点。在学理上,关于财产犯罪的问题从来都是争论热点,也从来都没有形成相对统一的观点。占有,则可以说是整个财产犯罪的连接点,与财产犯罪相关的几乎所有问题,都可以回溯到占有概念上来,包括财产犯罪的保护法益(本权说与占有说之争)、此罪与彼罪的界限、既遂与未遂的判定以及犯罪数额的认定等,都以占有概念的界定为前提。因此,对占有概念进行深入研究的必要性不证自明。但同时,占有概念又是极难予以明确的,这是因为财产概念本身瞬息万变。财产的存在方式经历了从有体物到无体物,再到抽象物[1]的演变过程。从早期的实物、土地作为财产的基本形态,到作为无体物的能量(如电力、燃气等)、知识财产(如虚拟财产、特许经营权等),再到信用财产(有价证券、金融衍生品等)被纳入财产的范畴,这个演变过程反映出财产的存在日益与物质实体相分离及日益观念化。因此,要保证概念的稳定性,就必须采用更具包容性和开放性的定义方法,但这将以牺牲明确性为代价。相应地,财产的占有也必然是一个难以明晰的理论命题,其中暗含着与罪刑法定主义所要求的明确性原则之间的紧张关系。

  与现实相对立的是,刑法关于财产的理解以及占有的界定仍然停留在有体物的时代,学说上谨慎地将财产的概念限定在有体物上(这

---

[1] 这个概念源自英美法系的财产法,所谓抽象物,"尽管它们具有价值,但其价值并不直接附属于任何实物客体,而是属于人的思想意识的创造物。"参见〔英〕F.H.劳森、〔英〕B.拉登:《财产法(第二版)》,施天涛等译,中国大百科全书出版社1998年版,第15页。

是大陆法系的传统,中国刑法学界也继承了这一点),无体物的财产属性仅在有限的范围内被承认[1],至于信用财产,或者被当作有体物来对待(如货币、有价证券)[2],或者完全无视它们的财产价值属性,从而有意识地阻断了刑法保护。这就人为地造成理论与实践的脱节,尽管作为其他部门法的保障法的刑法应当恪守谦抑原则,约束手脚,避免过多地干预社会生活,但这并不意味着放弃对法益的保护,尤其是在财产犯罪的场合。有体物固然值得刑法保护,无体物、抽象物也同样值得保护,刑法没有理由厚此薄彼。实践永远走在理论的前面,司法机关已经大胆地突破了传统上对于财产概念的理解,将刑法的保护扩展到了抽象物的空间。在孟动、何立康网络盗窃案[3]中,司法机关认可了对网络虚拟财产的保护;在詹伟东、詹伟京盗窃案[4]中,司法机关甚至将行政特许经营权作为财产犯罪的保护对象。

同样地,传统理论将占有定义为人对财物事实上支配、管理的状态。[5] 这个定义更多反映的是人对有体物的物理意义上的控制,虽然也存在占有判断上的困难,但是借助"一般的社会观念"这样的标准,仍然可以做出符合逻辑的判断。但在无体物、抽象物的场合(比如虚拟财产、特许经营权等),主体对财产的物理意义上的事实支配如何实现,又如何解读?因此,这个很有现实意义,但在理论上存在很大空

---

[1] 电力、燃气作为财产犯罪的对象,在德国需要通过立法加以明确规定。在日本,虽然判例持肯定的意见,但在学说上也争论了很长时间。在中国,则由于相关司法解释的明确规定,学界在这个问题上不存在太大争议。但诸如网络虚拟财产等无形财产是否具有财产属性,能否成为财产犯罪的对象,包括最基本的虚拟财产的范围,迄今为止在学说上还没有形成定见。

[2] 不得不说,将货币、有价证券作为有体物来对待,面临着解释论上的极大困难。货币是一种通用的商品交换手段,它可以表现为有体物(比如作为货币现钞的纸币、硬币),也可以表现为观念中的物(如电子货币),尤其是在作为观念物的场合,能不能将表达货币意义的物质载体(如存单、票据)当作货币本身来对待都需要细致的论证,但现有的理论在这个问题上并没有作出完满的解答(突出表现在存款的占有的认定上)。

[3] 中华人民共和国最高人民法院刑事审判第一、二、三、四、五庭主办:《刑事审判参考》(总第53集),法律出版社2007年版,第42—49页。

[4] 中华人民共和国最高人民法院刑事审判第一、二、三、四、五庭主办:《刑事审判参考》(总第66集),法律出版社2009年版,第55—60页。

[5] 参见刘明祥:《论刑法中的占有》,载《法商研究(中南政法学院学报)》2000年第3期。

白的论题,值得我们进行深入探索。

二、问题

财产犯罪中的占有是一个牵一发而动全身的命题,对于占有概念,我们至少应当在以下问题上得出明确的结论。

问题一,占有的对象:财产的边界——如何定义财产犯罪中的"公私财物"?

《刑法》分则第五章规定了侵犯财产罪,但在具体条文的表述上,更多使用了"公私财物"的概念。从合乎逻辑的角度来推测,可以这样认为:立法者创设财产犯罪的目的自然是为了保护国家和公民的财产权,但"公私财物"的概念表述则表明,在立法者看来,并非所有财产都能够成为财产犯罪的保护对象。财物作为财产的下位概念,应当具有独特的刑法意义,那么财物的内涵和外延应当在什么范围内加以限定?

在这个问题上,目前学界讨论比较热烈的是财产性利益与财物之争。有观点认为,财产犯罪的对象只能是财物,不包括财产性利益。理由是,在德、日等国的刑法典中明确区分了这两者,虽然我国刑法未作此区分,但财产性利益当然地被排除在财物的范畴之外。也有观点认为,财产犯罪的对象可以同时包括财物与财产性利益,这是就中国刑法的现状而言的。因为,我们的财产犯罪并没有划分财物与财产性利益,在中国刑法的语境下,将财产性利益纳入财物范畴具有解释的空间。[1] 也有观点认为,财产性利益能够成为一部分财产犯罪的对象(比如诈骗罪、敲诈勒索罪)。[2] 这些讨论的逻辑起点是将财物概念预先限定在有体物的基础上,而后探讨能否扩张财物的范围。站在德国、日本的法律语境下,这种论证逻辑自然不错,因为《德国民法典》

---

[1] 参见付立庆:《论刑法介入财产权保护时的考量要点》,载《中国法学》2011年第6期。
[2] 参见张明楷:《财产性利益是诈骗罪的对象》,载《法律科学(西北政法学院学报)》2005年第3期。

和《日本民法典》明确将物限定为有体物。[1] 刑法之所以在财物犯罪之外,单独规定利益犯罪,是为了保证民法与刑法之间的衔接。我国《民法典》对于财物并没有从有体物的角度加以界定,而是代之以动产和不动产[2],因此,在中国法律背景下讨论财物与财产性利益的概念纷争并没有适合的土壤。况且,如前文所述,司法实务并没有纠结于财物是否包含财产性利益的学术争论,早已经极大地扩张了财物的范畴。因此,我们要做的,是在中国现行立法的背景下,探讨财产犯罪中"财物"概念的边界应当如何划定的问题。

更重要的是,占有是财产犯罪的核心要素,界定财物概念的范畴应当立足于对占有的认定。因此,抛开财物与财产性利益的讨论模式,从占有的角度划定财物的界限应当是更为有益的进路。

问题二,占有的构成:所谓"事实上的支配"应当如何理解? 占有意思是否是成立占有的必备要素? 以及占有意思应当在何种程度上加以理解?

根据德国学者威尔泽尔(Welzel)的观点,占有由三个要素组成:(1)物理的现实支配要素,即事实上的支配;(2)规范的、社会的要素,即应根据社会生活的原则判断事实的支配;(3)精神的要素,即占有的意思。前两种要素被称为客观的要素,后一种要素被称为主观要素。[3]

这其中成为问题的,首先是对于事实上支配的理解。一方面,学者们在比较民法上的占有和刑法上的占有的基础上,将刑法上的占有限定为事实上的占有。[4] 这里所谓事实上的支配,其核心含义是强调人和物之间存在的紧密的时空关系。另一方面,学界又强调一般的社会观念在判断事实支配时的积极作用。日本学者大塚仁就认为,占有的事实"除财物存在于占有者的物理性支配力所及的场所内之情形

---

[1] 《德国民法典》第 90 条:"本法所称的物为有体物"。《日本民法典》第 85 条:"本法所称'物'为有体物。"
[2] 《民法典》第 115 条规定,"物包括不动产和动产"。
[3] 参见童伟华:《论日本刑法中的占有》,载《太平洋学报》2007 年第 1 期。
[4] 参见黎宏:《论财产犯中的占有》,载《中国法学》2009 年第 1 期。

外,当财物处于在社会观念上能够推知该财物的支配者之一定状态时,也认为存在对财物的事实的支配"[1]。于是威尔泽尔所认为的作为占有成立的独立要素的规范的、社会的要素就成为判断事实支配的下位概念。很多时候,人与财物之间的时空联系并不十分重要,反而普遍的社会观念成为判断事实支配的核心要素。于是就出现了在一些人对物没有实力支配的场合,我们认可了人对物的占有(最典型的便是人通过对场所的排他性管理而占有了场所内的物),而在另外一些场合,即使人对物有实力支配,我们仍然否认了其对物的占有(典型的是辅助占有)。于是在概念讨论上,我们似乎陷入了自相矛盾的境地:一方面要强调占有的事实秉性,因为这是和民法上的占有进行区别的关键(民法上的占有最突出的表现就是承认观念上的占有),但另一方面我们又频繁地运用社会观念来修正对于事实支配的理解。这样一种理论困境应当如何化解?

同时,学者们还在不同的场合分别限定占有的范围。比如,多数学者都认为在侵占罪与盗窃等取得型财产犯罪中,占有成立的范围是有差别的。盗窃等取得型财产罪中的占有为犯罪侵害的对象,行为重点在于对财物排他力的取得,因此,取得的占有一般为纯粹的事实支配关系;而侵占罪中的占有不以事实上的排他力为重点,而是侧重具有滥用可能性的某种支配力,因此比盗窃罪中的占有内容更为广泛,还包括法律上的支配。[2] 问题是,在财产犯罪中对同样一个概念作不同的界定是否违反基本的解释原理?

更重要的是,当财物概念的范畴由有体物向无体物、抽象物不断扩张时,如何运用传统的关于事实支配的定义来解读对于无体物、抽象物的占有?比如,在侵犯虚拟财产的场合,如何定义对虚拟财产的实力控制与排他性支配?当财产的价值内涵与物质载体相分离时,我们能否将对反映财产价值的物质载体的占有理解为对财产本身的占

---

[1] 〔日〕大塚仁:《刑法概说(各论)(第三版)》,冯军译,中国人民大学出版社2003年版,第212页。
[2] 参见周光权、李志强:《刑法上的财产占有概念》,载《法律科学(西北政法学院学报)》2003年第2期。

有？这在涉及权利凭证的场合表现得尤为明显。盗窃、抢夺他人的信用卡,是否意味着占有了信用卡所代表的货币金额？所有这些问题都在考问我们关于事实支配的理解,而传统观点显然已经捉襟见肘,需要我们重新作出诠释。

另一个有争议的地方是对占有意思的理解。虽然,我们认为占有意思是成立占有的一项要素,但它的地位显然不及作为客观要素的事实支配。占有的意思,不需要一直明确的积极意思。[1] 一般的、概括的意思即为已足,它也不需要完整的意思内容,只需要潜在的甚至推定的意思就可以。至于占有人是为自己占有还是为他人占有,是基于所有权人、用益权人的意思,还是基于暂时管有的意思,都在所不问,只需要足以表明占有人支配、控制财物的状况即可。[2] 所以信差误投入信箱的信件,甲尽管并不知悉,也对之成立刑法上的占有。并且,占有的意思不需要持续存在,只要当行为人掌握财物时,对其有支配、控制的意思即可。因此,熟睡当中的人仍然不失去对财物的占有。但是,趁他人熟睡之际,将财物置于他人的控制之中,该人对财物并不形成占有。同成立民法上的占有所要求的占有意思相比,刑法上的占有意思对客观的占有事实更具依附性。[3] 换言之,占有意思只在事实支配弱化时,对占有的判定起补强的作用。在通常情况下,根据一般的社会观念便可以推知占有意思的存在。因此,占有意思是一种更具规范性的成分。

可以看出,淡化占有意思在占有判断中的作用,泛化占有意思的内容,放宽占有意思的判断标准,目的都在于强化事实支配在占有判断中的作用,进而强化占有的事实特征。但在实践当中,随着事实支配的理解不断扩张,人对物的控制不断松弛,如果放弃占有意思这样一个判断要素,是否会导致占有概念的界定更加不确定,从而背离刑

---

[1] 参见〔日〕大塚仁:《刑法概说(各论)(第三版)》,冯军译,中国人民大学出版社2003年版,第215页。
[2] 参见周光权、李志强:《刑法上的财产占有概念》,载《法律科学(西北政法学院学报)》2003年第2期。
[3] 参见徐凌波:《刑法上的占有》,载陈兴良主编:《刑事法评论》(第25卷),北京大学出版社2009年版,第474页。

法明确性原则的要求？

传统刑法理论对于占有概念的理解，更多是站在了民法占有的对立面。对于占有事实和占有意思的解读立场均是以民法占有作为参照物的。可以说，传统刑法理论认为刑法上的占有与民法上的占有有着本质的不同，前者更具事实秉性，后者更具规范秉性。但问题是：第一，刑法上的占有是否确实地与民法上的占有存在泾渭分明的界限？第二，我们有没有必要划出这样一条界线？如果试图划出一条线的话，应当遵循什么样的逻辑？

问题三，占有的本体：占有的有无与占有归属的判断。

作为财产犯成立条件的"占有"包括两个方面的内容：一是"占有"是否存在的问题，即被害人是否现实地支配或者控制了该财物，这在区分罪与非罪上具有意义。抢劫、盗窃、诈骗等犯罪，都以破坏他人对财物的占有为前提。破坏他人对财物的占有，将该占有转移到自己或者第三人的支配之下的，就构成盗窃、抢劫等财产犯罪；否则，就不构成上述犯罪。二是"占有"的归属问题，即财物的占有确实存在，但对于应当归属于谁存在争议的场合，这对区分财产犯是构成此罪还是彼罪具有重要意义。其中，主要包括共同占有物、包装物以及存款的占有归属问题。占有的归属，本质上也是有无占有问题的一种，只是在表现形式上和前者存在若干差别而已。[1]

目前在学说上，关于占有的本体，争议比较多的有三个问题：

第一，关于死者的占有。死者能否占有财物，这在学说上有比较多的争论。有持肯定意见者[2]，也有持否定意见者[3]，还有各种折衷论的观点[4]。死者的占有之所以成为问题，是为了妥善解决第三人取走死者财物的行为定性。如果否认死者的占有，则无关第三人

---

[1] 参见黎宏：《论财产犯中的占有》，载《中国法学》2009年第1期。
[2] 日本学者小野清一郎即持此观点。
[3] 多为我国台湾地区学者主张。参见林山田：《刑法各罪论（上）》（修订五版），北京大学出版社2012年版，第445页。
[4] 比如"死者生前占有说"（多为日本学者所主张）、"死者生前占有的有限延续说"（这是周光权教授的观点）。参见周光权：《死者的占有与犯罪界限》，载《法学杂志》2009年第4期。

取走死者的财物,很难成立财产犯罪。因为,此时行为人的取财行为并未侵犯任何人对财物的占有,不能满足取得型财产犯罪的构成要件;同时,死者的财物也很难归入遗忘物的范畴,因此很难用侵占罪进行处置。但是,无罪的结论显然与社会常识不符,也与司法实践不符。如果承认死者的占有,则在解释事实支配与占有意思上存在障碍。死者对财物不可能存在实力控制,只能通过一般的社会观念来认可事实支配的存在,但无论如何,死者也不可能具有占有意思。为了化解这个矛盾,要么,扩张占有的概念,这是死者占有说的进路,但其本质是否认将占有意思作为判断占有成立的要素,其妥当性值得怀疑;要么,为死者的财物寻找新的占有人,这是继承人占有说的进路,但在该场合,继承人对财物的占有意思何以成立,也不是没有问题。因此,如何解决对侵犯死者财物行为的刑法定性,考验着我们的占有理论。可以说,对死者占有的解读,是占有理论研究的一块试金石。

第二,包装物的占有。实践当中,受委托保管或者搬运他人的已经被封口或者上锁的包装物的人,乘机将该财物据为己有,或者擅自打开包装袋,将其中的财物取出据为己有的行为,应当如何处理?对此,理论界一直存在争议。有侵占罪的主张[1],也有盗窃罪的主张[2]。在司法实践中,判决的立场也不一致。[3] 这种争论的背后,实际上存在着该包装物的占有到底属于委托人还是受托人的对立。侵占论者认为,受托人已经在实际上形成了对财物的实力控制,当然成立占有。而盗窃论者则认为,既然财物被封口包装起来,则不管包装物本身还是其中的内容物都由委托人占有。此外,还有一种区别说,认为包装物的整体归受托人占有,但其中的内容物则仍由委

---

[1] 参见刘明祥:《论刑法中的占有》,载《法商研究(中南政法学院学报)》2000年第3期。
[2] 参见张君周:《密取封缄委托物内财物行为的定罪》,载《福建公安高等专科学校学报》2003年第5期。
[3] 在陈某侵占案中,法院将非法占有包装物的行为认定为侵占罪。参见开声祥:《侵占罪抑或盗窃罪?——也论侵占罪的立法完善》,载《人民司法》2005年第10期。而在李俊东盗窃案中,法院将同样的行为认定为盗窃罪。参见聂昭伟、陈玲英:《承运人盗取已封缄货物构成盗窃罪》,载《人民司法》2009年第10期。

托人占有。依此观点,受托人将整个包装物据为己有的就成立侵占罪,而将其中的内容物据为己有的则成立盗窃罪。[1] 这种争论的实质乃在于学说在重视占有的物理方面还是社会、规范方面出现了分歧。[2] 受托人占有说更看重对财物的现实的、物理的支配,而委托人占有说则更重视社会观念对于占有判断的影响,从而牺牲物理支配的确定性。由此,我们可以看出,强调物理意义上的事实支配似乎已经不大能够满足社会现实的需要。但过分依赖占有的社会、规范的一面,又会不可避免地导致占有的观念化、精神化,模糊了与民法上的占有的界限,且与罪刑法定所要求的明确性原则不符。那么,我们应当如何在这两者之间取得一个平衡?

第三,存款的占有。这里既涉及占有的对象——"财物"的概念范围如何界定的问题,也涉及占有本身的扩张问题。存款通常具有两种意义,作为债权的存款与作为有体物的存款现钞。于是,存款的占有至少可以从两个角度来讨论:存款债权的占有与存款现钞的占有,问题恰好就出现在这里。存款债权,从民法意义上来讲,毫无疑问是由存款名义人占有的(此即民法所谓的"准占有"或"权利占有"),存款现钞则由银行占有。如果能够接受这种观念,那么存款的占有将不再是值得争论的问题。但是,传统的占有理论还没有扩展至能够将权利作为占有的对象,于是,存款的占有通常仅限于对作为有体物的货币现钞的占有。而如果坚持银行占有说,则在行为人没有转移货币现钞的占有,而仅转移了存款债权的占有的场合,很难用财产犯罪进行规制。比如,甲通过计算机潜入银行的电子银行系统,将乙名义下的存款划入自己在该银行的存款账户,而后利用POS机进行消费的,这整个过程都没有侵犯银行对货币现钞的占有,银行也没有因甲的行为造成任何损失,但乙却失去了向银行主张存款债权的机会,从而承受财产损失。而甲的确没有侵犯乙对存款的占有,既然如此,甲的行为当然无罪。但这个结论无论如

---

[1] 参见〔日〕大谷实:《刑法讲义各论(新版第2版)》,黎宏译,中国人民大学出版社2008年版,第192页。
[2] 参见黎宏:《论财产犯中的占有》,载《中国法学》2009年第1期。

何不会有人赞同。

为了化解这个矛盾,学者们千方百计地想在存款债权与存款现钞之间搭建一种联系,使之能够对应起来。日本学者的解决办法是,为了肯定对"存款的占有"并不要求存款者有能够支配存款的事实上的可能性,有必要认定的是存款者具有正当的取款权限。[1] 换句话说,只有存款的名义人才因为其存款债权占有了与之等额的处于银行控制下的存款现钞。不能不说这种解读很巧妙,但究其实质,这种理解有将作为债权的存款和作为现钞的存款混同的倾向,并且也承认了基于法律关系而实现的对物的事实支配。因此,有学者称,基于存款的占有不仅扩张了占有的概念,也扩张了物的概念。[2]

对于占有的有无与归属的争论,充分表明传统占有概念所面临的尴尬局面。如果严格遵守物理意义上的对物(有体物)的实力支配,很多情况下刑法将不得不放弃对财产的保护。而要扩张刑法的保护范围,就必须更新对占有概念的理解。这在谨慎的学者看来又是危险重重的(因为在扩张刑法保护范围的同时,也意味着扩张了公民权利受公权力侵犯的危险)。但必须说,这种扩张是必要的,甚至是不可避免的,学说的努力将在于限定扩张的边界,同时努力确保概念符合明确性原则的要求。

问题四,占有概念的适用:如何利用占有概念来解读财产犯罪的既遂判断与数额认定?

第一,财产犯罪的既遂判断。这个问题在盗窃罪中讨论得尤其热烈。在大陆法系刑法理论中,主要有接触理论(Kontrektationstheorie)、转移理论(Ablationstheorie)、隐匿理论(Illationstheorie)和掌握理论(Apprehensionstheorie)。[3] 在中国刑法理论上则有接触说、转移说、

---

[1] 参见[日]山口厚:《从新判例看刑法(第2版)》,付立庆、刘隽译,中国人民大学出版社2009年版,第228页。
[2] 参见[日]西田典之:《日本刑法各论(第三版)》,刘明祥、王昭武译,中国人民大学出版社2007年版,第177页。
[3] 参见王玉珏:《刑法中的财产性质及财产控制关系研究》,法律出版社2009年版,第220页。

隐匿说、控制说、失控说、"失控+控制说"、损失说等观点。[1]目前，争论主要集中在失控说与控制说之间。通常情况下，被害人失去对财物的控制与行为人控制财物发生在同一时间点，因此，失控说与控制说并没有质的区别。但财物的性质、形状、所处场所以及侵犯财产的犯罪行为的方式不同，可能会使得这一时间点发生位移，从而在失控与控制的判断上出现时间点的罅隙。在某些情况下，被害人失去了对财物的控制，但行为人未必就取得对财物的控制。比如，甲潜入行进中的火车货厢，将货物抛下火车，打算回头再取。此时，被害人失去对财物的控制确定无疑，但行为人是否取得了对财物的控制，仍属有疑，甲的行为是否既遂？而在另一些情况下，行为人的确控制了财物，但被害人是否失去对财物的控制仍难界定。比如，A在珠宝店以假换真，将珠宝藏于口袋，但尚未离开店铺。此时，A确定地控制了财物，但很难说珠宝店就失去了对珠宝的控制，A的行为是否既遂？正因为存在这些特殊情况，所以不少学者认为，对于财产犯罪的既遂认定应当具体问题具体分析，并不拘泥于某一特定学说。其实，问题的实质还在于如何解释财产犯罪的行为构造。占有作为财产犯罪的核心概念，理应在解决既遂的标准问题上发挥作用。换句话说，财产犯罪大部分是转移占有的犯罪（例外如侵占罪、拒不支付罪等），既遂的判断自然离不开占有转移的认定。因此，以占有的转移作为判断既遂的标准具有妥当性。这样就可以抛开失控说与控制说等理论范式的缺陷，为既遂判断提供一个统一的标准。况且，对失控说与控制说的核心概念——"控制"——的理解本就与对占有的理解息息相关。以占有转移作为判断既遂的标准不过是回归到问题的本来面目而已。

第二，犯罪数额的认定。在学说和司法解释上，关于犯罪数额的认定有这样几个相关概念：在针对有体物的财产犯罪中，会涉及"损失数额""违法所得"等概念；在针对有价支付凭证、有价证券的财产犯罪中，还会涉及"票面数额"与"兑现数额"等概念。这就出现了数额

---

[1] 参见高铭暄主编：《新中国刑法学研究综述（1949—1985）》，河南人民出版社1986年版，第642—643页。

认定上的争议。"盗窃数额""损失数额"与"违法所得"(即"销赃数额")之间有差距的,应当以何者作为数额的判断?司法解释的立场是:作为基本原则,以财物价值作为判断标准;作为例外,在盗接他人通信线路、复制他人电信码号出售的场合,以"销赃数额"作为犯罪数额。[1]这背后的法理如何?还有,当"损失数额"大于"销赃数额"时,能否以"损失数额"作为量刑情节的规定,也有讨论空间。

在针对有价支付凭证和有价证券的财产犯罪的场合,司法解释的立场是区别不同情况:对于不记名、不挂失的有价支付凭证等,无论能否及时兑现,均以"票面数额"作为犯罪数额的判断标准;对于记名的有价支付凭证等,已经兑现的,按照"兑现数额"计算;没有兑现,但失主无法通过采取措施弥补损失的,以"损失数额"作为犯罪数额来计算。[2]司法解释的立场似乎可以解释为以行为人实际控制或造成的实际损失的数额作为犯罪数额的认定标准。但对此,在细节上仍有值得检讨的必要。

总之,当我们将数额问题还原到占有的语境下讨论时,就会发现,无论采取何种标准,都应当以占有的财物数额作为判断犯罪数额的唯一标准,在此基础上统合"损失数额""违法所得""票面数额""兑现数额"等概念。

问题五,财产犯罪的基本立场:财产犯罪的保护法益为何——本权说与占有说的取舍?法秩序统一原则应如何定位——刑法独立说与刑法从属说的对抗?犯罪的本质如何——法益侵害说与规范违反说的对立?刑法明确性原则应当如何理解?

第一,财产犯罪[3]的保护法益:本权说与占有说之争。[4]

一般认为,本权说以所有权及其他以占有为内容的本权作为保护

---

[1] 参见2013年最高人民法院、最高人民检察院《关于办理盗窃刑事案件适用法律若干问题的解释》第四条。
[2] 参见2013年最高人民法院、最高人民检察院《关于办理盗窃刑事案件适用法律若干问题的解释》第五条。
[3] 准确讲,应当是取得型财产犯罪。侵占罪的法益通常被认为是他人财物的所有权。
[4] 德国刑法理论中关于财产犯罪的保护法益,有法律的财产说与经济的财产说之争,与这里的本权说与占有说大致相当。

法益,占有说以占有本身作为保护法益。但实际上,本权与占有之间并非互斥的关系,因为本权当中也包含占有,或者说占有本就是本权的一项内容。反之,对占有的侵害,也最终侵犯到本权自身。采取本权说,没有必要否定占有本身属于保护法益,采取占有说,也可以认为保护对象还包括本权。因此,日本学者山口厚认为,本权说与占有说之争实际上是有关犯罪成立要件的争议,要成立盗窃罪(山口厚是在盗窃罪的保护法益项下谈本权说与占有说之争的,但这种争论完全可以扩张至所有取得型的财产犯罪——引者注),前者要求侵犯本权,而后者则认为只要侵犯了占有即可。[1]

围绕着本权说与占有说的争论焦点是不法原因给付物(如嫖客支付给妓女的预付款)、他人占有之下的自己的财物、用不法手段(如盗窃)取得的物、法律禁止持有的违禁品,能否成为财产罪的侵害对象。[2] 更直接地说,没有法律根据的单纯对财物的占有是否值得刑法保护?

从司法实践的角度来讲,在日本,早期本权说是强势的多数观点,如今判例已经更多倾向于支持占有说。[3] 在中国,根据学者的概括,司法机关仍然坚持本权说的立场。[4]

隐藏在背后的问题是:其一,可在何种限度之内适用禁止私力救济这种法律原则?其二,判断是否成立财产犯罪,究竟应从属于民事法律关系,还是可独立于民事法律关系?[5]

第二,法秩序统一原则的定位:刑法独立说与刑法从属说之争。

这个问题的实质是:其他部门法(在财产犯罪的场合尤其指民法)不予保护的利益,刑法能否介入干预?刑法从属说认为,刑法不是

---

[1] 参见〔日〕山口厚:《刑法各论(第 2 版)》,王昭武译,中国人民大学出版社 2011 年版,第 216 页。
[2] 参见刘明祥:《财产罪比较研究》,中国政法大学出版社 2001 年版,第 17 页。
[3] 参见〔日〕山口厚:《刑法各论(第 2 版)》,王昭武译,中国人民大学出版社 2011 年版,第 217 页。
[4] 参见于志刚、郭旭强:《财产罪法益中所有权说与占有说之对抗与选择》,载《法学》2010 年第 8 期。
[5] 参见〔日〕山口厚:《刑法各论(第 2 版)》,王昭武译,中国人民大学出版社 2011 年版,第 216 页。

一个独立的法律部门,刑法只有依附于行政法、民法等其他部门法,并作为其他部门法的补充才可能存在。[1] 刑法独立说则认为,当一个法律规范因规定了刑事制裁而成为刑法规范时,它就与其他刑法规范结成一个整体,该规范的适用对象和范围都要随着刑法特有的性质和需要而发生变化。刑法的概念、构成、功能都具有独立性,不从属于其他法律领域,自成思想体系。[2]

在财产犯罪的场合,成为问题的是:在民法上没有权源的对财物的占有是否值得刑法保护。这一点突出地表现在侵占不法原因给付物的场合。例如,甲委托乙转交向丙行贿的10万元,乙却私自扣留了该笔款项,乙的行为能否成立侵占罪?从民法上讲,这10万元属于赃物,甲已然失去向乙主张返还的请求权。但在刑法上,关于乙的行为能否成立侵占罪却存在肯定说与否定说之间的对立。否定说的理由是:在民法上不予以保护的利益,刑法当然没必要介入干预,这是刑法谦抑原则的要求。肯定说则认为:乙的行为虽然没有侵犯值得民法保护的利益,但却破坏了平和的社会秩序,对此,刑法不能无视。

第三,犯罪的本质——法益侵害说与规范违反说之争。

在对财物的概念进行界定的过程中,我们发现法益概念似乎已经不够用了。因为从法益概念出发,我们无法给刑法上的财物划定一个边界,以便于将在民法上确定无疑地属于财产的知识产权排除出去,即财产犯罪为什么不保护知识产权,而要将其归入破坏社会主义市场经济秩序罪的规制范围?再者,金融诈骗罪与诈骗罪在行为方式以及行为对象上没有本质的区别,如果说有区别的话,就在于所产生的危害结果上。金融诈骗罪不仅是对个人财产的侵犯,而且更多是对涉及多数人利益的金融秩序的破坏;与之相对,诈骗罪则更多仅限于对特定的个体财产权的侵犯。于是,当我们讲,财产犯罪的保护法益是对财产的本权或者占有时,其实还没有触及财产犯罪的核心问题,隐藏在法益背后的规范目的或许是更为本质的东西。于是,在对

---

[1] 参见〔意〕杜里奥·帕多瓦尼:《意大利刑法学原理(注评版)》,陈忠林译评,中国人民大学出版社2004年版,第3—4页。
[2] 参见张明楷:《诈骗罪与金融诈骗罪研究》,清华大学出版社2006年版,第213页。

犯罪本质的探讨上(包括对实质违法性的研究),我们是否应当重新审视法益侵害说与规范违反说之间的对抗?或许,协调两种立场的折中观点才更具合理性?

通过对上述问题的细致讨论,笔者的目的是构建一个至少在财产犯罪领域中能够普遍适用的占有概念,借此为财产犯罪的司法实践提供理论助力。

第一章
占有的对象（前提）——刑法上的"财物"概念

占有的对象决定了占有本身。因此，首先必须明确财产犯罪保护的客体——财产——的范围。这个问题是中国所特有的。德、日刑法（包括我国台湾地区的"刑法"）都没有专门的财产犯罪的篇章安排，在具体的财产犯罪中，则使用了"财物""财产性利益"等概念。至于财物的范畴，在学说上，多数的见解主张有体性说。[1] 中国刑法则专辟一章对财产加以保护，但在具体罪名的罪状描述中却多使用"财物"概念。[2] 于是，在学说上，由于受到德日刑法理论的影响，关于财产犯罪保护对象的争论多集中在财物与财产性利益的关系辩证上，即财物概念是否包含财产性利益[3]，或者说，财产性利益能否成为财产犯罪的对象[4]。不得不说，这种学术争论只具有知识论上的意义，而没有实践价值。因为，在我们的立法当中并没有"财产性利益"这个术语，这种讨论缺少法律依据，此为其一。其二，当学者们在"财物"与"财产性利益"相区别的前提下讨论财产犯罪的对象时，潜意识里已经接受了财物只能是有体物的主张。但这种主张同样没有法律依据。我国《民法典》没有将物限定在有体物上，而是采用了动产与不动产的

---

[1] 参见〔日〕山口厚：《刑法各论（第2版）》，王昭武译，中国人民大学出版社2011年版，第201页。

[2] 参见《刑法》第263条、第264条、第266条、第267条、第268条、第270条、第271条、第274条、第275条。另外，《刑法》第272条使用了"资金"、第273条使用了"款物"、第276条使用了更为具体的"机器设备""耕畜"，第276条之一使用了"劳动报酬"。相比财物概念而言，其余法律术语的内涵相对稳定，不存在解释上的障碍。

[3] 参见刘明祥：《财产罪比较研究》，中国政法大学出版社2001年版，第37页以下。

[4] 参见张明楷：《财产性利益是诈骗罪的对象》，载《法律科学（西北政法学院学报）》2005年第3期。

划分方法。[1] 并且,法律也没有就动产和不动产作更为明确的界定。其三,更重要的是,时代在不断进步,财产的表现方式也日新月异。德日民法在创制之时,人类社会还处在实物经济的时代,有体物是财产的主要存在方式,刑法理论接受同样的理念是足以应付时代需要的。但随着人类社会进入实物经济、知识经济与信用经济三位一体的新时代,传统的民法体系在现实面前就显示出局限性。[2] 民法将物限定在有体物的规定也已经不能适应时代的发展。相应地,在刑法上,如果仍然坚持以有体物为基础的财物概念,难免会出现法益保护的漏洞和解释论上的逻辑障碍。以货币为例,在实物经济时代,货币是以发行者的黄金储备为基础的。[3] 由于可以与黄金互兑,货币在观念上被视为有体物,与此相适应,近代民法将货币视作动产。《德国民法典》将代替贵金属流通的金钱看作物。但20世纪30年代以来,西方各国放弃金本位制,开始发行不可兑换的信用货币。信用货币也就在名义上成为中央银行的债务和持有者的债权,尽管这种债权是不能兑现的。并且货币的形态也越来越观念化和符号化,失去了作为有体物的形式特征。在这种情形下,如果坚持有体性说的主张,则我们只能将以现钞形式表现出来的货币当作财物,而将以符号形式表现出来的作为债权的货币(比如存款)当作财产性利益。但这种人为的割裂是否合理不无疑问。因此,以财物和财产性利益相区别的二元理论来解读财产犯罪的对象,无论就当下的社会经济状况还是中国的刑法语境,都是不恰当的。

更要紧的是,在德日刑法的语境下,有体性说的主张仍然能够自圆其说。因为刑法没有规定财产犯罪,坚持更为保守的主张,至少在形式上是合理的。刑法谦抑原则也会成为这种主张的理由。但在中国,刑法明文规定了财产犯罪,无端地在解释论上作这样谨慎的限

---

[1]《民法典》第115条:"物包括不动产和动产。法律规定权利作为物权客体的,依照其规定。"

[2] 参见王卫国:《现代财产法的理论建构》,载《中国社会科学》2012年第1期。

[3] 这是就金本位制而言的。此前,还经历过银本位制和金银复本位制的历史阶段。不过,无论在哪种制度下,货币的性质都是一样的。

缩,恐非立法者的本意。事实上,司法解释和判决都在不断扩张财物的外延范围。[1] 因此,在理论上,对财物概念的理解就应以"财产"概念为基本的出发点。同时,立法者在侵犯财产罪当中,大量使用"财物"术语,也表明财产和财物之间是有区别的,并非所有财产都能成为刑法中财产犯罪的对象。于是,应当以何种标准在财产概念的范围之内将财物概念析出,将是教义学需要完成的任务。

第一节　财物的概念

财物概念系刑法上所独有,从历来的学说上看,对财物概念的理解,一端连接着财产概念,另一端连接着物的概念。因此,欲明晰财物的概念,需先辨明财产与物之关系为何。当然,对这个问题的解读,应当从民法理论入手。

一、财产与物

我们每个人都拥有财产、接触财产,但要对财产下一个准确的定义,却不大容易。甚至对财产的理解也可能因人、因角度、因学科或所处的法律体系不同而不同。以至于美国财产法学者甚至认为"这个问题无法回答"[2]。但是,不管怎么说,财产是一种可为人们所拥有的利益,这应当是一个为人们普遍接受的观念。

财产均能给拥有者带来好处或利益,这种好处或利益或者为物质上的享受,或者为精神上的满足,或者表现为现时的利益或者为将来某个时刻可享有的利益。

---

[1] 仅以判决为例,在詹伟东、詹伟京盗窃案中,司法机关明确将"纺织品出口配额"这种特许经营权作为财物来看待,从而将秘密窃取他人出口配额的行为评价为盗窃罪。在笔者看来,这项判决对于财物概念的传统理解是颠覆性的,从中我们可以看出实务部门的倾向。参见詹伟东、詹伟京盗窃案,载中华人民共和国最高人民法院刑事审判第一、二、三、四、五庭主办:《刑事审判参考》(总第66集),法律出版社2009年版,第56页以下。

[2] [美]约翰·G.斯普兰克林:《美国财产法精解(第二版)》,钟书峰译,北京大学出版社2009年版,第1页。

但是，并不是所有能给人们带来利益的东西均可以被称为财产。这里首先遇到一个问题是，财产与物的关系问题。几乎所有国家均存在物和财产这两个概念，但对这两个概念的界定和使用却因国家而异。

(一) 大陆法系中的物和财产

《法国民法典》并没有涵盖物权和债权概念，其直接使用的概念是财产而不是物。在法国法上，财产的含义分三种：其一，财产是服务于人的"物"（les chose），这里的物仅指有体物。其二，财产为权利（les droit），即设定于物之上的权利。其三，财产包括物、物权、无形产权和债权。[1] 第一种含义从客体意义上定义财产，财产等于有体物。由于物只有置于特定主体排他性支配权利下才成为财产，即有权利才有财产，因而第二种含义的财产，揭示了财产的本质是一种权利。这两种财产含义仍然局限于有体物和对有体物的支配权的范畴内，但第三种含义的财产却远远超出了物权范畴，"它描述了一切具有财富价值的权利"[2]，包括债权和广义的物权。由此可见，在法国法中，物只包括有体物，物是财产的一种形式。在以法国法为传统的大陆法系国家，也基本上承认物为财产的一种形态。如果将物只理解为有体物，那么物只是财产的一部分；如果将物理解为包括有体物和无体物，那么，物和财产两个词基本上是等同的。大多数以法国法为传统的国家，物和财产的区别只停留在理论上，而立法多用财产概念而非物。[3]

有些国家的民法典中对物与财产作了区分。《德国民法典》第90条规定："法律意义上的物仅为有体物。"根据学者的解释，第90条的规定主要针对物权法，在民法典的债务关系一编中的物，不仅仅指有体物，而且也指可以成为民法上的财产的无体物；同样，在德国民事诉

---

[1] 参见尹田：《法国物权法》，法律出版社1998年版，第13—14页。
[2] 尹田：《法国物权法》，法律出版社1998年版，第14页。
[3] 参见高富平：《物权法原论——中国物权立法基本问题研究》（中），中国法制出版社2001年版，第390页。

讼法中的物也同样包括无体物,甚至包括权利。[1]

实际上,在整个大陆法系国家民法理论中,存在物权的客体和民事权利客体两个概念。例如,在德国,民法典明确将物权客体限定在有体物上,但同时存在民事权利客体概念,民事法律关系的客体还包括无体物、收益和使用等。在德文中,民法物权中的物为Sache,而民事权利客体意义上的物称为Gegenstande。于是,理论界便有狭义上的物和广义上的物之区分,狭义上的物仅指有体物,广义上的物是财产权利客体的总称,包括有体物、无体物和权利(但不包括一般性质的债权)。

(二)英美法系中的财产

英美法律和著述多使用property(财产),而不是things(物)。至于物,根据英美法的传统,可以分为有体物(也称具体物)、无体物(也称抽象物)和诉体物(chose in action)。有体物和无体物大致与大陆法相同;诉体物是指合同创设的可转让的权利。所有这些都被视为一种财产(property)。

在英美法中,财产(property)既可指客体又可指对客体的权利,因此,property可译为财产,也可译为财产权或所有权。但"正确的法律术语总是用财产(property)这个词来指人们所享有的关于物的权利。"[2]

与大陆法特别是德国法不同的是,英美财产法中可成为财产权客体、被称为财产的物很广泛。劳森和拉登在《财产法》一书中写道:"如果合同所创设的权利可以转让,法律就将其作为一种财产来对待。其实,在英国法中就将其称为'物',虽然它使用的是古老的法语'诉体物'这一术语。"[3]因此,在英美法中,财产权不包括债权,但包括对

---

[1] 参见孙宪忠:《德国当代物权法》,法律出版社1997年版,第1—2页。
[2] 美国不列颠百科全书公司编著:《不列颠百科全书:国际中文版(修订版)》,中国大百科全书出版社《不列颠百科全书》国际中文版编辑部编译,中国大百科全书出版社2007年版,第46页。
[3] 〔英〕F.H.劳森、〔英〕B.拉登:《财产法(第二版)》,施天涛等译,中国大百科全书出版社1998年版,第3页。

可转让的债权的支配权利。亦即英美法将财产定位于一种可处分或转让的权利,而置于这种权利之下的可以是有体物、无体物或另外一种权利,包括债权。[1]

(三)物与财产概念的分析

尽管两大法系之间对物和财产的界定及使用存在一些差异,但这种差异不具有根本性。两个概念是否应有区别或区别在什么地方,首先看怎么定位财产。

财产一词可以从两个角度进行观察。从主体的角度观察,任何一种财产均表现为某人对某种财产利益享有某种权利,或者说任何一种针对或表现为一定经济或财产利益的权利均可成为财产。言财产,必定是说它归属于某人,也就是某人享有某种权利。因此,只要特定人的权利指向某种财产利益,那么,对权利人而言就拥有财产。财产的本质是财产权人享有的某种权利。在这个意义上,人身权以外的民事权利基本上均属于财产,因为它们均指向财产利益。这个意义上的财产权不仅包括物权等支配权利,也包括债权性质的权利。这也就是法国法中最广义的财产所包含的意思。

从客体的角度观察财产是什么,实际上是在问各种各样的财产权利指向的对象是什么。按照民法学的一般观点,物权的客体是物(有体物);知识产权的客体是无体物或智力成果;债权客体是给付行为。[2]

由于成为财产客体的东西多种多样,法律即撇开各种差异,而将之抽象为物。故法律上的物,实际上就是从客体意义上观察的财产。随着人类征服自然能力的提高,纳入财产客体的物越来越丰富,一方

---

[1] 参见高富平:《物权法原论——中国物权立法基本问题研究》(中),中国法制出版社2001年版,第392页。

[2] 在这一点上,两大法系存在差异。英美法中财产或财产权不包括一般债权(或合同权利),只包括一些可自由转让的债权(如债券)。实际上,这里的债权已经成为交易的客体,成为流转的财产,成为权利客体。而大陆法将债权也视为一种财产权,只是从结果上说债权人最终可取得财产利益。两者的标准显然不一样。参见高富平:《物权法原论——中国物权立法基本问题研究》(中),中国法制出版社2001年版,第393页。

面从有体物发展到无体物,另一方面法律制度也创制了许多类型和层次的可转让权利。于是法律上对于物的界定愈来愈脱离物理形态,物成为一种特有的法律概念。

总之,财产是一种权利,权利是无形的,往往需要实实在在的客体物来表征。因此,物无非是客体意义上的财产或财产表现形态。[1]

(四)小结:回到刑法

但是,我们必须承认一点,财产作为一种客观存在,很多时候产生于法律存在之前。即便没有法律的存在,财产的纯客体内涵,即"物"也不会自然消亡。而且,由于物在成为财产的过程中,须经法律的过滤,有一些便被阻拦于财产范围之外(最典型的莫过于违禁物)。自然意义上的物和法律意义上的物存在内涵和外延上的区别。在刑法上,我们应当从自然意义上还是从法律意义上来理解财物,不能不成为一个问题。

从学说上关于财物概念的争论来看,无论是有体性说、管理可能性说、效用说还是持有可能性说[2],其本质都是抛开民法关于财产和物的界定,从自然意义上对财物进行刑法定位。这背后的原因耐人寻味。

在笔者看来,民法对于财产的保护重在一种动态的对财产的利用。因此,在民法当中,重要的不是财产的归属,而是围绕着特定的财产所形成的人与物以及人与人之间的权利关系。正如学者所言,"财产法调整人们之间因物而产生的法律关系"[3]。在美国法中,法律将财产定义为与物有关的人与人之间的权利。换言之,财产由一组法律所认可的、与某物或者其他物品有关的、与他人有关系的、被人拥有的

---

[1] 参见高富平:《物权法原论——中国物权立法基本问题研究》(中),中国法制出版社2001年版,第395页。

[2] 关于各学说的内容,详见林敏生:《论刑法上财物之概念》,载蔡墩铭主编:《刑法分则论文选辑》(下),五南图书出版公司1984年版,第719—720页。

[3] [英]F.H.劳森、[英]B.拉登:《财产法(第二版)》,施天涛等译,中国大百科全书出版社1998年版,第1页。

权利组成。[1] 同样一个物,由于在其上所承载的权利不同,其对权利主体而言作为财产的意义也不同。以一辆汽车为例,对所有权人甲而言,其对该物享有完整的占有、使用、收益、处分的权利。但当该物被抵押给乙时,乙在同一物上也享有权利,这种权利也可以被视为财产。并且由于抵押的存在,甲对物的所有权受到一定的限制。这种限制表现在交易过程中,就是因为所有权有拘束,而影响交易结果(明白地讲,就是相比没有抵押而言,其出售的价金更少)。与之相对应,刑法对于财产关注的并非是动态的对财产的利用,而是静态的主体对财产的控制和支配,借此明确特定的法律秩序,从而为主体有效利用客体创设基础的法律保障,这即财产犯罪的规范保护目的。同上例,无论在该物上存在多少财产权利,行为人对特定物的侵犯都不会影响犯罪的成立,在犯罪数额的认定上,也不会因为该物之上存在的权利不同导致的市场交易价格不同,而在刑法评价上有所差异。因此,与民法上关于财产的界定必须以合法的权属为依据不同,刑法上对于财物的认定系从财产的自然属性出发,至于是否在财产客体上存在合法权限,在所不问。

就财物概念的界定而言,我们需要重新审视有体性说与管理可能性说之间的立场选择。有体性说的根据有二:其一,与民法上关于物的界定相一致。德、日的民法典均将物限定在有体物的范围之内。[2] 坚持此说有利于维护法秩序统一原则。其二,有体性说对财物范围的界定很明确,便于司法实践中掌握和认定,并且符合罪刑法定主义的要求。其弊病在于,对财物的范围限定过窄,不利于保护公民的某些特殊财产权利。例如,盗用电力、盗打电话等与盗窃他人金钱、实物并无实质的差别,都会使所有者遭受财产损失,没有理由不予以同等保护。[3] 管理可能性说又可以分为两种:一种是"事务管理可能性说",认为不只是有物理管理可能性的东西是财物,债权之类的权利等仅有事务管理可能性的东西也是财物;另一种是"物理管理可能性

---

[1] 参见〔美〕约翰·G.斯普兰克林:《美国财产法精解(第二版)》,钟书峰译,北京大学出版社2009年版,第1页。
[2] 参见《德国民法典》第90条和《日本民法典》第85条。
[3] 参见刘明祥:《财产罪比较研究》,中国政法大学出版社2001年版,第24页。

说",认为财物应限定在有物理管理可能性的范围内,仅有事务管理可能性,而无物理管理可能性的东西不是财物。如电力、热能等有物理管理可能性的能源是财物,但权利等观念上的东西不是财物。管理可能性说扩张财物范围的最大理由,就是为了克服有体性说的弊端,但也由此带来了破坏刑法明确性原则的风险。物理管理可能性说有较多的人主张[1],事务管理可能性说则少有人主张。

在笔者看来,这种关于财物概念的传统定义,都是以"物"为基本的逻辑出发点的。因此,无论是有体性说还是物理管理可能性说,都没有超出民法关于物的范围限定。但正如前文所述,德、日民法典对物的理解仍然限定在实物经济时代,已经不能适应信用经济时代的需要,这是就形式而言。就实质而言,所谓物者,不过是财产的客体表现,因而对物的理解应当以财产概念为导向。有体物不过是财产客体的一种类型,除此之外,还有许多可以成为财产客体的内容,都可以被纳入物的范畴之中。只是在德、日,限于民法典的明确规定,在学说上,出于维系法秩序统一原则的考虑,才会有这样限缩的主张。但在我国,这样的障碍并不存在。作为物的表现形态之一的动产,本身就是一个涵括范围相当广的概念,足以将新型的财产形式都囊括进来。对刑法上的财物概念作扩张的解读,并不违反法秩序统一原则的要求。更重要的是,刑法上的财产犯罪是对财产的保护,因此,财产概念才是我们定义刑法上财物概念的逻辑出发点。

依照这个观点,事务管理可能性说在目前应当是比较妥当的主张。当然,这里可能还有一个障碍是存在违反罪刑法定主义的明确性原则的风险。不过,这涉及如何理解明确性原则的问题,对此后文将有论证。本书总的立场是,刑法明确性原则本身是一个相对的概念,对它的理解应当与时俱进。

二、财物的基本属性

按照现代财产法的观点,能够成为财产的客体相当丰富,但是否

---

[1] 参见[日]大塚仁:《刑法概说(各论)(第三版)》,冯军译,中国人民大学出版社2003年版,第200页。

所有这些客体都能够成为刑法上的财物,则要结合刑法设定财产犯罪的保护目的加以界定。财物的基本属性所要解决的问题就是创设一个标准,给客体意义上的财产进入财产犯罪的保护领域树立一道滤网。

对此,我国司法机关已经表述了自己的立场。在程稚瀚盗窃案[1]中,司法机关认为:"作为盗窃罪侵害的对象——财物,一般是指有形、具有一定经济价值并可为人所控制的实体财产或物品。但随着经济社会的发展……这种对于财物的传统认识已经不能适应惩治犯罪的实际需要,因此对刑法中的财物概念进行重新认识和界定就显得有必要"。而"根据当下经济活动实际",凡具有以下几个特征的均可成为盗窃罪的犯罪对象——财物:

(1) 具有一定经济价值。……经济价值既包括可公开的法律予以认可的价值,也包括非公开交易不为法律所认可甚至为法律所禁止的价值,如违禁品。

(2) 可支配。……财物必须具有可支配性。若不能被人支配,行为人就不可能实际占有、使用财物进而处分该财物,其非法占有财物的目的就不可能实现。同时,如果财物不能支配,也难以体现出财物的所有权属,进而也就难以判断行为是否侵犯了财产权益。

(3) 处于他人占有或管理之下。……存在他人占有或管理这一事实是盗窃罪成立的前提,只有这样,才能实现以非法方式改变占有关系这一盗窃罪的本质侵害特征。[2][3]

---

[1] 参见程稚瀚盗窃案,载《中国刑事审判指导案例》编写组编:《中国刑事审判指导案例·第4卷(侵犯财产罪)》,法律出版社2017年版,第300—304页。

[2] 参见程稚瀚盗窃案,载《中国刑事审判指导案例》编写组编:《中国刑事审判指导案例·第4卷(侵犯财产罪)》,法律出版社2017年版,第302页。

[3] 在类似的案件当中,司法机关也表明了大致相同的立场。比如,在曾智峰、杨医男盗卖QQ号码侵犯通信自由案中,司法机关主张:"根据刑法解释的一般原理,可归纳财物的三个基本特征:客观性、专有性、经济性。客观性就是指财物是客观存在的,不是存在于人们的想象当中……专有性就是指财物有归属,不是无主的,而且能够被人们所控制支配……经济性即……是否有价值……有价值,指的是经济价值,不是精神权益。"参见曾智峰、杨医男盗卖QQ号码侵犯通信自由案,载《人民法院案例选》(2007年第1辑,总第59辑),人民法院出版社2007年版,第51页。

应当说这个概括是较为妥当的,但其内涵需要进一步明晰。

(一)财物应具有经济价值

关于这一点,需要澄清几个问题:第一,如何理解财物的价值?第二,财物的价值应当从客观方面还是从主观方面加以判断?第三,财物的价值是否仅限于经济价值?

1.财物有无价值的判断

按照一般理解,价值是指客体对主体的效用,"价值,因为它是同人类生活相关的客体的固有属性与评价它的主体相互作用时产生的功能。"[1]同时,我们对于价值的理解是从事物的固有属性出发,认为能满足人们对物之固有属性加以利用需求的,才可称为有价值之物。反之,则为无价值之物。实践中,司法机关也在许多案件中表达了这种立场。比如,在江贤红盗窃案中,司法机关主张,"药品是一种特殊商品,必须是真药才有价值,被盗药品的真实性值得怀疑",未将被告人盗窃药品的行为纳入盗窃罪的评价当中。[2] 在袁辉等职务侵占案中,司法机关根据《食品卫生法》第9条"超过保存期限的食品属于不符合卫生标准的食品,禁止生产销售"的规定(已失效,该条被《食品安全法》吸收),认定过期饮料应是无价值产品。但同时主张,因饮料失去价值,易拉罐空壳沦为废品,易拉罐空壳可以作为废品回收,因此,"犯罪人侵占的财物的实有价值的存在",认定职务侵占罪罪名成立。[3]

但这种立场有可疑之处。因为司法机关在诸多判决中仍然认为毒品等违禁品以及网络游戏中的虚拟装备等都存在交易市场,因而也认定此类物品有价值存在,能够成为财产犯罪的对象,尽管这些物品不能进行公开、合法的交易。也即凡物只要具有可交易性——能够通

---

[1] 〔日〕牧口常三郎:《价值哲学》,马俊峰、江畅译,中国人民大学出版社1989年版,第20页。

[2] 参见江贤红盗窃案,载《中国审判案例要览·1999年刑事审判案例卷》,中国人民大学出版社2002年版,第213—216页。

[3] 参见袁辉等职务侵占案,载《中国审判案例要览·2000年刑事审判案例卷》,中国人民大学出版社2002年版,第222—226页。

过交易而获取经济上的利益——均为有价值。按照这种逻辑,考虑到当下社会交易系统之发达的现状,几乎所有物品都可成为交易的对象,不独违禁品,伪劣产品(如假药、有毒、有害食品等)也具有价值自属无疑。这将推翻司法机关在前述案件中所作裁判的正当性根据。

因此,对于财物价值的理解,不应当仅限于财物能够为人所利用,还应包括能够通过交易为人带来经济上的利益,无论这种利益是否正当。坚持这种立场最根本的理由,还在于财产犯罪的目的乃是通过保护人对特定物品的控制状态而实现对稳定社会经济秩序的保障,并非仅仅保护合法的财产利益。[1]

2. 客观价值与主观价值之辩

所谓客观价值,是指可以通过金钱交换的价值(经济价值),或对于社会上一般人具有一定价值(社会价值)。所谓主观价值,是指所有者或者持有者对于某物所具有的个人利益(个人价值)或某物存在主观上的感情作用(感情价值)。[2] 学说上的争议主要集中在对财物价值的判断是否需要同时满足客观价值与主观价值,还是只要满足其中一项即可?换言之,只具有客观价值的事物(如抛弃物)或只具有主观价值的事物(如情人的书信、爱人的照片等)能否成为财物?学说上通常认为,具有客观价值之物,都可以成为财产犯罪的对象。因此,即便是抛弃物,在持有者抛弃之前,行为人将其窃取的,仍然成立盗窃罪。但是,对于只具有主观价值之物能否成为财物,学说上的争议较大。在日本和我国台湾地区,都有学者主张,客观上虽无金钱价值,但如果所有者、持有者主观上认为有价值的,也应该认为是财物。[3] 我国学

---

[1] 坚持这种立场的法律根据乃是司法解释关于财物内涵的界定。1997年11月4日最高人民法院《关于审理盗窃案件具体应用法律若干问题的解释》第五条第(八)项规定:"盗窃违禁品,按盗窃罪处理的,不计数额,根据情节轻重量刑。"该项规定被2013年最高人民法院、最高人民检察院《关于办理盗窃刑事案件适用法律若干问题的解释》第一条第四款吸收,本书的观点乃由该司法解释经逻辑推演而来。
[2] 参见张天一:《刑法上之财产概念——探索财产犯罪之体系架构》,台湾辅仁大学法律系2007年博士论文。
[3] 关于日本学者的观点,参见[日]大塚仁:《刑法概说(各论)(第三版)》,冯军译,中国人民大学出版社2003年版,第201页。关于我国台湾地区学者的观点,参见林山田:《刑法各罪论(修订五版)》(上册),北京大学出版社2012年版,第214页。

者则认为,"判断某种物品是否具有经济价值,其标准应是客观的,不能以主观上的标准来评判。经济价值是指能够用客观的价值尺度衡量的经济效用。某件物品是否具有经济价值,主要通过市场关系来体现。"[1]

对此,本书的立场是,财物价值只应从客观层面加以判断。理由是:仅具有主观价值的物品,由于无法与外界发生联系,不具有对财产秩序的影响,自无运用财产犯罪加以保护的必要。反之,当这些仅具有主观价值的物品在某些情况下进入公众视野,而为社会一般人认为有价值时,其当可被认为具有了客观价值,从而成为财物。[2]

3. 财物的价值应以具有经济价值为限

这里主要讨论的问题是:第一,仅有使用价值而无交易可能的事物是否为财物?第二,本身不具有经济价值,但却体现了一定的经济价值的物品(例如欠条、国库券等债权凭证)是否为财物?

对此,本书认为,事物如无通过交易获取经济利益的可能,便不具有财物的本质属性。因此,对于阳光、空气等虽有使用价值但无交易价值的事物,不能成为刑法上的财物。

至于债权凭证能否成为刑法上的财物,则取决于其与所代表的权利之间的关系。对于债权凭证本身与所代表的权利之间联系紧密,以至于可以将债权凭证视为债权本身的,债权凭证的转移占有等同于债权的转移占有,此时,债权凭证的交易就能够引发财产格局的变动,自然可以承认其具有可交易性,从而认定为刑法上的财物,例如国库券等不记名有价证券。至于欠条,虽然也代表一定的权利,但欠条在本质上不过是债权债务关系的证明,欠条的转移占有并不会导致债权债务关系发生变动,因此,尽管在事实上欠条也能够进行交易(比如小偷将窃得的欠条出售给债务人),但仍不能认为其属于刑法上的财物。

总之,可以这样说,凡在事实上能够作为交易对象,通过交易活动为持有者带来一定的经济利益,并且造成财产利益格局变动的事

---

[1] 赵秉志主编:《侵犯财产罪研究》,中国法制出版社1998年版,第159—160页。
[2] 比如名人的日记、幼时的照片等物,伴随着名人的影响而具有了某种收藏价值,从而成为可交易的对象,也不排除其具有客观上的经济价值。

物,可认为具有经济价值,从而满足财物的第一属性。

(二)财物应具有可支配性

所谓可支配性应当从两个方面来确定:第一,财物能否特定化、能否按照某种尺度进行衡量(通常的衡量尺度即为金钱);第二,财物能否为人所排他性控制。[1] 比如,流动的水不被认为是财产,就是因为它无法被特定化,也无法对其进行排他性控制,但装入桶中的净化水则可以成为财物。

之所以要强调财物的可支配性,是因为对财物的实力控制是实现财物价值的前提。主体要利用物的自然属性从而实现物的使用价值,就必须对物有某种程度的控制,非此不能物尽其用。同样地,主体要通过对物的处分以实现经济上的利益,同样需要对物有控制,否则,基本的交易过程便无法完成。可以说,处分财物是以支配财物为前提的,而处分行为是实现财物价值的最终方式。

此外,财物的支配必须具有排他性也是与财物的价值实现密切相关的,所谓排他性支配是指主体可以无障碍地将自己的意志投射到特定物体之上,从而使物成为自由意志的外在表现。对物的排他性支配还意味着行为人对物的控制具有排斥他人干涉的事实效果,换句话说,他人如果在同一物上行使控制力,将必然侵犯到主体对物的支配。之所以要强调支配的排他性,同样因为这是实现物的价值的必然阶段。倘若在一个物上还存在其他支配力,主体便不可能顺利地通过交易实现经济利益,物的价值也无从体现。对于刑法而言,财产犯罪所要保护的是特定主体对特定对象物的实力支配,借此维系一种稳定的财产秩序。更进一步讲,财产犯罪所要规制的行为应当是行为人对他人支配之物的侵犯,该侵犯必然会影响他人对物的使用和处分,从而造成某种程度的损失。当某一物可以同时为数人所控制,并且不影响其使用价值和交易价值的实现,便不能被称为财物,也不能够成为财

---

[1] 参见高富平:《物权法原论——中国物权立法基本问题研究》(中),中国法制出版社2001年版,第400页。

产犯罪的保护对象。[1]

据此,诸如知识产权和信息(如商业秘密)因其在本质上不具有排他性支配的可能,便不能成为刑法意义上的财物。究其原因,乃在于第三人对知识产权和商业秘密的不法使用,尽管削弱了合法的权利主体借此获得经济上收益的可能性,但并未妨碍主体对物本身的使用和处分。以商业秘密为例,第三人非法窃取之后,固然可以利用该商业秘密获取经济利益,但是权利人并不因此就失去了对商业秘密的控制,他仍然可以使用商业秘密,还可以将其出售给第三方。而有体物则不然,当行为人窃取了被害人的电脑时,被害人已然失去了对电脑的控制,既不能实现电脑的使用价值,也不能通过交易实现电脑的经济价值。这也是刑法为什么不以财产犯罪来保护知识产权和商业秘密的原因,尽管他们都属于财产。

(三)财物应具有"他人性"

刑法虽然在财产犯罪的表述上并没有明确必须是"他人的财物",但从财产犯罪的行为构造而言,必须是行为人对于他人财物的占有状态的破坏,因此,在解释论上,我们普遍接受了财产犯罪的侵害对象必须是"他人的财物"这样一个合乎逻辑的结论。据此,所有权人放弃了所有权的抛弃物或无主物,不能成为财产犯罪的侵害对象。[2]

财物的他人性不仅限于财物属于他人所有,还包括财物处于他人占有之下。换句话说,无论他人是否基于合法的权源而对财物形成法律上的或是事实上的支配力,都不妨碍财物的"他人性"。对此,司法机关在叶文言、叶文语等盗窃案中表明了自己的立场:

> 根据刑法第二百六十四条的规定,盗窃罪的犯罪对象是"公私财物"。这里的公私财物实际上是指他人占有的公私财物。所

---

[1] 并不排除刑法可以通过其他罪名加以规制的可能。
[2] 当然,原所有者放弃所有权的物,并不一定就是无主物。日本最高裁判所有判例认为,掉在高尔夫球场周围水池中的高尔夫球,原所有者(打球者)虽然放弃了所有权,但高尔夫球场对其享有所有权,因此,第三者将水池中的高尔夫球捞起来拿走,构成盗窃罪。参见刘明祥:《财产罪比较研究》,中国政法大学出版社 2001 年版,第 29 页。

谓他人,是指行为人以外的人,包括自然人、法人和其他组织。他人占有意味着他人对该财物可能拥有所有权,也可能没有所有权。对没有所有权的财物,他人基于占有、控制之事实,负有保管和归还财物的义务。如果在占有期间财物丢失或毁损,占有人依法应负赔偿责任。从这个意义上说,没有所有权的财物在他人占有、控制期间应当认定为他人即占有人的财物。[1]

在这里,尚需明确的问题还有:第一,祭葬物是否为他人财物?第二,他人合法占有而本人拥有所有权的财物是否为他人财物?[2]

所谓祭葬物包括两类:一是尸体、遗骨、遗发、骨灰等放在棺内埋葬之物;二是随棺埋葬的陪葬品。对于前者,由于《刑法》第302条规定了盗窃、侮辱、故意毁坏尸体、尸骨、骨灰罪,不以财产犯罪论处。对于后者,以往我国刑法学界的通说认为,埋葬在坟墓中的物品,可以成为盗窃罪的对象。[3] 最高人民法院、最高人民检察院1992年12月11日发布的《关于办理盗窃案件具体应用法律若干问题的解释》第七条第(二)项也规定:"盗窃其他墓葬(指除有文物价值的古墓葬之外的其他墓葬——引者注),窃取财物数额较大的,以盗窃罪论处。"但这个司法解释值得推敲。因为以常理论,祭葬品系祭献给死者的物品,死者无人格,无法律上的权利能力,自无所有权之说;而对生者言,生者对祭献给死者的物品难谓有所有或占有的意思,这与有主坟墓不同。[4] 从财产犯罪的保护目的出发,随葬品既然不归属于任何人,则窃取随葬品的行为也不会给他人造成经济上的损失,自无以财

---

[1] 叶文言、叶文语等盗窃案,载中华人民共和国最高人民法院刑事审判第一庭、第二庭编:《刑事审判参考》(总第43集),法律出版社2005年版,第41页。
[2] 有不少学者在财物的他人性项下讨论违禁物、人体的组成部分是否属于财物的问题(参见刘明祥:《财产罪比较研究》,中国政法大学出版社2001年版,第30—37页)。但笔者认为,违禁物能否成为财物的关键不在于是否具有他人性,而在于有无值得刑法保护的财产上的利益。人体的组成部分能否成为财物的关键乃在于是否具有交易价值而能产生经济利益。对此需要特别讨论。
[3] 参见高铭暄、王作富主编:《新中国刑法的理论与实践》,河北人民出版社1988年版,第583页。
[4] 参见周旋:"公私财物"之内涵分析——以侵犯财产罪司法适用为中心,华东政法大学2010年博士论文。

产犯罪保护的必要。只是,在解释论上,可以将窃取随葬品的行为评价为侮辱尸体的表现形式[1],适用《刑法》第302条加以规制。

就他人合法占有的本人财物是否属于财物而言,司法机关的立场倾向于肯定说,即窃取他人合法占有的自己财物的行为,成立盗窃罪。[2] 这种主张最终的理由是他人失去对财物的占有将导致其承担民事上的损害赔偿的不利后果,因而造成财产损失。当然,倘若不具备此项特征,则不以盗窃罪论处。不过,这种逻辑有可疑之处。因为,合法占有者遭受损失的前提既可能是占有者主动履行了偿还义务,因而遭受损失;也可能是所有者向占有者索赔,从而造成占有者的财产损失。无论哪种结果,都包含所有者在窃取行为之外的后续行为。前者是所有者未履行说明义务,使得占有者产生错误认识(即需要对所有者进行赔偿),进而处分了自己的财产,这是一种不作为;后者则是所有者以作为的方式隐瞒真相,同样使占有者产生错误认识,进而处分自己的财产。对于占有者而言,他所遭受的损失并非失去对他人所有物的占有,而是因赔偿而支付了占有物的对价。真正需要进行刑法评价的并非所有者窃取本人财物的行为,而是所有者以作为或不作为的方式从占有者处获得财物的行为,这种行为应当能够评价为诈骗罪。

这样看来,否认他人合法占有的本人财物属于财产犯罪的对象才是合乎逻辑的结论。否则,《刑法》第314条(非法处置查封、扣押、冻结的财产罪)将无适用的可能。因为行为人窃取查封、扣押、冻结的财产的行为完全符合盗窃罪等财产犯罪的构成要件,没有必要再运用《刑法》第314条进行评价。[3]

---

[1] 因为侮辱尸体的实质是对死者的人格尊严以及生者的感情寄托的侵犯,窃取随葬品的行为无疑符合这一点。

[2] 在孙潇强盗窃其质押给债权人的质物案[参见《人民法院案例选》(2002年第3辑,总第41辑),人民法院出版社2003年版,第64—65页]、郭玉敏盗窃案[参见《人民法院案例选》(2003年第1辑,总第43辑),人民法院出版社2003年版,第31—35页]、叶文言、叶文语等盗窃案[参见《刑事审判参考》(总第43集),法律出版社2005年版,第42—44页]中,司法机关表明了这种立场。

[3] 当然,在学理上,更多是通过在这种场合下否认行为人具有非法占有目的而进行出罪处理。但是,直接从客观方面否认财物的他人性,更能满足逻辑上的一贯性,尤其是在行为人事后有索赔行为的情况下。

(四)小结

至此,我们可以给刑法上的财物下一个定义:凡具有经济价值,可为他人排他性支配的财产,均为财物。

在此基础上,我们要进一步明确财物概念的边界。

第二节 财物的范畴

现代社会中,财产的存在方式多种多样,有的直接表现为实体物,有的则表现为抽象意义上的权利。相应地,财物的表现方式也各不相同。有的财物的物质形态与价值内涵相统一(如有体物),有的财物则表现为物质载体与价值内涵相分离(如权利凭证)。因此,当我们明确了财物概念的内涵时,还应当以一定标准对财物的类型进行划分,从而明确财物概念的外延。

一、财产的类型

从罗马法以来,对物的划分就有有体物与无体物的区别。盖尤斯认为,有体物是具有实体存在,可以由触觉认知的物体。无体物则指没有实体存在,仅是由人们拟制的物,即权利。有体物如土地、奴隶、金钱、衣服等;无体物如债权、用益权、地役权等。[1] 相比后世民法关于物的定义,罗马法对物的理解更符合财产的概念,即站在能给人带来经济利益的角度而非物质形态的角度来界定物的概念。英美法将物分为具体物和抽象物。具体物相当于有体物,系指有可感知的物理存在形态的物体,而抽象物则属于人的思想意识的创造,尽管"它们具有价值,但其价值并不直接附属于任何实物客体"[2]。具体物与抽象物的划分同有体物与无体物的划分大致相当。

王卫国教授在考察了现代财产的存在方式的诸多表现之后,重新

---

[1] 参见周枏:《罗马法原论》(上册),商务印书馆1994年版,第303页。
[2] [英]F.H.劳森、[英]B.拉登:《财产法(第二版)》,施天涛等译,中国大百科全书出版社1998年版,第15页。

构建了现代财产的框架。他对于财产的类型划分显然也借鉴了有体物与无体物的区别。根据他的见解,财产首先可分为有形财产和无形财产两大类。有形财产也就是传统物权法上的物,即有体物,包括不动产和有体动产。无形财产之下,分为知识财产和信用财产两大类。知识财产可分为归属保护型和利用保护型两类。其中,归属保护型的知识财产包括虚拟财产、商业秘密、特许经营权等以归属保护(排他性占有)为主要特征的知识财产;利用保护型的知识财产包括传统知识产权(专利权、版权、商标权)、新型知识产权(商誉、商号、商品外观、地理标志、集成电路布图设计、植物新品种等)以及人格标识利用权等以利用保护(专属使用)为主要特征的知识财产。信用财产包括货币、有价证券(股票、债券等)、可交易的债权(如应收账款)和股权(以及其他形式的投资利益)、金融衍生品(远期、期货、期权和掉期),等等。[1]

  王卫国教授的归纳可以说涵盖了财产类型的方方面面,但如前所述,刑法上的财物概念与财产概念之间存在距离,我们需要讨论的是:在现代社会,面对形形色色的财产,哪些才是刑法财产犯罪关注的对象。考虑到财产犯罪的规范保护目的,我们需要采用新的财产分类形式,以便明确刑法上的财物范畴。最妥当的办法,就是按照财产的存在方式对财产进行划分。在此,本书将财产分为四种类型:实物型财产、权利寄托型财产、电子数据型财产和权利利用型财产。

  实物型财产即指传统意义上的自然物,占据一定空间,可为人所感知,包括有体动产和不动产。在现代社会,随着财产内容的多样化,实物型财产在财产中所占的比重不断下降,但其与人们日常生活的关系并不因此而淡化,法律对于实物型财产的保护也不因此而弱化。从价值层面来考察,实物型财产的特点是价值内涵与外在物质形态合二为一。

---

[1] 参见王卫国:《现代财产法的理论建构》,载《中国社会科学》2012年第1期。应当指出的是,在王教授的财产类型划分中,除有形财产和无形财产之外,还有一类集合财产,包括企业和遗产。从企业和遗产的内容来看,均可还原为有形财产和无形财产,同时,这种财产分类的意义对本书的影响不大,故不列于此。

权利寄托型财产是指通过一定的物质载体反映其内在价值属性的财产。这类财产从本质上讲是具有经济利益的权利,但是权利的价值属性通过一定的可感知的物质载体表现出来,包括货币、有价证券、金融衍生品,等等。权利寄托型财产的最大特点是权利的物质载体与价值内涵相分离。权利的物质载体本身可能价值微薄,但其所代表的经济利益可以十分巨大。进一步讲,对权利寄托型财产而言,控制权利的物质载体并不必然意味着控制其价值内涵。以银行存单为例,对于持有者而言,对存单的控制并不必然等于对存单所代表的金钱的控制,只有凭借存单这项权利凭证向银行行使债权请求权,才能真正实现存单所代表的金钱价值。

根据权利的物质载体与价值内涵的关系密切程度,还可以将权利寄托型财产进一步分为物化权利寄托型财产和证权权利寄托型财产。前者系指权利所赖以寄存的物质载体与其所代表的权利本身合二为一,对物质载体的控制就等于对经济价值的控制。比如提单,在国际贸易实践中,提单被视为货物的象征。提单可以作为买卖的标的,买卖提单等于买卖提单所代表的货物;转让提单,也等于转让提单所代表的货物的权利。此外,不记名的有价证券也具有这种特征(如不记名的票据、债券、股票等)。在这种场合,可以将代表经济价值的物质载体本身视同自然物。后者则指物质载体与其所代表的权利之间并非全部重合,对物质载体的控制并不能视同控制其所代表的权利。反过来,失去对物质载体的控制也不意味着丧失了对权利的控制。记名的有价证券和权利凭证即属此类。比如记名存单,法律明确规定,记名存单的所有人在丧失存单后,可以通过挂失等程序实现对银行的债权。这就意味着以非法方式占有记名存单的行为人并没有排除所有人对存单所代表的金钱的控制。

电子数据型财产在本书的语境下特指网络虚拟财产。网络虚拟财产,一般是指在网络游戏中寄于某一ID之下的各种虚拟物品、虚拟货币,甚至包括显示该ID的级别、段位等信息的电磁数据。网络虚拟财产的表现形式包括账号、免费与收费的电子邮箱、虚拟货币、虚拟装备,等等,是存在于特定网络虚拟空间内的。这类财产的特殊性表现在其存在只是依托于网络,在与网络空间相对立的现实中,是不具有任何物理形状外观且无法独立存在的。网络虚拟财产的本质乃是存在于服务器中,并流通于网络间的电子数据,即电磁记录。换言之,虚拟财产没有现实世界的对应物。但是,虚拟财产在事实上的可支配性与可交易性,使我们不能否认其财产属性。这里还需要强调的一点是,随着计算机技术的迅猛发展,很多财产都以电子数据的形式表现出来,比如电子货币、电子票据,等等。网络环境下的一组数据就代表了人们对特定金额财产的支配。但这种以电子数据形式表现出来的财产,并没有改变财产的本质属性,只是改变了财产的表现方式而已。以电子票据为例,无论是实物形态的纸质票据,还是电子数据形式的电子票据,都是金钱债权的表现形式。对于纸质票据和电子票据的持有人而言,他们的权利行使与利益实现,并不会因为票据的表现方式的改变而有所不同。

权利利用型财产从财产本质上讲是一种权利,但是这种权利并没有现实的对应物(这与权利寄托型财产不一样)。这类财产的经济价值的实现"主要以先进知识在消费产品和新型服务中体现出来"[1]。换句话说,没有对权利的利用,权利的财产价值便无法体现。这类财产包括知识类财产,即创造性成果与经营性标记;资信类财产,如商誉、信用、形象等财产化商业人格利益;以及特许类财产,指由主管机关所特别授予的资格、优惠、特权等法律利益所构成。[2] 这类财产的特点在于非物质性与可复制性。正因为如此,权利人对财产的控制不是表现为对其物质形态的支配,而是在于凭借自己作为权利人的身份所享有的许可他人使用权。以著作权为例,著作权人对于自己创作的作品本身的控制并不能带来经济上的利用,只有在许可他人消费、使用的过程中才能实现作品的经济价值。著作权人对作品本身是否形成排他的支配并不影响其享受权利所带来的经济利益。

---

[1] 吴汉东:《财产的非物质化革命与革命的非物质财产法》,载《中国社会科学》2003年第4期。

[2] 吴汉东:《财产的非物质化革命与革命的非物质财产法》,载《中国社会科学》2003年第4期。

在明确了财产类型的前提下,我们就可以借此来划定刑法上的财物概念的边界。

二、刑法上的财物范畴(一):正面论证

(一)实物型财产属于刑法上的财物

对于有体动产属为刑法上的财物,从学说到司法实践乃至社会观念都没有异议。可以说,刑法上的财物概念从内涵到外延的发展都是由有体动产而来。有疑问的是,不动产是否也属于刑法上的财物?

根据本书对财物的界定,不动产可用于交易,具有经济价值,也可成为他人排他性支配的对象,因此肯认不动产作为刑法上的财物不存在障碍。但是,由于不动产的特殊性,侵犯不动产是否符合财产犯罪所规定的行为类型的要求,不无疑问。需要说明的一点是,刑法上的动产与不动产的划分与民法略有差别。其区别的关键,只在于物是否可移动这一点上。不动产的成分在与不动产分离后,即成为动产,因而行为人将其变为可移动物体时,例如砍伐他人土地上的树木,或挖去他人房屋上的砖木而窃取者,仍属盗窃他人动产而成立盗窃罪,这在以德国为代表的大陆法系国家也普遍被认可。[1] 在大陆法系国家,不动产可以成为诈欺罪、恐吓罪、侵占罪的对象已无异议。但是不动产能否成为盗窃罪、强盗罪的对象,在认识上则有分歧。[2] 我国刑法理论界对抢夺罪、聚众哄抢罪、挪用资金罪的对象只限于动产已无异议。[3] 但对盗窃罪、抢劫罪的对象是否以动产为限则有不同认识。有学者认为,盗窃罪、抢劫罪的侵害对象不包括不动产[4];有学者认

---

[1] 参见林敏生:《论刑法上财物之概念》,载蔡墩铭主编:《刑法分则论文选辑》(下),五南图书出版公司1984年版,第715页。

[2] 参见刘明祥:《财产罪比较研究》,中国政法大学出版社2001年版,第24页。

[3] 这一方面是因为刑法规定的行为方式与不动产的特性不兼容(抢夺罪、聚众哄抢罪),另一方面则因为法条罪状描述的限制性规定(挪用资金罪)。但必须说明,这样的结论是经验上的概括,并非逻辑推演的结果。因此,随着社会技术手段的不断更新,并不排除不动产成为此类犯罪的对象的可能性。

[4] 参见金凯主编:《侵犯财产罪新论》,知识出版社1988年版,第7页。

为,不动产可以成为盗窃罪、抢劫罪的对象[1];盗窃罪的对象除动产之外,还可以是不动产。[2]

从各国的立法例来看,在盗窃罪的场合,通常否认不动产能够成为盗窃罪的对象,而是通过单独立法的形式对不动产加以保护。如《日本刑法典》第235条规定,"窃取他人的财物的,是盗窃罪……"同时在第235条之二规定,"侵夺他人的不动产的,处十年以下惩役。"我国台湾地区"刑法"第320条第1款规定,"意图为自己或第三人不法之所有,而窃取他人之动产者,为盗窃罪……"该条第2款又规定,"意图为自己或第三人不法之利益,而且窃占他人之不动产者,依前项之规定处断"。英国《1968年盗窃罪法》第4条第2款也规定了土地等不动产可以成为盗窃罪对象。[3] 在抢劫罪的场合,或者明确规定抢劫罪的对象只限于动产,如《德国刑法典》第249条规定,"意图使自己或第三人不法占有他人财物,以暴力或以身体或生命受到现实危险相威胁抢劫他人动产的,处1年以上自由刑";或者只规定抢劫罪的对象是财物,对其性质不加限定,如我国台湾地区"刑法"第328条规定,"意图为自己或第三人不法之所有,以强暴、胁迫、药剂、催眠术或他法,至不能抗拒,而取他人之物或使其交付者,为强盗罪"。

在中国刑法的语境下,如果从立法用语("公私财物")来考察,将不动产纳入盗窃罪和抢劫罪的保护范围并不存在解释上的障碍。学者们在这个问题上的谨慎态度主要出于两点考虑:第一,从语义上分析,盗窃罪在客观方面要求"秘密窃取",这就决定了只有可移动物才

---

[1] 参见张明楷:《刑法学》(第四版),法律出版社2011年版,第844页。
[2] 参见高铭暄、王作富主编:《新中国刑法的理论与实践》,河北人民出版社1988年版,第588页。
[3] 该条规定:"一个人只有在下列情况下才能构成盗窃土地和作为其组成部分的物品;或者构成盗窃被他或者按他的指示从土地分割出来的物品等罪:(a)受托管人、财产所有人之代理人、委托书授权的人或者公司的清算人,违法所给予的信托,出卖或者处置属于他人的土地,通过对土地的处置将该土地或者作为其组成部分的任何物品据为己有的;或者(b)本人不占有土地,而通过分割土地或者使土地被分割,或者待土地被分割以后,将作为土地组成部分的任何物品据为己有的;或者(c)因租赁而占有土地,把随着该土地而允许使用的地上固定物或者建筑物的全部或者一部据为己有的。"

能符合该项要求。对不动产只能以"窃占"的方式加以侵害(抢劫罪亦然)。[1] 第二,不动产所有权关系的变更和转移,必须通过严格的法律程序才可能完成。当有关不动产的合法手续(登记)没有转移之前,行为人对不动产即使已行使事实上的控制,也不能彻底排除权利人的有效控制。

但是,这两项理由并不充分。首先,从实践上讲,对不动产完全可以"秘密窃取"。行为人完全可以在被害人不知情时,取得对不动产的事实支配。其次,即使将盗窃罪和抢劫罪的法益理解为对财产所有权的侵犯,在不动产的场合,只要行为人排除了权利人对不动产的控制,从而形成了自己对不动产的事实上的支配,就已经侵犯了不动产所有人的所有权。至于不动产所有权关系变更的程序限制,其意义只在于增加权利人恢复权利的便利和增加行为人处分不动产的难度而已,并不能因此改变行为的性质。况且,诸如机动车等大型动产,法律同样规定了类似不动产的所有权关系变更的严格程序,但没有人否认盗窃、抢劫机动车的行为成立相关犯罪。

因此,将不动产视为刑法上的财物,作为盗窃罪、抢劫罪的对象,没有解释论上的障碍。

(二)权利寄托型财产能够成为刑法上的财物

权利寄托型财产本身具有经济价值毋庸置疑,而且由于这类财产往往通过一定物质载体表现出来,其能够为人排他性支配,并成为交易的客体。我们需要讨论的是,权利寄托型财产究竟可以表现为哪些形式。

权利寄托型财产所寄托的物质载体,我们可以称之为权利凭证。权利凭证是权利人表征权利的手段,是行使权利的前提。根据我国资深民法学者谢怀栻的观点,权利凭证可以分为两大类,一类是证书,一类是证券。[2]

---

[1] 参见王玉珏:《刑法中的财产性质及财产控制关系研究》,法律出版社2009年版,第118页。
[2] 参见谢怀栻:《票据法概论》(增订版),法律出版社2006年版,第2页。

证书是记载一定法律事实或法律行为的文书,如结婚证、房产证等,其作用仅在于证明这种法律事实或法律行为曾经发生。证书只能作为证明手段而存在,证书的有无和存在与否并不能直接决定实体的法律关系之存在与否。因此,证书只能记载权利,不能代表权利。

证券不仅记载一定权利,而且本身就代表一定的权利。证券依照与其所代表的权利之间的联系密切程度,可分为三类:金券、资格证券和有价证券。[1]

1. 金券

金券是标明一定的金额,只能为一定目的而使用,与权利密切结合而不可分的一种证券。例如,邮票就是一种金券。持有邮票是行使权利的唯一条件,离开邮票就绝对不能行使权利。金券与权利的合二为一,使得它基本上可以被当作有价值的物来看待。除此之外,各种票证,如车、船、门票等,既是一种服务合同凭证,又是一种有价证券。由于这些票证多是不记名的,因此,谁持有票证,义务人就有义务向谁提供服务。票证可以转让或倒卖,在特殊情况下还可以兑现(如退票)。[2]

2. 资格证券

资格证券是标明持有这种证券的人具有行使一定权利的资格的证券。持有证券的人可以凭证券向义务人行使一定的权利,义务人向持有证券的人履行义务后即可免责,故又称免责证券。[3] 例如,火车行李票、存物证、存车牌等。需要强调的一点是,资格证券所代表的权利具有相对性,持有者只能向特定的对象行使证券上的权利,并且这种权利不可转让,因此,资格证券所代表的权利不具有财产属性。

3. 有价证券

有价证券是一种表示具有财产价值的民事权利证券,权利的发

---

[1] 参见谢怀栻:《票据法概论》(增订版),法律出版社2006年版,第3页。

[2] 当然,随着火车票的实名制推行以来,火车票和飞机票一样具有了严格的对人性。因此,实名制的火车票和飞机票虽然在性质上也是一种有价证券,但不能转让给第三人。

[3] 参见谢怀栻:《票据法概论》(增订版),法律出版社2006年版,第3页。

生、转移和行使均以持有证券为必要。[1] 依据有价证券所表示的权利内容,可以将有价证券分为物权证券、债权证券、股权证券和衍生证券。[2]

(1)物权证券。

这是指征表物权的证券,包括提单和仓单等。持有人拥有此证券,即对该证券指向的标的物享有物权。以提单为例,在国际贸易实践中,提单被视为货物的象征。控制了提单就等于控制了提单所代表的货物,所以提单本身已经具有了物的属性。[3]

(2)债权证券。

这是指征表债权的证券,持有人拥有此类证券,即对证券指向的人享有债权。债权证券包括以下几种形式:货币、债券、票据、代金卡。

A. 货币

货币的本质是商品交易的媒介,发挥一般等价物的作用。虽然传统的法律理念都将货币当作一种特殊动产来看待[4],但是货币有其独特的价值基础——信用。这种价值基础用最精练的语言概括,即"私人之所以接受这些纸张(即货币——引者注),是因为他们相信,别人也会接受这些纸张。这些绿色的纸张(即美元——引者注)之所以有价值,是因为每个人都认为这些纸张有价值。每个人之所以认为这些纸张有价值,是因为每个人的经验告诉他们,这些纸张有价值"。[5] 货币的历史经历了实物货币到金属货币再到信用货币的发

---

[1] 参见高富平:《物权法原论——中国物权立法基本问题研究》(中),中国法制出版社2001年版,第436页。
[2] 参见刘俊海:《现代证券法》,法律出版社2011年版,第9页。
[3] 当然,这主要是针对可转让的凭指示提单,对于不可转让的记名提单,提单本身并非关于货物权利的凭证,记名的人的身份则是提货的基础。参见赵德铭:《提单作为权利凭证的物权属性——关于中英法律的比较研究》,载梁慧星主编:《民商法论丛》(第7卷),法律出版社1997年版,第119页。
[4] 比如,在英国,法律将货币界定为:"由法定机构发行,以计量单位称谓并作为普遍的交换手段的所有动产。"参见[英]F.H.劳森、[英]B.拉登:《财产法(第二版)》,施天涛等译,中国大百科全书出版社1998年版,第35页。
[5] [美]米尔顿·弗里德曼:《货币的祸害——货币史片段》,安佳译,商务印书馆2006年版,第14页。

展流程,这个过程可以概括为货币的非物质化进程[1],也就是逐渐暴露其信用本质的过程。在中央银行统一发行可兑换纸币的制度确立之前,货币的价值基础取决于"物的信用"(如作为一般等价物的实物或贵金属),但在此之后,货币的价值基础就转变为"国家信用",货币与贵金属之间的联系日益松动。1944年确立的布雷顿森林体系是迄今为止最后一个将货币与贵金属联系起来的国际货币体系。在这一体系中,美元与黄金保持固定比价而其他货币与美元保持固定比价,只有主权国家有权将他们持有的美元兑换为黄金,世界各国的货币通过美元与贵金属保持极为脆弱的间接联系。1971年8月15日,尼克松总统宣布"关闭黄金窗口",停止美元与黄金之间的兑换。贵金属与纸币之间的联系被彻底切断。[2]

纸币与黄金的彻底脱钩,使得货币的信用价值基础彻底暴露出来,某种货币是否具有价值与其采用何种货币材料不再有任何经济上和法律上的关系。纸币的价值完全依赖于发行者的信用,而其支付效力则完全由法律加以规定。可以说,从纯粹信用货币产生时起,货币在法律上就绝然不可能再是一种特殊的"动产"了。[3]

对货币的性质作这样的论述,目的就在于,我们应当改变对货币的传统观念,在从货币现钞到存款货币、电子货币乃至货币票据的发展过程中,货币的表现形态已经多样化了。如果仍然从物的角度来理解货币的法律属性,则无法适应现代社会的发展。这一点在存款占有的问题上表现得十分明显。恪守传统的将货币理解为"物"的民法理论,就必然面临着如何解释存款人对存放在银行里的货币的占有问题,无论是银行占有说,还是存款名义人占有说都有无法解释的缺陷。在学说上,任何合逻辑的理论阐述都不得不突破货币属于物这一传统

---

[1] 参见刘少军、王一轲:《货币财产(权)论》,中国政法大学出版社2009年版,第69页。
[2] 弗里德曼对此评价道:"自那以后,再没有哪一种主要货币与商品有任何联系。虽然各国中央银行包括美国联邦储备体系仍然在其会计账簿上以一个固定的名义价格为黄金保留一个记账科目,但那只是已消失的咧嘴傻笑的柴郡猫的微笑而已。"[美]米尔顿·弗里德曼:《货币的祸害——货币史片段》,安佳译,商务印书馆2006年版,第19页。
[3] 参见刘少军、王一轲:《货币财产(权)论》,中国政法大学出版社2009年版,第58页。

见解。

因此，本书将货币径直理解为一种有价证券，它代表的是持有人凭借所持的货币（无论是现钞形式还是权利凭证形式的货币）向特定对象的财产支付请求权。这样就可以化解在货币占有问题上的矛盾。[1]

B. 债券

债券是按照法定程序发行，由投资人认购的有价证券。债券持有人有权按照约定，到期或定期取得利息，并归还本金。这些债券可以转让、设质、赠与和继承。债券按照发行人不同，分为国库券（国债）、银行债券、企业债券及市政债券等。[2]

债券通常分为记名和不记名，债券均属权利形态的财物。只是两者的转让方式不一样，记名债券要求采取背书的方式，而不记名债券，则以简单交付即可实现债权的转移。因此，不记名债券已经完全被物化，债券所载权利与债券的持有绝对不可分离。

C. 票据

票据是发票人依法发行的，由自己无条件支付或委托他人无条件支付一定金额的有价证券。[3] 这种证券一般作为支付手段使用，在一定条件下可以转让和流通，证券的持有人或票面上记载的权利人即取得这些票据所载金额。根据《票据法》的规定，票据包括汇票、本票和支票。

传统的票据法理论仍然将票据的性质定义为债权，票据权利人只是享有请求票据义务人（付款人）支付票面上金额的权利。但在现代社会，票据的流通性越来越被人们所看重，这种流通性使得票据的价值逐渐脱离基础关系，在很多时候发挥着取代现金支付的作用，甚至可以说，票据在某种意义上就是货币。"票据不仅具有补充货币的作用，而且有时还具有替代货币的功能，甚至还可以使将来的货币作为

---

[1] 关于存款的占有，下文将有详尽的论证。
[2] 参见高富平：《物权法原论——中国物权立法基本问题研究》（中），中国法制出版社2001年版，第442页。
[3] 参见谢怀栻：《票据法概论》（增订版），法律出版社2006年版，第16页。

现在的货币使用。"[1]正因为如此,有的教科书中,明确将票据定义为货币证券。[2]

票据是最典型的有价证券,票据的发生、转移和行使三者都以证券的存在为必要。票据是权利与证券的高度结合。

D. 代金卡

随着电子技术的发展,现代社会出现了许多替代货币持有和流通的卡,包括信用卡、存储卡、消费卡等。这些卡通常是人们以一定量的货币"兑换"而来,是货币的替代品,但一旦兑换行为完成,卡本身就具有了同货币一样的功能,即持卡人可以借此向特定的义务人主张某种财产权利。因此,对代金卡的理解,可以等同于货币。

需要注意的是,代金卡根据与持有人身份的关系分为纯粹的货币替代物(比如电话充值卡)和准货币替代物(如可充值的校园学生卡)。前者没有身份标识,任何持有者都可向特定对象主张权利,而后者在主张权利时需要同特定的身份结合起来(当然,这种结合可以通过某种形态来表现,比如加密的信用卡在使用时必须通过输入密码的程序来表明持卡人的合法身份)。

(3)股权证券。

这是指征表股权的证券,即股票。持有拥有此类证券,即对证券的发行公司享有股权。[3]

股权是伴随现代企业制度的发展而来的。股权是因投资入股而形成的一种财产权。投资人投资后便取得股东资格。在现代公司制度下,股东投资后即丧失对其投资物(金钱、实物、知识产权等)的直接支配权(所有权),转而形成一种非以实物支配为内容的财产权,即股权。

股权是一种以财产收益权为核心的综合性权利,包含分享资产收益、分配剩余资产和参与决策的权利。法律上将股东拥有的对公司的

---

[1] 邢海宝编著:《票据法》,中国人民大学出版社2003年版,第21页。
[2] 参见刘俊海:《现代证券法》,法律出版社2011年版,第10页。
[3] 参见刘俊海:《现代证券法》,法律出版社2011年版,第10页。

综合性权利抽象为股份,股份是实物形态的公司资本的另一种表现形式,是析分公司资本的最小单位,也是股东权利和义务的计算单位。因此,股份实质上是法律拟制出来的归每个股东享有的公司资产份额,它是抽象的、无形的。股东对自己的股份有完全的处分权,即享有转让、遗嘱处分、质押其股份的独立处分权。在这个意义上,股权已成为一种可转让、可处分的独立财产权。[1]

股票是公司签发的证明股东所持股份的凭证,股份与股票的关系形同表里,股票不能离开公司股份而存在,没有股份也就没有股票。由于股权以股份为客体,股份以股票为外在表征,因此股票也是股权凭证。作为一种有价证券,股票并未创设股权,只是把已经存在的股权表现出来。所以,股票是股权的载体,股权的客体为股份,股权通过股票而物化。

股票也分为记名股票和不记名股票。记名股票除非受到法律的明确限制,否则可以转让,只是需要采取背书方式并加以登记。无记名股票,在法律规定的交易场所、按照法定程序均可以自由转让。在这里,无记名股票完全演变为脱离原始出资行为的物,它适用谁持有、谁享有股权的占有推定所有权规则。换句话说,不记名股票在某种意义上脱离了基础法律关系而成为有独立价值的物。

但尽管如此,我们在法律理念上并不能直接将股票本身视为财物,真正的财物是作为物质载体的股票所承载的股权。

(4)衍生证券。

衍生证券(derivative security,也称衍生产品,衍生工具)是一种金融工具(financial instrument),其价值依赖于其他更基本的标的(underlying)变量。近年来,在金融领域,衍生证券变得越来越重要。许多交易所正在进行大量的期货和期权交易。金融机构与他们的公司客户在交易所之外的场外市场(over-the-counter,即 OTC 市场)频繁地进行远期合约、互换和其他不同种类的期权交易。其他更特殊的衍生产品

---

[1] 参见高富平:《物权法原论——中国物权立法基本问题研究》(中),中国法制出版社 2001 年版,第 452 页。

常常作为债券和股票发行的一个组成部分。

衍生证券也称为或有债权(contingent claims,或有求偿权)。衍生证券所依附的标的变量最常见的是可交易证券(traded securities)的价格。例如,股票期权是一个衍生证券,其价值依附于股票的价格。然而,正如我们看到的,衍生证券可以依附于几乎任何变量,从生猪价格到某个滑雪胜地的降雪量。

衍生证券的实质是以"信用信息"为基础的金融性合约。[1] 国际清算银行巴塞尔委员会在其1994年7月发布的《衍生产品风险管理准则》中将衍生产品定义为:"广义而言,衍生产品是一种金融合约,其价值取决于一种或多种标的资产或指数的价值。"[2] 中国银监会在《金融机构衍生产品交易业务管理暂行办法》中借鉴了巴塞尔委员会的做法,对金融衍生产品采用最原则性的定义:金融衍生产品是一种金融合约,合约的基本种类包括远期、期货、掉期(互换)和期权,衍生产品还包括具有远期、期货、掉期(互换)和期权中一种或多种特征的结构化金融工具。

以期货为例,期货交易买卖的最终标的物是某种货物,但直接标的物是期货合约。期货合约是在交易所达成的标准化的、受法律约束并规定在将来某一特定地点和时间交收某一特定商品的合同;期货合约是标准化的合约,唯一的变量是价格。这使得期货交易就表现为用一张合约去交换另一张合约,以对冲掉签约者实际交付现货的责任。因此,这种可交易的合约就具有了经济价值[3],能够成为他人支配的对象,属于财物的范畴。

必须要说明的一点,本书所列出的诸多权利凭证不过是权利寄托

---

[1] 参见孙放:《金融衍生品的本质特征及其监管制度——以美国次债为分析视角》,载《财经科学》2009年第4期。
[2] 国际清算银行:《巴塞尔银行监管委员会文献汇编》,中国人民银行国际司译,中国金融出版社1998年版,第147页。
[3] 当然,这种价值是不确定的,在金融衍生交易中至少有一方当事人的权利义务取决于依赖于合同签订以后发生的不确定事件,当事人支付对价获得的只是一个机会或在未来以一定价格履行的合同权利,因此,金融衍生品具有射幸性。参见倪浩嫣:《论金融衍生品的法律概念》,载《理论学刊》2009年第11期。

型财产的物质表现形式,而非财产本身,通过这些物质表现形式可以阐明此类财产的内涵和外延,并非意在以权利凭证来取代权利。即便是物化的权利寄托型财产(如不记名债券、股票、存单等),在理解上也不能将权利凭证等同于权利本身。行为人取得权利凭证的行为,在客观效果上导致被害人丧失了对权利的支配,但是行为的对象仍然是权利凭证所代表的权利。许多学者在讨论刑法上的财物时都会论证权利凭证是否是财物,并且不乏将物化的权利凭证等同于财物的见解。[1] 但这种理解没有搞清楚权利凭证的本质,因此,不管其结论如何,至少从逻辑上讲是不适当的。

(三)虚拟财产属于刑法上的财物

目前,学说上关于虚拟财产的概念有广义与狭义之分。广义的虚拟财产系指"虚拟的网络本身以及存在于网络上的具有财产性的电磁记录,是一种能够用现有的度量标准度量其价值的数字化的新型财产"[2]。狭义的虚拟财产则是指以网络游戏为基础,记载于网络游戏玩家在网络游戏中所控制账号内的,通过各种方式获得的"货币""宝物""武器""宠物""级别""段位"等并被保存在游戏服务器上的可供游戏玩家随时调用、创建或加入游戏的各种数据资料或参数。[3] 广义概念将所有存在于网络环境下的、具有经济价值且能够独立存在的客体均视为虚拟财产,而狭义概念则将虚拟财产的范围限缩在与网络游戏相关的客体上。在现代社会,财产的存在方式日新月异,财产的类型也层出不穷,广义的虚拟财产概念界定从财产的本质属性出发,无疑具有很强的包容性与前瞻性。相比之下,狭义的虚拟财产概念人为地限缩了虚拟财产的内涵,从而限制概念的界定功能。况且,从实践来看,我们已然认可了诸多网络游戏之外的具有经济价值的虚拟财产类型,比如,QQ 号码、虚拟货币等。所以,广义的虚拟财产

---

[1] 参见张明楷:《刑法学》(第四版),法律出版社 2011 年版,第 845 页。
[2] 杨立新、王中合:《论网络虚拟财产的物权属性及其基本规则》,载《国家检察官学院学报》2004 年第 6 期。
[3] 参见于志刚主编:《网络空间中虚拟财产的刑法保护》,中国人民公安大学出版社 2009 年版,第 25 页。

概念更为妥当。

虚拟财产的内涵是十分广泛的,我们需要明确的是,哪些虚拟财产能够成为刑法上的财物。我国学者林旭霞将虚拟财产分为三类:虚拟物、虚拟无形财产与虚拟集合性财产。[1] 所谓虚拟物是指对现实环境中客观存在的物质财富的模拟,包括网络游戏中的虚拟物(如游戏角色、游戏道具、装备等)、虚拟货币(如Q币、游戏币等)和注册通讯号码和通讯地址(如电子邮箱、QQ号等)。虚拟无形财产是对现实环境中无形的非物质财富的模拟,比如域名。虚拟集合性财产即虚拟有形财产与虚拟无形财产的集合,网站即其典型表现。

虚拟无形财产与虚拟集合性财产,本身虽然有经济价值,能够通过公开交易实现经济利益,但这两种财产不能为人所排他性支配,因此不符合刑法上的财物概念,不属于刑法所谓的虚拟财产。虚拟物则不然,目前学界较为一致的观点都承认虚拟物具有"物"的属性,并且学者们也从多方面论证了这一点,在此不予赘述。[2] 我们需要特别强调的一点是,对于网络游戏中的虚拟物和虚拟货币的财物属性,在刑法学界并没有太大的争议,司法实践中也有类似判决。[3] 问题集中在注册通讯号码和通讯地址是否是虚拟财产的争议上。

否认其属于财物的主要理由是:注册通讯号码和通讯地址是一种非稀缺资源,并且其获得并不需要特别的费用支出,因此,不能仅以其具有可交易性就承认其经济价值。以QQ号码为例,就目前的情况来看,QQ号码的取得方式有两种:免费申请和有偿取得。从理论上讲,QQ号码是数字的组合,这种组合可以是无穷尽的,因此号码可以无限发放。QQ号码本身没有任何价值和权利可言,它代表的是输入号码和密码以后能够使用腾讯公司的即时通信软件,这就是号码存在

---

[1] 参见林旭霞:《虚拟财产权研究》,法律出版社2010年版,第52页。
[2] 参见刘惠荣:《虚拟财产法律保护体系的构建》,法律出版社2008年版,第144—156页。
[3] 参见孟动、何立康盗窃案,载《中华人民共和国最高人民法院公报》2006年第11期。

的意义。[1]

问题的关键在于如何理解QQ号码的性质。我们肯定或否定QQ号码的财物属性其实都是一种误解。QQ号码存在的意义是承载发行者对号码持有人的一系列综合服务。从外观上看,QQ号码是数字的组合,不同号码间没有区别。但是,不同的号码持有人通过QQ号码进行的网络活动使得其所享有的腾讯公司提供的服务等级是不一样的(电子信箱同样如此)。QQ号码的持有人所享有的不同等级的服务,与其所进行的网络活动密不可分,在活动过程中,QQ号码持有人付出了劳动和金钱(比如,某些QQ服务功能需要支付费用才能享受),因此QQ号码才具有了价值和使用价值。可以这样说,QQ号码是一组综合网络服务的表征,真正的财产是网络服务的使用权,只不过其借QQ号码的形式表达出来而已。因此,QQ号码具备刑法上的财物属性。

三、刑法上的财物范畴(二):反面论证

根据本书对财产类型的划分以及前文的论证,实物型财产、权利寄托型财产和电子数据型财产都可以纳入刑法上的财物范畴,唯有权利利用型财产不属于刑法上的财物,原因是其不满足刑法上的财物的本质特征。

权利利用型财产主要是指知识产权等智力成果,现代法学家通常将此类财产称为无形财产(或无形物)[2],以区别于罗马法上的无形物。后者指没有实体存在,仅由人们拟制的物,即权利。[3] 换言之,罗马法的无形物的客体指向的是权利。而前者的客体则指向智力成果。如前文所述,权利利用型财产分为三类:第一,知识产权,包括著作权、商标权、专利权等传统知识产权以及商品外观、地理标志等新型知识产权;第二,资信财产,包括商誉、商号、形象等财产化的商业人

---

[1] 参见梁根林、余新喜、肖又贤、郭凯太:《盗卖QQ号码牟利的行为该如何定性》,载《人民检察》2006年第12期。
[2] 吴汉东:《无形财产权的若干理论问题》,载《法学研究》1997年第4期。
[3] 参见周枏:《罗马法原论》(上册),商务印书馆1994年版,第303页。

格利益;第三,特许经营权[1],包括商业特许[2]与行政特许[3]。

权利利用型财产最大的特征是,财产利益的实现不在于财产权人对客体的控制和利用,而在于允许他人使用。这就意味着权利人不可能对客体形成排他性控制。换句话讲,一旦排他性地控制了权利客体,财产本身就失去了其作为财产的资格。反过来讲,第三人不可能排除权利人对财产的控制而形成新的对财产的控制关系,只是其未经许可使用知识产权、资信以及特许经营权的行为会给权利人和合法的权利使用者造成未来的收益减损。

权利利用型财产的另外一个特征是其不可转让性。这种不可转让性是与其人身依附性相关联的。以知识产权为例,权利人对客体所形成的法律地位完全基于其在客体形成过程中所付出的精神努力,法律创设知识产权的目的即在于保护这种精神成果。所以,事实上,权利人通过知识产权获得的经济利益并非是由对知识产权本身的使用、处分而实现,而是由许可他人在特定时期内独占性地使用知识产权而实现。第三人即使可以以非法手段使用知识产权,也不可能取代权利人的法律地位。权利人也不可能将权利转移给第三人。

---

[1] 特许经营权是指由于特许人赋予受许人以从事特许经营事业的资格或能力,而使其获得的使用特许人的商标、服务标志、商业名称等知识产权或整个经营模式来进行商品或服务营销的权利。参见姚辉、周悦丽:《论特许经营权的法律属性》,载《山东警察学院学报》2008 年第 4 期。

[2] 具体而言,受许人通过授权的方式所获得的特许经营权包括:"(1)创设特许经营企业的权利;(2)使用与特许经营事业有关的特许人的商业秘密;(3)要求特许人提供信息、技术、经营建议及系统,或与特许人一致的经营方法;(4)在授权的地域范围内得以排除任何其他企业以同样的方式进行经营;(5)在享有专有销售渠道的地域范围内得以排除任何其他企业使用同一销售模式;(6)有权使用特许人的财产性标记,包括商标、服务标志、商业名称等;(7)使用特许人的一整套经营模式来从事商品或服务的销售(又称'一揽子授权');(8)在获得授权的固定时间内享有更新经营的选择权;(9)要求特许人与特许经营有关的营运操作标准的系统和程序;(10)有权要求特许人提供广告计划、促销手段、经营设计、固定资产和流动资产的配置、现金的流程、建立会计账目的方法和程序、开展经营的各项培训,等等。"参见 David J.Kaufman, An Introduction to Franchising and Franchise Law. Practicing Law Institute, 1992, p.603。转引自姚辉、周悦丽:《论特许经营权的法律属性》,载《山东警察学院学报》2008 年第 4 期。

[3] 行政特许是指行政主体(特许人)代表国家依法授予组织或个人(受特许人)自然资源、公共资源开发使用权或特定行业经营权的行政许可行为。参见王克稳:《论行政特许及其与普通许可的区别》,载《南京社会科学》2011 年第 9 期。

正因为如此,刑法对于知识产权的保护,并不是由财产犯罪体现,而是在破坏社会主义市场经济秩序罪中专门安排侵犯知识产权罪的内容。

至此,我们完成了对于刑法上财物概念的边界划定,但是,还有一些特殊的问题需要交代,这也是刑法学家们争论较多的问题。

四、刑法上的财物范畴（三）：特别说明

(一)人体

有生命的自然人不能成为刑法上的财物,这是理论上的通说。[1] 虽然就人体而言,并非当然无法在其上建立起支配关系,例如奴隶制度在人类生活中存在过相当长的一段时间,只是人们随着思想的改变,基于人性尊严的考量,认为不可以将人予以物化,因此不得将人视为财产权的对象。尽管时至今日仍然存在着以人为物而加以买卖的行为,但在刑法上将此一行为视为对人身权利的侵害,并不以财产犯罪加以规制。

母体内的胎儿,由于属于即将成长为人的生命体,学说上的通识认为基于人性尊严的考量,并非属于财物。[2] 问题是,随着生命科学的发展,体外授精技术逐渐成熟,受精卵的保护也成为刑法面临的问题。对此,虽然有见解认为,受精卵也是财物,对侵害受精卵的行为要按有关财产罪来处罚。[3] 但从逻辑上讲,受精卵系胎儿形成之前期,胎儿既然不属于财物,受精卵也不应当以财物视之。这也是学说上的共识。[4]

对于尸体的性质,德国学界及实务界多半是将尸体视为"人格之残留部分"(Rest der Persönlichkeit),而非财产权利的客体。如果行为

---

[1] 参见刘明祥:《财产罪比较研究》,中国政法大学出版社2001年版,第34页。林山田:《刑法各罪论(上)》(修订五版),北京大学出版社2012年版,第212页。[日]大塚仁:《刑法概说(各论)(第三版)》,冯军译,中国人民大学出版社2003年版,第204页。
[2] 参见刘明祥:《财产罪比较研究》,中国政法大学出版社2001年版,第34页。
[3] 参见刘明祥:《财产罪比较研究》,中国政法大学出版社2001年版,第34页。
[4] 参见[日]山口厚:《刑法各论(第2版)》,王昭武译,中国人民大学出版社2011年版,第202页。

人在他人死亡后,将其身体内之人工器官或组织挖出予以再利用,由于此等人工器官或组织仍与身体处于紧密结合状态,应属尸体之一部分,而非独立物,也不能单独成为继承的对象,在这种情况下,行为人的行为成立侵害尸体罪,而非财产犯罪。[1] 我国台湾地区学者林山田认为,尸体若非作为火葬或埋葬之用,则可视之为物,故如木乃伊或供医学解剖用的尸体,自可以成为财产犯罪的客体。[2] 这种观点是妥当的。

辅助人体生理机能运作,由人工制作的器官或组织,例如,假牙(包括牙齿填充物)、人工眼球、假肢、人工关节或心脏起搏器等物,能否视为财物?从目前学说的状况来看,比较一致的观点是:人工制作的代用品如果已经成为人身体的有机组成部分,所体现的就不只是一种财产关系,而是同人的生命、健康有了密切关系,拆掉、毁坏这些代用品,同杀伤人具有同样的效果,自然不能论以财产犯罪。反之,如果人工制作的代用品,尚未成为人身体的有机组成部分(如可随时拆卸的假肢、假牙等),它所体现的就只是一种财产关系,而不可能直接造成人身健康方面的损害,因而应该视为财物。[3]

最可能有问题的是自然的人体组织、器官等身体组成部分能否成为刑法上的财物?在学说上,较为一致的观点是,四肢、脏器等作为人体有机组成部分时,人对自己身体组织、器官的支配,是基于人格权,而非财产权。如果人的肢体的一部分与人体脱离之后(如剪下的毛发、抽取的血液、精子或卵细胞等),经过技术处理,成为有价值之物,则可以成为刑法上的财物。[4] 至于人体器官,因为随着医学的发展,器官移植成为现实,而且事实上也存在着器官交易,能否将此类器官视作财物呢?若行为人未经器官提供者的许可,擅自摘取他人器官,属于对他人人身健康权乃至生命权的侵犯,刑法也以侵犯人身权

---

[1] 参见张天一:《刑法上之财产概念——探索财产犯罪之体系架构》,台湾辅仁大学法律系2007年博士论文。
[2] 参见林山田:《刑法各罪论(上)》(修订五版),北京大学出版社2012年版,第212—213页。
[3] 参见刘明祥:《财产罪比较研究》,中国政法大学出版社2001年版,第37页。
[4] 参见张明楷:《刑法学》(第四版),法律出版社2011年版,第844页。

利罪加以规制。但若器官提供者自愿处分身体器官(包括捐献、为牟利而出售),此时,与人体脱离的器官就能够成财产犯罪的对象。当然,这里还存在一个逻辑上的障碍,即人的脏器与人体未分离时,属于人格权的对象,为何一经分离就成为财产权的对象?[1] 不过,从刑法保护的周延性角度来讲,这种观点至少从目前来看是较为合理的。

还有一个需要讨论的问题就是,人的劳动力能否成为刑法上的财物。有观点认为,劳动力在很多情况下可以用金钱加以折算,似乎可以承认其财物的地位。但是,人的劳动力其实是个人自由意志的表现,具有人格的性质,能否将其纳入刑法上的财物概念之中,不无疑问。

财物必须具有可支配性,除物之外,具有财产权性质的债权也能产生支配关系。因债权所生的支配关系,在于权利人得请求特定之他人而为一定行为,因此,在债权关系中,劳动性事务也可作为请求的对象,如民法上的雇佣关系。不过,需要注意的是,对于提供劳动力的一方而言,其支配关系并非是建立在劳动力之上,而是建立在相对人所应给付的报酬之上,因为债权人所请求的对象是相对人,支配关系自然是建立在对于相对人的给付请求权之上,而非在自己所为的对应给付(即劳动力的付出)之上。以诈骗罪为例,甲请求乙为其提供一定的劳务,并表明愿意支付一定的酬劳,但甲实际上却没有支付的意愿,在乙提供劳务结束后,甲则溜之大吉,并未依约支付报酬给乙。在该事例中,当甲、乙之间成立雇佣契约时,债权关系即存在于两人之间。对甲而言,得请求乙给付一定劳务;对乙而言,得请求甲给付约定的报酬。因此,甲是对于乙的劳动力给付具有支配关系,而乙是对甲的报酬具有支配关系。当甲未支付报酬而离去时,虽然从形式上看,乙是平白地付出了劳动力,但在实质上,乙所享有的财产利益,并非是在于自己的劳动力上,而是在于对甲的给付报酬请求权上。由于甲并未支付报酬,使得乙受到财产损失。所以,对于甲的诈骗行为而

---

[1] 这里还有一个潜在的现实危险,即行为人可以借被害人同意来为自己摘取他人器官的行为作出罪辩解。这将是实践当中的证明难题。

言,其所侵害的客体是乙应得的报酬,而非乙所付出的劳动力。

但若行为人与相对人之间并没有存在债权关系,而行为人以强制方式要求相对人为一定行为时,虽然相对人的行为在形式上也可能是一种劳动力,但由于相对人对于行为人并不具有任何请求权,即没有将劳动力置于交易关系中以获得经济利益的可能,也自然没有对财产的支配存在,其劳动力不属于刑法上的财物。即使其因而付出劳动力,仍然不存在对财产利益的损害,而是自由利益受到侵害。所以,应该以侵犯人身权利罪加以规制,而非适用财产犯罪。[1]

因此,在行为人对司机施以强暴或胁迫,让其顺路免费搭车的情形中,行为人虽然获得财产上的利益(免去了车费负担),但被害人并未受到财产损失。因为,行为人一开始就表明了免费搭乘的意思,对于被害人而言,根本不存在债权关系下获得财产利益的期待,当然也不会产生报酬请求权。因此,对行为人的胁迫行为只需进行侵犯人身权利罪的评价,而无以财产犯罪评价的可能。

(二) 不法物

这其中主要包括两类:违禁品和不法原因所得物。不法物的特点是行为人对物的控制没有合法的权源,从民法上讲,不属于财产的范畴,但在刑法上,确有肯认其为财物的主张,并且司法解释也表明了同样的立场(违禁物可以成为盗窃罪的对象)。因此,需要在理论上进行必要说明。

1. 违禁品

违禁品是法律禁止私人所有、占有的物品,如毒品、淫秽物品、假币、枪支弹药等。关于违禁品是否是刑法上的财物,在学说上有三种见解。第一,否定说。这种观点认为,作为财产罪保护对象的财物,理应是足以体现一定的所有权关系的物,违禁品既然是法律禁止所有的物品,不能体现所有权,合理的结论是其不能成为财产罪的侵害对象。[2] 这种观点是立足于财产犯罪的保护法益是财产的所有权而得

---

[1] 参见张天一:《刑法上之财产概念》,台湾辅仁大学法律系2007年博士论文。
[2] 参见刘明祥:《财产罪比较研究》,中国政法大学出版社2001年版,第32页。

出的结论。第二，肯定说。该观点认为，违禁品虽然没有合法的权源，但是没收违禁品也需要通过法律程序，故对违禁品的占有也是财产罪的法益，违禁品能成为刑法上的财物。[1] 第三，折中说。该观点认为，违禁品可分为：①绝对的违禁品，如伪造的货币、私藏的火药、军用枪炮、子弹、意图贩卖而持有的鸦片及专供吸食鸦片的器具等，属于绝对禁止私人持有，当然不在刑法保护范围之内；②相对的违禁品，指在特定情形下允许特定人持有，只是不得作为交易的标的，如包含色情内容的文字图书及其他物品，虽然不得贩卖，但仍可为持有的客体，则在刑法保护之内。[2]

在现代社会，财产的利用方式已经发生巨大变化，人们已经不限于从对财产的掌控中获取经济利益，而是通过不断的财产流转与处分实现经济利益的最大化。因此，财产的合法权属对于持有人的意义在逐渐降低，而人对财产的占有状态在经济交往中发挥越来越大的作用。因此，财产犯罪的保护目的就不仅仅是对于具有合法权源的财产的保护，而应当将单纯的对财产的占有状态也纳入刑法的保护范畴。这种理解对于稳定财产秩序而言也是有益的，因此，将违禁品纳入刑法的规制范围是符合财产犯罪的保护目的的。肯定说具有妥当性。

2. 不法原因所得物

比如，盗赃或贿款，因其不具有民法上的权源，且对于被害人而言，也不能通过民事途径来行使追索权，能否将其视为刑法上的财物？对此，肯定的观点认为，行为人因不法行为所得的财物，仍然属于刑法上的财物，应当受到刑法的保护，这样才能维持现实的平稳状态，如他人对其加以侵害，仍可成立相关的财产犯罪。[3] 相反的观点则认为，从民法的角度来讲，不法原因所得物的原权利人已然丧失对物的权源，因而不存在值得保护的利益，从法秩序统一的角度来讲，也不宜

---

[1] 参见张明楷：《刑法学》（第四版），法律出版社2011年版，第844页。日本学界的通说也持这种观点，参见〔日〕山口厚：《刑法各论（第2版）》，王昭武译，中国人民大学出版社2011年版，第215页。

[2] 参见林敏生：《论刑法上财物之概念》，载蔡墩铭主编：《刑法分则论文选辑》（下），五南图书出版公司1984年版，第728页。

[3] 参见林山田：《刑法各罪论（上）》（修订五版），北京大学出版社2012年版，第213页。

在刑法上肯认其财物的地位。

本书认为,行为人对于盗赃或贿款等不法原因所得物的占有,在民法上属于"无权占有"[1]。无权占有人对物的占有,从民法上来讲,不得对抗本权人,但仍可对抗第三人。换句话说,无权占有人对物的控制仍然具有财产上的利益存在,据此,可以解释刑法保护不法物的缘由,也不违反法秩序统一原则。

(三)欠条

欠条是指在民事借贷关系中,由债务人出具给债权人用来表明债权债务关系的凭证[2],是债权凭证的一种。欠条与其所记载的财产利益密切相关,于是在实践当中就产生了欠条本身是否是刑法上的财物的争论。[3] 并且,有很强势的观点支持肯定说的立场。[4] 司法实践中也有类似的主张。

在戚道云伙同他人抢劫欠条逃债案中,司法机关认为:

> 欠款凭证本身虽不是财产,但却是财产权利的主要证明凭证,有时甚至是唯一的证明凭证,丧失这种凭证,债权人就难以甚至根本无法向债务人主张自己的财产权利,甚至最终会丧失财产所有权。因此,可以说,在特定情况下,欠款凭证往往就等于同值的财产。[5]

在韩继林抢劫案中,司法机关也主张,"欠条系确认双方债权债务的惟一凭证,欠条的毁损,表明被害人已失去了向债务人主张债权的凭据……行为人韩继林毁损欠条的行为,侵犯了他人合法的财产性利

---

[1] 无权占有,是指没有合法根据的占有,即欠缺法律上原因的占有,如盗贼对于盗赃物的占有、拾得人对于遗失物的占有、承租人在租赁关系消灭后对于租赁物的继续占有,或者买卖合同无效后买受人对于出卖物的占有等。参见刘智慧:《占有制度原理》,中国人民大学出版社2007年版,第138页。

[2] 参见宋兴林:《浅谈欠条在侵犯财产型犯罪中的价值认定问题》,载《法制与社会》2008年第21期。

[3] 首先,应当说明的是,欠条本身从物质形态来讲,符合"财物"的构成特征,但其价值微薄,且我国刑法规定的财产犯罪多以"数额较大"作为犯罪成立的必备要素,因此,这里所讲的针对欠条的财产犯罪主要是指欠条所记载的财产利益。

[4] 支持的观点,参见杨新强:《撕毁欠条否认债务该如何定性》,载《人民检察》2006年第24期;董玉庭:《窃取借条行为之定性》,载《河北法学》2004年第7期。

[5] 戚道云等抢劫案,载最高人民法院刑事审判第一庭、第二庭编:《刑事审判参考》(总第14集),法律出版社2002年版,第103—104页。

益……该案一、二审法院对韩继林定抢劫罪,并予以科刑是正确的。"[1]

肯定说之所以会获得支持,在笔者看来,实质上是一种朴素的正义观念在起作用。既然窃取、抢劫欠条的行为很可能造成被害人的财产损失,那么这种行为即具有社会危害性,而且行为人窃取欠条的行为具有很大的主观恶性,丝毫不亚于窃取有体财物。所以,这种行为值得处罚,那么剩下的就是通过解释来寻找入罪依据了。

但如果我们从欠条的性质入手来分析的话,就会发现这种观点的不当。

欠条是证明当事人双方存在债权债务关系的凭证,即欠条的价值在于它所代表的存在于当事人之间的债。根据民法理论,债是指因民事法律行为或者法律的直接规定,在特定的当事人之间产生的请求为特定给付的权利义务关系。[2] 债发生的原因,可以是合同、不当得利、无因管理、侵权行为等。具体到欠条的场合,它所体现的是借款人和贷款人就借款达成的合意,属于合同之债。欠条则是证明合同之债存在的表现形式,即合同文书。这样,真正约束当事人的是他们之间形成的合同,而非欠条。欠条的存在与否并不影响债的变更与消灭。

这样说的依据是,合同的本意就在于当事人就特定事项形成合意,而该合意即对双方产生拘束力。这是契约自由原则的要求。根据《民法典》第483条的规定,"承诺生效时合同成立"。而承诺是受要约人同意要约的意思表示。这就表明,合同的成立以双方意思表示一致为实质要件,而非以合同文书的订立为必要(除非法律有明确规定)。在欠条的场合,当事人之间存在的是借款合同,根据《民法典》第679条的规定,"自然人之间的借款合同,自贷款人提供借款时成立。"这就意味着,借款合同的成立以借款转移占有为成立要件,而非以缔结欠条为前提。当事人完全可以在借款之前或之后的任何时候

---

[1] 韩继林抢劫案,载《中国审判案例要览·2003年刑事审判案例卷》,人民法院出版社、中国人民大学出版社2004年版,第241页。
[2] 参见杨立新:《债法总论》,高等教育出版社2009年版,第21页。

缔结欠条,丝毫不会影响合同的成立。

我们还可以从债的消灭的角度来进一步论证欠条的性质。根据民法理论,引起合同权利义务终止的原因主要有两种,一是基于当事人的意思,如债权人免除债务。二是合同目的的实现。[1] 具体来讲,合同权利义务终止的原因有:履行、解除、抵销、提存、免除、混同。[2] 从这里,我们就可以清楚地看到,在借款合同的场合,真正能够消灭债务人对债权人所负债务的只有债务人履行债务或者债权人基于真实的意思免除其债务负担。欠条的丢失或毁损并不能消灭合同之债。

我们再从诉讼法的角度来解读欠条的性质。"肯定说"的一个主要理由是,被害人(债权人)一旦失去了欠条,则将在民事诉讼中处于不利的境地,甚至可能面临败诉的风险(尤其是在欠条是作为证明当事人之间存在债权债务关系的唯一凭证时)。根据民事诉讼法的理论,诉的成立需要满足三个要素:诉讼当事人、诉讼标的、诉讼理由。其中,诉讼标的是双方当事人之间发生争议,提交法院予以审理并作出裁判的民事法律关系。[3] 因此诉讼的核心是对实体法律关系的司法确认,当事人的义务则是通过证据来证明自己的主张,从而获得法院的支持。在借款合同的场合,欠条的作用是作为证据来证明合同关系的存在。换句话说,如果债权人通过其他证据(比如证人证言)能够证明合同关系存在,法院还是会支持债权人的诉讼请求。进一步说,即使由于缺少了欠条这个证据,法院作出否认合同存在的终局性的裁判,由此导致合同关系的消灭,那么债权债务关系消灭的原因也不是欠条的丧失或毁损,而是法院对案件事实的"错误"认定。

再从财物的属性角度来看,欠条不具有可交易性,因而没有经济价值。因为欠条是存在于特定相对方之间的债权凭证,所以欠条的适用具有时空上的限制。即使债权人将欠条转让给第三人,债务人仍然可以拒绝履行债务。至于实践当中发生的小偷将窃取的欠条出售给

---

[1] 参见高富平主编:《民法学》(第二版),法律出版社2009年版,第637页。
[2] 参见高富平主编:《民法学》(第二版),法律出版社2009年版,第638页。
[3] 参见田平安主编:《民事诉讼法学》,法律出版社2005年版,第77页。

债务人的行为,依照前文的论证,也不可能真正消灭债务,从而给债权人造成经济上的损失(至多造成债权实现上的困难,导致胜诉权的丧失)。因此,这种"交易"不可能产生实质的财产利益的转移。

故此,欠条不能成为刑法上的财物。

五、小结

至此,我们完成了对刑法上的财物的论证。作为本书的主旨,占有在今天所表现出的特殊性与复杂性完全是由于财物概念在内涵和外延上的不断变化所致,依照财物的经济性、可支配性和他人性,我们重新构建了刑法上的财物全景。在此基础上,我们才可能对占有的理论进行符合时代特征的全新阐释。

第二章
占有的概念——对"事实支配"的重新理解

有观点认为,占有在三种意义上被使用,即作为"状态"的占有、作为"行为"的占有和作为"目的"的占有。[1] 其中,作为"状态"的占有是通常意义上刑法学对占有的理解,尤其是在财产犯罪中,占有状态的确定是判断罪与非罪、此罪与彼罪的核心要素,也是对占有行为进行法律评价的前提。占有目的作为主观违法要素,与客观意义上的占有状态之间基本上不存在概念上的交叉地带。换言之,对占有状态的理解对于占有目的的立场选择并不起决定作用。因此,本书旨在以纯客观意义上的占有状态作为研究的立足点。

此外,占有的概念源于民法,刑法理论对占有的理解不时地与民法产生纠葛。从研究思路上讲,要想明晰刑法上的占有概念,必须以民法上的占有作为参照。只有在相比较的过程中,我们才能发现刑法上的占有所应具备的独特内涵。

第一节 占有概念的比较考察

一、民法上的占有概念

(一)占有的含义

占有的概念起源于罗马法。[2] 在罗马法上,占有(possessio)

---

[1] 参见徐凌波:《刑法上的占有》,载陈兴良主编:《刑事法评论》(第25卷),北京大学出版社2009年版,第468页。
[2] 参见刘智慧:《占有制度原理》,中国人民大学出版社2007年版,第2页。

一词是由"posse"（权力、掌握）和"sedere"（设立、保持）二字合成，即对物件设有权力，乃指对物件的事实上的支配、管领。罗马法一般认为，占有是事实而不是权利（possessio res facti et non juris est）。无论物的所有权和其他物权归属于谁，也不论是善意或恶意，只要对物实际控制就构成占有。[1] 作为民法另一渊源的日耳曼法对占有（Gewere）的含义有三种不同的解释：一是认为 Gewere 的词源是 Were，意指被围起的护栏保护内部和平的房基地（Haus und Hofraum）。二是认为 Gewere 的基本意义是保护（Schutz）、防御（Verteidigung）和保证（Sicherung），是法律所保护的对物的支配。三是认为 Gewere 只是喻意而已，实则是指对物的事实上之力，而物的主体取得此事实上之支配力，犹如穿有衣服。因此 Gewere 并非保护、防御之意，而是指对物支配的外部表现形式。其中，通说认为，在日耳曼法上，Gewere 是指对物支配的外部表现形式，也即指对物的事实上的支配状态。[2] 日耳曼法的物权借 Gewere 来把握，所有的物权均借此 Gewere 的外形（对于动产为持有，对于不动产为用益）来表现，具有 Gewere 表征者被视为享有物权，从而受到物权法的保护，也因此，Gewere 被称为物权的形式。[3]

占有属于人对物的关系，此种关系表现为人对物有事实上的支配力（或管领力）。所谓对物有事实上的支配力，是指对于物得为支配，并排除他人的干涉。是否有事实上的支配力，一般应依社会观念及斟酌外部可以认识的空间关系、时间关系和法律关系而认定。[4] 所谓空间关系，即人与物须存在某种场合上的结合关系。比如利用身体实力对物的掌握或者通过住宅空间对其中存放财物的控制。所谓时间关系，是指人与物的结合在时间上须有相当的继续性，足以认定该物处于某人在事实上可以支配并排除他人干涉的势力范围。瞬间的结合或暂时性的支配，均不成立占有。比如顾客在饭店使用餐具、

---

[1] 参见周枏：《罗马法原论》（上册），商务印书馆1994年版，第440页。
[2] 参见刘智慧：《占有制度原理》，中国人民大学出版社2007年版，第15页。
[3] 参见刘得宽：《民法诸问题与新展望》，中国政法大学出版社2002年版，第351页。
[4] 参见梁慧星、陈华彬：《物权法》（第五版），法律出版社2010年版，第388页。

在火车上向邻座旅客借阅报纸、在图书馆取阅杂志等,均不取得占有。所谓法律关系,是指某人对于某物是否存在占有,可径直由法律关系认定。现代物权法理论认为,占有的成立,无须占有人对标的物为直接的支配、管领,即便对标的物并无直接的管领力、支配力,但基于某种法律关系而以他人为媒介者,也可以成立占有。这主要是指辅助占有和间接占有的情形。此外,法与秩序也很重要,路不拾遗的盛世与盗贼横行的年代,对占有的认定应有不同。[1]

(二)占有的性质

关于占有的性质,在学说上历来有事实说与权利说的分歧。事实说继承了罗马法的传统,认为占有仅为事实而非权利,无论占有人是否具有法律上的权利,该事实均受法律的保护而具有一定的效力。王泽鉴先生通过对实务中的案例进行分析,认为占有系对物的事实上的管领力,有无占有的权利、是否合法,均所不问。[2]《德国民法典》采此说。[3] 权利说则更多受日耳曼法的影响,在坚持 Gewere 是物权的外衣的观点之下,认为有法律赋予之力,即可理解为一种权利。占有是某人持有某物的事实,这种事实状态是受法律保护的,能够排斥第三人的干涉,因而占有形成了一种权利。该说以《日本民法典》为典型。[4]

占有性质的分歧反映了不同的法律制度上的价值。试举一例:甲

---

[1] 参见王泽鉴:《民法物权 2——用益物权·占有》,中国政法大学出版社 2001 年版,第 155 页。

[2] 参见王泽鉴:《民法物权 2——用益物权·占有》,中国政法大学出版社 2001 年版,第 157—158 页。

[3] 1900 年《德国民法典》第 854 条规定:"取得物的占有,是由于取得对于物的事实上的支配力。"德国有学者将这个定义解释为:占有人就是指那些在事实上支配着物的人,在此不必考虑该物是否属其所有,占有人甚至还可以是将物从物主处偷来的小偷。在这个基本定义下,占有提供了一种重要的法律身份,从而具备了相应的,即使仅仅是暂时的法律意义。参见孙忠宪:《德国当代物权法》,法律出版社 1997 年版,第 100 页。

[4] 《日本民法典》专门规定了"占有权"章,安排在物权编中第一章"物权总则"之后、第三章"所有权"之前。依《日本民法典》第 180、188 条的规定,占有权是以自己的意思,事实上支配物而取得;占有人于占有物上行使的权利,推定为适法的权利。并且,该法从多方面去保护占有权的施行。

盗窃乙所有的洗衣机,而后丙又从甲处盗取该洗衣机。对于甲能否向丙主张侵权责任,依事实说与权利说将得出不同的结论。若法律规定占有为权利,则甲对洗衣机的占有属于无权占有、非法占有,因其不能证明自己享有合法的占有权利,当然不能受到法律的保护,所以甲不能向丙主张侵害占有的侵权责任。相反,若法律规定占有为事实,则甲虽然是无权占有、非法占有,但因法律对一切占有均予以保护,所以,甲无须证明自己享有合法的占有权利,仅凭占有事实的存在,就可以要求丙承担侵权责任。由此可见,事实说对于占有的保护有助于维护社会的平和秩序。[1]

从立法的角度来看,事实说与权利说的对立并不像学说上那样尖锐,这主要得益于中世纪罗马法与日耳曼法的逐渐融合,这一点在德国民法中反映得极为突出。德国民法一方面坚持了事实说的基本立场,另一方面也吸收了权利说的一些有益因子,最典型的莫过于规定了占有继承制度。这一潮流也随着德国民法典不断被其他国家民事立法所仿效而扩展到世界范围。

在我国,学术界的多数观点也倾向于事实说,并且为2007年颁布的《物权法》与2021年起施行的《民法典》所采纳。[2]

(三)占有的构成

通常认为,成立占有需同时具备客观要件(体素)和主观要件(心素)。

占有的客观要件是须有占有的事实存在,即主体对于标的物的事实上的支配状态。对于客观要件的认定,随着时代的发展,学说的认识也在逐渐修正。最初的对物有事实上的管领力是指人对物有实际上的接触或物理上的控制。早期的罗马法中,支配物的事实必须是绝对的、完全的、排他的。所谓完全性和绝对性,是指占有人具有为各种管理行为并使用、收益的权利。所谓排他性,则是指占有人可以排除

---

[1] 参见刘智慧:《占有制度原理》,中国人民大学出版社2007年版,第93页。
[2] 尽管法条没有明确规定占有的概念,但从内容中可以推导出这一结论。参见梁慧星、陈华彬:《物权法》(第五版),法律出版社2010年版,第387页。

其他人对其物为任何行为。[1] 随着经济生活的发展,这种严格的解释已经逐步放宽,占有不再以人与标的物有身体接触为限,只要依一般的社会观念足以认定一定的物已具有处于其人实力支配之下的客观关系,即可谓有事实上的管领力。占有的认定日趋抽象化和观念化。

占有的主观要件即心素,是指占有人的内心意思。如果没有占有的意思,即使与物有直接的接触,例如将手放在一块木板上而不自觉,并不发生法律上的占有效果。但何谓占有的意思,由于罗马法没有明确规定,后世的法学家在解释上产生分歧,出现了三种代表性理论,即主观说、客观说和纯客观说。

主观说内部又分为所有者意思说、支配者意思说和为自己的意思说。三种不同的学说对占有意思的要求程度各不相同。所有者意思说认为占有者必须具有作为所有者的支配意思,这一说为萨维尼(Savigny)所提倡,在德国曾经处于支配性的地位。支配者意思说是对所有者意思说的修正,为德国学者温特沙伊德(Windsheid)所提倡,认为只要有对物的支配的意思就可以说有占有的意思。为自己的意思是更为缓和的意思说,为德国学者德恩伯格(Dernburg)所提倡,认为只要有为自己所持的意思就可以说有占有的意思。19世纪初期的《法国民法典》第2228、2229条以及《奥地利民法典》第309条采纳所有者意思说,后来的《日本民法典》第180条采纳为自己意思说。[2]

客观说为耶林(Jhering)所提倡。耶林认为,除时效取得须有所有的意思外,一般占有只要有持有的意思,即握有标的物的意思就足够了。因为人们发生占有行为时,其主观上的心理活动是经常变化的,难以判断他占有的意思究竟是为自己还是为他人。法律不能因当事人观念的变化就转变对同一占有事实的性质认定。至于持有意思的判断,则应以有无持有的行为作依据,而并非所有意思或支配意

---

[1] 参见周枏:《罗马法原论》(上册),商务印书馆1994年版,第445页。
[2] 参见梁慧星、陈华彬:《物权法》(第五版),法律出版社2010年版,第388页。

思,也非为自己的意思。耶林的理论看似保留了占有的主观要件,但实质是强调其客观要件或者说其所谓的主观要件是与客观要件合而为一的,主观要件的有无并不影响占有的成立,因为持有的意思通常只需有持有的行为即可确认。[1]

纯客观说为贝克尔(Bekker)所提倡,认为占有为单纯的对物的事实上的支配,不以任何意思为要件,意思不过是决定是否有事实上支配的条件。多数观点认为1900年的《德国民法典》(第854条)和1907年的《瑞士民法典》(第919条)以及我国台湾地区"民法"(第940条)的规定直接采用了此说。[2] 纯客观说的贯彻,将意味着无意思能力的人也可以取得占有。这样,非但幼童、精神病人可取得占有,即使是对于在睡眠中被人置入口袋的物件,睡眠者也成立占有。纯客观说虽然大大简化了对于占有的认定,但无占有意思的占有不仅难以想象,并且,无占有意思的占有是否值得保护尚存疑问。此外,辅助占有制度的确定,使纯客观说难以成立。

通说采客观说,对于占有的成立占有人须有占有意思,但占有意思并非法律行为上的意思,而是一种自然的意思。所以,取得对物的占有或维持其占有都不要求占有人具有行为能力,只要对物具有支配的自然能力即可。[3]

(四)占有的客体——物

作为一个技术性术语,民法上所称的物,不同于物理学意义上的物,其必须具有能够成为私权客体的属性。[4] 民法上的物必须具备以下法律特征。第一,物具有非人格性并须符合法律的规定。因

---

[1] 史尚宽先生也认为,就人与物之关系观之,体素为心素所实现之形,无心素即无体素,无体素亦无心素,两者同时现于外界。故体素为心素之实现,而非心素与体素之单纯的符合。从而占有与持有,其本质并无差异。参见史尚宽:《物权法论》,中国政法大学出版社2000年版,第528—529页。
[2] 参见史尚宽:《物权法论》,中国政法大学出版社2000年版,第529页。
[3] 参见魏振瀛、徐学鹿主编:《北京大学法学百科全书:民法学、商法学》,北京大学出版社2004年版,第1175页。
[4] 参见刘智慧:《占有制度原理》,中国人民大学出版社2007年版,第222页。

此,人只能作为权利主体,而不是权利客体。[1] 第二,物无须为独立物。所谓独立物,是指在观念上和法律上能够与其他物区别开而独立存在的物。随着社会经济和法律的发展,某些不具有物理独立性的物也可以通过法律规定或者依据交易观念进行分割而分别成立占有。比如,对房屋的一面墙壁,虽不可以成立所有权,但可成立占有。第三,物须为特定物。特定物与种类物是民法依据物的可替代性对物所作的一种划分。不可以他物替代者为特定物,反之则为种类物。占有的客体须为特定物,因为如果不特定,占有人也就无从支配。第四,物应该能够为人力所支配。占有的核心是对物的支配、管领,人力无法支配的物不能作为占有的客体。因此,无形的电力、热力可以是物,但日月星辰非民法上的物。第五,物必须能够满足人类社会生活的需要,或者说物必须对人有价值。这里的价值不一定必须表现为对占有人有经济价值,仅适用于某个个体的精神价值也属于物的价值的范畴。比如,情人的书信、祖先的遗骨等,当然属于民法上的物。[2]

(五)占有的类型

以占有的权源为标准,可将占有分为有权占有与无权占有。有权占有是指有合法依据的占有,即基于法律规定或者合同约定对某物享有占有的权利。这些权利在理论上被称为权源或本权。[3] 本权可以是物权(如所有权),也可以是债权(如租赁权)。无权占有是指没有合法依据的占有,即欠缺法律上的原因的占有。如窃贼对于盗赃的占有、拾得人对于遗失物的占有。区分有权占有和无权占有的实益在于法律对二者的保护程度不同:在有权占有中,占有人可凭借其权源的存在对抗本权人行使本权,无权占有人则不能对抗本权人。同时,留

---

[1] 至于人体的组成部分,如身体器官、毛发等,能否成为占有的客体,不仅要考虑其与人身整体的可分离性,还要考虑对人格尊严的保护。这里,公序良俗原则成为基本的判断标准。理发、拔牙、切除癌变器官、输出血液、捐献器官等的目的在于救助他人,与公序良俗不违背,属于有效的民事行为。而以人体器官作为担保或用于偿债,以及以牟利为目的出售人体器官,则因违反公序良俗而无效。

[2] 参见刘智慧:《占有制度原理》,中国人民大学出版社2007年版,第222页。

[3] 参见王利明等:《民法学》,法律出版社2005年版,第311页。

置权的产生以有权占有为要件,无权占有人没有主张留置权的余地。[1]

以占有人是否有所有的意思为标准,可将占有分为自主占有与他主占有。自主占有是指以所有的意思对物进行占有。所谓以所有的意思,是指具有所有的意思即可,而不论占有人是否为真正的所有权人。如窃贼对于盗赃的占有。他主占有是指不以所有的意思而为的占有。一般认为,凡是基于占有媒介关系而占有他人之物的,均为他主占有人。如保管人对于保管物的占有。

以占有人在事实上是否直接占有标的物为标准,可将占有分为直接占有与间接占有。直接占有是指占有人直接对物有事实上的管领力。间接占有是指并不直接对物进行事实上的管领和支配,但基于一定法律关系而对事实上占有其物之人有返还请求权,因而间接地对物有事实上的管领力。这种区分的意义在于使民法上的占有的规定原则也适用于间接占有,并使动产的交付能依占有改定进行,便于维护交易秩序和提高交易效率。[2]

以占有人是否亲自占有标的物为标准,可将占有分为自己占有与辅助占有。前者是指占有人自己对物进行事实上的管领。后者是指基于特定的从属关系,受他人指示而对物进行事实上的管领。这种区分的实益在于辅助占有不能单独存在,占有辅助人虽然事实上管领某物,但并不因此而取得占有,而是以他人为占有人,其相当于指示者占有标的物的媒介。

(六)小结

通过对民法上的占有概念的简单梳理,我们可以得出这样几个基本认识:第一,无论事实说和权利说在学说上有多么大的分歧,占有属于事实并未被否认,只是这种客观事实能够产生特定的法律后果。第二,成立民法上的占有必须同时满足客观要件(体素)和主观要件(心

---

[1] 参见《民法典》第447条。
[2] 参见王利明:《物权法研究(修订版)》(下卷),中国人民大学出版社2007年版,第704页。

素)。对于体素而言,无异议的是,主体必须有对标的物的事实上的管领力。但是对管领力的判断,必须结合主体与标的物的空间关系、时间关系以及法律关系。换言之,民法上的占有事实并非单纯的对物的实力控制,而是包含了规范评价在内(尽管民法学者没有明白地表明这一点)。对于心素而言,从学说的发展中我们能够看出,占有意思从内容到地位在不断地被弱化。虽然没有确切的证据能够表明民法理论已经放弃了对于心素的要求,但是心素在占有的判断过程中可能发挥的作用越来越狭隘,在很多时候成为体素的附庸,或者说通过对体素的肯认就能证明心素的存在(客观说即采此立场)。第三,民法通过对占有这种纯事实的保护,旨在维系一种平和的社会秩序,目的在于保证财产流通秩序的稳定。

二、刑法上的占有概念——学说的梳理

(一)占有的含义

对于什么是刑法中的占有,大陆法系刑法理论存在下述几种理解:(1)管有说。认为无论是他人还是自己之物,只要在自己管有中,即属占有。(2)事实及法律上支配说。认为占有除事实上的支配外,还应包括通过存单、仓单、提单、登记簿等法律手段的支配。(3)事实上支配说。该说认为只有在事实上具有能够支配标的物的状态才构成占有,一般认为,该种事实上的支配包括买卖、赠与等法律行为与使用、收益等事实行为两种形态。但在具体理解事实上支配时,又存在着两种不同的观点:一种观点实质上与上述事实及法律上支配说无异,只是将借助于存单、仓单、提单、登记簿等法律形式的支配解释为事实上的支配。该观点认为该种支配不过为事实上支配的法律化而已,而且占有人以所有权名义,享有完全的支配处分权,与事实上支配在法律效果上并无任何差异,为与民法占有中的法律上支配相区别,应当解释为事实上支配。另一种观点则主张纯粹的事实支配,认为依据存单、提单、仓单、登记簿等法律形式的支配不构成刑法上的占有,单纯处分为他人保管的储金债权(如存折)只构成背信罪而不构成

侵占罪。(4)处分可能状态说。认为只要对物享有能够像对待自己的财产那样的处分地位,就构成刑法上的占有。(5)支配说。认为刑法上的占有,着重支配要素的存在,只要对物能够支配,就构成占有。[1]

按照学者的通常理解,较为一致的观点认为:管有说不能准确表明刑法占有的实质,且范围过广,不能合理解释辅助占有者不能成为占有人的情形,主张者甚少。处分可能状态说也未能准确界定刑法占有的范围,如民法中的间接占有人对标的物虽享有处分之地位,但各国刑法普遍将其排除在刑法占有之外,故不可采。支配说则过于宽泛,未能区分法律上支配与事实上支配二者,如兼采二者则范围过宽,如只采事实上支配,则又涉及解释上的问题,与第(3)说无异,主张者也很少。[2]

从学术界的通说来看,学者们无异议地认为,所谓占有是指对物的事实上的支配。[3] 何谓"事实上的支配"在解释上存在分歧,大致来说,严格的解释论者认为,所谓事实上的支配,应当是行为人对财物的物理意义上的控制,将法律上的支配排除在外。缓和的解释论者则认为,法律上的支配也可以包含在事实上的支配的概念范畴之内。此外,更多的主张则是区分盗窃等夺取罪中的占有与侵占罪中的占有,对于前者,严格限定为对物的事实支配,对于后者,则同时肯定了法律上的支配与事实上的支配均成立占有。理由是:盗窃等夺取罪中的占有为犯罪侵害的对象,重点在于对财物排他力的夺取,故夺取的占有一般为纯粹的事实支配关系;而侵占罪中的占有不以事实上的排他力而以有滥用可能性的某种支配力为重点,因此比盗窃罪中的占有

---

[1] 参见陈朴生:《论侵占罪之持有关系》,载蔡墩铭:《刑法分则论文选辑》(下),五南图书出版公司1984年版,第755—757页。

[2] 参见周光权、李志强:《刑法上的财产占有概念》,载《法律科学(西北政法学院学报)》2003年第2期。

[3] 我国台湾地区学者林山田就直接将占有称为"持有支配"。参见林山田:《刑法各罪论(上)》(修订五版),北京大学出版社2012年版,第218页以下。关于日本学界的观点,参见[日]大塚仁:《刑法概说(各论)(第三版)》,冯军译,中国人民大学出版社2003年版,第212页;[日]山口厚:《刑法各论(第2版)》,王昭武译,中国人民大学出版社2011年版,第204页。关于我国其他学者的观点,参见刘明祥:《财产罪比较研究》,中国政法大学出版社2001年版,第40页。

内容更为广泛,还包括上述法律上的支配。[1]

从我国实务界的观点来看,实务界对于占有的理解要宽泛得多。根据最高人民法院、最高人民检察院关于盗窃罪的司法解释,盗窃不记名、不挂失的有价支付凭证、有价证券、有价票证的数额,无论能否即时兑现,盗窃数额均按票面数额计算,而盗窃数额一般是指行为人已经窃取的公私财物的数额,其应为既遂数额。[2] 可见,我国司法实务认为盗窃罪所侵夺的占有,也应包括法律上的控制与支配。

(二) 占有的要素

大陆法系的学者一般认为,成立刑法上的占有必须同时具备客观要素与主观要素。前者系指主体对财物的事实支配,后者系指主体具有占有的意思。

关于何谓事实上的支配,不仅要结合财物的性质、形状以及主体与财物之间的空间、时间关系来判断,还要考虑社会的一般观念。在日本,有判例认为,"刑法中的占有,是人对物的一种实力支配关系,尽管这种支配状态会因物的形状以及其他具体情况而有所不同,但不必是实际地持有或者监视该物,只要该物处于占有人的支配力所及范围之内即可。而该物是否仍处于占有人的支配之内,则只能依据社会一般观念来决定,即,只要是社会一般人,无论是谁想必都会认同"。[3] 我国刑法理论也认为,占有应当是在客观上对物具有实际的控制与支配,并且,这种控制支配不以物理的、有形的接触管领为必要,而应当根据物的性质、形状,物存在的时间、地点,以及人们对物的支配方式和社会习惯来判断。这以对物有事实上管领支配状态、居于

---

[1] 参见周光权、李志强:《刑法上的财产占有概念》,载《法律科学(西北政法学院学报)》2003年第2期。

[2] 参见2013年4月2日最高人民法院、最高人民检察院《关于办理盗窃刑事案件适用法律若干问题的解释》第四、五条。当然,这里还存在一个问题,即在这种情形下,行为人所占有的究竟是财产凭证所代表的财产权利,还是其所指向的金钱本身,是一个需要讨论的问题。学者们多主张后者,但笔者对此有不同观点。对此,后文将有详细论证。

[3] [日]山口厚:《刑法各论(第2版)》,王昭武译,中国人民大学出版社2011年版,第205页。

处分的地位为足。当然,这不一定是法律上有权的支配处分地位,而以事实上能够支配处分为必要。如 A 将一名表交予 B 保管,B 对表虽无法律上的处分地位,但在事实上管领支配该表,且对第三人处于事实上的处分地位,可以认为其在刑法上占有该表。反之,A 在餐馆用餐,虽在事实上接触、管领餐具,但依据社会观念不认为其对餐具有事实上的处分地位,那么就不能说餐具已处于其实力范围之内,A 也就不存在对餐具的占有。而且,这种控制、支配地位也不以持续的状态为必要,即使一时的控制与支配,也构成占有。[1]

关于占有的意思,较为一致的观点认为:(1)主观上的支配意思指对财物进行事实上支配的意欲而不是发生法律上效果的意思,与是否有行为能力无关,只要有事实上的持有支配意思即为足,即使是孩童或精神病患者,也可能拥有这种主观的支配意思。因此,以不法所有的意图,取走孩童或精神病患者的持有物,仍构成盗窃罪。[2] (2)在很多场合,占有意思的存在不需要占有人作特别声明。换言之,主观上的支配意思是概括的、抽象的意思,而不一定是对财物个别的、具体的支配意识,对一定空间长期以来有控制权和事实上的支配力,则可"推定"其对该范围内的财物都有占有意思。因此,对大致存在于自家里的财物,一般认为存在占有的意思;对在外出不在家期间被放入信箱中的邮件等,可以说存在占有的意思。[3] 但是,在某人明确表示不行使占有权的场合,或者持有财物时间很短,明显缺乏占有意识的场

---

[1] 参见周光权、李志强:《刑法上的财产占有概念》,载《法律科学(西北政法学院学报)》2003 年第 2 期。张明楷教授认为,在客观上,占有是指事实上的支配,其不仅包括物理支配范围内的支配,也包括社会观念上可以推知的财物支配状态。参见张明楷:《刑法学》(下),法律出版社 1997 年版,第 773 页。黎宏教授也认为,虽说实际支配或者控制必须从物理的角度加以考虑,但并不仅限于此。有时候,也要从规范的角度即社会生活的一般常识和规则的角度加以考虑。换言之,财物在被人采用物理手段加以掌控的时候固然属于被实际支配或者控制,但从社会生活的一般常识和规则来看,能够推断某财物处于他人支配或者控制的状态的时候,也能说该财物处于他人实际支配或者控制之下。参见黎宏:《论财产犯中的占有》,载《中国法学》2009 年第 1 期。

[2] 参见林山田:《刑法各罪论(上)》(修订五版),北京大学出版社 2012 年版,第 219 页。

[3] 参见[日]大塚仁:《刑法概说(各论)(第三版)》,冯军译,中国人民大学出版社 2003 年版,第 214 页。

合,不能认为其有占有意思。[1] (3)主观上的支配意思并不以占有人具有特别的意思,或者持续不断的支配意识为先决条件,即使沉睡中之人或无意识之人,仍旧可以拥有主观的支配意思。因此,车祸受伤昏迷不醒之人,其持有物虽然散落在地,但其对物的支配权并未中断。若趁他人受伤昏倒在地,取走其散落财物的,仍然可以成立盗窃罪。[2] 但是,当占有人隔离于财物所处场所之外,导致事实上的支配弱化时,就要与积极的事实性支配意思一起,才能给其占有奠定基础。[3] (4)占有意思以存在自然人这种占有主体为前提。必须强调的是,只有"握有"财物的事实,完全没有占有、控制财物的想法的,不能说行为人有占有财物的意思,其握有财物的状态,不是刑法上所讲的对财物的占有。[4]

德国学者威尔泽尔认为占有应包括三个要素:一是现实的要素,即事实上支配着财物;二是规范的、社会的要素,即事实支配应根据社会生活的原则进行判断;三是精神的要素,即占有的意思。[5] 我国台湾地区学者林山田也认为,对于持有支配关系的判断应结合对持有支配要素的法律与社会见解的综合判断来进行。其中持有支配要素包括主观要素与客观要素两方面。[6] 实际上,占有的客观要素与社会要素同属对事实支配的客观判断,因此,这种观点与日本学者和我国刑法理论的一般见解并无二致。

(三)小结

刑法上的占有,从学说的立场来看,更为强调对财物的事实支配,但是在事实支配的判断中,一般的社会观念发挥着举足轻重的作

---

[1] 参见周光权:《从无占有意思的拾得者手中夺取财物构成何罪——评陈江利被控抢夺案》,载《法学》2005年第9期。
[2] 参见林山田:《刑法各罪论(上)》(修订五版),北京大学出版社2012年版,第219页。
[3] 参见[日]大塚仁:《刑法概说(各论)(第三版)》,冯军译,中国人民大学出版社2003年版,第215页。
[4] 参见周光权:《从无占有意思的拾得者手中夺取财物构成何罪——评陈江利被控抢夺案》,载《法学》2005年第9期。
[5] 参见童伟华:《论日本刑法中的占有》,载《太平洋学报》2007年第1期。
[6] 参见林山田:《刑法各罪论(上)》(修订五版),北京大学出版社2012年版,第218—221页。

用,很多时候,甚至颠覆了客观上的人对于物的实力支配。同时,根据大多数学者的观点,占有意思也是成立刑法上的占有的必备要素,只是占有意思的认定已经抽象化和观念化了,在很多时候占有意思仅仅是对"占有"成立的补充说明。[1]

三、刑法占有与民法占有的区别

这个问题,在民法和刑法学界都有人讨论,而且也形成了较为一致的意见,但在这些见解背后,我们却发现了一些颇为吊诡的现象。

(一)传统的见解

我们分别从民法理论和刑法理论入手,看看不同学科是如何看待这一区别的。

民法理论一般会谈到占有和持有的区别,而所谓持有即指刑法上的占有,只不过为了避免概念混淆而作了区分。民法学者通常认为,两种占有均指对物有事实上的管领力,但持有更注重对物的实力支配。[2] 德国民法学家沃尔夫(Wolf)也认为:"占有作为实际支配权与刑法的支配权概念很大程度上相重合。但是,刑法支配权概念更加注重实际情况。"[3] 概括起来,这种区别大致如下:(1)持有为单纯的事实上的支配对法律地位的观察,对于占有而言甚为重要,而在持有中,则鲜有顾及。[4] (2)持有为纯粹的空间关系,故抽象的占有状态,如间接占有,绝非持有。[5] 而在辅助占有的场合,辅助人不可为占有,但可为持有。[6] 例如,甲有一古董,寄托于乙处。在民法上,乙为占有人,甲为间接占有人;在刑法上,乙为该古董的持有人。若甲将

---

[1] 参见徐凌波:《刑法上的占有》,载陈兴良主编:《刑事法评论》(第25卷),北京大学出版社2009年版,第474页。
[2] 参见王泽鉴:《民法物权2——用益物权·占有》,中国政法大学出版社2001年版,第166页。
[3] [德]曼弗雷德·沃尔夫:《物权法(2002年第18版)》,吴越、李大雪译,法律出版社2002年版,第77页。
[4] 参见史尚宽:《物权法论》,中国政法大学出版社2000年版,第533页。
[5] 参见史尚宽:《物权法论》,中国政法大学出版社2000年版,第533页。
[6] 参见王泽鉴:《民法物权2——用益物权·占有》,中国政法大学出版社2001年版,第167页。

该古董交由其受雇人乙保管,就民法而言,甲为占有人,乙为辅助占有人。就刑法而言,乙为该古董的持有人。乙擅自将古董占为己有、出让于善意的丙时,在刑法上成立侵占。(3)在继承的情形下,继承人虽未事实上管领其物,仍可取得占有,但不构成持有。[1]例如甲有一套名贵家具,由乙继承,乙虽不知其事,仍为该家具的占有人,但非持有人。(4)主张民法上的占有以占有意思为必要的观点,仍然认为刑法上的持有无此必要。例如于他人睡眠中放置物于其口袋,该他人虽不取得占有,然因此取得持有。[2] (5)在法律适用上,绝对违禁物,如鸦片、枪炮等虽然可以成立持有,但不得成为占有的标的物,而受占有的保护。[3]贩卖枪炮的债权行为和转移其所有权的物权行为均属无效。鸦片、枪炮被侵夺或毁损时,不得主张占有保护请求权或侵权行为损害赔偿请求权。

在民法学者眼中,刑法上的占有,是纯粹的人对物所为的自然力的支配,与人和物之间的法律关系无关,也与人对于物的支配是否有认知无关,是一种纯客观的事实状态的认定。

我们再来看刑法是如何区分这两种占有的。首先,从占有意思来分析,一般而言,刑法上的占有意思是概括的、一般的意思,它不需要有明确完整的意思内容,只需要潜在的,甚至推定的意思就可成立。至于占有人是为自己占有还是为他人占有,是基于所有权人、用益权人的意思,还是暂时管有的意思,都在所不问,只需要足以表明占有人支配、控制财物的状况即可。而民法上的占有意思虽存在诸多争论,各国立法选定的立场也不同,但无论是以所有人意思,还是为自己的意思,都要有一定的具体内容。即,相比民法上的占有意思,刑法上的占有意思规范色彩更重。[4] 同时,关于占有意思的内容,一般认

---

[1] 参见王泽鉴:《民法物权2——用益物权·占有》,中国政法大学出版社2001年版,第167页。
[2] 参见史尚宽:《物权法论》,中国政法大学出版社2000年版,第533页。
[3] 参见王泽鉴:《民法物权2——用益物权·占有》,中国政法大学出版社2001年版,第167页。
[4] 参见周光权、李志强:《刑法上的财产占有概念》,载《法律科学(西北政法学院学报)》2003年第2期。

为,刑法上的占有不限于"为己占有",还包括为他人占有的情形;而民法中的占有仅限于为己占有。不过,这个认识存在误差。在民法上,占有人是为自己占有还是为他人占有都不影响占有的成立。比如,在租赁关系的场合,作为出租人的甲,对于出租屋成立间接占有、自主占有(为己占有),而作为承租人的乙,对于出租屋成立直接占有、他主占有(为他人占有)。其次,从占有的客观方面分析,虽然民法和刑法在基本概念上都强调对物的事实支配,但民法上的占有更具抽象性,在直接占有和间接占有相分离的场合下,承认没有实际控制物的人也可以依据本权(如所有权)而对物成立占有。属于被继承人占有的财物,在被继承人死亡之后,即便继承人没有持有或者管理该财物,或者还不知道继承已经开始,但该财物还是当然地转移给继承人占有。而刑法对于这两种占有情形则均不承认。[1] 至于法律上的占有,刑法理论只在侵占罪的场合下予以承认,在夺取型财产犯罪中,则否认法律上的占有。然而,有意思的是,无论是民法还是刑法理论,均否认辅助占有人对其所实际控制的财物成立占有。当然,判断辅助占有的成立,民法与刑法所依据的标准并不一致。再次,从占有的对象物来看,民法上的占有人对物享有较为稳定的、近似于权利的地位,因此对占有标的物的合法与否要求较严。一般认为,除非在善意的情况下,对非法财产不能取得占有,而违禁物则一律不得成为占有的标的。[2] 而刑法上的占有,对占有对象物的要求则没有这么严格。但是,我们不能忽略一个事实,即民法上的占有对象可以是财产权(即准占有),而刑法理论则通常不承认对权利可以形成占有。

在刑法理论看来,民法上的占有在客观层面上范围要广于刑法上的占有(包括对观念上的占有和法律上的占有的肯认),在主观层面上范围则小于刑法上的占有(民法上的占有意思只能为己,不能为他人)。至于占有的对象,民法理论更注重标的物的法律属性,而刑法理论则更注重标的物的事实属性(突出表现在对违禁物的态度上)。

---

[1] 参见黎宏:《论财产犯中的占有》,载《中国法学》2009年第1期。
[2] 参见周光权、李志强:《刑法上的财产占有概念》,载《法律科学(西北政法学院学报)》2003年第2期。

通过对比，我们可以看出，民法理论和刑法理论在各自学科的知识体系内，对于两种占有的区别的理解尽管在通常情况下较为一致，但仍然存在很大差异。我们可以做一个简单的归类，就能清楚地发现认识的分歧所在。(1)民法理论承认而刑法理论拒绝的占有场合：间接占有、因继承而成立的占有、准占有(权利占有)；(2)刑法理论承认而民法理论否认的占有场合：对违禁物的占有。(3)民法理论认为成立刑法上的占有而刑法理论否认的占有场合：辅助占有、无意思的占有。从认识的分歧中我们可以发现，其实民法理论比刑法理论更加严格地坚持了事实上的支配这一刑法上所认为的占有的核心要素，从而将规范的因素全体排除出去[第(3)点分歧表现尤为突出]。[1] 恰恰相反，刑法理论已经在逐渐放弃占有的纯粹事实特征，逐渐地向民法上的占有概念靠拢。这一方面表现为对占有观念化的默认，另一方面表现为对占有意思的接纳。

(二)本书的认识

这种认识分歧的产生，固然有学科知识背景不同所产生认知障碍的原因，但更重要的是，两门学科的基本理念有差别。而且，我们进行比较研究，目的不是为了创设各自独立的话语体系和知识结构，而是为了在符合本学科基本理念的前提下，对学科术语作最适宜的解读，以实现逻辑上的自足和满足实践的需要。

对于占有概念的理解也是如此，事实表明，从占有的构成要素以及占有的事实本质来区分民法上的占有和刑法上的占有存在困难。因为，两者都强调人对于标的物的"事实上的管领、支配"，尽管在具体细节的认定上有差异，但这种形式上的差异只是根本差异的表象，从这种表象差异中我们无法真正区别两种占有。因此，我们只能继续深入追究，从制度功能和制度理念出发，挖掘其深层差别。

对此，周光权教授认为：

民法上占有制度的功能，一方面在于确定占有人的地位，以

---

[1] 参见黑静洁：《论死者的占有——对"占有"概念的重新解读》，载《时代法学》2012年第2期。

明确占有人与真正权利人的权利义务界限,并对财产的现实支配状况予以法律化;另一方面在于保护该占有,以维护社会和平与秩序。而刑法上的占有本身不构成财产归属与支配秩序的一部分,只是对物的一种事实支配状态,其一方面在于保护该占有状态,另一方面在于根据该占有确定占有人或侵夺该占有的人的行为性质。

就对占有的保护而言,民法上的占有本身就构成保护的理由,占有诉讼也仅止于对占有的保护,而不涉及真实的权利,要实现对真实权利的确认与保护,还有赖于其他的诉讼。而刑法上的占有作为一种事实上的支配状态,本身并不构成保护的理由。刑法保护之所以不以所有权为限,对占有也予以同等的保护,根本原因就在于维持一个有利于保护所有权的法律秩序。随着财产关系的复杂化,占有与所有权相分离的现象日益增多,为了保护财产权,首先就必须保护对财物的占有本身,否则必然造成财产关系的混乱。而且,就犯罪人而言,不管其侵夺的是所有还是占有,也无论其侵夺的占有是合法的占有还是非法的占有,对其行为的否定性评价都不应当受到影响,而这种否定性评价的存在,无疑是保护所有权所必须的。这就决定了民法与刑法上占有必然有所区别:刑法上的占有作为一种单纯的事实支配状态,必然比民法上的占有更为现实,也排除通过间接的支配取得占有,而民法上的占有作为或近似于一种权利样态,则具有更多法律化与观念化的因素。同样,作为一种单纯的控制支配财物的事态,刑法上的占有只要求占有人具有一般的、概括的意思,而民法上的占有人要成为近似于所有人的权利主体,则需要较为明确具体的占有意思;民法上的占有的权利性质,也决定了占有对象物不能是违禁物等非法物品,而刑法上的占有则无此种要求。[1]

这种认识,比起传统的见解来说,能够从制度安排的理念层面进

---

[1] 周光权、李志强:《刑法上的财产占有概念》,载《法律科学(西北政法学院学报)》2003年第2期。

行比较,显然更为深刻,但仍然需要继续阐明。民法上的占有首要的制度功能就是保护功能,旨在维护社会平和与物之秩序。[1] 但秩序维护并非终极目标,其最终是为了实现对物的充分利用,避免由于权利人懈怠行使对物的权利导致的资源浪费。承认占有的观念化,软化人与物之间的时空联系以及淡化占有意思,本意俱在于此。而充分利用物的前提则是赋予占有本身某种类权利的法律地位。在民法上,主体可以凭借占有事实本身,取得一系列法律救济的权利,包括占有返还请求权、占有损害赔偿请求权。并且这些权利不因行为人系非法占有而被法律拒绝(只是不能对抗真正的权利人罢了)。承认间接占有以及继承占有等观念化的占有,无非是为了扩大权利救济的范围,从而实现对物的效用的充分利用。例如,在间接占有的场合,既承认直接占有人对财物的管领,也承认间接占有人对财物的管领,就是为了完善对物的保护。当直接占有人无法行使对物的支配权利时,间接占有人可以凭借其占有地位同样获得占有的法律保护。也正因为此,民法上的占有才将违禁物剔除在占有客体的范围之外,因这种对物的利用其实是有害于社会平和的。这样看来,民法上关于占有性质的事实说与权利说的分歧并不如想象中那么大,二者实际上是可以融合的。可以这样说,民法上的占有所维护的是一种动态的财产交易秩序,因为财产在不同主体之间的顺畅流通与转移是以社会平和为前提的。

  刑法上的占有是为了维系对财物的支配状态的归属,目的在于确立稳定的财物的存在秩序。这种对于秩序的维护目的不在于实现权利救济,因而从形式上就表现出更多的事实性的特征。因此,传统的见解倾向于将刑法占有的重心定位在事实上的支配,尽可能地将规范的、观念的因素排除在外。这也可以理解,为什么传统观点认为,刑法上的占有包括对违禁物的占有,但不包括对权利的占有。

  实际上,从上文的概括来看,民法上的占有与刑法上的占有的根本目的都是为了保护财产秩序,只不过前者是保护动态的财产交易秩

---

[1] 参见王泽鉴:《民法物权2——用益物权·占有》,中国政法大学出版社2001年版,第173页。

序,后者是保护静态的财产存在秩序,而稳定的财产存在是财产交易得以实现的基础。因此,民法上的占有与刑法上的占有的区别就不应当是是否存在事实上的支配。并且,根据前文的论述,财物的范围在现代社会已经大为扩展,以有体物为核心的财物概念远不能满足司法实践的需要,虚拟财物、权利形式的财物都已成为刑法规制的对象,对这些财物的支配从物理意义上的事实支配的角度去把握显然不足。刑法上的占有不应当也不可能排斥观念上的占有和法律上的占有。这样,我们就必须重新定义刑法上的占有概念。

第二节 占有概念的界定

当我们不将事实上的支配作为刑法上的占有的核心要素时,就必须寻找一个替代标准。在学说上,经常与事实上的支配成为对立面的概念是观念上的占有(或占有的观念化)和法律上的占有。但这两者的含义究竟为何?与民法的理解是否相同?都不是没有疑问的。

一、基本概念的重新定位

(一)事实上的占有与占有的观念化

民法上通常所讲的占有的观念化是指,若人对物有某种法律关系,则即使人与物没有空间和时间上的结合关系,仍然可以成立占有。这种法律关系常见的有以下类型:(1)基于租赁、借用、出质等而产生的间接占有;(2)占有继承,占有可以成为继承的标的,继承发生时,继承人虽未在事实上管领其继承的财产,仍然可以取得占有;(3)依占有辅助人而进行占有。[1] 这种观念化的占有松弛了人与物事实上的关联关系,使占有由直接的实力支配而逐渐扩展至观念上的支配,从而使得占有概念呈现出扩大(如间接占有和占有继承)与限缩(占有辅助人)的状态。此外,在物权变动中,常常存在略式交付即简易交付、

---

[1] 参见魏振瀛、徐学鹿主编:《北京大学法学百科全书:民法学、商法学》,北京大学出版社2004年版,第1174—1175页。

占有改定和指示交付。[1] 上述情况下虽然发生了"交付",但占有的外形没有发生变动,物的事实上的支配的状态依旧。这也是民法占有观念化的另一种形式。[2]

刑法理论通常认为,与民法上的占有观念相比,刑法上的财产犯中的占有在对物具有更加现实的控制力、支配力这一点上具有特色。即民法上的占有可以是规范的、观念上的占有,而刑法上的占有必须是事实上的占有。这种占有,并不是一般性的人和物之间的接触,而要达到实际控制、支配的程度。[3] 与民法中占有的观念化相比,刑法学者一般从更现实的角度出发,不承认间接占有,也不承认在继承的场合下占有当然移转到继承人手中。如对于民法上动产的所谓间接占有,刑法认为该种场合下只有事实上的支配才有意义,只承认对物的直接占有。

刑法理论通常不承认间接占有,主要是与侵占罪有关。试举一例:甲将自己的汽车租赁给乙使用,乙在租赁期届满后拒绝返还汽车,擅自将其出售给丙。

依据民法的观点,甲虽将汽车的直接占有转移给乙,但其凭借所有权,仍然维持对汽车的间接占有。若第三人破坏该占有,乙能够依直接占有提起返还之诉,甲也可依间接占有行使返还请求权。借此,民法就实现了甲对于汽车的所有权的充分保护,从而维系稳定的财产秩序。

但在刑法上,若同时承认甲和乙均对汽车存在占有,将出现定罪的困境。如上例,如果认可甲对汽车的间接占有,则乙的行为无疑侵犯了这种占有,符合盗窃罪的成立要件。但同时,乙已经占有了汽

---

[1] 简易交付是指让与之前受让人已经占有物,让与人转让物权时无须现实交付。占有改定是指物的让与人在让与动产后因某种原因继续占有物,这样让与人成了直接占有人,受让人以所有人的身份成为间接占有人。指示交付是指甲将物让与乙,但物在让与时实际上由丙占有,甲将物的返还请求权让与乙以代替交付。这三种交付形式都是观念交付,没有发生现实的物的支配转移。

[2] 参见童伟华:《所有权与占有的刑、民关系》,载《河南省政法管理干部学院学报》2009年第4期。

[3] 参见黎宏:《论财产犯中的占有》,载《中国法学》2009年第1期。

车,他出售汽车的行为并没有打破原有的占有而确立新的占有,只是对于委托保管关系的破坏,因此,没有成立盗窃罪的余地,只能论以侵占罪。于是,同样的行为获得两种相互矛盾又各自合逻辑的刑法评价,这只能说判断的前提存在疑问。

刑法否认占有的继承,按照日本学者佐伯仁志的观点,继承人在完全不知情的情况下就已经取得了占有,这样也未免太过于观念化。[1] 但完全否认占有的继承,尤其是在侵犯死者财物的场合,如何解释死者的占有成为问题。对于无关第三人取走死者财物的行为,刑法上的多数观点认为成立侵占罪(脱离占有物侵占罪)[2],但对于行为人杀害被害人之后,临时起意取走死者财物的行为,多数观点则认为成立盗窃罪。[3] 就取走财物而言,行为人的身份(无关第三人抑或行凶杀人者)对行为的性质没有实质影响,但在刑法评价上却大相径庭。并且,盗窃罪的主张无法逃避的问题是财物的占有归属为何。从各种解释论来看,其实质上都在对占有作观念化的解读。刑法学者一方面以过于观念化为由反对占有的继承,同时又在某些情况下甚至认可死者的占有,这说明刑法自身对于占有的观念化并不排斥。

所谓辅助占有,根据民法理论,指基于特定的从属关系,受他人之指示,而对于物为事实上的管领。[4] 例如甲雇佣乙做司机,甲为汽车的占有人,乙为辅助占有人。辅助占有中的从属关系,并非请求权与债务的关系,而是命令与服从的关系。辅助占有的场合下法律效果全部归于占有人而不是辅助占有人。[5] 至于从属关系的认定,则应当

---

[1] 参见〔日〕佐伯仁志、〔日〕道垣内弘人:《刑法与民法的对话》,于改之、张小宁译,北京大学出版社2012年版,第200页。
[2] 参见〔日〕西田典之:《日本刑法各论(第三版)》,刘明祥、王昭武译,中国人民大学出版社2007年版,第115页。
[3] 只是理由不尽相同,大致包括死者占有说、死者的生前占有说、继承人占有说、死者生前占有延续说。参见黑静洁:《论死者的占有——对"占有"概念的重新解读》,载《时代法学》2012年第2期。
[4] 参见王泽鉴:《民法物权2——用益物权·占有》,中国政法大学出版社2001年版,第190页。
[5] 我国台湾地区"民法"第942条规定:"受雇人、学徒、家属或基于其他类似之关系,受他人之指示,而对于物有管领之力者,仅该他人为占有人。"我国民法虽然没有明文规定辅助占有,但不妨碍学说和实务上的普遍认可。

依照社会观念加以判断。[1] 对于这种观念化的占有,刑法理论并不排斥,甚至在具体的内容界定上也与民法理论没有大的差异。

其实,刑法理论在对占有的认定上已经大量包含了观念的因素。就客观要素而言,对物的事实上的支配的判断,很多时候离不开观念的判断。可以这样说,从威尔泽尔将规范的、社会的要素作为占有的构成要素起,刑法上的占有就已经开始了观念化。并且,很多时候,对于占有的认定与"事实上的支配"无关,真正起作用的乃是日常生活习惯或者一般的社会观念。这意味着,一般社会观念的判断可以颠覆对占有的事实支配要素的认定,从而在许多情况下否认实际控制财物的人对财物的占有,而在另一些场合中却肯定没有实际控制财物的人的占有,架空了"事实支配"要素的概念界定功能。

因此,单纯强调刑法中占有比较现实化、民法中的占有比较观念化,并无太多实益。也许总体来说刑法中的占有比民法中的占有更加现实,但刑法上的占有根本无法摆脱"观念"的影子,甚至可以说,离开了"观念"的支持,纯粹地根据人和物之间的物理控制关系来界定占有的归属就可能与社会生活常识相背离,也会人为地限制占有概念的理论内涵,这绝非理论的本意。

(二)事实上的支配与法律上的支配

黎宏教授在《论存款的占有》一文中认为:

> 侵占罪中的占有,不仅仅是对财物的事实支配,法律支配也包括在内。详言之,盗窃等夺取型犯罪中,被害人的占有,具有侵害对象的意义,因此,成立盗窃罪,关键是要排除被害人对财物的占有,而转归自己占有,因此,被害人在多大程度上对财物具有排他性支配,成为判断是否成立盗窃罪的关键。与此相对,侵占罪中的占有,以具有委托信任关系为前提,占有者对该物具有一定程度的处分权,在法律上处于能够随意处分他人财物的状态,因此,被害人是否具有"可能被滥用的支配能力",就成为判断是否

---

[1] 参见史尚宽:《物权法论》,中国政法大学出版社2000年版,第545页。

能够成立侵占罪的关键,其内容比夺取型犯罪的场合要广,不仅对财物具有实际支配的场合,连具有法律上的支配场合的情况也包括在内。即侵占罪中的占有,是"事实上或者法律上,对物具有支配力的状态"或者"支配可能性"。[1]

根据黎宏教授的观点,所谓事实上的支配是指通过物理意义上的实力对财物的控制,而法律上的支配,则是指虽然没有事实上的控制,但通过法律上的权属关系,从而支配了财物。这也是多数学者的立场。[2] 例如,不动产的名义登记人占有该不动产;提单等有价证券的持有人占有提单等有价证券所记载的财物。从这个表述中,我们可以得出以下结论:(1)法律上的支配和事实上的支配是对立的概念范畴,法律上的支配是在不存在事实上的支配的前提下,由于特定法律关系的存在,认可了人对于财物的支配;(2)法律上的支配对象和事实上的支配对象一样,都是有体物;(3)法律上的支配只在有限的范围内(主要是在侵占罪中)可能成立占有,大多数情况下,刑法上的占有只能存在于人对物的事实支配当中。可以这样说,刑法理论对于法律上的支配的理解是在对事实上的支配进行严格解释的基础上所做的适度突破。

但这种理论安排是存在缺陷的:首先,从形式逻辑上讲,在财产犯罪这个大背景下,对同样的概念作不同的定义是否妥当,并非没有疑问。

其次,这种对概念的解析有内在的逻辑矛盾。这在解释存款的占有中表现得尤其突出。按照上述观点,存款现金事实上是由银行占有的,存款的名义人基于与银行缔结的存款合同,取得对银行的存款债权,借此占有了存单项下的金钱,此即存款的名义人占有说。[3] 这就

---

[1] 黎宏:《论存款的占有》,载《人民检察》2008年第15期。
[2] 张明楷教授也认为,"事实上的支配,不仅包括物理支配范围内的支配,而且包括社会观念上可以推知财物的支配人的状态。法律上的支配,是指行为人虽然没有事实上占有财物,但在法律上对财物具有支配力。"参见张明楷:《侵犯财产罪的疑难问题》,载游伟主编:《华东刑事司法评论》(第六卷),法律出版社2004年版,第104页。
[3] 这是多数派的主张,也有人主张存款归银行占有。参见黎宏:《论存款的占有》,载《人民检察》2008年第15期。

意味着在同一物上存在两个刑法认可的占有。若第三人以非法手段取得银行的存款现金,则同时破坏了银行对存款现金在事实上的支配以及存款人对存款现金在法律上的支配。这两种支配所代表的法益是不同的,行为人的行为理应依照想象竞合犯的法理进行处断(尽管在结论上没有差别)。这种思路是否妥当?更重要的是,这种解释已经违背了论断的逻辑前提,即在盗窃罪中,占有必须具有排他性。虽然民法承认在同一物上可以存在多个占有,但刑法则坚决否认这一点。对此,现有理论无法自圆其说。我们以一个极端的例子来加以说明:甲在乙银行存款1万元,银行开具了存单。后甲秘密潜入银行,从保险柜中窃取了1万元现金。甲的行为如何认定?

一方面,甲秘密窃取他人财物,侵犯了银行对存款现金的占有,成立盗窃罪。但另一方面,甲原本就拥有对银行1万元的存款债权,因而甲在法律上的确有对这1万元现金的占有,甲的行为不过是将法律上的支配变为事实上的支配,并没有法益侵害存在,属于"行使权利"的行为,不构成犯罪。这两个结论自相矛盾,但都是符合逻辑的。

要解决这一困境,有两种选择:第一,承认存款的名义人对存款现金的法律上的占有,否认银行对于存款现金的事实支配。第二,否认存款名义人对存款现金的法律上的占有,只承认银行对存款现金的事实支配。但这两种选择都不可行。第一种选择与事实不符,首先,银行的业务特征是:通过吸收公众存款,发放贷款,获取利息差价作为企业利润。这就要求银行对存款现金拥有完整的所有权,如果按照存款人对存款现金存在法律上的占有的观念,银行开展放贷业务就是对存款人财产权益的侵犯。这岂不荒谬?其次,金钱作为一种特殊的种类物,按照民法理论,占有与所有具有同一性,存款人将现金存入银行,银行对该现金取得占有的同时也取得了所有权,存款人只有对银行的存款债权。认为存款人基于存款债权在法律上占有了等额现金的说法是没有法律依据的。

第二种选择仍然没有解决问题。且看一个案例:甲通过技术手段,私自与A银行系统联网,将乙在A银行存款账户中的1万元划拨到甲在A银行的账户中,但并未取现。甲的行为又如何认定?在本案中,银行对存款现金的占有并没有发生变动,因此,甲也没有侵犯财产占有的行为,不成立财产犯罪。但乙的确遭受了财产损失,那么谁来承担刑事责任?如果只以民事手段来为乙提供救济,又显失法律公正。更重要的是,这种选择实际上已经放弃了法律上的支配也能够成立占有的基本立场。

当法律上的支配必须被认可时,解决理论困境的办法可以从支配的对象上寻找。本书的基本观点是:在法律支配的场合,支配的对象并非法律关系所指向的实体(财物),而是征表实体价值的权利。比如,在提单的场合,提单的持有人所支配的并非提单上记载的实体财物,而是对财物保管人享有的物权请求权,即提单持有人可以凭借提单要求财物保管人交付提单项下的财物。提单持有人通过对提单的占有排他性地支配了对财物保管人的物权请求权。在存款的场合,银行占有了存款现金,而存款名义人则凭借存单占有了特定款项的存款债权,可以要求银行履行支付特定金额现金的义务。这就意味着,在法律支配的场合下,财物概念的外延从有体物拓展到了无形的权利,这正与本书所主张的财物概念相一致。通过这种分解,就可以化解传统主张所遭遇的困境。

其实,按照传统观点对于法律上的支配的理解,相比民法理论而言,刑法对占有观念化的坚持更为彻底。因为民法至少通过"准占有"制度,在形式上维护了"对物的事实上的管领"这一客观要件,而刑法理论则仅仅依据法律关系的存在,就肯认了对有体物没有任何实际控制存在的人能够成立刑法上的占有。

由此可见,事实上的支配与法律上的支配的划分本身是存在问题的。借此来强调刑法上的占有具有独特的事实秉性,只能适得其反。我们必须找到刑法上的占有的本质所在。

二、占有的本质——排他性的支配

认定刑法上的占有,目的在于明确物的归属状态,从而实现对以非法手段转移占有的行为的刑法评价,最主要地体现在盗窃罪与侵占罪的区分上。[1] 当行为人对财物的控制被认为成立占有时,其进一步排除权利人对财物施加作用力的行为,就没有成立盗窃罪等夺取型财产犯罪的余地。相反,当行为人对财物的控制不成立占有时,其移转占有的行为则可能被评价为夺取型财产犯罪。

搞清楚了这一点,我们可以说,既然刑法上的占有是为了明确财物的归属状态,那么,对于占有的判断而言,最重要的不是行为人是否存在对财物的物理意义上的实力控制,而是排他的支配。"排他性"应当是事实支配的核心要素。

(一)"排他性"的含义

在民法上,谈到物权的效力时,通常也会使用排他性[2]的概念。按照学说的主张,所谓排他性,也称排他效力,至少包括三种意思:(1)同一标的物上,不存在多个所有权,也不许存在内容相同、时空位置相同的占有权;(2)同一标的物上存在的物权,在各自的范围内独立自主,任一物权不受其他物权的不当干预和不当拒绝,能排除其他物权侵入自己的权利范围;(3)任一物权都能够要求非物权人履行一定的义务,包括作为的或不作为的,当非物权人不履行相应义务时,即构成对物权的侵害。[3]

民法理论关于排他性的理解通常在物权效力的大背景下展开,从上述定义中我们能够看出,排他支配可以从两个方面去理解:第一,人与物的关系。所谓排他支配,就此角度而言,是指权利人对于标的物的直接支配。在罗马法时代,这种支配以权利人实际握有具体的物件或享有权利的事实而被识别。自从德国民法规定了间接占有制度之后,识别的对象不再限于实际握有的状态而拓展到了权利上的联系。这就意味着,直接支配是权利人实施某种作用于物的行为的独立选择

---

[1] 参见王长河、应敏俊:《民法与刑法上财产占有概念之比较》,载《湖北警官学院学报》2010年第6期。

[2] 如史尚宽先生就认为,"物权,为对于客体之直接排他支配权。"参见史尚宽:《物权法论》,中国政法大学出版社2000年版,第10页。

[3] 参见孟勤国:《物权二元结构论——中国物权制度的理论重构》,人民法院出版社2002年版,第86页。

权和决定权。在法律或合同允许的范围内,权利人有权决定对物采取何种态度和措施,无须以征得他人同意为前提。是自己吃一筐鸡蛋还是将鸡蛋背到市场上换一些盐巴,是让后人继承家产还是赠与慈善事业,只要不妨碍他人,不损害他人利益,都是权利人自己的事,与他人无涉。第二,人与人的关系。这是指权利人对物的直接支配可以对抗第三人,也即排除他人对于物的干涉。甲对其所购买的汽车具有排他的支配,就意味着乙不可能凭借自己的实力对该汽车行使某种形式的控制力,否则就是对甲的支配权的侵犯,将引起相应的法律后果(比如甲可以行使物上请求权或者损害赔偿请求权,借此恢复其对汽车的支配)。

民法关于排他性的界定对确定刑法中的占有具有很大的借鉴意义。当我们在判断主体对物是否成立刑法上的占有时,同样要考虑是否存在这种排他性。[1]

在刑法上,占有概念的功能之一是明确财物的归属状态,所以排他支配的第一要义则是,在一物之上(无论是动产还是不动产)不得同时成立两个以上的占有。否则,将出现对同一个行为作出相反的刑法评价的逻辑困境。第二,占有是人对财物的支配、控制,这就意味着主体可以无障碍地将自己的意志投射到对象物之上,也意味着支配意志的绝对自由,这是排他支配的第二要义。第三,占有具有排他性,就意味着,当特定主体形成了对财物的支配、控制时,就排除了他人对财物的支配或控制。[2]

需要强调的一点是,刑法上的占有的排他性,不仅包括对财物控制上的排他,还包括对财物利用上的排他,即占有人在使用、处分财物时,无须任何人的同意,也可以对抗任何人的干涉,即使在非法占有的情形下也是如此。比如,甲窃取了乙的古董,又将该古董卖给丙。从民法上讲,古董的转移并不必然会产生所有权移转的法律效果(尤其当丙是恶意时),甲还可以向丙主张物权的返还请求权。但在刑法

---

[1] 刑法学者也认为刑法上的占有应当具有排他性。参见刘明祥:《财产罪比较研究》,中国政法大学出版社2001年版,第40页。

[2] 参见刘明祥:《财产罪比较研究》,中国政法大学出版社2001年版,第40—41页。

上,当交付行为完成时,丙确定无疑地取得了对古董的占有。此时,如果乙又从丙处偷回古董,其行为仍然破坏了丙对古董的占有,成立盗窃罪。而且,即便是所有权人甲违反丙的意志取回古董的行为,也破坏了丙的占有。[1] 这是因为,民法上所讲的排他性,是在物权效力的大背景下展开的,所有权人行使物上请求权也被视为物权的排他效力的表现形式,而刑法上的占有强调的是对物的事实控制,与权利无涉。所以,对于排他性的理解,也只能从事实的角度加以界定。

(二)"支配"的含义

在民法上,关于"支配"(或者支配性、支配权)的含义,学者的界定不一。梅迪库斯将支配理解为"支配某种客体或某种其他的、无体的财产"。[2] 梅仲协认为,"在支配权,权利人得以其法律所赋予之权力,支配他人或财产"[3]。胡长清认为,"支配权者,直接支配权利客体之权利也"[4]。以上定义都指出了支配权是针对某种客体的权利,但对"支配"或"支配性""支配力"的含义或标准则未予解释。另一种解释方法则更明确地指出了"支配"的内涵。拉伦茨认为,"事实上,必须允许所有人根据自己的意思行使对自己所有的物的'法律的力'……这种类型的权利可以把它称为支配权;这个权利允许权利人对某个特定物进行有限制的支配"[5]。沃尔夫更为明确地指出:"……其标志在于,其授予权利人以某个自由领域,在此领域内权利人得以排斥一切他人,并且无须他人之协作而单独作出决定。这种支配权能正是表现在:权利人有权单方面行使法律权利,而无须他人的积

---

[1] 甲的行为之所以不以盗窃罪论处,不是由于客观上不存在破坏占有的行为,而是因为存在着"行使权利"这一阻却违法事由。
[2] 〔德〕迪特尔·梅迪库斯:《德国民法总论》,邵建东译,法律出版社2000年版,第61页。
[3] 梅仲协:《民法要义》,中国政法大学出版社1998年版,第35页。
[4] 胡长清:《中国民法总论》,中国政法大学出版社1997年版,第40页。
[5] 〔德〕卡尔·拉伦茨:《德国民法通论》(上册),王晓晔等译,法律出版社2013年版,第277页。

极协助。"[1]这些定义明确地揭示了支配的重要特征,即可在客体上单方实现自己的意思。类似的观点还包括,孙宪忠教授认为,"所谓支配权,指的是权利人仅仅依据自己的意思就可以实现权利目的的权利。"[2]李锡鹤也认为,"法律上的支配指主体对客体的自主作用,即主体可以在服从法律的前提下,对抗一切人的意志,在客体上实现自己的意志。"[3]我国台湾地区学者王泽鉴则认为:"支配权的赋予具有双重性,一为将某特定客体归于权利人支配,以其意思作为支配客体的准据……"[4]这种定义方式更为明确地揭示了支配的重要特征,即可在客体上单方实现自己的意思,而不需要他人的意思协作。[5]

就形式而言,"支配"并非刻板、僵化的概念。"支配"的内涵与表现在随着社会生活的发展以及财物表现形式的多样化而不断丰富。支配在更多场合、更大范围中呈现出由实力支配到媒介支配乃至于"权利支配"的变化发展。因此,对于支配概念应作更加全面的把握。

1. 实力支配

这是指占有人对于财物施加的物理意义上的控制。在有体物的时代,学者们对于事实支配的理解都是以此为基础的。在民法上,学者们经常用"直接支配"的术语来反映这种支配形式。所谓"直接",是指权利人对于标的物的支配,无须他人意思或行为的介入,即可获得实现;所谓"支配",是指依权利人的意思,对标的物加以管领处分。[6]

这种理解与刑法学者的普遍主张相吻合。但需要说明的是,在刑法上,关于实力支配的界定需要考虑的因素更多,因此,实力支配的范

---

[1] Karl Larenz, Manfved Wolf, AT des bürgerlichen Rechts, 8. u. 9. Aufl, Münohen 1997 u. 2004, S. 284,转引自金可可:《论支配权概念——以德国民法学为背景》,载《中国法学》2006年第2期。
[2] 孙宪忠:《中国物权法总论》(第四版),法律出版社2018年版,第44页。
[3] 李锡鹤:《对债权不可侵性和债权物权化的思考——兼论物权与债权之区别》,载《华东政法学院学报》2003年第3期。
[4] 王泽鉴:《债法原理1——基本理论·债之发生》,中国政法大学出版社2001年版,第8页。
[5] 参见林旭霞:《虚拟财产权研究》,法律出版社2010年版,第105页。
[6] 参见谢在全:《民法物权论》(上),中国政法大学出版社1999年版,第25页。

围也更为广泛。具体表现为:(1)身体支配。即占有人利用身体的力量实现对财物的控制。比如,用手握住杯子、骑着自行车,都可以成立占有。(2)工具支配。指占有人通过自己支配下的机械、器具确保对财物的支配。比如,人为设置圈套中的禽兽归圈套的设置者占有;在海中固定设置的渔网,其中的捕获物也由设置者占有。(3)空间支配。即通过对某一特定领域的支配,占有了空间内的财物。比如,置于私人住宅内的财物,当然由住宅的主人占有。即使主人忘记了财物的具体所在,也不妨碍占有成立。

在实力支配的判断中,一般的社会观念和生活习惯发挥着重要作用。在很多情况下,即使不存在上述意义的实力支配,但若根据人与财物之间的关系,一般社会观念并不反对成立占有的,理论上也肯认了占有的存在。比如,将未上锁的自行车停放在住宅附近,自行车的主人并未丧失对其的占有。游客将背包暂时遗忘在公园的椅子上,在离开一段距离后方才发觉,而后返回的,在其离开的时间中,也并未丧失对背包的占有。

2. 媒介支配

这是指占有人对财物的支配通过其他人的协作才得以实现。换句话说,在媒介支配的场合,占有人对财物的占有是通过他人的行为实现的。这主要表现在两种场合:

第一,辅助占有。[1] 在此情形中,辅助人事实上控制了财物,但由于辅助占有人和占有人之间存在一定的从属关系,辅助占有人依照占有人发布的指示行事,使得占有人实现对财物的支配。比如,顾客雇用搬运工运送行李。搬运工实际上控制了行李,顾客和行李之间没有实际联系。但由于搬运工对于行李并不存在占有的意思,只是依照顾客的指令转移行李而已,此时,搬运工相当于顾客支配行李的工

---

[1] 辅助占有本为民法上的概念,但为刑法理论所普遍认可。关于辅助占有的立法例,参见《德国民法典》第855条:"某人根据在他人的家事或者营业或者在类似关系中,为他人行使对物的事实上的支配力,并且根据这一关系,其须遵从他人有关其物的指示的,只有该他人是占有人。"《日本民法典》第181条:"占有权可依代理人而取得"。台湾地区"民法"第942条:"受雇人、学徒、家属或基于其他类似之关系,受他人之指示,而对于物有管领之力者,仅该他人为占有人。"

具,本身没有独立的意志。顾客对于行李可以毫无障碍地实现自己的支配意思。如果搬运工私自处分行李,就侵犯了顾客对行李的占有,成立盗窃罪。

第二,对虚拟财物的支配。虚拟财物是存储在服务器上的一组电子数据,只存在于虚拟的网络空间,没有现实的对应物,也无法进行实力支配。用户只能借助于服务器的运营商,通过 TCP/IP 协议,在客户终端实现对虚拟财物的支配。举例来说,用户在操作网络游戏的过程中,获取了可以用于市场交易的"装备"。但这些物品作为电子数据存储在运营商的服务器之中。用户只有通过特定的账户和密码才能操作游戏,控制"装备"并用于交易。在这个过程中,账户和密码相当于用户向运营商发出的指令,通过具体的网络操作,运营商根据用户的指示来处分"装备"。可以说,离开了服务器运营商,虚拟财物就失去了存在的平台,也无所谓用户对虚拟财物的占有。但是,用户并不因此而丧失对虚拟财物的支配地位。因为运营商不能凭借其对服务器的控制而任意处置属于用户的虚拟财物,否则就可能成立财产犯罪。

3. 权利支配

这主要是就权利寄托型财物的占有而言的。这类财物的本质是一项权利,即可要求他人为一定给付行为的请求权。权利只存在于观念之中,同样缺少现实世界的对应物。但它与虚拟财物不一样的地方在于,权利人对权利的支配不需要借助任何媒介,即不需要依靠他人的帮助,便可直接向相对方主张。而主张的依据则是权利本身。比如,提单的持有人可以向财物的管理者主张要求其交付保管物的请求权。存单的持有人可以向银行主张履行金钱给付的请求权。

通常,权利寄托型财物都通过一定的物质载体表现出来。比如,存单、提单、有价证券等。对权利载体的占有往往彰显了权利本身,相应地,占有人可以通过对权利载体的支配实现对权利所代表的实物的支配。很多时候,由于权利和权利载体的高度融合,权利载体与权利本身密不可分,以至于从形式上看,几乎可以忽略权利与权利载体的差别。比如,就不记名的有价证券而言,只要持有该有价证券,就可以主张证券所记载的权利,而失去了有价证券,就无法主张证券权利。于是,很多学者将有价证券等同于有体物。但必须强调的是,在权利支配的场合,占有人的占有对象只能是权利,而非权利的物质载体。占有人对权利载体的控制只是占有权利的外在表现。即使在"债权的物化"这种权利与权利载体混一的情形下,在逻辑上也要作这样的判断。

另外需要强调的是,如前文所述,这里的权利支配是指占有人对财物进行支配的表现形式之一,支配的对象是权利本身,而非权利所代表的实物。如果在后一种意义上理解权利支配,则违反了概念的本意。[1]

三、占有与持有的界限

民法理论通常将刑法中的占有称作"持有"(Gewahrsam),以区别于民法上的占有(Besitz)。按照民法理论,占有与持有均指对物有事实上的管领力,但持有更注重对物的实力支配。[2] 具体而言,两者的范围有时存在重叠之处,但因二者的规范目的不同而有差异。对此,前文已有阐述。

刑法理论中也有"持有"这一概念,一般在两种情况下使用:一是我国台湾地区"刑法"中为避免用词发生混淆,在对财物的控制关系中使用"持有"概念,而未采"占有"这一称谓。实际上这一"持有"即为财产犯罪中所指称的"占有",二者基本上不存在区别。[3] 二是我国刑法中规定的持有型犯罪中的"持有"行为。刑法上的持有是指行为人违反法律规定,擅自对国家规定的特殊物品有事实上的支配或控制。

在这个层面上,"占有"与"持有"之间存在重大区别:第一,从体

---

[1] 事实上,在民法学界,很多学者恰恰是在第二种意义上理解权利支配的。这是刑法理论需要注意区别的。参见林旭霞:《虚拟财产权研究》,法律出版社 2010 年版,第 107 页。
[2] 参见王泽鉴:《民法物权 2——用益物权·占有》,中国政法大学出版社 2001 年版,第 166 页。
[3] 参见王玉珏:《刑法中的财产性质及财产控制关系研究》,法律出版社 2009 年版,第 144 页。

系性地位上讲,持有作为持有型犯罪的构成要件行为,具有独立的地位,是判断构成要件符合性的关键要素。没有持有行为,就无法认定持有型犯罪。占有虽然也属于客观构成要件要素,但其本身不具有独立的地位,只是判断构成要件行为的素材。在财产犯罪中,占有是判断行为人的行为是否成立侵犯财产行为(盗窃、抢劫、抢夺等)的一个因子而已。占有的存在与否,与是否成立犯罪没有必然联系。[1] 第二,占有与持有在客观层面上表现不同。虽然占有和持有都要求人对物的事实支配,但持有的特殊性决定了持有之下的对物的控制比占有更强调事实特性。一般的社会观念和生活习惯所发挥的作用相对有限。第三,占有与持有在主观层面上也不同。占有意思可以是概括的、推定的意思,但持有意思则只能是具体的、明确的意思。这是因为持有作为构成要件行为,持有人对于持有行为必须具有主观意思,并且,这种主观意思必须符合刑法关于犯罪故意的界定。比如,甲在乙不知情时将毒品藏入乙的房间,此时,乙对于毒品可能成立占有(由于乙对于私人空间的排他支配),但不构成持有,因为乙对于毒品的存在没有明确的认知。第四,占有与持有的主体不同。占有的主体较为宽泛,法律没有对之进行特别的限制,即使没有意思能力或者责任能力的人,只要是事实上支配财物,也可以认定其成立刑法上的占有,这是因为财产犯罪是为了保护财物的占有秩序、维护社会的稳定,即使是没有意思能力和责任能力的人,其对财物的占有也应当得到保护。而持有的主体则必须是达到刑事责任年龄、具备刑事责任能力的自然人,幼儿或精神病患者对国家违禁品的持有行为不具有刑法上的意义。其原因在于,若是对违禁品的性质没有认识能力,持有人要么是对违禁品无意识的控制支配,要么是被人当作犯罪工具,这些情形不具有刑法上的可罚性。第五,占有与持有的对象物也不同。占有是财产犯罪中的特有概念,占有的对象也应从财产犯罪的语境下理解,即一般意义上的财物。在持有型犯罪中,持有的对象必须符合法律的明

---

[1] 在取得型财产犯罪中,只有已经存在占有,夺取财产的行为才有刑法意义。而在侵占型财产犯罪中,尤其是在侵占遗忘物、埋藏物的场合,只有不存在占有,才有成立侵占罪的余地。

文规定,具有特定性(仅限于特定的法律禁止私人持有物,如毒品、假币、国家秘密等)。占有的对象范围要广于持有。

总之,我们仍然可以坚持传统理论对于占有概念的界定——主体对财物的事实上的支配、控制——但在具体解释上,则应根据财物概念的扩张,以及一般的社会观念与生活习惯,重新阐释其内涵,将观念上的支配乃至法律上的支配都包含进来。"排他性"支配才是事实支配的本意所在。

第三章
占有的成立要素

判断是否存在刑法上的占有,必须从两方面考察,此即学说上所谓的占有的客观要素(体素)与主观要素(心素)。在客观要素中,事实上的支配是判断的关键,而判断的核心则是占有人对财物的排他性支配。在主观要素中,占有人是否存在占有意思,则是认定的关键。当然,体素和心素在判断占有的成立时所发挥的作用是不同的,通常认为,体素是核心要素,而心素只具有补充体素的意义。至于事实上的支配以及占有意思,本身都是包含规范成分的概念,因此在具体的判断上不能不结合一般的社会观念进行。这就表明这些概念本身具有很大的不明确性,需要我们加以明晰。

第一节 占有的客观要素——事实上的支配

所谓事实上的支配,是指占有人排他性地控制财物。所谓排他性,从客观上讲,是指占有人对财物的控制具有可识别的外观;从主观上讲,是指占有人可以将自由意志无条件地直接贯彻于财物之上。根据财物的存在形态不同,排他性支配可以分为三种情形:实力支配、媒介支配与权利支配。

一、实力支配

(一)通常的存在情形

按照学者的概括,通常认为,在下列情况下,可以认定存在事实上的支配:

1. 实际掌握、控制财物

这种情形是对财物的直接的支配。如果实际上掌握着财物,占有人当然也就能够支配财物,并且足以排斥他人支配财物,这是占有财物的最通常的表现形式。另外,现实地监视着财物时,也很容易控制财物,并且排斥他人支配财物的可能性很大,这也应该视为占有的一种形式。比如,健身者将衣物、包裹放在健身房的角落。虽然没有直接的身体支配,但财物仍处于监视范围之内,仍可承认有排他性支配的存在。并且这种占有并不以物主不间断的监视为必要。若主人专心沉浸于健身活动,以致忽略了对财物的监管,也并不丧失对财物的实际控制。[1] 这就意味着,只要财物没有脱离占有人的监管视野,财物的占有仍然属于占有人,即使为他人所实际掌握。

例3-1:甲在草地上玩耍,将包裹放在草地边上。乙路过,顺手拿走包裹,迅速逃跑。甲立刻发现,随即紧追,终于将乙擒获。在整个过程中,甲是否丧失对包裹的占有?

当甲在草地上时,他对于包裹的控制属于目击控制,并没有失去排他的支配,也即他可以随时利用身体实现对包裹的支配,即使当乙拿走包裹时也不排除甲的这种支配力的存在。在随后的追赶过程中,乙始终没有逃离甲的监视范围,也就是说,包裹始终处于甲的监视之下,甲的追赶行为正是对财物的支配力的体现。虽然,乙的介入对甲支配财物造成了妨碍,但并没有剥夺甲将自己的意志贯彻于财物之上的可能性,因此,在这一过程中,甲并未丧失对包裹的占有。除非乙逃离了甲的视线,甲放弃追赶时,乙才真正使包裹摆脱了甲的控制,实现占有的转移。这种认定在判断乙的行为是否成立犯罪既遂时极为重要。

2. 利用机械、器具对财物的控制

在这种场合中,只要本人知道机械、器具的位置所在,通常就能控

---

[1] 王玉珏博士将这种监视称为目击控制,即将财物近距离地置于自己的视线范围之内,以便保管、控制。参见王玉珏:《刑法中的财产性质及财产控制关系研究》,法律出版社2009年版,第239页。

制财物。并且这种控制也很容易从外部加以识别,能够得到他人的认可。比如,人为设置的陷阱中的猎物、在河海之中固定设置的渔网所捕获的水产都属于设置者占有。投入本人邮政信箱中的报纸、书信也系本人占有。

3. 财物在由他人概括支配的封闭领域之内

私人住宅就是最典型的适例。对于放在自己家里的财物,即使忘记了具体的放置地点,也能肯定主人对财物的占有。同时,对支配的封闭领域也不能作僵化的理解,凡是财物所处的位置与支配领域有密切关系的,也能够承认存在占有。比如,主人停放在住宅门口的未上锁的自行车,或者主人挂在窗外风干的食物,都处于主人的占有之下。

4. 根据财物的自然属性可以预料到它会返回到自己支配的范围内[1]

例如,鸡犬等家养动物有归巢本能,即使进入饲养者不能支配的领域,只要他人不予捕获仍能返回到被饲养地的,饲养者并未丧失对鸡犬进行控制的可能性,应当认为是在其占有之下。他人对于具有归巢本能的饲养动物的非法捕获,仍然是对饲养者的占有的侵犯。

5. 财物处于难以被他人发现而本人知道的场所[2]

在这种场合中,他人对财物支配的可能性很小,因此可以认可本人对财物的占有。比如,将珠宝首饰埋藏在野外,并知晓其埋藏位置的,所有人并不丧失对首饰的占有。

(二)一般的社会观念的综合判断

从事实支配的本意来看,客观上的占有状态一般要求人与物具有较为接近的空间与时间联系。但作为一种规范性的概念,对占有的理解,不应以现实的物理控制为必要,而应将社会观念认同的支配或处分可能性纳入考量。这通常表现在以下场合[3]:

1. 暂时忘记财物置于何处的情形

---

[1] 参见刘明祥:《财产罪比较研究》,中国政法大学出版社2001年版,第43页。
[2] 参见刘明祥:《财产罪比较研究》,中国政法大学出版社2001年版,第44页。
[3] 其实,在前文关于通常的事实支配情形的描述中,已经包含了社会观念的判断,只不过表现并不突出而已。这里所讲的是较为典型的、社会观念起决定作用的场合。

因为与遗忘的财物在空间距离上相距不远,或者离遗忘时点在时间上相距很近,失主完全有可能马上意识到遗忘了财物,通过排除他人的妨碍,在短时间内确保对财物的支配,因而也能肯定对财物的占有。[1] 在日本,曾经有过类似的判例。如:排队等候公共汽车的被害人在等车期间,将照相机放在脚边,其后,随着队列的向前移动而接近检票口,突然想起了照相机,马上回头来取相机(其间大约间隔5分钟,距离20米);在火车站售票柜台购买车票时,把钱包放在该处,又到其他柜台购买了乘车票之后,发现忘记了钱包,马上返回到前一窗口寻找钱包(其间大约间隔一两分钟,距离15米);被害人将小挎包遗忘在公园的长凳上,离开现场约200米之后才发现丢失,而被告人目睹被害人遗忘挎包,在被害人离开现场约27米之时,拿走了挎包。对于上述案件,可以肯定存在占有。[2] 相反,把钱包遗忘在大型超市六楼的长凳上,下到地下一层,10分钟后才意识到钱包丢失,而马上返回,对此,则应否定存在占有。

2. 有意将财物置于离自己的所在地有一段距离的地方

诸如将自行车停放在停车场那样,在将财物置于保管场所的场合,存在用于保管的场所这一事实状况要件、保管财物这一占有意思,借此就有可能评价为,财物仍然归属于所有人。例如,将旅行包放在火车站内的候车室后去吃饭,大约35分钟之后返回;将没上锁的自行车停放在事实上已经成为自行车停放处的过街天桥上;安放在无人看守的庙堂上的佛像。对于这些案件,都可以认定存在对财物的占有。[3]

3. 占有交替的情形

所谓占有的交替,是指被害人虽然丧失对财物的占有,但由于第

---

[1] 参见〔日〕山口厚:《刑法各论(第2版)》,王昭武译,中国人民大学出版社2011年版,第206页。

[2] 上述案例是发生在日本的真实判例,法院都认可了被害人对暂时遗忘物的占有。参见〔日〕山口厚:《刑法各论(第2版)》,王昭武译,中国人民大学出版社2011年版,第206—207页。

[3] 上述判例,参见〔日〕山口厚:《刑法各论(第2版)》,王昭武译,中国人民大学出版社2011年版,第208页。

三人对于特定场所有支配的权利和事实上支配的能力,财物很快由被害人以外的第三人占有的场合,[1] 对这种占有关系加以侵害的也可能构成盗窃等罪。比如,旅客遗忘在旅馆客房内的衣物、钱包,旅馆业主对此存在占有。玩客在打完高尔夫球之后遗弃在球场的"弃球",高尔夫球场管理者对此存在占有。需要注意的是,在占有交替的场合,第三人对于特定场所的支配也必须达到排他性的程度,否则,占有的交替将不被承认。比如,旅客遗忘在列车内的毛毯,列车乘务员对此并不存在占有,这是因为对于一般乘客可以自由出入的场所,并不存在足以肯定占有的支配。同样地,对于遗忘在共用电话亭内的硬币,也不属于电信部门占有。[2]

当我们结合一般的社会观念对占有状态进行判断时,要结合财物的形状、性质、财物放置的场所以及财物是否具有归属标记来加以综合判断。一般来说,物件越小、放置的场所越具有公开性、财物的归属标记越不明显,要求人与物之间的空间与时间联系就越紧密。停放在公路边未锁门的汽车比未上锁的自行车更容易被认定为存在占有。停放在事实上已经成为停车场的过街天桥上的崭新的、标有车主姓名的自行车(并且车筐内有被害人的雨伞),比陈旧的、没有主人标识的自行车更容易被认为存在占有。[3] 除此之外,当时的社会一般秩序对于认定占有是否存在也有影响。路不拾遗的盛世与盗贼横行的年代,对占有的认定,应有不同。[4] 因此,当一个社会处于平稳有序的状态时,对于占有的认定,人与物之间的时空联系可以更为松弛;反之,当社会处于变动活跃的状态时,则要紧缩这种时空关系,对占有的认定应采取较为谨慎的立场。以前文所述将自行车停于事实上被当

---

[1] 参见周光权、李志强:《刑法上的财产占有概念》,载《法律科学(西北政法学院学报)》2003年第2期。
[2] 这是日本的判例,虽然在电话亭案中,判例肯定了电话局局长对硬币的占有,但是山口厚教授对此表示了反对的意见。参见〔日〕山口厚:《刑法各论(第2版)》,王昭武译,中国人民大学出版社2011年版,第209页。
[3] 这也是发生在日本的判例,参见周光权、李志强:《刑法上的财产占有概念》,载《法律科学(西北政法学院学报)》2003年第2期。
[4] 参见王泽鉴:《民法物权2——用益物权·占有》,中国政法大学出版社2001年版,第155页。

作停车场的天桥为例,在日本,这种情形下,判例肯认了占有的存在。原因是日本社会的有序性,形成了对他人财产普遍尊重的社会风气,认定存在占有并不违背一般人的生活经验。但同样的情形出现在中国,恐难得出相同的结论。因为我们当下的社会还远不是平稳有序的状态,巨大的社会转型与观念的频繁更迭使得有序的财产秩序尚未确立,对他人财产的尊重还没有真正成为普遍的社会意识,如果承认这种情形下存在车主对自行车的占有,恐怕与我们一般的生活经验不符。

在梁丽案中,我们能够明显地感觉到社会观念在界定占有时所发挥的重要作用。

> 例3-2:2008年12月9日上午8时20分左右,梁丽在深圳机场B号候机楼大厅里打扫卫生,当她第一次走到19号登机柜台时,看到垃圾桶附近有两个女乘客带着一个小孩在嗑瓜子,她们中间有一辆行李车,车上放着一个类似方便面箱的小纸箱,过了五六分钟,两位旅客急急忙忙跑进安检门。当梁丽第二次来到19号柜台垃圾箱旁,看到那个小纸箱还在行李车上,以为是她们丢弃的,左右看看也没有人,就顺手把小纸箱当作丢弃物清理到清洁车里,然后梁丽继续在大厅里工作。约9时左右,梁丽走到大厅北侧距案发现场约79米远的16号卫生间处,告诉同事曹某称自己"捡"到一个纸箱,里面可能是电瓶,先放在残疾人洗手间内,如果有人认领就还给人家。9时40分左右,梁丽和其他清洁工聚集在3楼一起吃早餐,其间梁丽又告诉大家其捡到一个纸箱,比较重,可能是电瓶。中午下班后梁丽就把小纸箱带回自己家中。傍晚约6时左右,两个人来到梁丽家,说他们是警察,问她是否捡到一个纸箱。梁丽确认他们真是警察后,就主动从床下拿出那个纸箱交给他们。梁丽于当日被公安机关带回派出所接受调查,随后又被正式逮捕。[1]

---

[1] 参见《女工"捡"获300万元金饰可能被诉盗窃罪》,载新浪网(http://news.sina.com.cn/s/p/2009-05-11/040217785739.shtml),访问日期:2012年10月22日。

关于本案的定性,学界和实务界之间的争议较大。一种意见认为,梁丽的行为从刑法上讲,是以非法占有为目的,以秘密窃取的方式,非法占有公私财物,应认定为盗窃罪。从梁丽将纸箱藏入卫生间中,到得知是黄金而没有上交机场或寻找失主,而是带回家中占为己有的行为和动机看,已经符合了刑法对盗窃罪中"非法占有他人财物为目的"以及"秘密窃取"的构成要件的要求,因此应成立盗窃罪。第二种意见认为,梁丽的行为属于刑法中的侵占,应当认定构成侵占罪。梁丽起初以为那个纸箱是他人的遗弃物才拿走的,并没有意识到纸箱里可能装有数额较大的财物,因此梁丽不具有盗窃的故意。后来,梁丽在知道纸箱中装有黄金首饰,显然不属于遗弃物后,没有将物品上交而是拿回家中,可见其主观上存在以非法占有为目的的意图。所以,梁丽的行为涉嫌构成侵占罪,而不应以盗窃罪定罪。第三种意见认为,梁丽的行为不构成犯罪。对装有黄金首饰的小纸箱,梁丽主观上发生了认识错误,在行为时并未认识到她处理的是他人合法控制的财物,不属于将公私财物转移到自己的控制之下并非法占为己有的行为,因而谈不上是盗窃罪中的秘密窃取。在她知悉小纸箱内装的是黄金首饰后,没有履行返还财物的义务,却将其带回家中私自占有。此时,其主观心态发生了转化,即产生了侵占他人财物的故意,客观上也实施了侵占他人财物的行为。但当警察找上门时,梁丽主动交出了财物,不存在拒不退还的情形,因此不符合《刑法》第270条关于侵占罪的规定。梁丽的行为在本质上属于民事违法性质,不构成犯罪。

其实,问题的关键就在于,在梁丽捡拾黄金的场合,能否确定黄金处于被他人占有的状态,在此基础上才能谈到罪与非罪的认定。而本案中,由于黄金的所有人已经不存在对财物的直接控制,所以,就必须结合一般的社会观念来判断是否存在占有。首先,就外观而言,黄金被包裹在没有明显标记的普通纸箱中,一般人很难认为其中装有贵重物件,也无法判断主人是否对此有强烈的支配意愿,因此,从生活经验上讲,其属于遗弃物的可能性较大。其次,从黄金所处的场所来看,候机厅是公共场所,人员来往频繁。在没有明确的、可见于外部的身体支配的情形下,认定黄金属于他人占有,很难从情理上得到认同。再次,从所有人与黄金的时空联系上看,就案情反映的情况而言,黄金所有人距离黄金并不是很远,时间相隔约为10分钟。但考虑到当时的周围环境,从普通人的角度,很难在流动频繁的人群中,辨认财物主人对财物的实际控制。并且,在人员流动频繁的公共场合,主人与财物分离的时间超过10分钟时,也很难认为主人还有占有财物的意思存在。最后,从黄金所处的地理位置看,纸箱被置于垃圾桶旁,考虑到机场运营的特殊性(飞机由于运行安全的考虑,经常会拒绝乘客将特定物品带上飞机,因此,抛弃所有物的情况经常发生),不难认为其属于财物所有人遗弃之物。若纸箱被放置在候机厅的座位旁边,则对财物是否属于他人占有的认识,要作重新判断。

据此,我们可以得出一般生活观念都认可的结论:在无法确知纸箱内部财物的性质的前提下,仅从外部特征,很难认为财物所有人对于纸箱还有支配的事实和意志。梁丽拿走纸箱的行为,并未侵犯财物所有人的占有,因此,盗窃罪的认定缺乏事实依据。至于是否成立侵占罪,则要结合侵占罪的构成要件作进一步判断了。

(三)特殊情形的占有——重合支配

这主要是指不同的实力支配发生在同一场合的情形。比如,客人背包去主人家拜访时,将背包遗忘在主人家。主人基于对住宅的概括支配,取得对背包的占有。这种认识固然不错,可我们还应当明确一点,即使客人还在住宅内时,这种主人对于住宅的概括支配也已然存在,此时,客人基于身体支配,同样形成了对背包的占有。这就意味着,在这种场合下,有两个实力支配存在。但根据事实支配的"排他性"特征,我们只能肯认其中一个占有。

为了说明这个问题,我们可以引用一个教学案例:

例3-3:甲乘坐乙的出租车前往某地,在下车时将钱包遗落在后排车座上,甲对此毫不知情,后上车的丙则趁机取走了钱包。丙的行为应如何认定?

对此,多数学者都认为丙成立盗窃罪,理由是,虽然甲失去了对钱包的控制,但是乙作为出租车司机,对于出租车的内部空间具有概括的支配力,因此,取代甲形成了对钱包的占有。丙拿走钱包的行为其实是破坏了乙对钱包的占有。但是,这里有一个逻辑关系,是多数派观点所没有说清的。倘若这个解释成立,那么当甲仍然在乙的出租车内时,甲和乙同样对钱包有一种现实的实力支配。为什么此时,我们只承认甲对钱包的占有,而否认乙的占有？当甲离开出租车时,乙为什么又获得了对钱包的占有？

在重合占有的情形中,根据"排他性"的要求,我们应当根据事实支配的强弱、支配意思,以及社会观念对重合占有作出判断,肯认其中之一,而否认其余。在本案中,当甲仍在出租车内时,我们不否认甲和乙都有对钱包的实力支配,但甲的支配力更强。首先,从客观上讲,甲对于钱包的身体支配比乙的空间支配要更为直接,甲对钱包的控制对乙向钱包行使有形的控制力造成不可逾越的障碍;其次,从主观上讲,甲对钱包的支配意思是现实的、明确的,而乙对钱包的支配意思则是概括的、推定的(这种情况下乙对钱包的支配意思不过是一种法律拟制而已),甲的支配意思更为有力;最后,从社会观念的角度来看,甲作为钱包的所有人,其权利相比乙而言更加值得法律保护。因此,我们只承认甲对钱包的支配力。当甲离开出租车时,乙对于钱包的支配就成为唯一的值得法律保护的占有状态。丙的介入行为实质上是破坏了甲对于钱包的概括的空间支配的侵犯。

当身体支配与空间支配发生重合时,占有的判断相对较为明确,但当支配的形式相一致时,如何判断占有,就需要更加倚重一般的社会观念了。

例3-4:2006年9月8日,被告人林燕通过中介公司介绍,到被害人支某家中担任全职住家保姆,负责打扫卫生和做饭,被害人家中共聘请3名保姆。同年9月9日和10日,林燕利用打扫卫生之机,先后3次从支某的卧室梳妆台抽屉内,窃得人民币3480元、价值人民币99800元的各类首饰11件,后将现金及部分首饰藏匿于林燕在一楼的房间写字台抽屉内,其余首饰分装成2小袋藏匿于被害人家中三楼衣帽间的隔板上。9月10日傍晚,保姆李某告知被害人支某,"看到林燕翻过其卧室内的抽屉",支某发现物品被盗遂向林燕询问,并在林燕房间抽屉内找到现金 3480 元及首饰,但林燕拒不承认其盗窃事实,后支某拨打"110"报警,警察赶到现场后,林燕才交代其盗窃的全部事实,并从衣帽间找出藏匿的首饰。案发后,赃款赃物已全部发还给被害人。[1]

本案的关键问题之一是,作为住宅主人的支某对保姆林燕屋内的财物是否存在占有。换句话说,主人对房屋内的财物是否具有绝对的控制力。对此,法院认为:

> 刑法上的占有,不同于民法上的占有权,仅指行为人对财物的事实上的支配和控制,这种支配具有排他性,尤其是排除了被害人对财物的事实上的占有可能,从而使行为人实现了对财物的实际上的控制。这种事实上的可支配或者可控制能力,在出现以下两种情况时较难判断:一是行为人与被害人之间存在特殊关系,比如上下级或者雇主与雇员的关系;二是特定场所。在后者情形下,除行为人直接接触并占有财物之外,多数情况下行为人首先将财物置放于一定可控制范围之内,然后才将财物转移实现占有目的,因此如何界定合理的、适当的可控制范围,成为实践中认定的难点。本案所涉的保姆在主人家中盗窃主人物品即上述两种情况交叉的典型。
>
> 通常认为,有特定范围的场所,物主的控制能力及于该场所内任何地方,里面的任何财物都处于其实际控制之下,物主对这些财物享有事实上的控制权。我们通常所说的主人对屋内物品的占有便是典型例证,但现实情况是纷繁复杂的。主人对房屋内财物在多大程度上享有事实上的控制力,尚需结合具体情况进行分析。随着现代社会发展,房屋的功能、结构以及居住人口和规模等都发生着变化,除传统意义上的普通居民住宅之外,还有像单元套房、豪华别墅等结构较复杂、功能较多的住所;居住人群

---

[1] 林燕盗窃案,载中华人民共和国最高人民法院刑事审判第一、二、三、四、五庭主办:《刑事审判参考》(总第 68 集),法律出版社 2009 年版,第 19—20 页。

中,除家人外还可能会有客人、保姆等不同身份的人。房屋规模不同,居住人口不同,尤其是对于那些较大规模的房屋,主人对家中财物虽然具有法律上的所有权和控制力,但事实上控制力所能及的范围却是有限的,如行为人将财物藏于屋中某个秘处,可以随时待主人不备将财物带出,此时就很难讲主人对该财物仍享有绝对的控制力了。据此,我们认为,主人对屋内财物的合理控制范围,仍需依据社会一般观念,并结合财物的性质、形状、运送难度、社会习惯等因素综合判断。对此,可主要围绕两个方面进行:第一,被害人是否已经失去了对财物的控制。这是行为人实际控制被害人财物的前提。可借助财物的形状、性质、被藏匿位置等分析被害人查找到财物的难易程度,从而判断被害人是否仍然享有控制权。如果财物被藏匿得极其隐蔽,或是被害人根本想不到的地方,或是被害人很难查找的地方,即可认为被害人事实上已经失去了对财物的控制。比如把被害人的戒指藏匿于卫生间的垃圾桶或者墙壁上的一个小洞,相反,如果藏于电视柜或者衣柜抽屉里,则是基于一般人在通常情况下都会翻找且很容易找到的地方,此时就可以理解为被害人并没有丧失对财物的占有。第二,行为人能够对财物进行事实上的控制。在这里,行为人对窃取财物的处理方式,也即藏匿方式,必须足以确保(行为人)占有,始得成立犯罪既遂。也就是说,行为人占有必须具备一定的要求、条件,只有当这种占有已经达到了充分、及时的程度才可以认为行为人已经排他性地控制了该财物。换言之,被害人失去了对财物的控制并不直接导致行为人控制该财物,行为人控制财物需要满足一定的条件,这个条件是保证后者确保占有的有效性,即最终确保行为人非法占有目的的顺利实现。至于何为充分、及时的占有,需要结合具体案件进行分析。一种较为简便易行的判断方法是行为人是否很容易地实现对财物的控制。举例说明,行为人将窃得的戒指等小件物品放到一个废弃的花盆中,主人已明示要将花盆扔掉,此时行为人可以公然将财物通过花盆运送于房屋之外而不被任何人怀疑或察觉。综上,房屋的主人在多大范围内、多大程度上对被他人偷窃并藏匿于屋内的财物享有支配和控制力,需要结合案情作具体分析,不可一概而论。[1]

按照法院的观点,由于林燕没有将财物藏于被害人难于找寻的隐蔽空间,因此被害人对被盗财物的控制尚未丧失,仍然存在占有。

本书认可法院的论断依据。在空间支配重合的情形之下,对于占有的判断,的确应当结合住宅的结构模式、居住者的身份关系,以及财物的性质、形状、运送难度、社会习惯等因素进行社会观念上的判断。但对于法院的结论,有重新解释的必要。这里,首先应当明确主人(支某)与保姆(林燕)对于保姆房间的物品是否存在实力支配。就本案情况而言,支某对于整个住宅空间享有概括的支配力,因而对于住宅内的一切财物形成了实力支配,并且这种支配及于保姆房间内的财物,这种支配力是支某基于其主人的身份而获得的,同时林燕对于其所居住的房间也有一种空间支配存在。这是因为林燕对其所居住的房间(相对封闭的领域)内的财物享有充分的、完全的直接支配,这种支配力是基于其作为实际的使用者而获得的。其次应当认定排他性支配的归属。在本案中,支某对保姆房间的财物的支配力要大于林燕。一者,从控制力的角度讲,支某可以无障碍地将自己的意志贯彻于保姆房间的财物之上,对此,林燕对房间财物的支配不可能构成障碍;二者,从权利属性来讲,支某对住宅的所有权相比林燕对房间的使用权更值得法律加以保护。所以,只要林燕窃取的财物没有脱离住宅的封闭空间,即使支某无法找到财物的具体所在,也不丧失占有。

这里还需要说明的一个问题是,对于保姆房间的财物,还要作区分对待,对于属于主人的财物,比如家具、床铺等,其占有归属于主人,而对于保姆的私人物品,其占有则归属于保姆。这种区分的根据

---

[1] 林燕盗窃案,载中华人民共和国最高人民法院刑事审判第一、二、三、四、五庭主办:《刑事审判参考》(总第68集),法律出版社2009年版,第21—22页。

不在于主人或保姆对财物的实力支配[1],而在于缺少占有的意思[2]。

也就是说,在重合支配的场合中,从逻辑上我们应当进行两次判断,首先是实力支配的判断,其次是排他性的支配,最终才能得出是否存在占有以及占有归属的正确结论。

二、媒介支配

媒介支配,是指利用他人的行为实现对财物的支配。这主要指两种情形:第一,辅助占有;第二,对虚拟财物的支配。

(一)辅助占有

这是指占有人与辅助占有人之间存在特定的从属关系,辅助占有人本身对于财物的控制没有占有的意思,仅仅是凭借占有人的指示对物进行事实支配。占有人通过辅助占有人的行为延伸了占有财物的空间。在辅助占有的场合,关键问题是如何认定从属关系。

例3-5:甲路过某自行车修理店,见有一辆名牌电动自行车(价值1万元)停在门口,欲据为己有。甲见店内货架上无自行车锁便谎称要购买,催促店主去50米之外的库房拿货。店主临走时对甲说:"我去拿锁,你帮我看一下店。"店主离店后,甲骑走电动自行车。甲的行为如何定罪?[3]

本案的关键是:在店主离开后,甲是否取得了对店铺财物的占有。换言之,店主对甲的临时委托,是形成了保管合同关系,还是甲只是因为店主的委托取得临时性的雇员地位?

从形式上看,辅助占有人对于财物的支配必须完全服从占有人的

---

[1] 就此而言,无论是主人还是保姆,对于保姆房间内属于主人的财物和属于保姆的私人物品的实力支配都是一样的。
[2] 即,对于房间内属于主人的物品,保姆虽有实力支配,但无占有意思;对于属于保姆的私人物品,主人虽有实力支配,但也无占有意思。这就意味着,无论是主人违背保姆意志,处分其私人物品,还是保姆违背主人意志,处分主人的物品,都构成对占有的侵犯,可能被评价为盗窃等罪,而非侵占罪。
[3] 陈兴良:《刑法的格致》,法律出版社2008年版,第283页。

指示,那么,能不能反过来,将辅助占有人对占有人指示的服从作为判断从属关系的实质标准?

情况一:甲出租房屋给乙,甲常基于房东的地位对乙如何管领房屋提出指示,乙听从之。

情况二:甲和乙约定,由乙保管甲的某件珍贵物品,若乙完全遵循甲的指示,则甲将借乙一万元。乙确实按照和甲的约定,对甲"言听计从",完全服从甲发出的任何指示。

情况三:甲雇佣乙作为自己的司机,经常指示乙将车于某时开到某处,乙听从之。

如果单从形式上来看,这三种情形都符合"服从指示"的标准,但我们显然不认为在前两种情形之下存在从属关系。具体而言:情况一中,甲乙之间存在租赁合同关系,然而基于租赁合同,乙可以自主对租赁物进行管领,就租赁合同而言,其没有使乙负担服从甲之指示而对物进行管领的义务。情况二中,甲乙之间形成的是一种无名合同[1],其中将服从甲之指示写入了合同,从而乙基于无名合同关系,可以说其负有服从甲指示的义务,然而就该物的管领而言,乙的服从是为了甲能够借钱给自己。情况三中,甲乙之间存在雇佣合同关系,乙就汽车的管领遵循甲的指示,此乃雇佣合同中约定的义务。

因此,我们必须寻找更为实质的判断标准。在民法上,我国台湾地区学者对从属关系的界定,着眼于"命令与服从"这一层面,指出占有辅助人与占有人之间必须存在"命令与服从的社会从属关系"。[2]"命令与服从"是从客观角度说的,不涉及任何主观意图。不过我国台湾地区学者并没有进一步对"社会从属关系"作出界定。德国通说也认为这种社会性从属关系的存在是判断占有辅助人的核心,基于这层

---

[1] 所谓无名合同,是指那些法律没有特别规定而赋予一定名称的合同,又称为非典型合同。本例所设情况属于其中的"混合合同",即由数个典型或非典型合同的部分构成的合同。参见王泽鉴:《债法原理1——基本原理·债之发生》,中国政法大学出版社2001年版,第110页以下。

[2] 参见王泽鉴:《民法物权2——用益物权·占有》,中国政法大学出版社2001年版,第192页;史尚宽:《物权法论》,中国政法大学出版社2000年版,第544页。

社会从属关系,辅助人对物事实上管领力的行使不能违背占有人的指示。只要这层关系满足,占有人是否也能对该物行使控制权则并不重要。在判断某个为他人而对物行使事实上支配力的人是占有人还是仅仅是占有辅助人时,起决定性作用的仍是交易观点[1],即在具体情况下,可以推断该他人可以任意对该物进行处分,而那个对物行使事实上管领力的人,必须无异议地服从该他人的指示,则此时只有该他人是占有人。并且,这个对物行使事实上管领力的人,究竟是基于何种原因从而基于交易观点可以期待存在这种从属性,是没有意义的。若某人仅仅是负有保护他人利益的义务并且乐意为之,从而基于此对物实施管领,尚不足以构成占有辅助人。这里需要存在一种社会性的依附和从属关系,基于此该人就其对物事实上管领力的行使,必须遵守他人的指示并且让该他人承担后果,从而这里其实存在一种服从义务。若某一天辅助人不遵守该他人的指示,则该他人有权就该物实行自己的意志。[2] 至于该从属关系的产生是基于私法还是公法,是基于契约还是直接基于法律,其存续是长期还是临时,法律关系是否有效,均在所不问。[3]

这里提出了两个非常有意义的判断因素:第一,交易观点,即财物控制人有无利用、处分财物的权限;第二,法律后果,即能否将财物控制人对财物的处分行为所产生的法律后果归属于财物的权利人。如果财物控制人不具有利用、处分财物的权限,而且其处分行为所产生的法律后果只能由权利人承担的话,我们认为他们之间存在从属关系,实际的财物控制人只是权利人的辅助占有人而已。反之则不然。

我们可以借鉴这种观点来判断刑法中辅助占有的从属关系。结合占有的特点,我们可以这样来界定刑法中辅助占有的成立条件:首先,辅助占有人对于占有人的财物没有利用和处分的权限。任何违背

---

[1] Vgl. Harry Westmann, Sachenrecht, 7. Aufl. bearbeitet von H.P. Westmann, Gursky und Eickmann, Heidelberg 1998, S. 78; Bauer/Stürner, Sachenrecht, 18. Aufl. München 2007, §7, Rn. 64.
[2] Vgl. Hanns Prütting, Sachenrecht, 33. Aufl., München 2008, Rn. 66.
[3] 参见史尚宽:《物权法论》,中国政法大学出版社2000年版,第544页。

占有人的意志对财物的利用和处分行为都构成对占有的侵犯。其次,占有人可以随时实现对财物的直接支配,辅助占有人的控制不构成占有人实现支配的障碍,否则也将构成对占有的侵犯。当然,这种判断应当符合一般的社会观念。

回到例 3-5,我们可以认为,店主的临时委托,并没有在其与甲之间形成保管合同的关系,从一般的生活经验来看,甲不能随意支配店铺里的财物,店主的委托不包括允许甲支配财物的意思。同时,店主可以随时恢复对财物的直接控制。此时,甲相当于店主的临时雇员,不过是依照店主的指示维持财物的占有现状而已。因此,甲骑走电动车的行为侵犯了店主的占有,成立盗窃罪。

(二)虚拟财物的事实支配

虚拟财物是存储于服务器中的一组电子数据,只存在于网络空间。用户对于虚拟财物的支配也只能通过网络空间中的行为完成。即使如此,用户通过网络支配虚拟财物的行为也无法离开网络运营商的服务器。所以,在讨论虚拟财物的占有时,关键问题就在于,虚拟财物的排他性的事实支配归属于何人,是网络用户,还是网络运营商?

如果从根源上来探讨,该问题将被置换为,虚拟财物的法律属性如何,是物权,还是债权? 对此,学说上历来争议很大。

物权说又称所有权说。[1] 该说认为,虚拟财产本质上是一种电磁记录数据,它是网络用户付出时间、金钱等对价而取得的,虚拟财产具有有用性、稀缺性、流通性,用户可以依其意愿对虚拟财产实施处分;用户对虚拟财产的权利是排他的、绝对的;虚拟财产权保护的正是用户对虚拟财产所主张的精神及经济上的价值利益,因此,虚拟财产权当然可以被称为物权,并且可以成为与所有权一样的最高层次的物权。债权说认为,网络虚拟财产的法律属性为债权,并且这种债权是基于游戏运营商与玩家之间的一种合同关系,在这种合同关系中,游戏运营商与玩家分别是服务提供者和消费者;运营商提供符合法定或约定要求的质量、数量等的服务,玩家接受服务并支付对价。所以,运

---

[1] 参见林旭霞:《虚拟财产权研究》,法律出版社 2010 年版,第 84 页。

营商和玩家之间是不存在所有权交易关系的，运营商也不是以转移游戏及其辅助功能的所有权为目的；玩家购买游戏中的装备和物品的目的也是在游戏中运用，对相关装备的控制仅标志着有权利享受运营商提供的相关服务。[1] 债权说的本质是将虚拟财产理解为一种权利凭证，用户可以借此向运营商主张一定的服务请求。但因为在实践中，虚拟财产可以在用户之间进行交易和转让，这种债权也就具有了一定的物权属性。

如果按照债权说，虚拟财物本身就不具有财物的属性，真正的财物应当是用于交易的虚拟财物的使用权。这种观点注意到享受虚拟财产的玩家或用户与游戏开发商、网络经营商之间的关系，却完全忽视了玩家与玩家、用户与用户之间可能产生的交易、赠与、侵害与被侵害的关系，人为地限制了虚拟财产权利客体存在的范围。[2] 同时，债权说尽管否认虚拟财产作为"物"的本质属性，又不得不承认虚拟财产的研发者和拥有者（即网络运营商）对虚拟财产享有所有权，这就陷入了逻辑上的自相矛盾。因此，物权说被认为是妥当的主张。

在此前提下，就产生了关于虚拟财物的事实支配的问题。债权说的一个重要理由是，虚拟财物处于网络运营商的控制之下，用户不可能有实质的支配。并且，当用户离线时，这种支配关系更为明显。但本书认为，无论用户是否在线，对虚拟财物的排他性支配都毫无疑问地属于用户。

首先，当用户在线时，其可以通过账户和密码进入特定的虚拟空间实现对虚拟财物的控制与支配，同时在符合用户协议的前提下，对财物进行任何形式的使用与处分。在网络空间中，账户和密码的唯一性以及该账户与密码所对应的网络空间中存在的虚拟财物的唯一性，决定了用户对虚拟财物的占有具有排他性。虽然，此时也存在网络运营商对虚拟财物的支配、控制，但相比而言，用户的支配力显然更为有力。用户在符合法律规定和用户协议的前提下，可以仅凭自己

---

[1] 参见于志刚主编：《网络空间中虚拟财产的刑法保护》，中国人民公安大学出版社2009年版，第145页。
[2] 参见叶慧娟：《网络虚拟财产的刑法定位》，载《东方法学》2008年第3期。

的个人意志使用、处分虚拟财物,而无须顾及其他人的感受。反之,网络运营商则不能越过用户而对虚拟财物行使处分权,否则就是对用户权益的侵犯。从一般的社会观念来看,大多数人也都会认可用户对虚拟财物的占有,因为这是对用户权益最基本的保障。倘若网络运营商也可以支配虚拟财物,那将意味着用户对虚拟财物的支配处于极不稳定的状态,这既不利于用户有效地利用网络资源,也不利于维系用户与网络运营商之间的法律关系。换句话说,用户对虚拟财物的线上支配更符合事实支配的本意。

其次,当用户离线时,其仍然没有丧失对虚拟财物的占有。此时,网络运营商根据与用户之间的协议,负有保管用户存储于服务器上的虚拟财物的义务,但并不因此取得对虚拟财物的占有。换句话说,网络运营商此时扮演的是辅助占有人的角色。在此场合下,基于用户协议,网络运营商负有保管用户虚拟财物的义务,并且这种保管不是信托,而是单纯的寄托,即对于保管物,网络运营商不能实施任何事实上的使用与处分。同时,用户可以在条件允许的情况下,随时恢复对虚拟财物的直接支配,并不需要取得网络运营商的同意。据此,我们可以认为,由于用户协议的存在,在对虚拟财物的支配上,网络运营商对用户而言处于从属地位。所以,我们可以认为,当用户离线时,其并没有丧失对虚拟财物的占有,而是利用网络运营商这个占有机关,排他性地支配了虚拟财物。可以用一个形象的比喻来说明用户和网络运营商的关系:网络运营商提供了一间大型仓库,根据与用户之间的协议,为其保管财物,用户的账号和密码相当于打开仓库的钥匙。凭借这把钥匙,用户可以在仓库内对自己的财物实施利用、处分的行为。作为仓库管理者的网络运营商,虽然在客观上控制了仓库内的财物,但并没有取得对财物的占有。

三、权利支配

在权利支配的场合,占有的对象是无形的财产权利,权利没有现实世界的对应物,如何理解对权利的事实支配?本书认为,财产权利所代表的利益实现离不开义务人的行为,占有人通过行使权利,从义务人那里实现了权利所代表的物质利益。因此,判断权利占有的排他性支配,关键乃在于占有人是否排他性地占有了要求义务人履行财产义务的请求权。如果能够认定除权利人之外没有任何第三人可以向义务人提出履行义务的有效主张(即义务人不能拒绝的主张),我们就认为权利人排他性地支配了财产权利,因而存在对权利的占有。

为了说明这个问题,我们先看一个案例:

> 例3-6:李某因为自己没有身份证,便借同学韩某的身份证办理了一张农业银行的借记卡,并一直使用。2005年年底,韩某通过偶然的机会知道了这张借记卡的卡号和密码。2006年3月10日,韩某通过查询知道该卡上有现金1.5万元,便于次日持自己的身份证,到银行谎称借记卡丢失,将该借记卡挂失并补办了一张新卡,将原卡上的1.5万元转入新卡中,供自己使用。2006年4月底,李某发现自己所持有的借记卡已被韩某挂失,便找到韩某要求归还卡上的金额。此时,韩某已经将卡上的1.5万元现金挥霍一空,拒绝了李某的还款请求。[1]

本案中,对韩某的行为进行刑法评价的前提是明确1.5万元存款由谁占有,判断的关键是排他性地向银行主张支付请求的权利归属于谁。根据银行的业务惯例,合法的存款债权应当归属于存款名义人,即存单上注明的存款人方为该存款债权的合法占有人。至于存款进入银行之前由谁占有在所不问。因此,本案中,1.5万元存款债权当属韩某占有无疑。或许有人会说:李某持有该笔存款的债权凭证(即借记卡),能够随时取款,因此也占有了该笔存款!但需要强调的是,李某这种对存款的"占有"不具有排他性,即不能对抗韩某就该笔存款同时向银行提出支付请求。恰恰相反,韩某却可以凭借存款名义人的身份随时剥夺李某对存款的"占有"。[2] 因此,韩某的占有才是

---

[1] 案例来源,参见丁巍、汪彦:《占有他人用自己身份证办理的银行卡中存款如何定性》,载《检察日报》2006年7月31日。
[2] 韩某可以利用身份证明彰显自己作为真正权利人的身份,通过注销程序阻碍李某对存款行使支配力。

排他性的,才能够成立刑法上的占有。至于李某,不过是韩某占有存款的辅助人而已。

如果这样认定,韩某消费存款的行为便不具有可罚性。但李某毕竟遭受了财产损失,对此,刑法不能放弃干预。那么,如何解释韩某行为的性质呢?

其实,李某借韩某的身份证办理借记卡的行为具有双重法律意义。一方面,韩某取得了该笔存款的存款债权,这个债权的基础是存款合同,在这个法律关系中,韩某是债权人,占有了存款债权,银行是债务人,李某是债权的占有辅助人。另一方面,李某和韩某就现金成立委托保管合同,即李某请求韩某代为保管现金。在这个法律关系中,李某为债权人,韩某为债务人,韩某占有了现金。这样,韩某在银行办理挂失,申领新卡,消费存款的行为属于正当行使债权的行为,不具有可罚性。而其拒绝归还李某欠款的行为,违背了保管合同义务,属于"将代为保管的他人财物非法占为己有,拒不归还",应评价为侵占罪。

另外,实践当中,经常容易发生误解的问题是:任何权利必定通过一定的物质载体表现出来,此即权利凭证(如票据、存单、提单等)。因此,对权利的占有往往表现为对权利凭证的占有。于是,有人顺理成章地认为,占有了权利凭证也就占有了权利本身。但依法理而言,债权人只要能够证明债权的存在,即使丧失了债权凭证,也能够实现债权。若不作这样的理解,则银行的挂失业务将没有存在的必要。2013年4月2日最高人民法院、最高人民检察院《关于办理盗窃刑事案件适用法律若干问题的解释》也表明了这样的立场。该解释第5条第(二)项规定:"盗窃记名的有价支付凭证、有价证券、有价票证,已经兑现的,按照兑现部分的财物价值计算盗窃数额;没有兑现,但失主无法通过挂失、补领、补办手续等方式避免损失的,按照给失主造成的实际损失计算盗窃数额。"此外,我们还可以从相关的法律规定中看出权利凭证与权利的不同。《储蓄管理条例》第29条规定,"未到期的定期储蓄存款,储户提前支取的,必须持存单和存款人的身份证明办理"。该条规定清楚地表明真正影响银行与存款人之间权利义务关系的是存款债权,而非作为债权凭证的存单(或存折、银行卡)。广而言之,权利凭证并不能全然代表权利。

例3-7:2004年4月4日,荣某到工商银行一自动取款机处取钱,发现取款机的插卡口中有一信用卡,同时,显示屏显示的是操作过程中取款、查询等业务的画面。荣某意识到是他人在操作后没有将卡拿出,就试着按了一下查询键,发现卡中尚有余额2.72万余元人民币。于是,荣某分三次按取款键,共取出人民币4000元整。为了把卡中的钱全部占为己有,荣某在取款机上将密码改为"000000"后将卡取出。后荣某在逛商场时又用该卡取了200元人民币。当天下午,荣某担心时间一长,卡里的钱就取不出来了,就到工商银行将捡到的卡中的2.3万元钱转到了自己的牡丹灵通卡中,后将捡到的卡扔在了银行的垃圾筐内。[1]

对于这起案件,学说上分歧很大。有观点认为,被告人取现的行为属于占有他人遗忘物,成立侵占罪,修改密码转账的行为属于秘密窃取他人财物,成立盗窃罪;还有观点认为,无论取现还是转账的行为,都属于冒用他人信用卡,成立盗窃罪(基于机器不能被骗的立场);也有观点认为,取现的行为成立盗窃罪,转账的行为成立诈骗罪。[2]

本书认为,学者们的分析在两方面发生了混淆:(1)将对权利凭证的占有等同于对权利的占有;(2)将财产权利等同于其所代表的物质利益。按照本书的主张,在此情形下,行为人无论是取现还是转账,均成立盗窃罪。理由是:第一,储户在遗忘银行卡的时候,并未丧失对存款债权的占有。因为,储户还能够以其他方式行使权利。这种情形就好像主人出门后忘记锁门,但并不因此丧失对屋内财物的占有。所以,此时银行卡所代表的存款债权不能被视作遗忘物。行为人利用银行卡操作的行为,侵犯了他人对于存款债权的占有。第二,行为人侵

---

[1] 案例来源,参见王作富、杨敦先、张明楷:《在取款机上拾卡后恶意取款、转账如何定性》,载《人民检察》2005年第8期。

[2] 关于学者观点的具体内容,参见王作富、杨敦先、张明楷:《在取款机上拾卡后恶意取款、转账如何定性》,载《人民检察》2005年第8期。

夺存款占有的行为，属于秘密窃取他人财物，符合盗窃罪的构成要件，至于之后无论是直接取现，还是转账之后再取现，都是在占有了储户的存款债权之后，"行使权利"的行为，并没有造成新的法益侵害，因而属于不可罚的事后行为。需要强调的是，在本案的情形中，自始至终犯罪对象都是存款债权，而非其所代表的现金。

第二节 占有的主观要素——占有意思

历来的见解都主张，判断是否成立刑法上的占有，作为主观要素的占有意思是不可或缺的[1]，但是，对于占有意思的内容以及占有意思在判断占有中的重要性，却少有深入分析。这就导致学说上关于占有意思的很多结论都经不起推敲。

一、占有意思的一般见解及疑问

通常，我们认为所谓占有意思，是指事实上支配财物的愿望或意思。[2] 无意识的占有在法律上没有任何意义。[3] 如果某人正在控制某物自己却完全没有意识，如将一件体积较小的物踩在脚下，过了很久却浑然不知，很难说这种将物踩在自己脚下的实际控制成为了某人的利益。这种情况下，即便其他人采用欺骗手段让其暂时离开，然后趁机将该物拿走，也不能说这种行为对某人实际控制财物的利益造成了侵害。因此，要想成立占有，占有人必须具有实际上排他性地控制该物的意思。

占有的意思是事实上支配财物的意思，而不是发生法律上效果的意思[4]，因此与决定支配本身是否发生民事法律效果的意思能力和

---

[1] 大塚仁教授就认为："为了能说存在占有，还需要占有的意思。"参见〔日〕大塚仁:《刑法概说(各论)(第三版)》，冯军译，中国人民大学出版社2003年版，第214页。
[2] 参见〔日〕大谷实:《刑法讲义各论(新版第2版)》，黎宏译，中国人民大学出版社2008年版，第189页。
[3] 参见黎宏:《论财产犯中的占有》，载《中国法学》2009年第1期。
[4] 参见王玉珏:《刑法中的财产性质及财产控制关系研究》，法律出版社2009年版，第177页。

责任能力无关。不具有民法上的意思表示能力或者不具有民事或者刑事责任能力的幼儿、精神病人,在通常情况下,也可以具有这种意思。欺骗这些人,拿走其手中财物的行为不成立诈骗罪,而是成立盗窃罪。[1] 窃取幼儿或者精神病人手中的财物的行为,同样可以构成盗窃罪。当然,刚刚生下不久,缺乏意思能力的初生儿或者完全不具有意思能力的精神病人,由于在事实上不可能具有取得或者放弃财物的能力,不能说具有占有的意思。至于占有人是为自己占有还是为他人占有,是基于所有权人、用益权人的意思,还是暂时管有的意思,都在所不问,只需要足以表明占有人支配、控制财物的状况即可。[2]

占有意思不要求必须是对各个财物的具体、个别的支配意思,只要是抽象的、概括的意思就够了。[3] 因此,对于放置在与公众隔离的场所,如单位院墙之内、办公楼内、私家住宅或者院落之内等排他性较强的地方的财物,即便主人暂时忘记了所放位置,或者没有意识到物体所在位置,也能说具有占有的意思。这样,在主人不在家时,投入住宅邮政信箱的文书,也归主人占有。并且,对于偶然进入他人支配领域的财物,根据这种概括的意思,也可以承认占有。比如客人遗忘在主人家的手机,就由主人占有,即使其一时没有意识到手机的存在。

占有意思不要求行为人有持续不断的占有意识,其可以是潜在的、推定的意思。换言之,占有意思无须以公然的方式表现于外部,"只要根据具体状况看不出积极放弃该财物的意思,就认为存在占有的意思。"[4] 因此,在火车上的乘客熟睡之际,其放在行李架上的提包处于无人看管状态的时候,或者因为交通肇事的被害人倒在地上昏迷不醒,其随身携带的财物散落满地的情形中,此时的物主看起来似乎没有控制财物的意思和能力,但也不能说其没有占有意思。其他人在

---

[1] 参见黎宏:《论财产犯中的占有》,载《中国法学》2009年第1期。
[2] 参见周光权、李志强:《刑法上的财产占有概念》,载《法律科学(西北政法学院学报)》2003年第2期。
[3] 参见周光权、李志强:《刑法上的财产占有概念》,载《法律科学(西北政法学院学报)》2003年第2期。
[4] 〔日〕大塚仁:《刑法概说(各论)(第三版)》,冯军译,中国人民大学出版社2003年版,第215页。

此时偷拿了睡着的乘客放在行李架上的提包,或捡走交通肇事的被害人散落在地上的财物的,就构成盗窃罪,而不是侵占罪。对此,相关司法解释也有体现。2005 年最高人民法院《关于审理抢劫、抢夺刑事案件适用法律若干问题的意见》第 8 条规定:"行为人实施伤害、强奸等犯罪行为……在被害人失去知觉或者没有发觉的情形下……临时起意拿走他人财物的,应以此前所实施的具体犯罪与盗窃罪实行数罪并罚。"这就肯认了被害人在无意识的情形下并不丧失对其财物的占有。

泛泛而言,上述见解都不错,但在具体内容上仍有语焉不详之处,因此对于具体问题的解说存在瑕疵。

首先,如果认为占有意思是事实上支配的意思,那么在领域支配[1]的场合,将无法确切地解释占有归属。例如,旅馆将其所有的浴衣借给旅客使用,该浴衣的占有仍属于旅馆业主[2],这种界定的依据是旅馆业主作为特定领域的支配者而拥有对浴衣的支配。但是,对旅客所有物的占有,即使是在旅馆之内也仍属于该旅客。原因是财物的所有权归属于旅客。

这种解释虽然符合一般的社会观念,但有内在的逻辑矛盾。根据惯常的认识,在这种场合中,就事实层面来看,旅馆业主对领域的支配,不能不投射到旅客的财物上。同样地,旅客在使用浴衣时,对浴衣也有一种事实上的支配,并且这种支配可以对抗旅馆业主(根据经营常例,业主不能够剥夺旅客对浴衣的支配)。就主观层面来看,由于占有意思仅是对财物进行事实支配的意思,是一种概括的意思,那么,旅馆业主对旅客的财物、旅客对浴衣都不能说没有占有意思存在。如果否认旅馆业主对旅客财物的占有意思,则对于旅客离开之后遗忘在旅馆的财物,旅馆业主同样不存在占有意思,则该财物只能属于遗忘物,随后入住的第三人将其取走的行为,只能被评价为侵占罪。但这个结论想必没有人会赞同。同样地,旅客对浴衣有支配、使用的行

---

[1] 这是山口厚教授创造的概念。参见〔日〕山口厚:《刑法各论(第 2 版)》,王昭武译,中国人民大学出版社 2011 年版,第 210 页。

[2] 类似的情形还包括:读者在图书馆借阅书刊时,图书馆的管理员仍不失对书刊的占有;食客在餐馆就餐时,并不占有其所使用的餐具;等等。

为,如果否认其对浴衣的占有意思,我们就要反问,这里的对财物的事实支配的意思究竟为何？为了区分这种占有重合的情形,学者们只能从财物的权利归属入手加以解释。但这又与占有的事实本性相悖,并且在解释上仍有瑕疵。比如,倘若旅客入住旅馆时所携带的财物均系盗窃所得,旅客对其没有合法的权利,那我们能不能否认旅客对其携带财物的占有？如果否认这一点,旅馆业主拿走旅客财物的行为就不能被评价为盗窃罪,这个结论无论如何不能被接受。所以,只能从主观上的占有意思着手对同一场合中处于相同支配环境中的财物作区别占有归属的判断。这就要求我们重新界定占有意思的内涵。

其次,占有意思与占有事实之间的关系不明确。虽然学者们普遍认为,"占有要素中,最终起决定作用的是客观的'实际支配或控制的事实',占有意识只是起着次要的补充作用而已"[1]。但是,由于没有明确占有意思与占有事实在判断上的位阶性,很多时候就会不适当地夸大占有意思的判断功能。比如,在日本曾经有过这样的判例:(1)在车站候车室里休息的人,将包放下,然后到200米远的车站餐厅内吃饭,大约花了50分钟时间,被告人看到该情况之后,乘机将包拿走。在此案件中,法院认为,被害人虽然离开了该场所,但是并没有放弃占有,因此,被告人构成盗窃罪。(2)在基本上是新的并且写有所有人姓名的自行车,没有上锁放置14小时之久,后被人拿走的场合,法院也认定了被害人的占有。[2] 大谷实教授认为这两个案例有过于重视被害人的占有意思之嫌。[3]

此外,关于占有意思和占有事实的关系,学者们还有一种主张,认为当事实上的支配相当明确时,占有意思可以是潜在的意思。如果事实上的支配并不明显,则要求有积极的占有意思。按照这个说法推演下去,将会不适当地扩大占有的成立范围。比如,在前文所述的案例

---

[1] 黎宏:《论财产犯中的占有》,载《中国法学》2009年第1期。
[2] 参见[日]大谷实:《刑法讲义各论(新版第2版)》,黎宏译,中国人民大学出版社2008年版,第189页。
[3] 参见[日]大谷实:《刑法讲义各论(新版第2版)》,黎宏译,中国人民大学出版社2008年版,第190页。

中,被害人把钱包遗忘在大型超市六楼的长凳上,下到地下一层,10分钟之后才意识到钱包丢失,而马上返回。如果坚持积极的占有意思,那么被害人只要没有丧失对钱包的占有意思,上述场合下,仍然存在其对钱包的占有。第三人拿走钱包的行为没有成立侵占罪的余地。这种解释的不合理性显而易见。如果推而广之,遗忘物的概念将失去刑法上的意义。任何人对于遗忘物,只要没有放弃控制的意思,就可以承认有占有意思存在,从而肯定失主的占有。何其荒唐?

因此,承认占有意思对于占有事实的依附性和补强特征尚不足以明确两者之间的关系,更重要的是应当明确两者在判断逻辑上的位阶性。

二、占有意思的本体

(一)占有意思的刑法意义

虽然,我们在一般意义上接受了占有意思对占有事实的依附性,但并不因此否认占有意思在占有成立的判断中所可能发挥的积极作用。这不仅是主客观相统一原则的基本要求,而且在很多场合下,占有意思对于占有的成立具有决定性的意义,从而成为罪与非罪、此罪与彼罪的界限。这在陈江利抢夺案中表现得尤为突出。

例3-8:1998年9月14日上午约11时许,某县李家金矿刘某携带用报纸包裹的人民币5万元(共5沓)驾车途经县城附近的开发区五街口时,汽车发生故障。在改乘前来接他的朋友之车时,不慎将装有5万元人民币的报纸包丢失在车外的马路上。之后,驾驶四轮拖拉机到县城拉水的被告人陈江利从此路过,发现位于公路另一侧且已经散开的报纸包和里面的人民币,当即减速停车,准备捡拾。由于刹车不灵和惯性作用,拖拉机靠边停下时,已超过报纸包10米左右。这时付某驾驶一辆三轮车迎面驶来,恰好也发现了该报纸包和成沓的钱,并立即停在了钱堆处进行捡拾。陈江利刚从拖拉机上跳下,见此情景赶忙向付某跑来,且边跑边喊:"那是我(丢)的钱!"付某回答说:"你(丢)的钱我给你拾呢。"对话间,陈江利已跑到付某跟前,并一把从付某手中将其刚拾起来的5沓百元面值的钱全部抓走,随即弃车(拖拉机)离开现场。此情形引起了附近目睹的姜某的猜疑,遂向公路治安大队报案,陈江利由此案发。[1]

关于本案的定性,大致有四种意见:

第一种意见认为,陈江利的行为构成抢夺罪。理由是:构成侵占他人遗忘物的侵占罪,其前提必须是行为人先合法持有他人的遗忘物,包括自行拾得该遗忘物,进而非法占有该遗忘物,拒不交出。本案中首先合法持有(拾得)刘某遗失物的是付某。付某虽非这笔巨款的所有人,但当其将钱拾起之后,就成了临时管理者。此时,以非法占有为目的的陈江利赶过来乘付某不备之机将钱抢走,应视为抢夺临时合法持有人的财物,符合抢夺罪的构成要件。这就如同甲盗得乙的财物,丙再施暴从甲的手中抢走该财物这类所谓"黑吃黑"案件应定抢劫罪一样。

第二种意见认为,陈江利的行为构成诈骗罪。理由是:抢夺罪是非法占有他人所有或保管的财物。本案能否定抢夺罪,关键要看付某拾钱的行为是否可视为对该财物形成临时保管。本案不同于一般的所谓"黑吃黑"案件。在如上所举的"黑吃黑"案件中,甲有占有、保管其所盗得乙的财物的意思是不言而喻的,丙再从甲的手中抢夺或抢劫走该财物,构成抢夺或抢劫罪毫无问题。但本案的特殊性却在于,当付某着手拾钱的一刹那,陈江利即对其高喊那是我丢的钱,意在阻止付某捡拾并进而占有该笔钱,同时告知付某,本人才是该笔钱的"主人"(所有人)。尽管这是陈江利虚构的谎言,但从付某当时的反应来看,付某对此是信以为真的。付某将钱拾起时对陈江利说:"你的钱我给你拾呢"。很明显,此时付某的主观意思就是在帮陈江利拾钱,根本没意识到这笔钱不是陈江利的,而是他人的遗失物。当然,付某也就没有将这笔钱看作他人的遗失物,不具有占有或保管该笔钱的主观意

---

[1] 周光权:《从无占有意思的拾得者手中夺取财物构成何罪——评陈江利被控抢夺案》,载《法学》2005年第9期。

思。这一点从陈江利抓走钱时,付某始终未采取任何阻拦或保护措施,即没有任何反对意思也足以验证。在这种情形下,可以想象,即便陈江利不是上前一把抓走付某手中的钱,付某也会愿意将钱"还"给陈江利的。因此,在本案中,即便付某不是主动将钱交给陈江利,也不能仅从陈江利抓走钱这一行为表象,就认定其是抢夺行为。换言之,陈江利的行为实质上不是抢夺行为,当然也就不构成抢夺罪。陈江利以非法占有为目的,虚构事实真相,采用欺骗手段领受他人巨额遗失物的行为,符合诈骗罪的构成要件。

第三种意见认为,陈江利的行为构成侵占罪。理由是:陈江利从付某手中抓走的钱既非陈江利本人的,也非付某的,而是刘某丢失的,属于他人的遗失物。这里的遗失物,和刑法上的遗忘物是同一个意思,所以陈江利将他人巨额遗失物非法占为己有,逃回家中藏匿,拒不交出的行为,符合侵占罪的构成要件。

第四种意见认为,陈江利的行为属于不当得利,不构成犯罪。理由是:第一,陈江利和付某都不是这笔款项的主人,而同为他人遗失物的发现者,不同的只是付某捡拾到了此款,而陈江利还未来得及捡拾。第二,陈江利边跑边喊"这是我的钱",这就等于给付某特别声明:我要来拿走属于我自己的这笔款,你应该有所准备。而付某说的"你的钱我给你拾呢",也足以表明其当时并不处在没有任何准备的状态下,因此不具备抢夺罪之乘人不备的行为特征。第三,付某当时持有刘某遗失的财物并不是受他人的委托代为保管和管理,因此无保护的责任和义务,其心态也不是认为自己为唯一合法持有人和任何人都无权拿走这笔钱。因此,陈江利从其手中抓钱,其并未表示异议,这就说明陈江利并未侵犯付某的合法权利。

其实,本案定性的关键就在于当时该款项的占有状态如何,尤其是付某拿到钱时,能否认为成立刑法上的占有。如果只从客观层面进行观察,我们可能会得出肯定的结论,从而倾向于抢夺罪或者诈骗罪的见解。但如果从主观层面分析,就会发现问题的实质所在。这就可以看出占有意思在犯罪是否成立的认定逻辑中是不可缺少的环节。

(二)占有意思的内容

以往关于占有意思的理解,究其实质,过于强调认识因素,而忽视了在占有意思中还存在着意志因素。[1] 按照本书的见解,占有认识与占有意志共同构成了占有意思的内涵。

占有认识是指占有人对其所控制的财物应当有认知。可以说,没有对财物的认知,便没有事实上的支配。因为占有人无从将自己的意志贯彻于对象物之上,此时其对财物的控制不具有法律上的意义。占有意志则是指占有人对于所控制财物有支配的意愿,虽然对控制下的财物有明确的认识,但没有支配意愿者,也不认为有占有意思。进而,事实上的支配也不成立刑法上的占有。这种支配意愿必须具有排他性,即占有人有排除他人对占有物施加作用力的意愿。

正是由于排他性的占有意志存在,我们才能够将那些虽然在客观上存在对财物的支配,在主观上也有对财物的认识,但并不成立刑法上的占有的情形区别出来。在前文所述的领域支配的场合中,之所以认为旅客对旅馆提供的浴衣没有占有,而对自己的包裹存在占有,最根本的理由是旅客对浴衣的支配没有排除他人(尤其是旅馆业主)占有的意愿。借此,我们才能得出上述结论。这样的解释才具有说服力。

占有认识和占有意志的判断本身具有规范色彩。在占有人与财物之间具有紧密时空联系的场合,占有认识和占有意志往往是明确的。但当这种联系变得松散时,对于占有意思的判断就要结合一般人的生活观念来进行。比如,在空间支配的情形下,尽管占有人并不能确切地知道在自己的支配领域内究竟有哪些财物,但我们并不因此认为他对于其中的财物没有认识,这是一种社会观念对于认识因素的可接受的淡化处理。同时,我们也认可占有人对于财物具有概括的支配意志,即凡处于支配领域的财物,都在"我"的控制之下。这样,即使对于住宅内原属于访客的遗忘物,主人也存在占有意思。

---

[1] 或者说,以往的学说将占有认识与占有意志混而言之,没有明确区分,以至于在理解上将重心偏于认识因素。

另外，占有意思具有消极性。我们可以通过占有人与占有物的外部关系来推定占有意思的存在。只要能够从占有人与占有物的外部关系识别出事实上的支配状态，就可以认定占有人存在占有意思，除非占有人将相反的意思明显地表现于外部，并为人所知晓。从诉讼的角度来讲，对占有意思的认定，不需要从正面加以证明，只需证明存在占有事实即完成了证明占有意思存在的诉讼义务。这就意味着，对于被告人而言，证明被害人不存在占有意思可能成为一项辩护理由。在这个意义上，占有意思具有消极的占有成立要素的意味。

回到例3-8，认定陈江利的行为构成何罪的前提是判断付某对装有5万元的报纸包是否存在刑法上的占有。依照本书的逻辑，可以得出付某并未占有纸包的结论。虽然，从客观上讲，付某控制了纸包，但就主观而言，从付某和陈江利的交谈中，我们可以明白地发现付某不存在排除他人对纸包施加影响力的意愿，因此，付某缺少占有纸包的排他性的意志，就不存在陈江利抢夺付某财物的可能性，抢夺罪的意见存有疑问。再者，付某没有占有财物，没有处分财物的意思，自然也就没有处分权限和处分地位，谈不上因受骗而处分、交付自己占有的财物，诈骗罪无从谈起。这样，付某的出现对评价陈江利的行为没有任何影响。我们可以直接将问题转化为，对于陈江利拿走死者刘某财物的行为如何进行刑法评价。这就是死者的占有所要解决的问题。

(三) 占有意思与占有事实的关系

占有意思在内容上的规范性和判断上的消极性，就决定了占有意思对于占有事实具有很强的依附性。这种依附性的一个表现便是，对于刑法上的占有的认定，必须坚持从客观判断到主观判断的思维逻辑。只有在客观上能够认可存在事实上的对物支配，而后才能在主观上推定占有人存在占有意思。

很多学说在论断逻辑上没有明确占有事实与占有意思在判断上的逻辑顺位，因此出现了解释上的混乱。例如，针对在日本关东大地震时被搬到公路上而所有人姓氏不详的被褥，判例认为，在不存在财物所有人意识到这一点并决定放弃此财物的意思的情况下，可以肯定该占有。[1] 在这里,我们看到实质上占有意思的判断发挥了真正的决定作用。对这个结论,我们不能不有所疑问。真正的判断逻辑应当是,首先确定在这种情况下是否存在一般社会观念意义上的支配事实存在,而后才能推定有无占有意思。因此,西田典之教授就认为,那种认为只要有占有意思就存在占有的观点并不妥当。也就是说,还是应该存在某种可以推定事实性支配仍在继续的客观状况。[2] 这等于否认了法院判决的妥当性。

最能说明占有事实与占有意思的判断位阶的典型事例当属占有与辅助占有的区别。从形式上看,占有与辅助占有都存在对财物的事实支配,并且占有人与辅助占有人也都有占有认识,于是有观点认为,两者区别的实质在于是否具有为自己占有的意思。有为自己占有的意思者,成立占有,只有为他人占有的意思者,则成立辅助占有。这也是为己占有说的理论基础。事实上,无论是为己占有还是为他占有,都不妨害成立刑法上的占有。比如,甲购买一件礼物准备送给乙,但乙有事外出,便告知甲先代为保管,待其回来后再行交付。甲表示赞同。在此场合,甲系为乙占有该物,但我们并不因此否认甲对该物的占有。所以,学者认为,"刑法上的占有由现实支配所持的意思与现实上对财物的支配而成立,在此之上无需具有为自己的意思"[3]。事实上,占有区别于辅助占有的关键在于对财物所具有的客观支配力的程度。细言之,在辅助占有的场合,占有人与辅助占有人均对财物有客观上的支配力,但辅助占有人对财物的支配力不具有排他性,即其不能对占有人支配财物构成障碍,而占有人的支配却可以排斥辅助占有人的支配,因而具有排他性。这里固然有对于占有意思在内涵上的理解分歧,但更深层次的原因是过分强调了占有意思在占有判断中的地位。

---

[1] 参见〔日〕大谷实:《刑法讲义各论(新版第2版)》,黎宏译,中国人民大学出版社2008年版,第188页。

[2] 参见〔日〕西田典之:《日本刑法各论(第三版)》,刘明祥、王昭武译,中国人民大学出版社2007年版,第114页。

[3] 〔日〕三原宪三:《刑法各论》,成文堂1994年版,第123页。转引自张红昌:《论财产罪中的占有》,武汉大学2011年博士论文,第77页。

这里,我们还需要注意财物所处的场所对于占有事实与占有意思之间关系的影响。在绝对封闭的、属于占有人排他支配的领域内(诸如私人住宅),认定占有意思时,规范意味更为浓厚。我们不需要主人对住宅内的财物有明确的认识和排他的支配意愿,可以通过一般的社会观念,进行规范上的认可,在客观上也不需要主人对住宅内的财物有明显的支配事实,对空间的排他支配足矣。比如,继承祖上传下来的房屋,虽然主人对墙体内藏有金条一事完全不知情,但装修工偶然发现后取走的行为,仍然成立盗窃罪而非侵占罪。但在公共的开放领域,由于行为人对财物的事实支配弱化,对占有意思的判断需要更多的事实支撑,而不能过分强调占有意思的规范成分。例如,对于他人失落在广场上的财物,有观点认为如果附近有执勤警察的话,对财物的占有就转移至警察的控制之下,因而不为遗忘物。对此,我们持否定态度,因为很难从社会经验的角度认定警察具有占有意思。除非警察发现了遗失物并实施了相应的控制行为,这样才能给我们认可警察具有占有意思提供充足的事实依据。[1]

(四)占有意思的主体

自然人可以作为占有意思的主体,已是学说上不争的定论。由于占有本身是一个事实性的概念,对于占有人而言,不要求有产生法律效果的意思,因此,凡是能够对财物行使排他性的支配力的自然人都可以具有占有意思,成为占有的主体,即使幼儿和精神病人也不例外。只有刚出生的婴儿和完全丧失对事物的认识能力与控制能力的精神病人,缺乏对财物的控制能力,因而不能成为占有意思的主体。

问题在于法人能否成为占有意思的主体?对此,在学说上有肯定说与否定说的争论。否定说认为,占有意思是事实上支配财物的意思,也是决定被害人是否是"事实上"支配财物的要素,只有自然人才可能具有该种意思。换句话说,刑法上的占有既然是现实的概念,而

---

[1] 有学者认为,这种情形说明了在事实支配弱化的情况下,积极的占有意思的重要性。但在笔者看来,这更加说明了占有事实的判断相比占有意思的优越性。如果没有充足的支配事实,再明确积极的占有意思也不能帮助确认占有的存在。参见王玉珏:《刑法中的财产性质及财产控制关系研究》,法律出版社2009年版,第180页。

可以在事实上对财物行使控制支配力的应仅限于可以以自己的意思行动的自然人,所以作为观念存在的法人不存在事实上的支配"[1]。"法人是作为其代表机关的自然人为了法人而占有"[2]。与此相对,肯定说则认为,法人也有自己的意思机关,也可以具有占有意思。肯定说的主要理由在于,"法人可以通过其机关即代表对财物进行实际支配,所以,能够成为占有的主体"[3]。"尽管法人不能有直接的意识,但它能够通过自由人的代理而取得占有"[4]。

讨论这个问题的意义在于,如果认为法人能够占有财物,则作为法人代表机关的自然人对法人财物的控制不成立刑法上的占有,充其量只是辅助占有而已。如果代表机关将法人财物转变为自己占有,就可能成立取得型的财产犯罪。如果否认法人可以占有财物,则属于法人的财物只能由其代表机关占有。如果代表机关违背法人意思处分其所占有的财物,只能成立侵占罪。

如果采纳否定说,就意味着法人的代表机关拥有相当大的支配财物的地位,也意味着削弱了对法人财物的保护。这种观点具有放纵法人代表机关滥用代表权限、非法占有法人财物的意思。从刑事政策的角度来看,不具有妥当性,也不符合一般的社会观念。因此,肯定说是更为适合的主张。

我们也可以从客观和主观两方面来证明这一主张的合理性。

第一,从客观上讲,占有是指对财物具有事实上的控制支配。借助于代表机关的行为,法人同样可以实现对财物的排他性控制。这种控制不仅表现在排斥他人的干涉,还表现在能够排除代表机关对财物施加影响。可以说,法人通过代表机关的行为,实现了对财物的无障

---

[1] 参见〔日〕大塚裕史:《刑法各论的思考方法》,早稻田经营出版2003年版,第61页。转引自张红昌:《论财产罪中的占有》,武汉大学2011年博士论文,第24页。
[2] 川端博:《疑问かちはじまる刑法Ⅱ》(各论),成文堂2007年版,第52页。转引自张红昌:《论财产罪中的占有》,武汉大学2011年博士论文,第24页。
[3] 〔日〕大谷实:《刑法讲义各论(新版第2版)》,黎宏译,中国人民大学出版社2008年版,第190页。
[4] 〔德〕弗里德里希·卡尔·冯·萨维尼:《论占有》,朱虎、刘智慧译,法律出版社2007年版,第253页。

碍支配。

第二,从主观上讲,法人也具有占有意思。虽然法人是法律拟制的产物,但法人也有自己的意思机关,借此来表达对财物的占有意思。

承认法人具有占有意思,才能符合法律的规定。因为刑法上设有法人犯罪,如果法人不能成为占有意思的主体,那么如何解释在法人犯罪中法人具有意思能力,而在对财物的占有上不具有意思能力?这将陷入自相矛盾的逻辑陷阱。因此,肯认法人可以作为占有意思的主体具有充足的理由。

三、小结

由此,我们可以看出,占有无论是就客观的事实支配,还是主观的占有意思而言,都包含了浓厚的规范成分,这就意味着,占有本身并不是一个事实性的概念。这种理解或许会让学者们感到担忧,一个包含更多规范因素的概念在实际运用过程中必然赋予裁判者更大的自由裁量权,这对于刑法明确性原则也将构成重大挑战。但是,占有概念的规范性源于我们对于一般社会观念的重视,尤其是在财产犯罪的场合,如果我们恪守占有的事实特性,忽视一般人对于财物归属的普遍认知,必然导致司法实践对案件的解读与普通人的认识相去甚远,这如何保证司法判决获得民众的认可?又如何维系稳定的、被人们广泛接受的财产秩序?而这才是财产犯罪的根本保护目的所在。况且,一般社会观念并非虚无缥缈的精神抽象,而是有着社会共识为基础的。这种社会共识当可以避免司法裁量的随意性并确保国民的可预测性。当然,这里还需要有制度保障促使司法者尊重社会共识,拒绝个人独断取代社会经验的判断。不过,这就不是本书所能解决的问题了。这里只是想说明,承认占有概念的规范性,并不等于放弃了对刑法明确性原则的遵守。只是,我们对于明确性的理解恐怕也要站在相对主义的立场,而不能绝对化。

第四章
占有的认定

通过对占有成立要素的描述,我们可以对刑法上的占有划定一个较为明晰的界限,但这并没有解决财物归属的全部问题。在很多场合,不同的主体对同一财物的事实支配都满足占有的成立要素,但我们只能承认其中一项占有,此即学说上所讲的占有的归属。而在其他场合,不存在主体对于财物的事实支配。但在一般观念上,我们又认为财物必须归属于特定主体,例如死者的占有。还有,当财物的性质超出有体物的范畴时,我们如何认定财物的占有归属也是现有理论面对的挑战,最典型的便是存款的占有。[1] 这些问题是对占有基本理论的考验,本书的全部观点能否在逻辑上得以成立,也取决于能否对这些理论上的争议问题作出妥当的分析。

第一节 占有的归属

通常来讲,控制、支配财物的主体都是单一的,财物的归属可以清楚地辨明,但在数人共同控制、支配某个财物的场合中,归属的认定就变得困难。实践当中经常发生争议的是共同占有人之间存在主从关系、对等关系以及委托他人保管封缄物的情形。

一、具有上下主从关系的占有

上下主从关系的占有是指具有上下主从关系的数人共同支配财

---

[1] 存款的占有代表了一类问题,这其中包含两层意思:第一,财物的范畴是否包括财产性利益;第二,对以物质载体形式表现出来的财产性利益,如何确定占有的归属。

物的情形。日本学者将其称之为"纵的占有关系"。具有上下主从关系的数人所支配的财物被第三人夺取的,无疑成立财产犯罪。问题是,居于从属地位的下位者排除上位者的支配力将财物据为己有的,成立何罪？因此,必须明确财物的占有归属于何人,是仅属于上位者占有,还是下位者同时也成立占有？倘若认为仅属于上位者占有,则下位者将财物据为己有的,成立取得型财产犯罪。反之,如果主张下位者也成立占有,则构成侵占罪。

(一)学说的立场

1. 上位者占有说

该说认为,具有上下主从关系的数人占有财物的场合,财物的占有只能归属于上位者,下位者并不成立占有。在上位者占有说看来,虽然下位者对财物也具有控制支配力,但该种支配力并不具有排他性。下位者只不过是遵照上位者的指令来支配财物,因此其仅是上位者占有财物的工具而已,系占有的辅助人。财物之上的排他支配力仅属于上位者,下位者违背上位者意志将财物据为己有的,成立取得型财产犯罪而非侵占罪。在日本,上位者占有说是理论的通说,也是判例的基本立场。例如,商店职员不经店主同意,擅自拿走商店里的商品[1]、仓库值班者夺取仓库里的物品[2]、旧国营铁道的列车乘务员在执行乘务时夺取装载在货车里的货物[3],日本法院认为都构成取得型财产犯罪。

2. 共同占有说

该说认为,在上位者与下位者共同支配财物的场合中,上位者与下位者对财物都具有控制支配力,对财物都成立占有。下位者将财物据为己有的,成立侵占罪而非取得型财产犯罪。共同占有说的主要理

---

[1] 大判大正7年2月6日刑录24辑32页,参见〔日〕大塚仁:《刑法概说(各论)(第三版)》,冯军译,中国人民大学出版社2003年版,第217页。

[2] 大判大正12年11月9日刑集2卷778页,参见〔日〕大塚仁:《刑法概说(各论)(第三版)》,冯军译,中国人民大学出版社2003年版,第217页。

[3] 最判昭和23年7月27日刑集2卷1004页,参见〔日〕大塚仁:《刑法概说(各论)(第三版)》,冯军译,中国人民大学出版社2003年版,第217页。

由是，具有上下主从关系的数人共同支配财物时，将占有概念的事实性与社会性综合起来考虑，可以肯定共同占有的成立。下位者将财物据为己有的，虽然侵害了上位者的占有，但是此种占有侵害区别于对第三者的占有侵害，其实质是侵害了上位者对他的信赖。下位者将财物据为己有的成立侵占罪而非取得型财产犯罪。[1]

3. 区别说

区别说认为，占有认定的关键因素在于独占的排他支配力，具有上下主从关系的数人共同支配财物的场合形态各异，因此占有的认定需要根据不同的场合区别对待。区别说又分为两种：

(1) 三分说。

三分说主张，在具有上下主从关系的数人共同支配财物的场合中，既可能存在上位者的单独占有，也可能存在上位者与下位者的共同占有，还可能存在下位者单独占有。大谷实教授认为，若下位者对财物的支配隶属于上位者，则下位者只是辅助占有者。若下位者对财物有一定处分权，在某种程度上被认为是从属的占有者，则与上位者构成共同占有。若从属的占有者被委托对财物行使财物处分权，那么财物就属于下位者单独占有。[2]

(2) 二分说。

二分说认为，在具有上下主从关系的数人共同支配财物的场合中，既可能存在上位者的单独占有，也可能存在上位者与下位者的共同占有，但是不可能成立下位者的单独占有。大塚仁教授即持此见解。他认为，基于雇佣契约等而属于上下主从关系的人，对财物事实上存在共同支配的状态时，刑法上的占有通常属于上位者，下位者即使现实地握持着财物或者具有事实上的支配，也不过是单纯的监视者乃至占有帮助者。因而下位者排斥上位者取得该财物的独占性支配的行为，成立窃盗罪。不过，像被委托管理商店的掌柜、经理等，虽然是下位者，但是，与属于上位者的主人、雇主之间存在高度的信赖关

---

[1] 参见刘明祥：《财产罪比较研究》，中国政法大学出版社2001年版，第46页。
[2] 参见〔日〕大谷实：《刑法讲义各论（新版第2版）》，黎宏译，中国人民大学出版社2008年版，第192页。

系,对其现实支配着的财物委以某种程度的处分权时,应该认为下位者构成占有,因而,这种下位者随意处分财物的行为,不成立窃盗罪,应该认为成立横领罪(即侵占罪)。[1]

二分说得到了我国多数学者的支持,其中张明楷教授的观点最具代表性。他认为:

> 刑法上的占有通常属于上位者(店主),而不属于下位者(店员)。即使下位者物理上握有财物,或者物理上支配财物,也只不过是单纯的监视者或者占有辅助者。因此,下位者基于非法占有目的取走财物的,成立盗窃罪。但是,如果上位者与下位者具有高度的信赖关系,下位者被授予某种程度的处分权时,就应承认下位者的占有,下位者任意处分财物,就不构成盗窃罪,而构成其他犯罪和侵占罪。[2]

(二)问题的关键

区别说的思路是比较稳妥的。上下主从关系的复杂性决定了对于财物的事实支配具有程度上的差别。但是,以"高度的信赖关系"作为判别下位者占有财物的依据,不能不说具有模糊性,甚至可能制造某些误会。比如,有学者认为,假如杂货店主甲命店员乙到丙家收取欠款2万元,乙基于店主的高度信任,有收回款项的特别权利,其对主人的钱款已取得事实上的支配处分地位,应肯定其已在刑法上占有该款项。[3] 言下之意,乙如果将2万元非法据为己有,只成立侵占罪而非盗窃罪。但我们从另一个角度来看,将发现这种认识并不妥当。相比不具有高度信赖关系的丙从店主处窃取2万元的行为,乙的行为更

---

[1] 参见〔日〕大塚仁:《刑法概说(各论)(第三版)》,冯军译,中国人民大学出版社2003年版,第217—218页。

[2] 张明楷:《刑法学(下)》(第六版),法律出版社2021年版,第1234页。类似的主张,参见黎宏:《论财产犯中的占有》,载《中国法学》2009年第1期;周光权、李志强:《刑法上的财产占有概念》,载《法律科学(西北政法学院学报)》2003年第2期;刘明祥:《财产罪比较研究》,中国政法大学出版社2001年版,第47—48页。

[3] 参见周光权、李志强:《刑法上的财产占有概念》,载《法律科学(西北政法学院学报)》2003年第2期。

具有可罚性。因为他不仅侵犯了店主的财产权,而且也破坏了与店主之间的信赖关系。但在刑法评价上,乙却因为这种信赖关系而获得较轻的处遇。其中的道理何在?

其实,真正的判断标准应当从下位者所享有的处分权限中寻找。因为占有的本质是对财物的排他性支配,只有当下位者也取得了排他性地支配财物的处分权限时,我们才能够认可下位者的占有。换句话说,下位者摆脱了辅助占有人的地位,拥有和上位者一样能够按照自己的意志独立处分财物的权利,此时才能成立刑法上的占有。

对于处分权限我们必须作出说明。保姆在主人不在家时,将主人的西装交给干洗店洗涤,这也是对财物的处分,但我们不能说保姆对西装成立刑法意义上的占有。原因是保姆对财物的处分并没有超出主人对财物的支配意愿的范围。我们仍然可以认为保姆此时不过是在履行主人的指示对财物进行管理(尽管这种指示具有概括性)。同样地,饭店的雇员受店主的差遣送外卖时,他对于饭食也不存在占有。这意味着,下位者所拥有的处分权限,必须能够排除上位者的意志干预,或者说,下位者对财物的处分具备独立意志时,才能认可占有的存在,否则就不能摆脱辅助占有人的地位。在前文的事例中,受托收取欠款的乙,尽管与甲之间存在高度的信赖关系,但乙对欠款的控制并没有超越甲的意志范围,我们仍然可以认为乙是在遵循甲的指示对财物进行支配,乙并没有摆脱辅助占有人的身份。

如果上位者赋予下位者依照其自由意志排他地支配财物的权利时,我们才认为下位者占有了财物。通常所说的在店主委托经理负责商店的经营业务的场合,经理可以根据经营的需要自主决定商店货物的处分以及资金流动,这时经理对货物及资金的控制才具有排他性,能够形成占有。

当然,这里还需要强调的一个问题是,这里的排他性能否将上位者也包含进去?也即,在上下主从关系的占有情形中,是否包括下位者的单独占有?

刘明祥教授认为,在上位者只从宏观上管理控制财物,而委托下位者直接管理、支配财物的场合,应该认为下位者是财物的占有者(上位者不占有财物)。[1] 本书赞同这种观点。在现代社会,对财物的利用已经成为一项专业知识,只有经过专业训练的职业群体(如职业经理人)才能胜任。这就需要赋予职业经理人完全的处分财物的权限,否则就无法实现对财物的有效利用,以实现更大的经济利益。承认财物的利用者具有独立于财物所有者的处分权限也适应了社会的需要。如果肯认了这一点,那将意味着,当下位者占有财物时,上位者违背下位者的意志支配财物的行为也将构成对占有的侵犯。比如,店主全权委托经理负责商店的运营,而店主本人趁其不备,私自从商店拿走货物的行为,也符合盗窃罪的客观构成要件。只是,店主的行为不被评价为盗窃罪,原因是在此场合下,店主因具有对商店货物的所有权而阻却了行为的违法性。

二、对等关系的占有

这是指具有对等关系的数人共同支配财物的情形,因此也称为共同占有。在共同占有的场合,历来的问题是,如果共同占有人之一未经他人同意即将财物处分的,成立何罪?对此,学说存有较大分歧。

(一)学说的分歧

1. 侵占罪说

该说认为,在存在对等关系的数人共同支配财物的场合中,在财物上形成共同的支配关系。每个支配者都可以将自己的控制支配力扩展到财物的全部,因此每个支配者都是占有者。另外,具有对等关系的数个支配人,基于该种共同支配关系,既占有自己的部分,也占有他人的部分,支配者对财物的占有不存在冲突。由此,对等支配者之间形成了委托信赖关系与财物保管义务,部分支配者将财物据为己有的,成立侵占罪而非取得型财产犯罪。

侵占罪说是部分学者的主张。如刘明祥教授认为,对等关系之间的共同占有包括两种情况:一是财物的所有权属于他人,共同占有者只是受他人委托占有该财物。在此场合中,共同占有者中的一方私下

---

[1] 参见刘明祥:《财产罪比较研究》,中国政法大学出版社2001年版,第47—48页。

拿走共同占有的财物,其实质是侵犯了委托者对受托者的委托信赖关系。二是财物的所有权属于所有共同占有者。虽然不存在明确的委托关系,但是,在共有财产没有分割之前,各方既是自己财物的占有者,同时也占有了对方的财物,反过来,也都基于信赖自愿将自己所有部分的财物交给对方占有,如果一方避开另一方私自拿走共有的财物,这其中自然有一部分是属于对方所有的,也就是将对方委托自己保管的财物侵吞了,这无疑是侵占而不是盗窃。[1] 我国台湾地区学者林山田也认为,在平行对等的共同持有支配关系之中,支配管领地位相同的各个共同持有人之间,彼此不告而取的行为,均未破坏共同持有关系,故不成立窃盗罪。例如,百货店老板自其店中取走货主保留所有权而买入的货物,并且违反契约约定加以出售或转让予他人的,该老板对货主而言并非窃取,故不能成立窃盗罪,只能成立侵占罪。[2]

2. 盗窃罪说

该说认为,在具有对等关系的数人共同支配财物的场合中,所有人都是财物的占有者。虽然如此,但是各占有者之间相互独立,保持相当的张力。占有者对财物的支配力,是以共同支配力的形式来体现的。换言之,占有者无法单独对财物行使支配力,其对财物的支配以尊重他人的控制支配为前提。倘若部分占有人排斥他人的占有而将财物据为己有,无疑侵犯了他人对财物的占有,成立取得型财产犯罪。此外,共同占有者之间不存在彼此的信赖关系和保管义务,因此不存在成立侵占罪的余地。

盗窃罪说是日本刑法理论的通说。例如,山口厚教授认为,"在数人共同占有财物的情况下,若共同占有人中的某一人未经其他占有人的同意,出于取得财物的意思,将该财物转移至自己的单独占有之时,行为人便侵犯了其他共同占有人的占有,成立盗窃罪"[3]。大塚

---

[1] 参见刘明祥:《财产罪比较研究》,中国政法大学出版社2001年版,第49页。
[2] 参见林山田:《刑法各罪论(上)》(修订五版),北京大学出版社2012年版,第221页。
[3] [日]山口厚:《刑法各论(第2版)》,王昭武译,中国人民大学出版社2011年版,第209页。

仁教授进一步解释说,"在共有者之一看来,就与其他共有者的关系而言,共有物也是他人的财物,所以,其中的一人随意把共有者共同占有的共有物转移为自己单独占有时,成立窃盗罪。"[1]这也是日本判例的立场。

在我国,也有较多学者主张盗窃罪说。如高铭暄教授认为,"对于共有财产的使用、处分,应经全体共有人的同意,未经他人同意而擅自窃取、盗卖共有财物的等于盗窃他人的财物"[2]。黎宏教授在结论上赞同盗窃罪说,但在理由上别具一格。他认为,一方面,由于对共同共有财产的处分必须经过全体共有人的同意,未经他人同意而擅自窃取、盗卖共有物的,等于盗窃他人财物,构成盗窃罪;另一方面,共有人对财物的处分也有处理自己占有的财物的性质,所以也能成立侵占罪,二者是想象竞合的关系。但由于盗窃罪与侵占罪之中,盗窃罪属于重罪,因此,按照对想象竞合犯从一重罪处罚的处理原则,以上行为最终还是要成立盗窃罪。从此意义上讲,在数人处于平等关系,出于共同占有的意思,相互配合、相互协作,共同对财物进行支配,互不排除对方对财物进行实质性支配的场合,一方违反他方的意思,排除他方对财物的占有的场合,成立盗窃。[3]

3. 区别说

区别说认为,在存在对等关系的数人共同支配财物的场合中,虽然支配财物的数人对财物都可以行使支配力,但是该数人对财物的占有状况不可一概而论,应该根据不同的场合区别对待。例如,有观点主张,在存在对等关系的数人共同支配财物的场合中,财物的占有归属不能一概而论,而应通过民法的理论加以区分。细言之,民法将共同占有区分为重复的共同占有与统一的共同占有。在重复的共同占有场合,部分共同占有人未经其他占有人同意,将财物整体据为己有

---

[1] [日]大塚仁:《刑法概说(各论)(第三版)》,冯军译,中国人民大学出版社2003年版,第219页。
[2] 高铭暄、王作富主编:《新中国刑法的理论与实践》,河北人民出版社1988年版,第584页。
[3] 参见黎宏:《论财产犯中的占有》,载《中国法学》2009年第1期。

的,因为自身对财物具备占有,同时也侵犯了他人的合法占有,从总体上构成侵占罪与盗窃罪的想象竞合,应从一重罪处断,也即成立盗窃罪。在统一的共同占有的场合,单独的占有人对财物的占有并不及于财物的整体,仅对自己负责的部分享有占有利益,因此,将财物全体取走的行为侵害了他人的占有,成立盗窃罪。[1] 周光权教授实际上也是区别说的支持者。他认为,"在对等的共同占有场合,共同占有人中一人的占有,在与其他共同占有人的关系上不能说是自己的占有,因此共同占有对该共同占有关系的破坏,应当构成盗窃罪而非侵占罪。例如,装有财物的仓库需同时使用两把钥匙方能打开,现两把钥匙分别由甲乙二人持有,此时二人构成平行对等之支配关系,某日甲趁乙不在,用自己的钥匙打开一锁,用铁锤砸开另一锁取走财物,其行为理应构成盗窃罪而非侵占罪。不过此种对等的共同占有与共同共有不同。在共同共有的场合,未征得其他共有人的同意处分自己的财产,属于将代为保管的他人财物非法占为己有,自然可以构成侵占罪"[2]。

(二)问题的焦点

在共同占有的场合,认定共同占有人对占有物的私自处分的性质,关键在于如何解释"他人的财物"。

我们将排他性的支配定义为占有的特质,在共同占有的场合,数人均对财物具有控制力,如何在数人之间界定"排他性"?这就必须考虑数人对财物的共同支配状态。这里涉及共同占有人的内部关系与外部关系。

在外部关系中,数人在对财物的占有上形成一个整体,可以对抗外部的干涉,此时的排他是就整体而言的。

在内部关系中,数人之间对财物的支配力可以是独立的,即任何人都可以单独行使对财物的支配力,不需要其他占有人的协助,并且

---

[1] 参见张新亚:《试论"占有"之区别——兼论封缄物的刑法属性》,载《中国刑事法杂志》2009年第9期。
[2] 周光权、李志强:《刑法上的财产占有概念》,载《法律科学(西北政法学院学报)》2003年第2期。

彼此之间不存在冲突。比如，甲乙共同出资购买一台电脑并使用。甲乙对电脑就形成共同占有，并且任何一个人都可以独立完成这种占有。这种情形下的共同占有具有重叠性，我们可以称之为重叠占有。

　　数人之间对财物的支配力也可能需要相互配合才能实现，即任何一名占有人都不可能凭借自己的能力将意志扩展到财物之上，必须通过其他占有人的协助才能完成。比如，丙丁共同管理一间仓库，各自持有一把不同的钥匙，只有同时使用两把钥匙才能打开仓库。此时，无论是丙还是丁都不可能独立实现对财物的支配，只能相互协作，统一实施对财物的支配力。这种共同占有，我们可以称之为统一占有。

　　在重叠占有的场合，各占有人对于财物的支配具有排他性，这种排他性源自双方之间的信赖关系。当某一占有人行使对财物的支配时，可以排斥其他占有人对财物的控制。比如前例中，当甲使用电脑时，就排除了乙对电脑的事实上的支配。由于信赖关系的存在，各占有人对财物的控制具有两层含义：第一，是对自己财物的占有；第二，是对他人财物的保管。可以说，正因为在对财物的占有中掺入了"信赖关系"的因素，才使得财物具有了"他人性"。这样，某一占有人对财物的处分也具有两层法律后果：第一，行使对于财物的合法权利；第二，破坏了委托保管关系对财物进行处分，符合侵占罪的成立要件。

　　在统一占有的场合，各占有人对于财物的支配不具有排他性（就内部关系而言），各占有人之间存在的是一种相互监督关系，而非信赖关系。因此，对单个的占有人而言，其都不存在对财物的事实上的支配。此时，某一占有人以实力实现对财物的占有，必然破坏了现存的占有关系。但必须强调一点，这里所谓的现存的占有关系并非指其他占有人对财物的支配[1]，而是共同占有人整体对财物的支配。这里，财物的"他人性"是就共同占有人整体而言的。当某一占有人非法取得对共同占有财物的实力支配时，其行为符合取得型财产犯罪的构成要件。

---

[1] 按照本书的逻辑，其他占有人一样对财物不存在事实上的支配。

三、封缄物的占有

封缄物(也称包装物)是指委托他人保管的经过封闭处理的物品,例如密封的包裹、上锁的保险箱等。在封缄物的场合,内部被包装的财物与外界形成相对隔离的状态。成为问题的是,对于封缄物整体的占有与对其内容物的占有是否相同?受托人如果破坏包装,将内容物据为己有的,成立盗窃罪还是侵占罪?这在学说上存在很多争议。

(一)受托人占有说

该说认为,既然委托人将封缄物交由受托人保管,封缄物即处于受托人的实际控制之下,封缄物整体包括其内容物都属于管理财物的受托人占有。受托人将整个封缄物据为己有或者取出其内容物的行为,都不存在客观的对占有的侵犯,因此成立侵占罪而非盗窃罪。在日本,受托人占有人说为草野豹一郎、牧野英一、林干人、冈野光雄等所倡导,如冈野光雄教授认为,"刑法上的占有首先应该重视现实的支配。既然对包装物的全体应该肯定受托者的现实支配,那么在其中一部分上也应该认定受托者的占有。另外,在盗窃罪与侵占罪相比较的场合中,出于目的物的占有归属于行为者,与窃取相比,侵占采用平和的手段而且实行也比较容易,动机上也存在诱惑,以与委托者之间的信赖关系为前提。在封印委托物的场合中,虽然和无封印的场合相比不能否定实行的困难,但是该领得在实体上是侵占。"[1]林干人教授也认为,在涉及邮政包裹的场合中,应该认为包裹在发送的同时转移为邮政部门占有。"发送人在对邮政部门的关系上存在支配从属关系不具有占有,不论其是否破坏封印,都成立盗窃罪。但是在邮政局内部,为了投递而拿出去之时,应该认为属于投递人占有。"诸如管理捆绑物品的场合,或将其卖给他人的场合,构成侵占罪。自己解开封线取得内容物的场合,也应该认为成立侵占罪。[2] 在我国,刘明祥教

---

[1] [日]冈野光雄:《刑法各论25讲》,成文堂1995年版,第101页,转引自:张红昌:《论财产罪中的占有》,武汉大学2011年博士论文,第131页。
[2] 参见[日]林干人:《刑法各论》,东京大学出版会1999年版,第197页,转引自:张红昌:《论财产罪中的占有》,武汉大学2011年博士论文,第131页。

授、周光权教授采此说。[1]

受托人占有说的最大特点是重视物理的、现实的控制财物这一点。[2] 但问题在于,对占有的认定不能仅从物理层面去考虑,还应当关注一般的社会观念。从规范的、社会的角度来看,委托人对寄存财物封口、上锁的事实,对于判断占有的归属具有重要意义。也就是说,封口、上锁的事实,表明了委托人禁止受托人利用其中的内容物的意思,委托人对其中的内容留有现实支配的余地,该占有仍然在于委托人,封口、上锁可以说是防止受托人对内容物的占有进行侵害的手段、装置。[3] 若非如此,那么封缄物与一般的委托保管物就不存在实质的差异。也就失去了刑法讨论的意义。

(二)委托人占有说

该说认为,在委托他人保管封缄物的场合中,无论是整体还是内容,都属于委托人占有。委托人占有说的理由主要是:虽然客观上财物处于受托人的占有之下,但他仅仅是委托人占有封缄物的工具。封缄物及其内容物的占有都归属于委托人,受托人只不过是辅助占有人而已。受托者无论是将封缄物据为己有,还是单纯取出其中的内容物,都具有现实的占有侵害,成立盗窃罪。

在日本,大塚仁教授、山口厚教授等倡导此说。如大塚仁教授认为,"所寄托的是被密封、加锁等的包装物时,对其内容物自不待言,对

---

[1] 刘明祥教授认为,委托者将被包装物交给受托者保管、搬运之后,受托者就在事实上成为财物的支配者,财物一旦丢失或损坏,他相应地就要承担赔偿责任。这就具备了刑法上占有的基本特征。反过来,委托者将财物交给受托者之后,就在事实上失去了对财物的控制。参见刘明祥:《财产罪比较研究》,中国政法大学出版社2001年版,第53页。周光权教授认为,"区别占有说"把包装物的整体与内容完全割裂开来,依取得物的整体或其一部,而异其结论,难以被人认同,且会导致刑罚的不均衡。占有的归属,应重点考查行为人对物的支配地位,不应过分强调包装物整体与个别内容物的区别,而应就其全体加以认定。"委托者占有说"片面强调包装物在法律上的特殊性,忽视了受托者实际掌握财物的现实。依该说,委托人占有包装物、内容物的,一律构成盗窃罪,不免有失公允。"受托人占有说"则对事实上支配力的存在、行为人对物的实际地位作了考虑,所以较为合理。参见周光权、李志强:《刑法上的财产占有概念》,载《法律科学(西北政法学院学报)》2003年第2期。

[2] 参见刘明祥:《财产罪比较研究》,中国政法大学出版社2001年版,第50页。

[3] 参见黎宏:《论财产犯中的占有》,载《中国法学》2009年第1期。

整个包装物,委托者都继续具有其占有,受托者只不过是辅助委托者占有的机关,这样的理解是妥当的。因此,无论是对整个包装物还是内容物本身,受托者的取得行为都应构成窃盗罪"[1]。山口厚教授也认为,打开封口获取内容物的,侵犯了委托者所保留的对内容物的占有,成立盗窃罪;获取整个封缄物的,同样也是侵犯了委托者对内容物的占有,也可以成立盗窃罪。[2]

委托人占有说的特点是重视占有的规范一面[3],也正因此受到许多批评。黎宏教授就认为,委托人占有说的问题在于,片面强调包装物在法律上的特殊性而忽视了受托人实际掌握财物的事实。毕竟包装物已经交给受托人管理,财物已经与委托人相分离,则委托人不可能撇开受托人而成为独立的占有人。[4] 在我国,该说基本上不被认可。

(三) 区别说

该说认为,虽然整个封缄物交由受托人保管,但是不可笼统地认为封缄物及其内容都属于委托人或者受托人占有,而是应将作为整体的封缄物与其内容的占有区别开来。既然委托人将封缄物交予他人管理,封缄物即处于受托人的支配控制之下,受托人取得封缄物的占有。不过,物品经过密封等包装措施,其内在的内容物处于受托人无法自由支配的状态,也即只有委托人方可自由支取内在的内容物,因此,内容物的占有依然归属于委托人。日本学者大谷实教授即持此立场。他认为,"既然将口封上不让人看见其中的内容,那么,应当说,在对其中内容的实际支配方面,受托人只是手段,而其实际支配,仍然在委托人一方。如将他人存放的包拿走的时候,就是侵占罪,而管理人

---

[1] [日]大塚仁:《刑法概说(各论)(第三版)》,冯军译,中国人民大学出版社 2003 年版,第 218—219 页。
[2] 参见[日]山口厚:《刑法各论(第 2 版)》,王昭武译,中国人民大学出版社 2011 年版,第 210 页。
[3] 参见刘明祥:《财产罪比较研究》,中国政法大学出版社 2001 年版,第 50 页。
[4] 参见黎宏:《论财产犯中的占有》,载《中国法学》2009 年第 1 期。周光权教授也有类似的批评。参见周光权、李志强:《刑法上的财产占有概念》,载《法律科学(西北政法学院学报)》2003 年第 2 期。

将他人存放的皮包打开拿走其中的物的行为，就是侵害占有而取得财物，应当成立盗窃罪"[1]。

在区别说内部，也有观点上的差异。通常的区别说认为，封缄物整体由受托人占有，内容物为委托人占有。而修正的区别说认为，封缄物整体由受托人与委托人共同占有。受托人不法取得封缄物整体的，成立侵占罪；不法取得内容物的，成立盗窃罪与侵占罪的竞合，以盗窃罪论处。这样一来，结论就与委托人占有说完全相同。[2]

日本和我国台湾地区的判例采纳了区别说的立场。[3][4] 在同类案件中，法院的判决认为，"给装有金钱的容器加锁或者密封后交付寄托时，容器的占有已转给受托者，但是，寄托者依然对其中的金钱具有现实支配力，受托者则不具有，受托者取出该金钱将其移转到自己的支配内的所为，是盗窃罪，而非横领罪"[5]。另外，"对保管着内装衣服并加锁的皮包的人任意打开皮包、取出了衣服的行为（大判明治41年11月19日刑录14辑1023页），对保管着他人用绳捆包、内装衣服的行李的人以作质押品使用为目的取出了该衣服的行为（最决昭和32年4月25日刑集11辑1427页），对邮件收发人打开分发中的信书、取出了其中的小型支票证书的行为（大判明治45年4月26日刑录18辑536页），对运送业者抽取了由货主装船、加封委托其运送的铣铁的行为（大判大正5年11月10日刑集22辑1733页）等，判例都

---

[1] 〔日〕大谷实：《刑法讲义各论（新版第2版）》，黎宏译，中国人民大学出版社2008年版，第193页。

[2] 参见刘明祥：《财产罪比较研究》，中国政法大学出版社2001年版，第51页。

[3] 参见〔日〕大谷实：《刑法讲义各论（新版第2版）》，黎宏译，中国人民大学出版社2008年版，第192页。

[4] 我国台湾地区"最高法院"在1940年上字第171号判决中称："上诉人受甲地邮局之委托，将其铅子封固之邮袋运往乙地，在运送途中，对于该整个邮袋，固因业务而持有，但其封锁邮袋内之各个包裹，仍为托运人所持有，并非上诉人所得自由支配，乃将铅子封印拆开一部，抽窃袋内所装包裹，实与侵没整个邮袋之情形不同，应当成立窃盗罪名。"参见吴正顺：《论刑法上物之持有》，载蔡墩铭主编：《刑法分则论文选辑》（下），五南图书出版公司1984年版，第796页。

[5] 大判明治44年12月15日刑录17辑2190页。参见〔日〕大塚仁：《刑法概说（各论）（第三版）》，冯军译，中国人民大学出版社2003年版，第219页。

认为成立窃盗罪"[1]。

区别说的优势在于兼顾占有的事实侧面与规范侧面,因而被许多人所主张。在我国,张明楷教授、黎宏教授持此立场。但区别说面临的批评有二:第一,人为地区分整体与部分,没有实益。整体与组成部分本就不可分。就封缄物而言,如果内容属于委托者占有,剩下的就只是作为外壳的包装物,其属于受托人占有,但这种占有没有什么意义。[2] 第二,按照区别说处理案件,会产生刑罚不公。因为,侵占罪的法定刑低于盗窃罪,如果取得封缄物的整体成立侵占罪,抽取其内容物的场合构成盗窃罪,就意味着侵害程度严重者反而比侵害程度轻者处罚更轻,其不合理性由此可见。

对此,区别说的回应是,首先,将封缄物区分为外在的包装物与内容物,是鉴于包装物与内容物上存在不同的控制支配力。委托人的财物作为一个整体处于受托人的占有之下,而且受托人对包装物的占有又独立于他人,包括委托人。即便委托人将财物窃走,也成立盗窃罪。内容物的占有与包装物的占有具有各自的独立意义,不能说对包装物的占有没有任何意义。[3] 其次,关于处罚不公的问题,大谷实教授这样认为,"出于取得其中物品的意思,在作为手段首先获得该物的整体的时候,该侵占行为就应当看作盗窃手段的实行行为。因此,该侵占行为就被盗窃所吸收,只成立盗窃罪。"[4]

此外,我国台湾地区学者林山田也主张一种特殊的区别说。他认为:

> 通常容器(即封缄物——引者注)若系固着于建筑物,例如银行或保险公司所设出租予人使用的保险柜,或设置安装于建筑物的固定容器,例如公共电话、贩卖机或电动游乐器具中的存银箱;

---

[1] 参见[日]大塚仁:《刑法概说(各论)(第三版)》,冯军译,中国人民大学出版社2003年版,第218页。
[2] 参见黎宏:《论财产犯中的占有》,载《中国法学》2009年第1期。
[3] 参见张红昌:《论财产罪中的占有》,武汉大学2011年博士论文,第133页。
[4] [日]大谷实:《刑法讲义各论(新版第2版)》,黎宏译,中国人民大学出版社2008年版,第193页。

或容器体积庞大沉重不易移动者,例如巨型的保险箱或专为远洋航运的货柜等,均以钥匙持有人为该容器的持有人,并对容器内所装之物具有管领支配力,虽该容器系置于他人实力支配下的空间,但也不影响钥匙持有人的持有支配关系。相反,容器若系可随身携带或可轻易移动者,例如衣物箱、手提箱或经封缄的邮包等,事实上对该容器具有管领支配者,即为持有者。至于钥匙持有人是否知悉该容器现处之地,并不影响现持有者的持有支配关系,例如将衣物箱或手提箱加锁,交铁路或货运公司运送,或交邮局或快递公司送达等,则运送营业人即为现持有者,如此的持有虽在受托运送中,对该容器具有支配管领力,但无权开启容器,若竟开启而取走容器中之物,则唯有以非法的方法破坏加锁设备,或使锁失却其防范作用方有可能。在这种状态下,仍可成立窃盗罪。[1]

这种观点其实是综合了委托人占有说与一般区别说的立场,只是区分更为细致。我国大陆也有学者赞同此观点。[2]

(四) 本书的立场

一如前文,在封缄物的场合中,对于占有归属的判断,最重要的因素仍然是排他性支配的认定。判断是委托人还是受托人占有了封缄物,关键在于何者能够从根本上将个人的自由意志贯穿于财物整体,而不受任何外部的干预。

就封缄物整体而言,可以认为排他性的支配属于委托人,理由是由于委托关系的存在,受托人从委托人那里取得了对于封缄物的实力控制,这种控制不过是作为委托人的占有机关而已,受托人必须按照委托人的委托对物进行管理、支配。或许有人会认为,在这种场合下,受托人对财物的支配可以对抗委托人。假如委托人破坏受托人对财物的控制的,也可能成立财产犯罪。但必须指出,由于受托人系依

---

[1] 林山田:《刑法各罪论(上)》(修订五版),北京大学出版社2012年版,第222—223页。
[2] 参见王玉珏:《刑法中的财产性质及财产控制关系研究》,法律出版社2009年版,第197页以下。

照委托行事,在受托人符合委托约定的内容对封缄物行使支配力时,本身并不违背委托人对财物的支配意愿。并且,委托人可以变更委托关系。比如,甲在将财物交付给邮局之后,临时起意变更快递公司,仍然可以恢复对封缄物的支配。[1] 因此,承认封缄物整体属于委托人占有,并不违反社会通识。

就内容物而言,排他性的支配也应当属于委托人。封印、锁具本身就是彰显委托人对财物进行事实支配的外在表征。受托人未经许可也不得随意支配内容物。封印所代表的委托人的支配力构成了受托人支配财物的实质障碍。邮递员未经寄送人许可打开邮包的行为,在一般的社会观念看来也是不容许的。在此场合,内容物的占有排他地归属于委托人,不存在所谓与受托人之间的共同占有。那种修正的区别说的立场不妥。

因此,委托人占有说是妥当的主张。区别说的观点,缺乏实际意义,在逻辑上也有瑕疵。首先,从实践来看,受托人单纯地将封缄物整体非法据为己有,而不侵害内容物的情形十分少见。比如,行为人一直将封缄物整体置于自己住宅内,却不进行任何处分。就此情形认定行为人的行为成立财产犯罪,缺少实在的理由。即便是区别说的主张者也认为,受托人将封缄物整体据为己有的行为成立何罪,取决于该行为是否不法占有了内容物。如果受托人不法取得了封缄物整体,只要不能认定受托人已经不法占有了内容物,被害人对内容物的占有就没有受到侵害,难以认定为盗窃;如果受托人不法取得封缄物整体,并能够认定受托人因为打开封缄物、出卖封缄物整体等行为而不法占有了内容物,当然应认定为盗窃罪。[2] 这就表明,没有对内容物的事实支配,单纯对封缄物的占有是没有意义的。

---

[1] 至于这里可能涉及的违约问题,则与财物的占有无关。
[2] 参见张明楷:《刑法学》(第四版),法律出版社2011年版,第877页。这个解读其实有含混之处,因为他并没有讲明对于受托人单纯非法取得封缄物整体的行为是否应当进行刑法评价。充其量,区别说的价值只在于对侵犯封缄物的占有的着手认定而已。但这项意义并不大。

其次，如果我们认可了区别说的主张，那么在下列场合中，将遇到解释上的困境：甲受托运送乙的封缄物，甲违背了乙的委托，将其藏匿于自己的住所，而后将封缄物整体出卖给不知情的丙，丙随后打开包裹。此时，甲并没有侵犯对内容物的占有，只是将代为保管的他人财物非法据为己有，可能成立侵占罪。丙的行为侵犯了乙对内容物的占有，但由于缺少犯罪故意，不能论以盗窃罪。换一种情形，若甲直接打开封缄物，将内容物出卖给不知情的丙，甲破坏了乙对内容物的占有，符合盗窃罪的构成要件。但事实上甲的行为并没有实质的区别，对乙的损害也没有区别，仅因为对封缄物的处分细节上的差异，就异其刑法评价，道理何在？

最后，区别说的一个立法上的理由是《刑法》第253条的规定："邮政工作人员私自开拆或者隐匿、毁弃邮件、电报的，处二年以下有期徒刑或者拘役。犯前款罪而窃取财物的，依照本法第二百六十四条的规定定罪从重处罚。"也就是说，破坏邮件本身的，构成私自开拆、隐匿、毁弃邮件罪；盗窃邮件内的财物的，构成盗窃罪。区别说由此得出结论，认为我国刑法也是采取了"对包装物中的内容物的占有，依然保留在委托人手中"的区别说的立场。[1]但是，这一点也是委托人占有说的基本立场，之所以对于邮政工作人员私自开拆或者隐匿、毁弃邮件、电报的行为不作为财产犯罪来处理，并不是因为认可邮政工作人员对邮件、电报整体的占有，而是因为财产犯罪中包含有定量因素，而邮件、电报从价值角度来看无法满足定量因素的要求，这种立法更多是从严密刑事法网的角度所做的制度设计。我们并不能从其中合乎逻辑地推演出区别说的主张。进一步讲，如果邮政工作人员将装有财物的邮件隐匿、毁弃的，也有以财产犯罪规制的必要（如盗窃罪或故意毁坏财物罪）。这与委托人占有说的主张并不冲突。

从司法实践的立场来看，判决也采纳了委托人占有说的主张。

例4-1：2007年7月14日，被告人李俊东驾驶集装箱车，负责运输托运人江苏省大丰市飞龙纺织品有限公司从浙江临平运

---

[1] 参见黎宏：《论财产犯中的占有》，载《中国法学》2009年第1期。

往上海港口的货物。在运输途中,被告人李俊东结伙"小徐"等人,窃取集装箱内的 A 有光 4.2 雪尼尔纱线 137 件(重 2740 千克),价值人民币 92296.90 元。

2007 年 7 月 20 日,被告人李俊东驾驶集装箱车,负责运输托运人海盐中达金属电子材料有限公司从浙江海盐运往上海港口的货物。在运输途中,被告人李俊东结伙"小徐"等人,采用改制集装箱封志的手段,窃取集装箱内的 316 不锈钢带(0.2×305mm)10 卷(重 4365 千克),价值人民币 292149.45 元。[1]

浙江省海盐县人民检察院以职务侵占罪提起公诉。海盐县人民法院一审认为:

> 本案中,涉案货物均由托运人装箱并封箱,而集装箱封志系一次性加密设施,被告人李俊东及承运人均无开启集装箱的权利,托运人对集装箱内货物进行加锁封固后,对于集装箱内货物的占有支配权依然存在;被告人李俊东对集装箱负有安全运输的责任,但对集装箱内货物并不能直接管理、经手,因此,被告人李俊东作为集装箱车司机,利用其容易接近作案对象的工作便利,结伙他人秘密窃取集装箱内货物的行为,应以盗窃罪追究刑事责任。[2]

该案经过上诉,嘉兴市中级人民法院作出的二审判决也认为:"李俊东作为司机,在运输加封的集装箱过程中,只是负责把集装箱安全、按时运到指定地点,并不对集装箱内的货物负有保管、支配、处分的权利,其利用的是工作便利而非职务之便,故其行为不符合职务侵占罪的构成要件。"[3]从而肯定了一审判决。

类似地,在无人售票公交车司机偷配钥匙占有票款一案中,法院

---

[1] 聂昭伟、陈玲英:《承运人盗取已封缄货物构成盗窃罪》,载《人民司法》2009 年第 10 期。
[2] 聂昭伟、陈玲英:《承运人盗取已封缄货物构成盗窃罪》,载《人民司法》2009 年第 10 期。
[3] 聂昭伟、陈玲英:《承运人盗取已封缄货物构成盗窃罪》,载《人民司法》2009 年第 10 期。

也认为司机对于公交车上加锁票箱内的票款不成立占有,因而作出了盗窃罪的判决。[1]

第二节 死者的占有

"死者的占有"本是拟制的称谓,死者对于财物既没有事实上的支配力,也没有占有意思,本无所谓对财物的占有。但围绕着取得死者财物的行为,学说上历来众说纷纭。矛盾的根源就在于,我们传统的见解认为占有是事实性的概念,没有可见的对物的实力支配,就不存在占有。但一般的社会观念则认为,取走死者财物的行为,毫无疑问地成立盗窃罪。[2] 于是,在解释论上,学者必须想办法使对于占有的理解尽可能地接近社会通识。

一、观点:死者财物的占有归属

通常我们所讨论的关于死者的占有分为三种情形:(1)行为人以夺取被害人财物为目的,当场使用暴力杀死被害人之后取得财物;(2)行为人基于其他目的杀死被害人之后产生取走被害人财物的目的,进而取得财物;(3)无关第三人从死者身上取走财物。

关于第一种情形,当下无论是审判实践还是学说,都毫无疑问地将其界定为抢劫罪。

第二种情形在学说上有以下三种主张:

1. (脱离占有物)侵占罪说/无罪说

这种观点的实质是否认死者的占有。因为人一旦死亡,对财物的占有同时也就消失[3],所以,此时财物属于脱离占有物,行为人取走

---

[1] 参见陈增宝:《无人售票公交车司机偷配钥匙占有票款定性分析》,载《人民司法》2004年第12期。
[2] 这也是司法实践的立场,参见李春林故意杀人案,载最高人民法院刑事审判第一庭、第二庭编:《刑事审判参考》(总第25辑),法律出版社2002年版,第45页。
[3] 参见刘明祥:《财产罪比较研究》,中国政法大学出版社2001年版,第60页。

该财物的行为,成立脱离占有物侵占罪。[1] 这种观点在日本得到许多学者的支持。山口厚、大谷实、西田典之等教授皆主张此说。如大谷实教授就认为,"既然占有的主体已经死亡不存在,那么,就应该说对财物的占有已经消失。因此,不管是杀死他人之后马上拿走被害人生前占有的财物,还是过了一段时间之后拿走其财物,都应该说没有对占有造成侵害。而且,即便在死者生前居住使用的场所不法取走物的场合,只要该物没有被其他人现实占有,就也只成立侵占遗失物罪。"[2] 我国也有学者持此观点。只是,由于刑法没有规定该罪名,在解释上略有分歧。如张明楷教授认为,对遗忘物不能完全作字面意义的理解,而宜理解为"非基于他人本意而失去控制,偶然(即不是基于委托关系)由行为人占有或者占有人不明的财物"。因此,他人因为认识错误而交付给行为人的金钱、邮局误投的财物、楼下飘落的衣物、河流中的漂流物等,只要他人没有放弃所有权的,均属于遗忘物。[3] 通过这种扩大化的解释,张明楷教授在解释将死者身上或者身边的财物归入"遗忘物",从而将该行为认定为侵占罪。[4] 也有学者站在严格解释构成要件的立场,认为在此情况下,行为人对死者的财物既不存在保管关系,也难以将该财物理解为遗忘物,因此,没有成立侵占罪的余地,不能单独定罪,顶多将其视为杀人罪的情节之一,量刑时酌情处理。[5]

2. 盗窃罪说

这是学说上的多数派,但理由不尽相同。具体包括:第一,死者占有说。这种观点承认在特殊情况下,死者也可以成为占有的主体,行为人拿走死者的财物,自然侵害了其对财物的占有,构成盗窃罪。第二,死者的生前占有说。最典型的当属"整体考察说",比如,日本学者

---

[1] 参见〔日〕西田典之:《日本刑法各论(第三版)》,刘明祥、王昭武译,中国人民大学出版社2007年版,第115页。
[2] 〔日〕大谷实:《刑法讲义各论(新版第2版)》,黎宏译,中国人民大学出版社2008年版,第190页。
[3] 参见张明楷:《刑法学》(第二版),法律出版社2003年版,第784页。
[4] 参见张明楷:《刑法学》(第三版),法律出版社2007年版,第726页。
[5] 参见刘明祥:《财产罪比较研究》,中国政法大学出版社2001年版,第61页。

大塚仁认为:"在相对于致被害人死亡的犯人的关系中,在时间、场所上与被害人的死亡相接近的范围内,被害人生前具有的占有还值得刑法保护,要对犯人利用致被害人死亡、夺取了其财物的一系列行为进行整体的评价,其夺取行为构成窃盗罪。"[1]第三,继承人占有说。该观点认为,当被害人死亡时,财产已经转移至其继承人占有,行为人取走死者财物的行为,实际上是侵犯了继承人对死者财物的占有,当然地成立盗窃罪。我国台湾地区的司法实务采此观点。[2] 第四,死者生前占有延续说。这是周光权教授的观点。他认为,在行为人取得死者财物的场合中,应当有条件地承认死者生前占有的延续。这是在特殊情况下,对于占有概念的缓和。也就是说,在一般情况下,应当否认死者的占有,但是,"从行为人引起被害人死亡这一特定关系出发,在刑法上有限地承认死者在生前的占有,从而给予保护"[3]。为此,他设定了承认死者占有的严格条件,包括:(1)取得财物者就是先前侵害被害人的行为人;(2)取得财物的行为与先前的侵害行为时间间隔极短,几乎同时存在;(3)取得财物与先前的侵害行为几乎在同一场所。[4]

3. 两分说

有一种两分说主张,一般情况下按照脱离占有物侵占罪处理,但在死亡难以确定的场合,可以肯定被害人的占有,视同夺取生前之物,按照盗窃罪处理。[5]另一种两分说认为,应考察死者生前的财物是否已在他人的占有之下,凡是在死者家中或旅馆等有特定人管理的场所拿走死者财物,而这种财物被认为是在他人占有之下的,那就构成盗窃罪;反过来,假定杀人地点在野外或者将被害人尸体移至野外之后,取走死者身上的财物,由于这种财物已不属于任何人占有,所以,在日本等设有脱离占有物侵占罪的国家,自然应该定此罪名。在

---

[1] [日]大塚仁:《刑法概说(各论)(第三版)》,冯军译,中国人民大学出版社2003年版,第216页。
[2] 参见褚剑鸿:《刑法分则释论》(下),台北商务印书馆1984年版,第1086页。
[3] 周光权:《死者的占有与犯罪界限》,载《法学杂志》2009年第4期。
[4] 参见周光权:《死者的占有与犯罪界限》,载《法学杂志》2009年第4期。
[5] 参见童伟华:《论日本刑法中的占有》,载《太平洋学报》2007年第1期。

我国,则只能认定为无罪。[1]

盗窃罪说是日本实务界的通说[2],在我国,有专门的司法解释肯定了这种主张。2005年6月8日最高人民法院《关于审理抢劫、抢夺刑事案件适用法律若干问题的意见》中第八条关于抢劫罪罪数的认定中规定,"实施故意杀人犯罪行为之后,临时起意拿走他人财物的,应以此前所实施的具体犯罪与盗窃罪实行数罪并罚"。可见司法解释也认为,将人杀死之后产生夺取财物的意图并拿走财物的行为构成盗窃罪。

第三种情形与第二种情形类似,学说上有主张成立盗窃罪者,也有主张成立侵占罪者,还有所谓的两分说,理由也大致相同。不过,认为成立(脱离占有物)侵占罪的学说是多数派的观点。

二、质疑:学说的瑕疵

之所以会有这么多的观点聚讼,是因为每一种观点都有无法避免的缺陷。

"侵占罪说"最大的缺陷在于不符合我国刑法关于侵占罪的规定。按照我国刑法,仅在两种场合下,有成立侵占罪的可能。第一,行为人对他人的财物有一种委托保管关系。第二,犯罪对象是遗忘物或埋藏物。而死者的占有不符合上述任何一种情形。至于将死者身上的财物扩张解释为遗忘物,显然已经超过该词本身所可能具有的含义边界,能否被国民接受,还有疑问。

"死者占有说"全然无视占有在客观层面和主观层面的要求,是一种取巧的观点,缺乏科学性。并且,该说还可能会得出一些不合理的结论。比如,若行为人于杀死被害人并掩埋尸体一年后,又挖出尸体取走配饰的行为,仍然成立盗窃罪。这个结论过于荒诞了。

"死者生前占有说"(即"整体考察说")的弊端有二:第一,强调取财行为和被害人死亡的时间、场所上的临近没有依据,并且判断标准

---

[1] 参见刘明祥:《论刑法中的占有》,载《法商研究(中南政法学院学报)》2000年第3期。
[2] 参见刘明祥:《财产罪比较研究》,中国政法大学出版社2001年版,第58页。

过于模糊。如山口厚教授所言,对于能够肯定存在占有的"死后的短时间"的范围,判例的态度不尽一致。例如,同样是将被害人杀死在其所居住的房间内,然后拿走其财物的案件,在杀死被害人5到10天之后再拿走财物的,判例否定存在占有(新泻地判昭和60年7月2日刑月17卷7=8号663页),在杀死被害人9个小时之后再拿走财物的,也有判例否定存在占有(东京地判昭和37年12月3日判时322号33页);但与此相反,在杀死被害人4天之后再拿走财物的,却有判例肯定存在占有(东京高判昭和39年6月8日高刑集17卷5号446页)。由此可见,何时能肯定存在占有,何时又不能肯定存在占有,其界限未必明确。[1]

"继承人占有说"遭受的最大诟病是混淆了刑法上的占有和民法上的占有的界限,忽视了刑法上的占有所要求的对财物的现实支配、控制,用佐伯仁志教授的话讲,"继承人在完全不知情的情况下就已经取得了占有,这样也未免太过于观念化。"[2] 因为在被害人死亡的场合下,除非继承人在现场,否则不可能对死者的财物形成现实的支配,也很难说有占有意思的存在。

"死者生前占有延续说"的问题是:突破了刑法关于占有的成立条件的限制。尽管论者再三强调这种情况的特殊性,并且作了较为严格的适用范围的限定,但是这种软化占有概念的主张仍然值得怀疑。

至于两分说则是一种回避问题的观点,其主张和上述"侵占罪说"并没有实质区别。

另外需要关注的问题是:死者所在的场所,对于认定取得财物的行为是否有影响?比如,在死者的住宅内杀死被害人而后取走财物,与在渺无人迹的野外杀死被害人而后取走财物的行为在性质上有无差别?[3] 有一种两分说的观点就是以此为依据。刘明祥教授就认

---

[1] 参见[日]山口厚:《刑法各论(第2版)》,王昭武译,中国人民大学出版社2011年版,第211页。

[2] [日]佐伯仁志、[日]道垣内弘人:《刑法与民法的对话》,于改之、张小宁译,北京大学出版社2012年版,第200页。

[3] 这个问题在无关第三人取走死者财物的场合同样存在。

为,在继承人已占有死者生前所持财物的情况下,拿走该财物当然可能构成盗窃罪。例如,在被害人家中将其杀害后,产生了取得其所戴金银首饰的意图,并当场拿走了该财物。由于死者与其继承人同住一室,死者所在的位置是家中,其生前所持财物应视为在继承人的占有之下,行为人拿走该财物,实质上是侵害了继承人对该财物的占有。但是,从刑法学上来论,占有只限于事实上对财物的支配或控制,因此,继承人并非在所有情况下,都自然占有死者(被继承人)的财物。比如,被害人在荒郊野外被杀害,其随身所持物品在其死后虽然已归继承人所有,但却不在继承人的占有之下(属于脱离占有物),所以,拿走这种财物不可能构成盗窃罪。[1] 但从行为人的角度来看,死者所处的位置与取财行为的性质并无实质关联,取财行为对被害人法益的侵害也没有不同,为什么作出不同的法律评价,缺乏理由。

至此,问题已经比较清楚了,学者之所以在死者的占有问题上多有分歧,关键在于对占有概念的传统界定在解释该问题上的捉襟见肘;如果恪守传统的占有概念,则只能得出无罪的结论,或者必须对刑法分则条文作扩张解释。如果要使解释结论符合司法实务与日常生活见解,则必须对占有概念进行某种程度的改造。但是无论哪种方式,就目前来看都是不完满的,因此,问题的关键是如何理解占有这个最为根本的概念。

三、分析:继承人占有说的提倡

如果我们不纠缠于占有的物理特性,而是以规范的眼光审视占有概念,那么,对于死者的占有并不难作出判断。

死者财物的继承人占有说所遭受到的最大批评是对占有的过分抽象化,因为在继承人不在死者死亡现场(这里主要讨论死亡发生在野外等不存在第三人对场所有实力控制的场合)的情形中,继承人既不可能对财物形成现实的支配,也无从谈起对财物的哪怕是概括意义上的占有意思。但是,如果根据排他性的支配观点,则也可以承认继

---

[1] 参见刘明祥:《财产罪比较研究》,中国政法大学出版社2001年版,第57页。

承人对于死者财物的占有。

在此情形之中,死者身上的财物不属于无主物和遗忘物,这是一般的社会观念所承认的,并且,无论是杀死被害人的行为人,还是无关第三人,都无法自然取得对死者财物的占有,其占有财物的行为必然是对他人财物的侵犯。只是在此情形下,财物的占有归属并不明确而已。这就为继承人占有说留下了空间。按照排他性的支配观点,在这种场合下,除继承人之外,没有其他人能够形成对财物的合法的实力控制或者具有控制的可能性,因此,继承人对财物的控制就具有排他性,此其一。其二,所谓支配,不仅包括现实的物理性支配,也包括社会观念所认可的对财物的支配可能性。而继承人同样满足这一要求。因为,《民法典》第1121条明确规定,继承自被继承人死亡时开始。这项规定可以成为判断刑法上的占有能否成立的参照物。在死者占有的场合,尽管继承人对死者的财物没有任何可见的支配力,但死亡这一事实的存在就成为从一般社会观念上肯认继承人占有死者财物的事实依据。

至于学者们批评的,承认继承人占有说将导致占有概念的空洞化、观念化,我们认为,首先,占有原本就是一个规范意味很浓厚的概念,可以说离开规范评价,事实上的支配根本不存在。过分偏执于事实上的支配只能使刑法上的占有因为过分偏离社会共识而成为僵化的术语,失去使用价值。其次,对于占有的判定,尽管加入了规范因素,但我们仍然恪守主客观两方面的要素判断。并且,关于财物支配的社会一般观念具有较高程度的一致性,也可以避免在占有判断上的恣意性。

这里,我们还要明确两个细节:第一,行为人的身份对于侵犯死者占有的行为认定有无影响?即杀人者取走死者的财物与无关第三人取走死者的财物在性质上有无不同?第二,死者所处的环境对于侵犯死者占有的行为认定有无影响?即死者死在渺无人迹的荒郊和死在自己家中,行为人拿走其财物的,性质有无不同?

对于第一个问题,答案是否定的。虽然从学说的论证思路来看,行为人的身份的确对认定侵犯死者占有的行为有影响,但从被害人的角度来看,无论是杀人者还是无关第三人取走财物的行为,对被害人(即继承人)造成的财产损害是一样。从民法的角度来讲,被害人的权利救济也不因加害人的身份不同而在法律保护上有差别。之所以要区分行为人的身份,主要是为维系事实性的占有概念寻找客观素材。整体考察说和死者生前占有延续说就是这种思路,只有将行为人的身份纳入占有的考量,才能为死者在事实上支配财物寻找到客观依据。但这种思路的逻辑结论恰恰又更为彻底地放弃了从事实意义上理解占有概念的初衷。并且,这种立场必然使得根据行为人的身份对于同样的取得死者财物的行为认定作出不同的法律评价。其合理性值得怀疑。

对于第二个问题,答案也是否定的,区分死亡场合对判断侵犯死者财物行为的定性不发生影响。反之,如果区分这两种情形,将有解释不通的地方。如果死亡发生在死者家中,没有人会否认,此时无论是杀人者还是无关第三人进入房间取走财物的行为都成立盗窃罪。但如果我们进一步追问,此时行为人侵犯的是谁对财物的占有,恐怕任何一个理论都无法作出妥当的解释。于是,有学者认为,在这种情况下,可以认可继承人对财物的支配,理由是继承人此时可以实现对住宅这一场所的现实支配。[1] 但这个结论经不起推敲。继承人不在住宅中,如何实现对场所的现实支配?同时其支配的意思又从何谈起?学者对此没有作进一步论证。其潜在的逻辑应当是,由于不动产的特殊性,在占有的判断上,物理控制的因素可以弱化,有合法的权利,就可以肯定存在事实上的支配。进而,就可以以对不动产存在排他性的空间支配为理由,承认对不动产中的动产也存在占有。但这种认识在占有的理解上,观念化的程度更深。既然如此,何以不能承认继承人对于死于野外的死者身上财物的占有呢?我们还可以设想一种极端的情形:甲在乙的居所内杀死乙之后当场取走财物,和将乙移至渺无人迹的野外之后再取走其财物的行为有无不同?如果认为

---

[1] 参见周光权、李志强:《刑法上的财产占有概念》,载《法律科学(西北政法学院学报)》2003年第2期。

一样,则上述理论难以自圆其说;如果认为不一样,恐怕也难提出有说服力的理由。

此外,我们还要关注占有交替的场合。理论上一般认为,如果死亡发生在第三人实力支配的场所(比如旅馆客房),则死者的财物在其死亡时已经归于第三人的占有之下,行为人取走财物的行为其实是侵犯了该特定第三人的占有。按照排他性支配的观点,对此也能很好地加以说明。死者生前与旅馆管理人同时对其财物有现实的支配,只是死者作为权利人,排除了旅馆管理人对财物成立占有,并且,从物理意义上讲,权利人的支配比管理人的场所支配更为直接。当死者死亡时,其丧失了对财物的占有,此时,继承人基于继承权利取得对财物的占有,而旅馆管理人基于对客房的整体支配取得了对财物的现实支配,此时旅馆管理人的占有排斥继承人的占有,因为管理人对财物的现实支配力显然要大于继承人。

继承人占有说可能面临和死者占有说同样的批评,即行为人即便是在掩埋尸体一两年后又挖出尸体取走金银首饰的,也同样成立盗窃罪。[1] 因为这仍然侵犯了继承人对财物的占有。对此,我们认为,《民法典》并未对遗产分割的时限进行规定,从理论上讲,继承人未放弃继承遗产、亦未进行遗产分割的,遗产仍处于各继承人共有的状态,并非无主物或抛弃物,因此,行为人取走财物的行为,仍然是对"他人"财物的侵犯,评价为盗窃罪并无不当。

第三节 存款的占有

银行存款不是物而是债权,存款者对于银行而言仅仅享有债权而已。[2] 但是,刑法上的占有系指人对财物事实上的控制、支配状态。[3] 因此,问题就此出现了:作为债权的存款如何能够成为占有的

---

[1] 参见刘明祥:《财产罪比较研究》,中国政法大学出版社 2001 年版,第 58 页。
[2] 参见[日]山口厚:《从新判例看刑法(第 2 版)》,付立庆、刘隽译,中国人民大学出版社 2009 年版,第 227 页。
[3] 参见刘明祥:《财产罪比较研究》,中国政法大学出版社 2001 年版,第 40 页。

对象?

在学说上,关于存款的占有归属历来有存款名义人占有说与银行占有说之间的分歧。银行占有说认为,储户通过在银行开设账户,即与银行之间成立了特定款项的存兑关系。储户可以持存单自由支取存款。不过,上述的存兑以支取行为符合银行规定条件为前提,银行对存款的增减、存兑起决定性的作用。简言之,存款之上的决定性控制支配力归属于银行,不仅如此,储户对其账户内的存款也并无法律上的控制支配力,故存款的占有属于银行而非储户。依据银行占有说,行为人将他人错误划入其账户内的钱款取出的,侵犯了银行对存款的占有,成立盗窃罪。同理,由于银行工作人员的失误或者银行系统出错导致储户账户上显示超额的存款,行为人将其取出据为己有的,也构成盗窃罪。大谷实教授即主张此说。他认为,存款的名义人履行一定手续的话,是可以将存款取回的,因此,在法律上看来似乎具有支配力量。但是,邮局或者银行不是只要履行手续就自动地准许取款,而必须是在确认取款人是真正的权利人之后才准许取款,因此,存款的事实上、法律上的支配效力还是在邮局、银行手中。[1]

存款名义人占有说的前提是侵占罪中的占有概念在内涵上要广于盗窃罪中的占有,不仅包括事实上的支配,还包括法律上的支配。[2] 在涉及银行存款的场合中,存款人由于拥有对银行的存款债权,因而从法律上支配了与债权等额的现金,进而取得了对该现金的占有。于是,对存款占有的判断,就取决于行为人对存款是否享有正当的取款权限。[3] 正如山口厚教授所言,"'存款的占有'不是由取款可能性而对存款事实上的支配而奠定其基础的","为了肯定对'存款的占有'并不要求存款者有能够支配存款的事实上可能性,有必要

---

[1] 参见[日]大谷实:《刑法讲义各论(新版第2版)》,黎宏译,中国人民大学出版社2008年版,第271页。

[2] 参见[日]西田典之:《日本刑法各论(第三版)》,刘明祥、王昭武译,中国人民大学出版社2007年版,第176页。

[3] 参见李强:《日本刑法中的"存款的占有":现状、借鉴与启示》,载《清华法学》2010年第4期。

认定的是存款者具有正当的取款权限"[1]。从外观上看,这种认识是能够成立的。黎宏教授也认为,"因为,存款者和银行之间所形成的、请求银行返还和存款额度相同的现金的权利即存款债权和一般的债权相比,履行的可能性极高,存款者将银行作为金库的代用品进行利用,任何时候都能拿出钱来,对存款的自由处分也很容易。"[2]

从学说的分歧可以看出,学者虽然承认存款的债权属性,但在占有问题上,却千方百计地要将存款的占有转变成为对与存款等额的现金的占有。也正因为如此,无论是存款名义人占有说还是银行占有说都有解释上的牵强之处。并且从其内在逻辑来判断也偏离了其所主张的传统意义上的占有概念(即主体对有体物的事实上的支配)。[3] 于是,张明楷教授明确提出了区别说的主张。他认为,"存款"具有不同含义:其一是指存款人对银行享有的债权,其二是存款债权所指向的现金。不管是从事实上还是从法律上,存款人都占有了债权,因此,利用技术手段将他人存款债权转移到行为人的存折中,当然成立对债权的盗窃罪。至于存款债权所指向的现金,则由银行管理者占有,而不是由存款人占有。[4] 对于这个基本立场,本书表示赞同,但仍然需要对具体问题展开论述。

一、存款的性质

存款现金是物,这毫无疑问。存款债权则属于债权,我们要讨论的问题是这种债权的特性为何,发生依据为何。

从民法上讲,债权是请求权。请求权是指依据权利的内容,权利人得请求相对人为一定行为或不为一定行为的权利。请求权的权利人之利益必须借助义务人履行义务的行为间接实现。债权为请求

---

[1] [日]山口厚:《从新判例看刑法(第2版)》,付立庆、刘隽译,中国人民大学出版社2009年版,第228页。
[2] 黎宏:《论存款的占有》,载《人民检察》2008年第15期。
[3] 关于双方观点的缺陷,请参见本书第三章的内容。
[4] 参见张明楷:《刑法学》(第四版),法律出版社2011年版,第876页。

权,即债权人有权请求债务人为特定行为以满足自己的特定利益需要。[1] 落实到存款债权的场合,即指存款人有权向银行提出支付请求,要求银行按照存款债权的约定支付特定金额的现金或者提供其他服务(如转账)。因此,存款债权就具有了财产权的特征,属于财产性利益。[2]

存款债权的发生根据是存款人和银行之间缔结的存款合同。关于存款合同的性质,民法理论普遍将其定义为消费寄托合同。[3] 所谓消费寄托,亦称不规则寄托,是指受寄人(即银行)取得寄托物之所有权,而唯负有以种类、数量、品质相同之物返还义务之寄托。[4] 据此,当存款人与银行就特定金额的金钱达成存款合同之时,金钱的所有权转移给银行,存款人取得对银行的债权,即存款人可以在合同约定的期限内,随时向银行提出支付请求。消费寄托合同的另外一个特征是:当受寄人破产时,消费寄托的寄托物应属于破产财产,而在通常寄托中,寄托人有取回权。[5] 具体在存款合同的场合,由于存款债权不具有优先受偿权,一旦银行破产,其所占有的资产(包括存款现金)均属破产财产,应纳入破产清算程序,在支付破产清算费用和具有优先受偿权的债务以及缴纳税款和支付职员工资之后,以剩余资产偿还一般债务。这也意味着,存款人并不必然能够实现存款债权,所谓通过享有存款债权而占有等额现金的理论拟制难以成立。

在搞清楚了两种意义上的存款的性质之后,我们才能继续展开对存款占有的理论探讨。

---

[1] 参见王全弟主编:《债法》,复旦大学出版社 2010 年版,第 6 页。
[2] 一般认为,财产性利益是指财物以外的有财产价值的利益。这种利益既可能是永久的利益,也可能是一时的利益;既可能是积极利益,也可能是消极利益。积极利益是指取得权利之类的含有积极增加财产意义的利益;消极利益是指免除债务之类的不消极减少财产而产生的利益。参见刘明祥:《财产罪比较研究》,中国政法大学出版社 2001 年版,第 38 页。
[3] 参见王全弟主编:《债法》,复旦大学出版社 2010 年版,第 291 页。
[4] 参见史尚宽:《债法各论》,中国政法大学出版社 2000 年版,第 535 页。
[5] 参见史尚宽:《债法各论》,中国政法大学出版社 2000 年版,第 537 页。

二、存款占有的本体

存款现金既然属于物的范畴,则对其占有的界定不存在理论上的异见。存款现金的占有毫无疑问归属于银行。有问题的是存款债权,这是需要仔细分析的。

(一)存款债权占有的内容

既然存款债权能够成为占有的对象,那么在正常情况下,这个占有自然属于存款名义人。但是,这种对债权占有的内容是什么?换句话说,对于无形的权利,所谓事实上的控制、支配如何认定?

在民法上,通常也承认对于某些权利可以形成准占有,这其中就包括债权。[1] 根据民法理论,"财产权不因物之占有而成立者,行使其财产权之人为准占有人。行使其财产权谓之准占有。占有和准占有的区别在于其标的不同,占有为有体物之支配,准占有在于不包含物之支配之财产权之支配,即事实上之行使。德国学者以前者为物之占有(Sachbesitz),后者为权利占有(Rechtsbesitz)"。[2]

在存款占有的场合,占有的内容应当是债权人对存款支付请求权的事实支配。详言之,即行为人能够按照自己的意愿向银行提出现金支付的请求,银行不得拒绝该请求。同时,考虑到刑法上的占有具有排他性,债权人行使权利可以阻止其他人向银行提出同样的请求(或者银行有理由拒绝该请求)。从这个意义上讲,凡是能够排他性地向银行主张存款债权者,均为存款债权的准占有人。正如我国台湾地区学者史尚宽所言:"受领人系债权准占有者,以债务人不知其非债权人者为限,有清偿之效力。债权准占有人虽非债权人,然以为自己之意思,事实上行使债权,依社会一般之交易观念,有足以认其为真实债权人之外观,故使善意为清偿者有清偿之效力,以免蒙受应为二重清偿之不利益,与其交易之安全。纵令以伪造证书冒称债权人,亦无

---

[1] 参见王泽鉴:《民法物权 2——用益物权·占有》,中国政法大学出版社 2001 年版,第 385 页。
[2] 史尚宽:《物权法论》,中国政法大学出版社 2000 年版,第 604—605 页。

妨碍。"[1]

(二)存款债权占有的归属

在此基础上,我们可以说,判断存款占有的归属,最为关键的要素乃是判断谁有排他性地向银行主张支付请求权的权利。

> 例4-2:汪某因找不到身份证,即用其外甥孙某(孙某于5年前到汪某经营的某冰品有限公司上班)的身份证以孙某的名义在河南省洛阳市某银行分理处存入现金16万元,办理了两张定期为一年的存单,每张为8万元。后孙某提出要离开该冰品有限公司,汪某一次性付给孙某5万元工资(该5万元为存单)并退还所保存孙某的身份证。随后一个月内,孙某到洛阳市某银行分理处谎称本人存单遗失骗取银行工作人员的信任,用自己的身份证将汪某所存16万元存单挂失,几天后孙某将该笔存款转存,转存次日全部取出占为己有。[2]

在这个案子中,当汪某同时占有存单和孙某的身份证时,他占有了银行债权(虽然,从法律上讲,他是作为孙某的存款委托人向银行主张这一债权的)。并且,这种占有符合排他性的要求,因为孙某不可能通过其他途径实现名义上的存款债权。但是,当汪某退还孙某的身份证后,孙某同时也就取得了对存款债权的占有,并且这时的占有完全可以排除汪某对存款的支配。因为,孙某随时可以通过使用身份证而使汪某持有的存单无效;反过来,汪某则不能凭借存单来否定孙某的存款债权。因此,孙某在银行取款的行为是正当的,当其将存款转存并取现之后,该存款债权就归于消灭。此时,汪某对孙某只有不当得利返还请求权。换句话说,孙某通过存单合法地占有了汪某的财产,只是他通过挂失的手段,将合法占有变为非法所有,因而成立侵占罪。

因此,判断存款债权占有的归属,应注意两点:第一,谁有权向银

---

[1] 史尚宽:《债法总论》,中国政法大学出版社2000年版,第772页。
[2] 参见卫宏战:《占有他人以自己名义存入的存款如何定性》,载《检察日报》2008年10月8日,第3版。

行主张支付请求;第二,在多个支付请求中,谁的请求权具有排他性。

从上文的表述我们发现,在权利占有的场合,权利凭证的移转与权利的移转并不必然重合,这里就涉及一个权利移转的问题。就存款占有而言,这个问题不仅与存款的占有归属紧密相关,而且与犯罪既遂的判断难以分割。以非法手段侵夺存款人对存款债权的占有,可以分为两种情形:一种是合法的存款债权人被迫"自主"转移债权的占有,比如,行为人以暴力、胁迫或欺骗的方式迫使债权人将银行存款转入行为人的银行账户。[1] 此时,随着合法存款人转账行为的完成,行为人就取得了存款债权,并且这种占有具有排他性。因为从民法上讲,合法存款人的转账行为,相当于债权的行使。而准占有因权利行使的事实而归于消灭。同时债权也因权利的行使而终结。

第二种情形是行为人在合法的存款债权人不知情的情况下,以己之力取得存款债权的占有。比如,行为人偶然捡拾(或窃取)存款人的债权凭证,而后向银行提出支付请求。如前文所述,行为人占有债权凭证,并未同时占有债权,原因是合法的存款债权人仍然可以通过其他途径行使债权。因此,在此情形下,行为人只有排除了原债权人行使权利的可能性时,才算取得了存款债权的占有(换言之,存款债权的占有才发生转移)。那么这个时点在于何处呢?

依本书的观点,当行为人向银行提出债权请求,并且银行履行债务时,行为人才排他性地占有了他人的债权。这样认定的道理在于:行为人向银行提出支付请求等同于行使债权,债权作为财产权,因行使而归于消灭。债权消灭意味着因债权而成立的准占有失去了存在的根据,如果行为人取得存款现金,则以对现金的占有取代了原债权人对存款债权的占有;如果行为人将存款转入自己或第三人的账户,则以新的存款债权取代了原债权人对存款债权的占有。[2] 换句

---

[1] 至于行为人以暴力等方式迫使债权人取出现金再转移占有的,仅涉及作为现金的有体物占有的转移,与权利占有的转移无关。

[2] 如果承认存款债权与存款现金有区别,则这种情况下,占有的转移似乎难以对应。对此,本书的解释是,行为人取现的行为具有双重意义:第一,实现存款债权准占有的转移;第二,在准占有转移的同时,行使了存款债权的内容。这样,就可以化解这个逻辑矛盾。

话说,当银行依照行为人的要求履行完毕债务时,行为人才排他性地取得了对存款债权的占有。[1] 因为原债权人已然永久地丧失了存款债权,其不可能向银行主张其履债行为无效。根据《储蓄管理条例》第31条第2款的规定,"受理挂失前该储蓄存款已被他人支取的,储蓄机构不负赔偿责任"。

另外必须说明的一个问题是,在侵犯存款占有的场合,我们一定要确定行为人所侵犯的对象是存款债权还是存款现金,否则就容易出现定性错误。最典型的例子就是许霆案与何鹏案。[2] 这两起案件都是由于银行的网络系统出现错误,使得行为人能够提取超出其账户余额的现金。二者的差别在于:在何鹏案中,何鹏在取款之前,账户里显示有百万元巨款,并不是判决认定的只有10元;而许霆在取款前其账户内却只有170多元。两起案件的判决均认为成立盗窃罪。但根据本书的观点,何鹏的行为将不成立盗窃罪。

在许霆案中,许霆的账户内只有170余元,这就意味着他的银行债权只有170余元。许霆利用银行网络系统的错误,在ATM机上取款,侵犯了银行对现金的占有,构成盗窃罪自然无疑问。而何鹏则不然,由于银行系统误差,他的账户内有了数百万元的存款,这就意味着他取得了数百万元的存款债权。在银行能够证明这笔款额的确不属于何鹏所有之前,无论他是在ATM机上取款,还是向银行柜员主张债权,银行都没有理由拒付。此时,他并没有侵犯银行对现金的占有,因此,只能成立侵占罪。

三、理论的具体应用

在实践中,存款的占有经常在以下两种场合被讨论:错误汇款与委托保管金钱。本书理论的妥当性也将通过对这两种情形的解读来表现。

---

[1] 这里需要说明的一点是:若行为人在银行营业窗口处行使"权利",则柜员业务操作行为的完成视为银行债务履行完毕;若行为人在ATM机上行使"权利",则以计算机操作程序的完成视为银行债务履行完毕。
[2] 关于这两起案件的具体细节,参见黎宏:《论存款的占有》,载《人民检察》2008年第15期。

(一)错误汇款

由于汇款人的错误操作,使得收款人账户的存款余额增加,对于收款人取走错误汇款的行为如何认定?

日本学者在这个问题上有两种观点:否定说与肯定说。否定说认为收款人与汇款人之间没有委托关系,其并不拥有正当的取款权限,也未占有与存款等额的现金(在日本,学者不承认对存款债权的占有,而是在判断取款人对存款有正当取款权限的基础上,承认其对等额存款现金的占有)。故而取款的行为构成盗窃罪(利用现金卡在ATM机上取款的)或诈骗罪(在银行营业窗口取款的)。[1] 然而平成8年(1996年),日本最高裁判所在一项民事判决中,认可了收款人对错误汇款的取款权限。这起民事案件是汇款委托人在向错误的汇款对象账户中汇入金钱后,由于收款人的债权人冻结了存款债权,汇款委托人提起了第三人异议的诉讼案件。对于该案件,判决肯定了收款人具有对银行的存款债权,即无论"汇款委托人与收款人之间是否存在成为汇款原因的法律关系,收款人与银行之间的普通存款合同是成立的,收款人对银行取得相当于上述金额的普通存款债权,这一认定是正当的"。因此,判决认为"汇款委托人仅仅对收款人有相当于上述金额的不当得利返还请求权,而没有阻止上述存款债权让与的权利"[2]。

这个判决直接颠覆了否定说的立论根基,为了坚持否定说的立场,学者们选择了新的论证思路:在该场合下,收款人的行为成立不作为的诈骗罪。一方面承认收款人的合法取款权限,另一方面,又否定收款人对与存款等额的金钱的占有。

日本最高裁判所在平成15年(2003年)的一项刑事判决中表明了这一立场。该案情大致如下:B本欲向A所指定的账户汇入A应得的顾问费,但由于A的妻子误将被告人甲的普通存款账户当作A

---

[1] 参见李强:《日本刑法中的"存款的占有":现状、借鉴与启示》,载《清华法学》2010年第4期。
[2] 参见〔日〕山口厚:《从新判例看刑法(第2版)》,付立庆、刘隽译,中国人民大学出版社2009年版,第223页。

的账户通知给了 B,B 将总计 75 万余日元的金钱汇入了甲的账户。甲通过存折的记载发现了来自 B 的错误汇款,但其想以该款项来偿还自己的债务,就对银行营业窗口的职员隐瞒了错误汇款的事实,就存款账户中的 92 万余日元的金额,提出了 88 万日元的支付请求,并最终受领了该支付。[1]

判决的逻辑是:虽然收款人取得了存款债权,但是,一方面,从银行的角度来看,判断被请求支付的存款是否为错误汇款,对决定是否支付款项而言,是一项重要的事实。这对于维持安全的汇款制度,避免银行卷入汇款人与收款人之间的纷争,防止汇款人与收款人等关系人之间发生无用纠纷,都是有益的和必要的。即在此,银行有值得保护的财产利益。另一方面,从收款人的立场来看,根据诚信原则以及社会生活上的道理,收款人有告知银行错误汇款事实的义务。基于这两点理由,"知道了错误汇款事实的收款人,隐瞒该信息请求取得汇款,该当于诈骗罪中的欺骗行为,此外,应该认为关于有无误汇的错误该当于诈骗罪中的错误,因此,收款人从陷入错误的银行窗口职员那里取出存款的场合,成立诈骗罪"。[2]

相反,肯定说认为,既然收款人拥有合法的取款权限,那就可以认为收款人占有着与存款等额的金钱。其取款行为没有侵犯银行对现金的占有,而只是侵犯了汇款人的现金。在此,由于错误汇款而产生的与存款等额的金钱,就与被错误投递的邮件一样,可被视为脱离占有之物,从而,收款人的行为构成脱离占有物侵占罪。

否定说和肯定说均有各自的道理,但也有无法解释的理论缺陷。

否定说的两个理由其实很难站住脚。首先,银行的业务特性决定了只要经过形式审查,认可取款人的取款权限,银行就应当"一声不吭地对待取款"[3],而没有必要对存款的真实来源进行实质审查。银行

---

[1] 参见李强:《日本刑法中的"存款的占有":现状、借鉴与启示》,载《清华法学》2010 年第 4 期。
[2] [日]山口厚:《从新判例看刑法(第 2 版)》,付立庆、刘隽译,中国人民大学出版社 2009 年版,第 227 页。
[3] 参见[日]山口厚:《从新判例看刑法(第 2 版)》,付立庆、刘隽译,中国人民大学出版社 2009 年版,第 231 页。

也不会因此陷入汇款人与收款人的纠纷当中。我国《储蓄管理条例》第 31 条的规定就表明了这一点。因此，这里并不存在值得保护的财产利益。其次，认定收款人具有告知义务也没有道理。因为，收款人在此情形下，已然取得合法的存款债权，银行无法拒绝其支付请求，即银行无法左右是否同意错误汇款场合下的取款请求，这样，错误汇款的事实不再重要。这从根本上就否定了收款人的告知义务。[1] 何况，将告知义务诉诸诚信原则，也不是没有问题。[2] 更重要的是，将民法上认可的行使存款债权的行为，在刑法上认定为犯罪，会割裂民法与刑法的关系，恐怕是不妥当的。

肯定说最大的缺陷在于，在错误汇款的场合下，很难说存在作为脱离占有物侵占罪对象的"他人的财物"（这个问题在我国刑法规定的侵占罪当中同样存在）。从民法上讲，收款人取得合法的存款债权，同时取得了存款现金的占有，汇款人此时只享有债权性质的不当得利返还请求权，而这一权利无法对抗收款人的存款债权。这样，收款人取走汇款的行为，不过是在支配自己的财物，该行为不符合脱离占有物侵占罪的构成要件。

我们认为，错误汇款之所以在日本会成为一个胶着的理论问题，与日本的立法和理论的特点有关。日本学界和实务中均不承认财产性利益能够成为占有的对象，因此，在讨论存款的占有时，一方面，将存款准确地定性为债权，另一方面，又不得不将对存款的占有定义为对与债权等额的现金的占有，这种人为的"扭合"是造成理论困境的根源。而按照本书的立场，错误汇款的情形可以比较好地得到解释。

当汇款人由于错误，将存款汇入收款人的账户时，其丧失了对该笔存款债权的占有，相应地，收款人取得了该存款债权。此时的存款债权相当于"遗忘物"而被收款人事实上支配了。这里，侵占罪所要求

---

[1] 参见［日］山口厚：《从新判例看刑法（第 2 版）》，付立庆、刘隽译，中国人民大学出版社 2009 年版，第 232 页。
[2] 参见李强：《日本刑法中的"存款的占有"：现状、借鉴与启示》，载《清华法学》2010 年第 4 期。

的"他人的财物"并非存款债权所指向的存款现金,而是存款债权本身。收款人取现的行为从根本上消灭了该笔存款债权,表明收款人有"拒不交出"他人财物的意思和事实,因此符合侵占罪的构成要件,可以认定为侵占罪。

(二)委托保管金钱

委托保管金钱还可以分为两种情形:第一,以存入自己名义账户的方式保管被委托的金钱。比如,日本最高裁判所于1912年曾判决过一起案件。在该案中,村长将由自己保管的该村所有的现金存入自己的银行账户,后又出于自己利用的目的而提取该款项。[1]

在此情形下,受托人以自己利用的目的,占有被委托的金钱,在日本,主流学说认为成立委托物侵占罪。少数学者认为只成立背任罪。[2]

在这里,存款的占有之所以成为问题,是因为,只有承认受托人作为名义上的存款人而占有了该存款所指向的现金,其取现的行为才可能成立委托物侵占罪。否则,存款现金为银行占有,行为人处分存款的行为只成立背任罪,这与受托人持有现金并以自己利用的目的处分现金的行为成立委托物侵占罪的结论大相径庭。可对于委托人而言,受托人不论以持有现金的方式,还是以个人名义存款的方式来保管被委托的金钱,意义没有不同,仅因为受托人保管金钱的方式不同而异其刑法评价并不合理。

对此,反对的观点认为,基于存款而认可对等额现金的占有,不仅扩张了占有的概念,也扩张了物的概念。[3] 因为肯定存款占有说的实质有将存款债权物化的倾向。另外,这里是否存在"他人的财物"也有疑问。银行与存款人(受托人)之间订立存款合同属于消

---

[1] 参见[日]西田典之:《日本刑法各论(第三版)》,中国人民大学出版社2007年版,第177页。
[2] 这是日本刑法中的罪名,根据《日本刑法典》第247条,背任罪是指为他人处理事务的人,以谋求自己或者第三者的利益或者损害委托人的利益为目的,实施违背其任务的行为,给委托人造成财产上的损害的行为。我国刑法无此规定。
[3] 参见[日]西田典之:《日本刑法各论(第三版)》,中国人民大学出版社2007年版,第177页。

费寄托契约,据此,银行取得金钱的所有权,而存款人则在基于债权取出相应数额金钱时,取得对该金钱的所有权。并且,根据民法原理,金钱的占有和所有是同一的,因此存款人同时取得金钱的占有和所有权,在此并无所谓的"他人的财物"。对此,肯定说的反驳是,民法和刑法的制度功能有区别,民法看重金钱作为支付手段的流通性和可替代性,从而注重保护动态的交易安全。刑法注重保护财产的法秩序以及财产的静态安全,即使金钱这样可替代性很高的物,基于委托人的委托意图,也不允许受托人自由处分。因此,在这类情形中,金钱具有一定的特定性,可以认为金钱的所有权仍属委托人,即便在受托人以自己名义将现金存入银行账户的场合中,其也会因为委托人的意思而不能自由处分被委托的金钱。[1]

问题的关键不在于存款的占有,而在于对"他人的财物"如何判断。值得讨论的是,当委托人将金钱交由受托人保管时,受托人是否同时取得了金钱的所有权。根据民法中"金钱的占有即所有"的原理,受托人接受金钱之时,同时取得金钱的占有和所有权,其之后基于为自己利用的目的,处分金钱的行为,并没有侵犯委托人的财产利益,委托人此时只享有作为债权的不当得利返还请求权。但在传统的占有理论中,财产性利益不属于占有的对象。因而为了周延对委托人财产权益的刑法保护,学说上才进行理论拟制,以刑法的特殊保护目的为由,割裂金钱的占有与所有的同一性。而如果依照本书的观点,债权也能成为占有的对象,受托人处分受托金钱的行为并没有侵犯作为物的金钱的占有,而是侵犯了委托人对债权的占有,成立侵占罪当属无疑。至于受托人以何种方式处分保管的金钱(无论是持有现金还是存入账户),对行为的性质均无影响。所以,在存款的占有这个命题下讨论此类情况并不恰当。

第二种情形是行为人拥有处分他人名义存款的权限和地位,比如行为人拥有签发支票的权限,或者行为人持有存款人的存折、印鉴或

---

[1] 参见李强:《日本刑法中的"存款的占有":现状、借鉴与启示》,载《清华法学》2010年第4期。

者现金卡,并被授予处分权限。在这种场合下,按照日本学界的主流观点,虽然存款债权属于委托人,但由于委托人的委托,受托人获得了对存款债权的全部或者部分处分权,因此,可以说受托人是通过对他人名义存款债权的支配,实现了对相应数额金钱的支配。[1] 受托人如果将被委托的存款据为己有的,成立委托物侵占罪。如果超出被委托的额度取款的,成立盗窃罪。对此,本书的结论与之相同,但理由不同。受托人此时占有的不是存款债权所指向的现金,而是存款债权本身。受托人以取现或转账的方式将被委托的存款据为己有的,成立针对存款债权的委托物侵占罪,如果超出被委托的额度取款或转账的,成立针对存款债权的盗窃罪。

由此,我们可以发现,本书所主张的观点与日本学者主张的存款的名义人占有说其实非常接近。只是因为本书明确地区分了存款债权的占有和存款现金的占有,在具体问题的解释上就避免了存款名义人占有说的许多漏洞,同时保持了逻辑上的一致性。更重要的是,本书的观点能够更好、更彻底地坚持"法秩序统一原则"。

---

[1] 参见李强:《日本刑法中的"存款的占有":现状、借鉴与启示》,载《清华法学》2010年第4期。

第五章
解释论下的占有概念

在我们完成了对占有概念的塑造之后，紧接着就必须将概念适用于对财产犯罪的解释。在实践当中，关于财产犯罪存在争议的主要有两个问题：一是财产犯罪的既遂标准，这个问题在国内外的刑法理论上历来争论不休。争论的原因既是财物存在形态的多样性这一事实，使得寻找一项一以贯之的标准变得相当困难，也是各种学说背后所依据的理念也并不一致。[1] 二是财产犯罪的数额认定，这是中国刑法特有的问题，因为我国刑法关于财产犯罪的法条描述，几乎无一例外地都包含有定量因素（即数额）。财物在流通过程中交易价格的变化，使得财物的价值定性事实上并不容易。比如，财物本身价值与其交易价格之间就可能存在差异（价值1000元的物品，既可能以2000元的价格售出，也可能只售出500元），我们应当按照何种价格作为数额认定的基准？这背后不能不有充足的理由，但较少有理论对此展开论证。本书想借占有这个财产犯罪的核心概念，为解决以上问题探索一条路径。

---

[1] 以我国刑法中失控说与控制说的对立为例，我们会发现，持失控说的学者多从被害人的角度出发，倾向于借助法益侵害说来支持自己的主张；相反，持控制说的学者则多从行为人的角度出发，往往借助规范违反说来作为立论基础。当然，这是立论的旁观者经过观察得出的结论，只怕持不同立场的学者未必本身有此意识。

第一节 财产犯罪的既遂标准[1]

一、学说的梳理

(一)域外的学说

德国早期的刑法理论中,以盗窃罪为例,关于取得型财产犯罪的既遂时点,曾经存在四种观点:(1)接触说(Kontrektationstheorie),认为行为人若着手实施窃取行为,而已接触到其所欲窃取之物,则窃取行为即已既遂;(2)转移说(Ablationstheorie),认为他人之物因行为人的窃取行为而被转移离开现场的,窃取行为即为既遂;(3)隐藏说(Illationstheorie),认为行为人若已将其所窃取之物加以藏匿,则其窃取行为即为既遂;(4)取得说(Apprehensionstheorie),认为行为人已取得其所窃取之物时,窃取行为即为既遂。[2] 在日本,由于受德国刑法理论的影响,在学说上,关于财产犯罪的既遂标准,也存在这样四种主张。[3] 接触说、转移说和隐藏说虽然在一定程度上展现了窃取行为的既遂状态,但因各自存在偏差,并没有太多实用价值,后来逐渐被抛弃。如,接触说将行为人触摸他人之物作为既遂时点,没有考虑到行为人是否控制财物(或者被害人是否失去对财物的控制),等于将造成具体的法益侵害后果的危险作为结果来看待,除将既遂时点过于前置之外,还有篡改法定的犯罪构成要件之嫌。转移说的问题在于将犯罪现场作为判断既遂的唯一参照物,忽视了财物本身的形状、特征以及案发时的相关情形对既遂时点的影响。比如,在珠宝店盗窃钻戒的场

---

[1] 这里主要讨论取得型财产犯罪。因为,按照通常的见解,侵占罪中,行为人一经实施侵占行为,即使该行为还没有实施终了,也是本罪的既遂。换言之,侵占罪是即成犯,不存在未遂的可能。参见王玉珏:《刑法中的财产性质及财产控制关系研究》,法律出版社2009年版,第219页。

[2] 以上理论概括,参见林山田:《刑法各罪论(上)》(修订五版),北京大学出版社2012年版,第230页。

[3] 参见〔日〕大塚仁:《刑法概说(各论)(第三版)》,冯军译,中国人民大学出版社2003年版,第223页。

合,行为人虽已将钻戒装入口袋,但只要未出珠宝店,仍属未遂。而在行为人已将财物转移出现场的同时为被害人所发现,被害人随后追赶夺回财物的场合,尽管其间不存在时空上的断裂,但仍然成立既遂。隐藏说的问题在于人为添加了取得型财产犯罪的成立要件要素,并使得既遂在某些场合成为不可能。比如,行为人所窃之物体积庞大,不易藏匿,依此主张,恐难有既遂之论。

目前,德国和日本以及我国台湾地区的判例以及学说中,通行的主张是取得说。[1] 理由是,窃取行为的本质是对原占有关系的破坏和新占有关系的建立,因此,窃取行为的既遂与否,应依此加以判断。行为人只要破坏了原所有人或占有人与财物之间的占有关系,并已建立起新的占有关系,窃取行为即已完成。[2]

当然,由于占有概念本身的规范性特征,对破坏原占有关系与建立新占有关系的认定,并不十分确定,仍需要进一步说明。按照林山田教授的观点,行为人的窃取行为若业已使其本人或第三人取得对他人之物的事实持有支配关系,排斥他人对其所有物或持有物的支配管领权,使该他人对物的支配权或监督权根本无法行使,或行使有明显困难,至此阶段,即可谓新的持有支配关系业已建立,窃取行为至此行为阶段,即为既遂。[3]

同时,物的体积与重量,也足以影响盗窃既遂的判断。重量巨大、难以移动之物,要能达到足以导致支配权转移的地步,还必须有其他的措施。例如,以车辆或其他装备加以转运的,当行为人将他人之物装妥于运输工具之上时,方可认定为既遂。至于体积细小、重量轻微之物,只要行为人一经掌握,即可视为取得财物,例如将首饰、货币等物放入自己的口袋或手提包等,即可认为成立既遂。至于行为人是否尚在被害人的家中或尚处于被害人所能支配的空间,均不影响既遂的

---

[1] 参见吴正顺:《论窃盗罪之既遂时期》,载蔡墩铭主编:《刑法分则论文选辑》(下),五南图书出版公司1984年版,第657—658页;〔日〕山口厚:《刑法各论(第2版)》,王昭武译,中国人民大学出版社2011年版,第227页。
[2] 参见林山田:《刑法各罪论(上)》(修订五版),北京大学出版社2012年版,第230页。
[3] 参见林山田:《刑法各罪论(上)》(修订五版),北京大学出版社2012年版,第231页。

成立。[1]

另外,对于破坏原占有关系与建立新占有关系的认定,还必须结合社会日常生活经验,就案件的实际情况来加以判断。行为人已使他人之物的支配权发生转移,并确已掌握他人之物,即他人之物已在自己实力支配之下的,即为窃盗既遂。在我国台湾地区,曾有判例认为,"上诉人所窃之树木,既经砍伐倒地,不得谓非已移入自己实力支配之下,其窃盗行为即已完成,自难因其赃木尚未搬离现场,而谓为窃盗未遂。"[2]相反,他人之物的持有支配关系虽已遭破坏,但尚未进入行为人的实力支配下时,则为未遂。对此,我国台湾地区也有判例认为:"上诉人结伙窃鱼,将竹笼放置于他人鱼塘,固有鱼入笼,但未为上诉人或其他共犯提取,仍有逸出之可能,入笼之鱼即尚未移入行窃者自己支配之下,其行为应属未遂。"[3]

此外,行为人在取得对他人财物的支配力后,行为已然既遂,至于是否需要将财物拿到能够自由处分的安全位置或者将其置于能够永久并且安全地保持、利用该物的经济价值的状态、行为人在搬运该物过程中有无被逮捕、是否完全地脱离了警察的警戒网等,以及行为人是否继续占有所取得的财物或者按照预期利用财物的价值或者使其灭失、给所有人造成损害等,都不是既遂的考虑因素。[4]

---

[1] 林山田教授认为,行为人已将所窃衣物用布包裹,虽尚未离开现场,或正拟离去时,当场为被害人发觉,而加以扭获者,则成立窃盗既遂。或例如在装有电子警报系统的商店,或者超市或大卖场窃取商品,未经柜台结账,拟行离去之时,在出口处即被查获,因该物已在行为人实力支配之下,故成立窃盗既遂。参见林山田:《刑法各罪论(上)》(修订五版),北京大学出版社 2012 年版,第 231 页。不过,这个观点值得怀疑,因为在此场合中,还难以认为原占有人对财物的支配关系已经终结。这种认识至少表明,在取得说的立场下,对财物的占有的理解,并没有充分考虑"排他性"的因素。而这恰恰是认定既遂时最需要重视的因素。对此,后文将有论证。

[2] 参见 1960 年台上字第 939 号判例,引自林山田:《刑法各罪论(上)》(修订五版),北京大学出版社 2012 年版,第 231 页。

[3] 1963 年台上字第 1436 号判例,引自林山田:《刑法各罪论(上)》(修订五版),北京大学出版社 2012 年版,第 232 页。

[4] 参见〔日〕大塚仁:《刑法概说(各论)(第三版)》,冯军译,中国人民大学出版社 2003 年版,第 224 页。

(二)我国的学说

在我国,刑法理论关于取得罪的既遂标准的讨论,主要集中在失控说、控制说、失控加控制说以及损失说之间展开。[1]

控制说主张以行为人是否实际控制财物作为判断既遂的标准,我国刑法的通说即持该立场,具有代表性的观点认为,"控制说区分盗窃既遂与未遂的标准较为科学。盗窃罪构成要件完备的客观标志,就是盗窃行为造成了盗窃犯罪分子非法占有所盗财物的犯罪结果。而'非法占有财物'这种犯罪结果的发生,只能理解为是盗窃犯获得了对财物的实际控制,而不能是其他含义。这里的'实际控制',并非指财物一定就在行为人手里,而是指行为人能够在事实上支配该项财物。这种实际控制并无时间长短的要求,也不要求行为人实际上已经利用了该财物"[2]。与之相对,失控说则认为,应以财物的占有人是否丧失对财物的控制作为标准。依据失控说,只要财物的占有人丧失了对财物的控制即成立取得型财产犯罪的既遂。至于行为人是否取得了财物的控制,对财产罪既遂的认定并无影响。失控加控制说认为,应该以被盗财物是否脱离所有人或保管人的控制并且实际处于行为人控制之下为标准,被盗财物已脱离所有人或保管人的控制并且已经处于行为人控制之下的为盗窃罪的既遂,反之就是盗窃未遂。损失说认为,应以盗窃行为是否造成公私财物损失为标准,如果造成损失的,为既遂;未造成损失的,为未遂。[3] 此外,还有一些折中的观点,主张或者以控制说为原则、以失控说为例外,或者以失控说为原则、以控制说为例外。[4]

损失说的法律依据是 1992 年 12 月 11 日最高人民法院、最高人民检察院《关于办理盗窃案件具体应用法律若干问题的解释》。其中第 1 条第(二)项关于如何认定盗窃罪部分规定:"已经着手实行盗窃

---

[1] 当然,也有学者主张接触说、转移说、隐匿说,但这些主张并没有形成很有力的影响。
[2] 王作富主编:《刑法分则实务研究(下)》(第三版),中国方正出版社 2010 年版,第 1100 页。
[3] 参见高铭暄主编:《新中国刑法学研究综述(1949—1985)》,河南人民出版社 1986 年版,第 643 页。
[4] 具体阐述,参见刘明祥:《财产罪比较研究》,中国政法大学出版社 2001 年版,第 192 页。

行为,只是由于行为人意志以外的原因而未造成公私财物损失的,是盗窃未遂。"根据这一规定,有学者认为,盗窃罪的既遂应当以盗窃行为是否造成公私财物损失为标准进行判断。但一者,该观点无视盗窃罪的行为构造,过分强调损失的重要性,可能会人为地扩大或缩小盗窃罪的成立范围。[1] 在行为人窃取财物后又基于悔改的意思而归还财物的场合,因没有造成权利人的财产损失,就难以认定成立盗窃罪既遂。而在行为人夜半入室窃取古董,却误将其撞碎的场合,由于造成了财产损失,不得不认定成立盗窃罪既遂。但这两种结论难以令人接受。二者,1997年11月4日最高人民法院《关于审理盗窃案件具体应用法律若干问题的解释》以及2013年4月2日公布的最高人民法院、最高人民检察院《关于办理盗窃刑事案件适用法律若干问题的解释》已经取消了前述解释规定,因此,损失说失去了法律上的依据。现今少有人主张此观点。可以说,目前,刑法理论关于取得型财产犯罪既遂标准的争议主要集中在失控说与控制说的对立上。

我们仔细考察失控说与控制说的基本立场,可以发现这两说的区别表现在两个方面:第一,对构成要件的理解不同。以盗窃罪为例,按照失控说的立场,本罪的构成要件行为是剥夺他人对财物的控制——即窃取行为,相应地,本罪作为结果犯,只要求被害人丧失对财物的控制。基于这种认识,失控说将行为人控制财物的行为理解为盗窃罪之"非法占有目的"所要求的将财物据为己有的行为,而非法占有目的作为主观的超过要素,并不需要有与之对应的控制行为。对于盗窃罪的故意而言,只需要有使他人丧失对财物的控制的行为即可。[2] 而按照控制说的立场,则行为人控制财物的行为被当然地视作盗窃罪的构成要件行为。第二,考察的立足点不同。失控说立足于财产所有人或占有人的角度,从保护合法权益的立场看待危害结果,认为刑法的目的是保护合法权益,既然财物的所有人或持有人失去了对财物的控制(即使行为人没有控制财物),就说明合法权益已遭受侵害,被害人遭

---

[1] 财产损失是否是财产犯罪的构成要件要素,在我国的刑法理论上较少讨论,盖因多数观点都当然地采取了肯定的态度,但本书对此有疑问。后文将有仔细论述。
[2] 参见王志祥:《盗窃罪的既遂标准新论》,载《中国检察官》2007年第3期。

受了财产损失,危害结果已经发生。行为人是否实际取得财产、如何处置财产,与被害人的财产是否受到侵犯无关。而控制说则立足于行为人的立场看待危害结果,认为非法占有财物的犯罪结果是否发生,是盗窃罪既遂与未遂的区分标准,而所谓"非法占有",自然是指行为人本人的非法占有。[1]

当然,作为讨论的前提,我们还必须考察失控说与控制说对"控制"的理解是否相同。根据失控说的观点,所谓"控制",指的就是所有人或其他人对财物进行事实上的管领和支配,具体表现为利用者对财物的现实利用,或者财物所有人及保管人在决定将对其进行利用时,能够现实地实现利用的一种状态,故其没有时间持续长短的限制。控制包括事实控制与可能控制。事实控制限于物理意义上的实力支配,而可能控制则是指虽与物之间不存在实力支配,但从人与物的时空关系来看,物主具有恢复事实控制的充分可能性。相应地,失控就意味着行为人剥夺了物主对财物的事实控制或者恢复事实控制的可能性。[2] 根据控制说的立场,所谓"控制",并非指财物一定就在行为人手里,而是指行为人能够在事实上支配该项财物。这种实际控制并无时间长短的要求,也不要求行为人实际上已经利用了该财物。[3]

这样看来,失控说与控制说对于"控制"的理解大体一致。不过,从抽象的概念来看,上述见解当然不错,但问题在于,失控说与控制说能不能在解决具体问题时,将各自的立场贯彻到底。

失控说与控制说可能产生分歧的场合,可以通过以下三个案例加以反映:

> 例 5-1:甲潜上货船,窃得铅锭十块,重三百余公斤,因过重而不得不将它沉入河底,伺机再行打捞。(被害人丧失对财物的

---

[1] 参见赵秉志主编:《犯罪停止形态适用中的疑难问题研究》,吉林人民出版社 2001 年版,第 477 页。

[2] 参见佘小松:《从一宗机动车盗窃案看盗窃罪的既、未遂问题——对"失控说"的主张兼对"控制"的阐释》,载《中国检察官》2007 年第 3 期。

[3] 参见王作富主编:《刑法分则实务研究(中)》(第三版),中国方正出版社 2007 年版,第 1100 页。

控制,但行为人未取得对财物的控制!)

例5-2:乙闯入某住家,窃得现金数百元,因听到楼下有脚步声,怕被人发现捉拿,即将现金藏在住户房间的砖墙缝中后逃逸。(被害人未丧失对财物的控制,但行为人也未取得对财物的控制!)

例5-3:丙在珠宝店假装购物,趁人不注意将钻戒装进衣兜,在出门时触发报警器,被保安发现。(被害人未丧失对财物的控制,行为人取得对财物的控制!)

按照失控说,例5-1成立盗窃罪既遂,例5-2、例5-3成立盗窃罪未遂。按照控制说,例5-1、例5-2成立盗窃未遂,例5-3成立盗窃既遂。

但实际上,在例5-1的场合,持控制说的学者,也认为成立盗窃罪既遂。张明楷教授就认为,只要被害人丧失了对财物的控制,就应认定行为人取得了财物。例如,行为人以非法占有为目的,从火车上将他人财物扔到偏僻的轨道旁,打算下车后再捡回该财物。不管行为人事后是否捡回了该财物,均应认定为犯罪既遂。[1]

在例5-2的场合,无论是持失控说的学者,还是持控制说的学者,都有肯认盗窃既遂的见解。而根源就在于,在此情形下,能否如本书的概括,确认被害人没有丧失对财物的控制以及行为人没有取得对财物的控制?持失控说的学者认为,在例5-2的情形,被害人已经丧失了对财物的控制,原因是在可能控制的情形下,财物虽然不在物主的实际支配下,但是物主可以随时恢复对其财物的实际支配。例如停在停车场里的汽车,车主虽然不在车内,但是可以随时回到车里占有其汽车。[2] 换言之,可能控制所要求的物主恢复对财物的事实控制的可能性是相当高的。而在例5-2中,乙的行为大大降低了物主恢复事实控制的可能性,因而可以认为物主的财产权受到侵犯,从而肯认

---

[1] 参见张明楷:《刑法学》(第四版),法律出版社2011年版,第887页。
[2] 参见彭斌、康纪强:《从一起案例看盗窃罪的既遂标准》,载《广州市公安管理干部学院学报》2011年第3期。

成立盗窃罪既遂的结论。持控制说的学者则认为,在这种场合,行为人已经事实上支配了现金,因而也可以得出成立盗窃罪既遂的结论。[1]

我们发现,事实上,在具体问题的解释结论上,无论是失控说还是控制说都没有僵化地坚持本来的立场,而是在不断修正各自关于"控制"的理解,从对例5-2的解读中,我们发现,失控说将事实控制的可能性作为判断是否存在控制的考量要素,在一定程度上限制了"控制"成立的范围,既坚持失控说的立场,又不致削弱打击犯罪的力度,而控制说则极大地扩张了控制的概念范畴,也实现了同样的目的。[2] 失控说之所以没有得到更多主张的一个重要原因就在于,它无法在例5-3的场合下,得出既遂的结论,而肯认既遂则更能为一般观念所接受。实际上很多论者正是基于这个理由而采控制说。[3]

至此,应当说,关于取得型财产犯罪的既遂标准,不论持何种观点,在具体的解释结论上都不会有太大的差别(当然,也有例外!),但解释的逻辑过程却大相径庭。究其实质,一者是对取得型财产犯罪的构成要件的认识不一,再者是对"控制"的理解存在认识上的差异。从上文的阐述,我们可以感觉到,多数学者对"控制"的解读都在有意无意地从占有的角度出发(只是没有明白地表达而已),并且,几乎都以事实支配作为判定"控制"的立足点,而忽视了占有概念的规范特性,这就导致在控制的范围认定上存在界限模糊与立场的游移。考虑到占有在取得罪的构造当中的位置,要化解纷繁复杂的论争,还是应当从厘清占有概念入手以澄清认识!

---

[1] 参见张明楷:《外国刑法纲要》,清华大学出版社1999年版,第599页。

[2] 当然,这种扩张是否妥当,其实是值得怀疑的,尤其是在例5-1的场合,将被害人失去对财物的控制作为判断行为人控制财物的反证,这种说法已经与控制的本义相去很远了!

[3] 参见王玉珏:《刑法中的财产性质及财产控制关系研究》,法律出版社2009年版,第227页。

二、本书的主张

（一）基本立场

首先，从取得型财产犯罪的构造来讲，我们将"取得"[1]定义为打破原有的占有关系并且建立新的占有关系，是符合取得型财产犯罪的本意的。尽管这只是教义学的抽象概括，但是从对法律文本的分析中，我们仍然可以认可这种解释。具体讲，取得型财产犯罪的构成要件行为由两部分组成：第一，破坏原占有人对财物的支配；第二，建立行为人或第三人对财物的支配。失控说否认后一个行为也属于取得型财产犯罪的构成要件要素，但这样理解的后果将是无法区分取得型财产犯罪与单纯的剥夺他人对财物的占有。比如，不以占为己有为目的，而将他人财物藏匿、抛弃的行为，如果依照失控说的立场，也可以成立盗窃罪[2]，则不但不适当地扩张了取得型财产犯罪的适用范围，而且可能造成此罪与彼罪之间的界限混淆。[3] 至于失控说将建立新占有的行为理解为与作为超过的主观要素的"非法占有目的"相对应的非构成要件行为，则是对非法占有目的的误解。即使站在非法占有目的必要说的立场，与之相对应的行为也应当是行为人占有他人财物之后的利用行为，而非占有财物本身，这原本就属于取得型财产犯罪的构成要件行为的范畴。因此，在澄清了这一点之后，我们就可以认为，在例5-1的场合，被害人失去了对财物的控制，而行为人尚未控制财物，只能成立犯罪未遂。[4]

---

[1] 无论是窃取、骗取还是以暴力夺取都可以被包含在"取得"的涵义范围之内。
[2] 如果将隐匿、抛弃也扩张解释为属于"毁坏"的话，则这种行为还可以被评价为故意毁坏财物罪。
[3] 尤其是取得型财产犯罪与故意毁坏财物罪的界限将无法明晰。当然，失控说可以借助非法占有目的来摆脱困境。但前文已有论述，证明非法占有目的并不能完成这一使命。
[4] 当然，在类似例5-1的场合，是否一概能论以未遂，还需要结合具体情形对行为人是否占有了财物进行论证。比如，乘客窃取行进中的列车上的财物，将其抛下列车，打算停车后返回当地取走财物的，此时能否算作犯罪既遂，关键看行为人是否取得了对财物的占有。如果抛掷地点具有随机性，且从一般社会观念来看，不能承认为行为人排他地支配时，就应当认定为未遂。但如果抛掷地点具有目的性，或者有共犯接应拾取时，则也可认为成立既遂。总之，在该场合，判断行为人是否占有了财物，是认定犯罪既遂与否的关键。

其次，我们还需要对"控制"重新进行阐释。在本书看来，第一，这里的"控制"，其实质就是占有。张明楷教授认为，"只要行为人取得（控制）了财物，就是盗窃既遂。但是，不能将取得理解为行为人转移了财物的场所，更不能将取得理解为行为人藏匿了财物，而应理解为行为人事实上占有了财物"[1]。这样，我们关于占有的理解就可以适用于界定取得型财产犯罪的犯罪既遂标准。在此，需要明确两个问题：第一，占有的本质是对财物的排他性支配，因此，不可能存在例5-3中的被害人尚未失去控制，而行为人已然控制财物的情形。毋宁说，在该场合，我们需要明确的是，究竟何人对财物的支配能够被认定为成立刑法上的占有（即"控制"）。在例5-3的场合，珠宝店对钻戒的支配系空间支配，而行为人对钻戒的支配系实力支配。在此情形下，珠宝店对钻戒的支配力显然要强于行为人，因其可以随时投射自由意志于其上，可以凭借该支配力而为任何利用、处分行为，但行为人在将自己的意志贯彻于行为对象（钻戒）时，无法逾越珠宝店的障碍，除非其能使钻戒脱离珠宝店的空间支配。所以，我们只能肯认在这种情形下，只存在珠宝店对财物的占有，换言之，行为人尚未完成打破原占有，建立新占有的"取得"行为，只能被评价为犯罪未遂。

类似的情形在林燕盗窃案[2]中表现得也十分明显。在该案中，作为雇员的林燕将窃取的主人家的财物，分别藏匿于三楼的衣帽间和自己的居室。对于其行为是否成立犯罪既遂，法院进行了分别论证：

1.对藏于衣帽间的财物是否构成盗窃既遂？

本案中，被害人支某的住所系一幢三层别墅，衣帽间设在三层，且支某与被告人林燕约定："不需要打扫二楼卧室的房间，只负责做饭和打扫客厅卫生。"虽然支某并不常去衣帽间，但其对衣帽间的所有物品均有法律上和事实上的占有和控制力；虽然林燕对藏于此处的财物也进行了必要的包装和掩饰，但鉴于衣

---

[1] 张明楷：《刑法学（下）》（第六版），法律出版社2021年版，第1256页。
[2] 案件详情参见本书第三章第一节。

帽间的用途和位置，支某如努力查找是不难发现被窃财物的。况且，林燕只是负责打扫卫生，除具备可以随意进出衣帽间的便利之外，其对处于衣帽间内财物的控制力是有限的。故林燕对藏于衣帽间的财物并没有达到事实上的足以排除被害人占有的支配力，没有实现对财物的非法占有，因此构成盗窃未遂。

2. 对藏于保姆房间的财物是否构成盗窃既遂？

保姆房间确实不同于房屋中的其他地方，具有一定的私密性，在一定程度上可以说是对主人房屋占有力的一种限制。但保姆房间毕竟是房屋的组成部分之一，保姆对该房间的有限的使用权不同于承租人的独立的占有权。结合本案的具体情况，我们认为，对藏于保姆房间的财物也应认定为盗窃未遂。理由如下：

第一，从是否可以排除主人找寻可能性分析，主人并未完全丧失对财物的控制。首先，被告人林燕将窃取的财物放在了保姆房间的写字台抽屉里，而没有放置于其他隐蔽场所或者一般人很难查找的地方。其次，林燕并没有对这些财物做精心的掩饰、藏匿或者采取任何其他的防范措施。或许林燕自以为保姆房间就是她的私人空间，主人不会随便翻她的东西，但是她应当预见并且已经预见到，如果主人房间丢失了任何东西，她都会被怀疑并进而主人会在整个房屋内的任何可想象的地方查找，包括保姆房间。最后，由于保姆房间空间小、家具简单、物品少，客观上直接翻查是很容易找到的。事实上，被害人就是首先找到了保姆房间的现金和首饰。

第二，被告人林燕对财物的控制需达到充分、及时，方可实现非法占有。首先，林燕需克服房屋内现实条件的制约，如被害人和其他保姆的监督。林燕刚刚来到支某家中做家政工作，支某要求林燕"不需要打扫二楼卧室的房间，只负责做饭和打扫客厅卫生"，此时如果发现了二楼卧室的房间内财物丢失，进入该卧室的人就会首先被怀疑。而由于支某共聘用了3名保姆，保姆之间相互监督，林燕必须在不被同在此处打工的另外两名保姆发现的情况下进入该卧室。其次，被盗财物放置的位置应尽量隐蔽，不易被察觉,即便是放在保姆房间内,也应该是位于一个常人不会找到的隐蔽角落。同时,由于存在另外两名保姆的无形的客观障碍,林燕还必须将财物藏于不易被其他保姆发现的地方,因为一旦有其他保姆发现就会将事实告诉主人,在私人住所这样的封闭场所,主人仍然在事实上控制着财物,林燕是无法随意或者轻易将财物拿走的。最后,也是最为重要的一点,被盗财物放置的位置应当利于转移,并最终实现对财物的转移占有。行为人对财物的控制最终要体现在现实的可支配上。由于财物仍处于支某的住所内,支某对房屋的所有权部分地限制了林燕的控制力,因为林燕尚未将所盗财物转移出主人家,林燕的占有始终处于一种不确定的、无法随意控制和支配的状态下。而盗窃罪需要两个行为即窃取行为和占有行为(有时候会发生两个行为的重合)方可完全实现,窃取后的转移占有是使占有现实化的必要条件。

第三,被告人林燕对财物的控制具有临时性,并未实现有效的占有。一方面,林燕主观上并不认为此时的财物已经属于自己所有。林燕在庭审时供称:"取得财物后,内心一直忐忑不安,担心随时会被主人发现。"这种心理状态说明林燕充分意识到了财物仍然是主人的房间,并没有脱离主人的控制,一旦主人发现财物丢失并查找,其盗窃行为很容易暴露;另一方面,林燕对财物的掌控时间非常短暂,也可间接说明其尚无法实现对财物的非法占有。林燕从9月8日起到被害人家中从事家政工作,短短3天时间内连续作案,从其取得财物到被害人发现财物失窃再到案发也仅仅两天时间,足以说明林燕根本没有实现对财物的控制。[1]

这里,我们发现,实务部门在解释对财物的控制时,其实遵循了认定排他性支配的思路。在分析中,法院并没有否认林燕对财物的控制力,但从对主人找寻财物的可能性、林燕对财物控制的非充分性以及临时性的论证,最终得出林燕没有实现对财物的排他性支配,也即没

---

[1] 林燕盗窃案,载中华人民共和国最高人民法院刑事审判第一、二、三、四、五庭主办:《刑事审判参考》(总第68集),法律出版社2009年版,第23—25页。

有形成控制,从而得出犯罪未遂的结论。

总之,站在排他性支配的立场来理解占有概念,就不可能存在那种被害人尚未失去对财物的控制而行为人已然控制了财物的情形,失控说与控制说的对立至少在这种场合下就不大可能出现。[1]

另外,占有是一个规范性的概念,我们如果只从物理意义上对事实支配进行分析,难免会产生认识上的分歧,于是,就需要借助一般的社会观念来澄清。这一点在例5-2当中表现得很明显。一方面,主人对藏于室内的财物的确丧失了物理意义上的控制,在将意志贯彻于财物之上出现障碍;另一方面,行为人虽然知道财物藏匿的准确位置,但要实现对财物的支配又不得不逾越主人对财物所处封闭空间的概括支配。于是,在解释上,失控说以主人丧失对财物的事实控制(物理性支配)为由,肯认了既遂的结论,而控制说则扩张地认为在此场合,行为人已然控制了财物,也肯认了既遂的结论。但我们不得不说,这两种结论都与一般的生活经验相背离,所以都不能得到支持。首先,如果认为主人丧失了对财物的控制,则只能将财物评价为遗忘物。这样一来,对于第三人来主人家访问时,偶然发现隐匿的现钞,进而取走的,只能成立侵占罪,而不能被评价为盗窃罪,何其荒唐?这个结论如果推而广之,凡是主人遗忘了具体位置,从而无法支配的财物均属遗忘物,这等于否认了主人可以凭借对住宅这一封闭空间的概括支配,从而占有空间内财物的论断,这显然是不适当的。其次,如果认为行为人控制了财物,也意味着否认了主人对封闭空间内财物的概括支

---

[1] 也有观点认为并不能完全排除这种可能性。论者举出的实例是电信服务盗窃的情形。在此情形下,虽然被害人对通讯线路或电信码号的控制受到盗窃行为的破坏,但被害人并未彻底失去对这些财物的控制,而是形成了被害人与行为人在某种程度上对财物共同控制的局面。参见董玉庭:《盗窃罪研究》,中国检察出版社2002年版,第165页。对此,本书的解释是,这种观点其实混淆了盗窃行为的对象。在该场合下,作为盗窃对象的并非是通讯线路或电信码号,而是因行为人的盗接、复制行为而产生的由被害人额外支付的通信费用。换句话说,行为人单纯盗接通讯线路或者复制电信码号的行为并没有侵犯到被害人的财产权,只有当行为人使用通讯线路或电信码号时,才会产生被害人额外支付电信费用的结果,等于是行为人窃取了原本应由被害人享用的电信服务。这样一来,就不存在被害人没有失去对财物的控制,而行为人同时也已控制财物的情形了。

配,同样地,在第三人来主人家访问,偶然发现隐匿现金的场合,只要其有非法占为己有的故意,我们就可以认定成立盗窃既遂,即使他没有任何"窃取"的行为,只是在此情形中,现金的性质已经变成了赃物,第三人的行为属于"黑吃黑"罢了!这个结论的荒谬性不言而喻。更重要的是,这种主张从根本上抛弃了对占有概念的任何形式上的限制,是一种彻底的观念化的解读,使占有成为无所不能的解释利器,这种虚化概念的做法,是对明确性原则的完全放弃,恐怕也难为一般社会观念所认可。

因此,正确的理解应当是,尽管在这种场合中,主人很难实现对财物的物理性支配并加以利用,但只要在封闭空间之内,控制和利用的可能性就还存在,在一般观念上,我们也不否认主人对财物的占有。因此,行为人的窃取行为尚未打破主人的占有,只能评价为未遂。

在认可占有的规范性特征的前提下,我们就可以对许多问题作出正确的理解:

第一,对于虽然没有进行身体控制,但与占有人所处的位置较近,从一般观念来看能够承认存在占有状态的情形,犯罪既遂的认定就应当以行为人将财物转移至与被害人相隔离的场所,达到从观念上无法肯认主人占有财物的程度为标准。比如,在"借打电话"的场合,虽然行为人控制了电话,但主人并未失去对电话的占有,只有当行为人使电话离开主人视线之时,我们才能认为主人丧失了占有,此时犯罪才告既遂。

第二,在从商店或超市窃取财物的场合中,当行为人携带财物离开经营者设置的警戒线时,就可以认定为既遂。在此范围之外,由于场所的公开性,经营者对财物的支配力丧失。

第三,对于主人利用器具控制的财物(如信箱)、藏匿在隐蔽处所而能为他人明确识别不属于抛弃物的财物、依据一般社会观念能够承认存在占有的财物(尽管没有身体支配、空间支配或者器械支配,比如停放在路边、忘记锁门的汽车,晚间忘记移入家中的自行车,以及具有归巢本能的家畜等),只要行为人的"取得"行为能够在观念上被认为建立了新的支配关系,就成立既遂。[1]

第四,在行为人取得财物的当时即被主人发觉,进而经过追逐,主人夺回财物的场合,我们认为在整个过程中,主人都没有丧失对财物的占有,夺回财物的行为可以理解为是对财物进行占有的表现(即排除外界干涉),行为人的取得行为只能被评价为未遂。[2]

(二)进一步展开

澄清了取得型财产犯罪的构成要件和"控制"的概念,应当说,对于取得型财产犯罪的既遂标准已经有了较为明确的认识。但不得不说,上文的讨论有一个潜在语境,即将财物限定在有体物的范围。当我们将财物概念扩展至无体物乃至财产权利时,上述标准还能否适用,并非没有疑问。因此,还需要进一步阐明。再者,财产控制手段的多样化,也使得控制概念的涵摄能力多少受到削弱,对此也需要再作说明。

1. 监视盗窃

这主要是指行为人在实施窃取行为时,处于他人(包括财物的原占有人或无关第三人)某种程度的监视之下,当行为人控制了财物时,能否认为成立既遂? 我们看一个案例:

> 例5-4:2004年5月12日,黄某在东莞市莞城百佳超市门口通过解码器打开一辆广州本田带卫星定位系统的小轿车车门后,采用打火线碰撞的方法发动后并开走,车主李某回来后发现车被盗,马上报警,后公安机关采用卫星定位系统进行跟踪,在该车开至公安人员预先的守候地点时,李某就通过卫星定位系统将该车的送油器截断,致使黄某无法再继续驾驶而被迫停车,由公

---

[1] 在此场合中,新占有的建立和原占有的打破同时发生。
[2] 林山田教授认为,在此场合中,行为人已经取得他人之物的支配权,行为就已然既遂,至于其后被追逐的行为并不能使犯罪的既遂又成为未遂。参见林山田:《刑法各罪论(上)》(修订五版),北京大学出版社2012年版,第232页。应当说,这个认识过于拘泥于占有的事实性特征,并不妥当!

安人员当场将黄某抓获。[1]

这里,车主通过卫星定位系统,能够在一定程度上施加对汽车的作用力,甚至可以影响到行为人对汽车的支配,那么能否认为,在此场合中,车主并未丧失占有呢?

从表面上看,当黄某驾车行驶时,车主李某的确可以借助卫星定位系统对车辆施加一定的作用,并且妨碍黄某对车辆的支配,但据此并不足以认定李某没有丧失对轿车的占有,原因是,黄某同时对轿车具有现实的实力支配。相比李某对轿车的支配而言,黄某的支配才具有排他性。他完全可以通过技术手段截断李某通过工具与轿车之间的联系,而李某则没有办法排除黄某对轿车的支配,更不用说利用、处分轿车了。从排他性的角度,我们就可以肯定黄某对轿车的占有。并且,当黄某驾驶车辆启动时,打破原占有、建立新占有的行为已经完成,犯罪也告既遂。

或许有人说,在本案的情形之下,由于定位系统的存在,车主可以随时重新实现对财物的控制,排除行为人的干涉,因此,监视盗窃的情形不存在既遂的可能。需要强调的是,对于既遂的判断,应当从构成要件齐备的角度出发,只要行为人完成了构成要件行为,并且制造了构成要件所要求的结果,就应当认定成立既遂。是否有外部监控并不足以影响对此的认定。就本案而言,除非车主或警察能够在黄某启动轿车之前将其制服,否则,之后的监控、缉盗对黄某行为的定性是没有意义的。

2. 权利盗窃

这主要是指在盗窃的行为对象是权利寄托型财产的场合,行为人对权利凭证的控制是否足以认定为犯罪的既遂,还是取得权利凭证所对应的物质利益时才应认定为既遂?

例5-5:2003年4月,高某趁单位办公室无人之机,盗窃法定代表人桌上的转账支票一张,票面金额为8万元,支票各项事项

---

[1] 佘小松:《从一宗机动车盗窃案看盗窃罪的既、未遂问题——对"失控说"的主张兼对"控制"的阐释》,载《中国检察官》2007年第3期。

填写齐全。后高某委托杨某(该第三人不知情)进行转账。银行于4月底将支票内6万元划入杨某的账户,杨某将其中的2万元提现交付了高某。[1]

就本案而言,既遂的时点是在高某占有支票之时,还是银行转账之时,还是杨某提现之时?根据本书的观点,在权利寄托型财产的场合,作为占有对象的是财产权利,既非权利凭证(支票),也非权利凭证所对应的物质利益(现金)。因此,占有的判断就以排他性地行使权利为标准,既遂的判断也应坚持这一标准。在该案的场合,当高某取得支票时,并没有排他性地支配支票所代表的财产权利(即要求银行支付现金的债权请求权),因为原所有人完全可以通过其他途径(比如挂失)阻断支票作为权利凭证的属性,从而实现对支票项下财产权利的支配,反过来,高某却不具有这样的能力。因此,此时高某不能说占有了支票所代表的财产权利。而当杨某完成转账行为,银行将原所有人支配内的6万元划入杨某的账户时,杨某方才排他性地取得了这6万元的请求权,因为此时原所有人已不可能阻止杨某行使该请求权。至于事后提现的行为,不过是实现请求权的内容而已。

这里还会涉及对着手的认定,能否将行为人窃取(或夺取、骗取)权利凭证之时认定为犯罪的着手时点?我国刑法理论的传统观点认为,所谓着手,就是开始实行刑法分则所规定的某一犯罪的构成要件的行为。但这种形式的界定还需要有实质的内容才能作为判断的标准。按照张明楷教授的观点,犯罪的本质是侵犯法益,只有当行为具有侵犯法益的危险时,才有可能成立未遂犯。但由于刑法处罚预备行为,而预备行为也具有侵害法益的危险,犯罪未遂只能是具有侵害法益的紧迫危险的行为;故侵害法益的危险达到紧迫程度(发生危险结果)时,就是着手。[2] 如果按照这个观点,当行为人取得权利凭证时,尚没有发生法益侵害的紧迫危险(合法的权利人还可以通过其他

---

[1] 案例来源:柳波:《从几则案例分析盗窃罪的既遂与未遂》,载《人民法院报》2005年6月14日。
[2] 参见张明楷:《刑法学(上)》(第六版),法律出版社2021年版,第441页。

途径行使权利),因此,只能属于预备行为。只有当行为人开始行使财产权利时,才能认为出现了法益侵害的紧迫危险,此时才能认定为着手。在本案中,只有当杨某在银行实施转账行为时,才能认定为盗窃罪的着手,此前高某窃取支票的行为,不过是盗窃罪的预备行为。

上述认定还会影响到对于财产犯罪的共犯的理解。我们看一个案例:

例5-6:陈某趁同事刘某家中无人之机,请来开锁师傅打开房门后进入室内,盗走现金900元和活期存折一个。离开现场后,陈某打电话约王某见面,告知王某自己偷了一个存折,并叫王某用该存折从银行把钱取出来,自己得六成,王某得四成。因该存折没有设置密码,二人于当日将存折上的19200元取出,并按事先约定的比例分赃。[1]

本案中,对陈某行为的定性不存在疑问,但对王某行为的定性就有争议。如果将陈某取得活期存折的行为认定为盗窃行为的既遂,则王某取现的行为,只能是事后对赃物的处分,有可能构成赃物犯罪;如果将王某取现的行为认定为盗窃行为的既遂,则陈某与王某就该活期存折成立盗窃罪的共犯。根据前文的论述,显然后一种见解是妥当的。

按照本书的立场,行为人在非法取得权利凭证之后,没有借此行使权利,而是出售牟利,就不能成立针对该权利的财产犯罪。

例5-7:龚俊盗窃月饼预约券案[2]

被告人龚俊于2001年9月4日凌晨5时许,潜入其工作单位上海杏花楼企业股份有限公司7楼库房内,窃得面额总计为人民币20.4万元的月饼预约券3000张后藏匿于本市西藏南路681弄16号暂住处。嗣后,被告人龚俊单独或通过他人将其中的150张月饼预约券销售,得款人民币8000余元。

---

[1] 案例来源:陈珍建:《明知是盗窃的存折帮忙取款并分赃如何定性》,载《中国检察官》2010年第2期。
[2] 参见龚俊盗窃抗诉案,上海市第二中级人民法院(2002)沪二中刑终字第153号刑事裁定书。

关于本案,法院认为,被告人就出售的 150 张月饼券成立盗窃既遂,其余 2850 张则成立未遂。理由是:

> 区分盗窃月饼预约券的犯罪既遂与犯罪未遂不能把是否取得票证作为标准。被告人龚俊窃取到了月饼预约券,意味着该券所反映的月饼支配权发生了转移,但这种支配权的转移只在形式上发生了转移,被告人真正要对这些月饼实际控制,还要自己或者通过他人到指定地点领取该月饼后才能行使支配权。因为,月饼预约券仅是一种反映该财产的权利凭证,或者说是一种权利凭证的载体,而非月饼这种财产本身,这种载体的取得与丧失并不必然反映财产权的取得与丧失,只是反映取得与丧失该财产的一种可能性。尤其是当这种权利凭证可以通过权利人的报失等方法避免造成实际损失时,被告人龚俊是不可能对该财产拥有实际上的支配权,被害单位也不会因此丧失对该财产的实际控制,也就不会有犯罪结果的发生。被害单位对被被告人龚俊盗窃、销售并被售买人提取的月饼已失去了控制,据此应认定窃取部分月饼预约券是犯罪既遂。而被告人龚俊藏匿于住处的绝大部分月饼预约券尚未兑现即被公安机关查获,使被告人非法占有该财产和被害单位将会失去对该财产的控制权已成为不可能,从而避免了犯罪结果的发生,这种犯罪结果没有发生是由于被害单位的报案及公安机关及时抓获被告人龚俊,是完全出于被告人龚俊意志以外的原因所致,因而符合法律规定的犯罪未遂的认定标准。[1]

法院对月饼券的性质认定是十分正确的,然而将行为人出售月饼券也视为犯罪既遂则有不妥。因为出售月饼券并不必然导致被害人丧失对财产权利——在本案中,财产权利是指月饼券的合法占有人借此要求供应商给付月饼的请求权——的占有,被害人完全可以通过其他途径来维系对该权利的排他性支配。换言之,此时,被害人对权利的占有尚没有被打破,新的占有关系也没有建立,如何认定成立犯罪

---

[1] 参见龚俊盗窃抗诉案,上海市第二中级人民法院(2002)沪二中刑终字第 153 号刑事裁定书。

既遂？依本书的主张，只有当被告人或者月饼券的买受人行使该权利时，才开始侵犯到月饼券的原占有人对权利的支配。此前窃取月饼券并出售的行为，还称不上盗窃罪的构成要件行为，只是预备行为而已。

如果按照这个逻辑，随之而来的疑问将是，被告人的行为如果要达到既遂状态，必待买受人行使权利方可实现。如果买受人因故未行使权利，则被告人永无既遂之日。况且，将被告人行为的既遂寄托于第三人，恐怕也是不妥的。

对此，本书认为，我们应当将被告人出售月饼券的行为另行看待。如果买受人是不知情的第三人，此时的出售行为已经不是秘密窃取他人财物，而是隐瞒真相，骗取他人财物的诈骗行为。而诈骗的对象则是买受人为购买月饼券而支付的对价。因为对于买受人而言，不可能依此月饼券实现对月饼的合法占有。如果月饼券的原占有人在买受人兑换月饼之前就通过各种方式，或者完成月饼的兑换，或者使月饼券失去权利凭证的效力，则买受人将不可能实现该权利，因而遭受财产损失；如果买受人成功兑换了月饼，则其对月饼的占有属于无权占有（尽管是善意占有），根据《民法典》第460条的规定，月饼券的原占有人可以请求买受人返还月饼，则买受人同样遭受财产损失。换句话说，在此场合下，善意买受人支付对价并没有取得相应的对等给付，被告人的行为完全符合诈骗罪的构成要件。

这样，我们可以说，在本案的场合中，被告人窃取月饼券，如果意在自己使用，则使用行为为盗窃罪的构成要件行为，应被评价为盗窃罪；如果意在出售，则出售行为为诈骗罪的构成要件行为。无论如何，先前的窃取月饼券的行为只能是上述两罪的预备行为而已。

本书的立场也可以推广适用于网络盗窃。[1] 在网络盗窃的场合

---

[1] 网络盗窃有两种表现形式：第一，窃取虚拟财物，如游戏装备、QQ号码等；第二，利用网络窃取现实财物，如通过网络进入他人银行账户，进行非法转账等。就第一种情形而言，其与窃取现实世界的财物并无本质区别，甚至在认定上更为明确，因为行为人打破被害人对虚拟财物的占有，建立新占有的行为在同一时间即告完成，不存在时间或空间上的间隔。问题主要集中在第二种情形，因此，这里所讲的网络盗窃主要是就第二种情形而言。

下,关于犯罪的既遂标准,学说上有"离账说"与"提现说"的对立。[1]离账说认为,当财产被划离被害人账户时,财产脱离被害人控制,意味着侵犯他人财产权的危害后果就已成为客观事实,故应以财产被盗划出被害人的账户作为既遂标准。而提现说认为,行为人的盗窃行为只是引起计算机内部电磁内容的变化,当财产被划离被害人账户但未被提现时,一方面,被害人可以根据电子系统的记录及时追踪到被非法盗转的财产,并通过冻结、挂失等方式重新获得对财产的控制权;另一方面,未提现之前,行为人并没有实际控制他人财产,其所控制的只是以电磁形式存在的虚拟电子货币或其他虚拟财产,而且这种控制权极不稳定,极易因被害人追索而中断。因而,只有在提现后,网络盗窃的社会危害性才能完全体现。故应根据网络盗窃的特征,以提现说作为既遂的认定标准。[2]

其实,这种争议并没有正确理解在网络盗窃场合下,犯罪的对象究竟是财产权利,还是其所指向的物质利益。按照本书的立场,在网络盗窃的情形中,犯罪对象应当是以支付请求为内容的财产权利,而非其所指向的物质利益。这样,问题就变得十分清楚,行为人通过技术手段进行的网络转账的行为所产生的法律后果,是排他性地取得了原权利人享有的对银行或其他金融机构的支付请求权。当转账行为完成时,支付请求权的占有就发生转移,盗窃行为已然既遂,无论是提现还是通过网络处分该请求权,都属于不可罚的事后行为。因此,"离账说"是妥当的主张。并且这一观点也为司法实务所采纳。[3]

(三)结论

传统理论关于取得型财产犯罪既遂标准的争论,是站在以有体物作为犯罪对象的背景下展开的,对于控制的理解也更重视其事实性特征,因而才有失控说与控制说的对立。当我们澄清了取得型财产犯罪的构成要件时,考虑到现代社会关于刑法中的财物概念的全新理

---

[1] 参见王玉杰:《网络盗窃既遂标准的确立》,载《公民与法(法学版)》2010年第6期。
[2] 参见沈解平、陈柱钊:《网络盗窃既、未遂界定》,载《人民司法》2009年第10期。
[3] 参见沈解平、陈柱钊:《网络盗窃既、未遂界定》,载《人民司法》2009年第10期。

解,以及发现了占有概念的规范性特征之后,就应当以占有为核心重新确立取得型财产犯罪的既遂标准。概言之,取得型财产犯罪的本质是转移占有(即打破原占有并建立新占有),因此,占有转移的完成才能确认取得型财产犯罪的既遂。在此基础上,失控说与控制说的分歧将可以被消弭。如果我们对控制的理解等同于本书所认为的占有的话,那么,"控制说"将是稳妥的主张。

第二节　财产犯罪的数额认定

立法关于财产犯罪的描述,多数规定了"数额较大""数额巨大"这样的定量因素。关于数额的体系性地位,在学说上曾有过较多争议,但目前多数的见解认为,数额系财产犯罪的构成要件要素,是犯罪故意的认识内容。只是,在具体案件中,依照什么样的标准来认定数额,并没有形成统一的认识。违法所得、财产损失、销赃数额等都可能被用来作为判断犯罪数额的标准,但很少有人会考虑这背后的理论依据,即使是司法解释在这个问题上也没有一贯的逻辑。既然数额对于成立犯罪的认定具有至关重要的作用(有时甚至是唯一的区分标志),那么,我们必须寻找出一个能够指导实践活动的标准,并且这一标准应当能够经得起理论的推敲。需要指出的是,本书意图寻找的判断标准并非数额的计算方法,而是计算方法背后的理论依据。

一、数额认定的基本标准

(一)数额计算的一般原理

本书的基本立场是,财产犯罪是侵犯被害人对特定财物的占有的行为,从行为构造上讲,是打破被害人对财物的既存占有,而建立行为人对财物的新占有。因此,作为定量因素的数额,应当是针对作为犯罪行为对象的财物的价值估量。这种估量应当能够反映财物的真实价值(以货币为等价物)。因此,以行为人所实际占有的财物的客观价值作为判断犯罪数额的根本标准才是妥当的。换言之,作为占有对象的财物与其客观价值之间应当是一一对应的关系。当然,财物的价值会受市场因素的影响而发生变动,因此,价值的判断应当以行为时为标准,之前或之后的价值变化不能成为财物价值(也即犯罪数额)判断的影响因素。[1] 也正是基于这个理由,被害人因购买财物而支付的交易价格(购买价格)、行为人因犯罪行为而获取的利益(违法所得)、被害人因犯罪行为而遭受的财产损失,以及行为人销售赃物的获利(销赃价格)等都不能成为判断犯罪数额的依据,因为这些判断标准与财产犯罪的构成要件行为并没有直接关系。如果以此作为判断数额的标准,会使不具备构成要件要素的客观因素成为判断构成要件符合性的依据,这将会破坏构成要件的类型化功能,也违反了罪刑法定原则。

正因为如此,我们有理由质疑司法解释的立场。根据1997年11月4日发布的最高人民法院《关于审理盗窃案件具体应用法律若干问题的解释》(以下简称"1997年盗窃解释")第5条第(七)项的规定,"销赃数额高于按本解释计算的盗窃数额的,盗窃数额按销赃数额计算"。依照该解释,行为人盗窃的数额如果没有达到定量要求,而销赃数额达到定量要求,则应以盗窃罪既遂论处,这显然是不合理的。因为,销赃数额的高低可能取决于行为人的销赃技巧以及赃物的市场供求关系等非构成要件要素,以这些因素作为判断罪与非罪的标准,等于抛弃了构成要件行为的定型作用,显然是不妥当的,并且也与司法解释的基本立场相矛盾。1997年盗窃解释第5条第(六)项规定,"失主以明显低于被盗当时、当地市场零售价购进的物品,应当按本条第(一)项规定的核价方法计算。"该项的规定显然没有考虑被害人购进价格这一非构成要件因素,何以在第(七)项的场合,却将销赃价格作为认定数额的依据,其中的逻辑何在?深究起来,显然,司法者是以"就高"作为基本的判断原则,但这种做法对基本判断逻辑的违反

---

[1] 这一点在相关司法解释中也有反映。1997年11月4日发布的最高人民法院《关于审理盗窃案件具体应用法律若干问题的解释》第5条第(一)项中规定,"7.外币,按被盗当日国家外汇管理局公布的外汇卖出价格计算";第(二)项中规定,"1.股票按被盗当日证券交易所公布的该种股票成交的平均价格计算"。

以及罪刑法定原则的背离是难以被接受的。也正因如此,2013年最高人民法院、最高人民检察院《关于办理盗窃刑事案件适用法律若干问题的解释》中取消了这一原则性规定。

(二)权利寄托型财产的数额认定

在实物财产的场合,数额的认定比较容易,上述原则也可以得到很好的贯彻,但在权利寄托型财产的场合,财产权利往往通过一定的物质载体(即财产权利凭证)而为人所感知,但财产权利凭证仅是记载权利的形式和符号,它和记载内容(即财产权利)相分离,人们通过对财产权利凭证的管理实现对财物的控制(但这也非绝对)。权利凭证本身是有体物,但这种有体物(如存折、信用卡等)并不是刑法保护的财物,刑法保护的是其记载的财产权利。财产权利凭证的种类很多,对其项下的财物控制管理方式也有差别。在权利凭证与财产权利高度融合的场合,权利凭证一经丧失,权利人就丧失了该凭证所记载的财产,比如电话充值卡等不记名、不能挂失、即时兑现的有价票证即属此类,此时,行为人一旦完成转移占有的行为,就可依凭证的票面价值来计算既遂数额;有的权利凭证的丧失则并不意味着财产的丧失,比如记名存折等可以挂失的有价票证,行为人即便转移控制了有价票证也不意味着控制了其所记载的财产权利,犯罪数额应当依据占有的财产权利本身来认定。

1. 记名存单、信用卡

存单、信用卡是记名、可挂失的,这意味着不论是否能即时兑现、账户金额是否已经确定,丢失后权利人均可以通过挂失手段控制财产避免损失,换言之,在该场合,行为人尚未占有存单所代表的财产利益。因此,盗窃记名、不可即时兑现的可挂失的存单、信用卡的,只能将已兑现的金额作为犯罪数额;同样,盗窃虽然能即时兑现但可挂失支付的活期存单、信用卡等有价债权凭证的,也应只计算已兑现的金额而不包括全部票面金额。对于票面金额已定、能即时兑款但未兑现的部分,只能作为量刑情节而不计算犯罪数额。

2. 股权证和股票

股权证是一种证权证券,它代表的股东权,是基于股东向股份公司出资而持有的公司股份。有限责任公司的股东是根据该公司章程记名的,并备有股东名册,不容随意变更,所以有限责任公司的股权证即使被窃也不会造成财产权利转移,不应将之计入犯罪数额。[1] 另外,股权证具有不可撤回性,不能直接兑现本金,只能通过转让的方式实现,而且转让人和受让人必须按法律规定履行必要手续,否则,转让行为无效。股份有限公司发行的股票分为记名和不记名两种。记名股票即使丢失,也并不意味着股东资格和权利的丧失,他人不能随意实现股票所代表的财产利益,股东可依照法定程序要求公司重新补发。因此,盗窃记名股票的行为,并不能导致股东丧失股权,也不应将之计入犯罪数额。而不记名股票的转让,由股东将该股票交付给受让人后即发生效力,受让人即可享受股票的财产利益,此时,不记名股票的性质就属于物化的权利,窃取不记名股票的,应当按照票面价值来计算犯罪数额。这里需要强调的一点是,在纸质股票交易的时代,盗窃纸质不记名股票即意味着盗窃相应数额的财物,但随着电子交易时代的到来,股东通过证券交易公司建立电子股票账户从而避免了纸质交易的风险。只有行为人以非法手段通过计算机系统侵入证券公司电子交易中心系统,改写信息记录、转移账户股票,或者毁坏他人股票时,才有可能构成盗窃罪或故意毁坏财物罪,这时才应按照当日股票市值计算犯罪数额。

3. 银行票据和债券

支票、汇票等票据是可以依法挂失的。《票据法》第 15 条规定,"票据丧失,失票人可以及时通知票据的付款人挂失止付,但是,未记载付款人或者无法确定付款人及其代理付款人的票据除外。收到挂失止付通知的付款人,应当暂停支付。失票人应当在通知挂失止付后三日内,也可以在票据丧失后,依法向人民法院申请公示催告,或者向

---

[1] 有限责任公司的股东权利参见《公司法》第 33、34 条;股份有限公司的股东认购规定参见《公司法》第 85、86 条;上市公司发行记名股票和不记名股票的规定,参见《公司法》第 129、130 条。

人民法院提起诉讼"。同时,《中国人民银行支付结算办法》第38条规定,"票据债务人对下列情况的持票人可以拒绝付款:……(三)对明知有欺诈、偷盗或者胁迫等情形,出于恶意取得票据的持票人"[1]。所以,即使丧失票据,哪怕是已经承兑的票据和见票即付款的支票,权利人并不必然丧失财产利益,仍然可以采取有效措施防止财产损失,也就是说,行为人并未打破被害人对票据财产权利的占有,因此,盗窃银行票据的,如果未兑现,则不应计入犯罪金额;如果已兑现,则计算兑现部分。类似地,邮政汇款单与银行汇票的性质相近,盗窃汇款单的,如果通过邮政工作人员或银行工作人员取出款项,则应认定为盗窃罪既遂,按取款金额计算犯罪数额;如果没有兑现则不计数额,因为汇款单丢失后权利人可以通过补办相关手续来阻止行为人实现权利。

至于金融机构、企业、政府发行的债券,如果是不记名、不挂失的,其性质与流通的现钞没有质的区别,根据占有即所有的原理,应该按照行为人非法占有债券的票面金额计算犯罪数额。

4. 储值卡

储值卡包括手机(电话)充值卡、公交卡,以及购物卡等。对于这类储值卡,如其本身是不记名、不挂失的,储值卡的合法持有人一旦丧失对卡的控制,就无法实现其所记载的财产权利,则可将储值卡视为权利本身,以行为时的储值额计算犯罪数额;如果合法持有人能够通过身份证件或购买发票等证明文件挂失储值卡的,则只计算被兑现的储值金额,未兑现的部分不计数额,只作为量刑情节考虑。

在储值卡本身系合法有效的情况下,可以作这样的认定。那么,如果储值卡本身系非法充值,该如何计算犯罪数额呢?

例5-8:程稚瀚盗窃案[2]

2005年3月至8月间,被告人程稚瀚多次通过互联网,经由

---

[1] 此外,《中国人民银行支付结算办法》第48条至第50条详细规定了丧失票据后挂失止付的具体程序。
[2] 程稚瀚盗窃案,载中华人民共和国最高人民法院刑事审判第一、二、三、四、五庭主办:《中国刑事审判指导案例4·侵犯财产罪》(增订第3版),法律出版社2017年版,第300页。

西藏移动通信有限责任公司(以下简称西藏移动公司)计算机系统,非法侵入北京移动通信有限责任公司(以下简称北京移动公司)充值中心,采取将数据库中已充值的充值卡数据修改后重新写入未充值数据库的手段,对已使用的充值卡进行非法充值后予以销售,非法获利人民币377.85万元。

该案中,法院认为:

> 对于在市场上销售的移动电话充值卡而言,一般包含这样几个部分:充值卡本身以及记载在充值卡上的充值卡序列号、明文密码、有效期和金额。其中充值卡本身只是为便于销售、使用而用于记载相关信息的载体;序列号是移动公司用于标记充值卡发行情况的符号;金额表明用户需要支付的对价及通过充值可以享受到的电信服务数量;有效期则表明充值的截止日期。所有这些只是为方便用户使用而提供的一种明示记载。对于用户而言,真正有价值的部分是记载在充值卡上的明文密码,只有这一部分是用户用于进行充值的凭证,只要密码正确,用户就能通过充值中心数据库的验证,就能有效充值,最终享受到充值中心数据库所确认的电信服务;相反,充值密码错误就不能进行有效充值,也就不可能获取相应的电信服务。移动公司实际上是通过对该充值密码进行验证,确认属实后而给予的一定金额及期限的服务,可见,在移动公司对外销售的充值卡中,真正有经济价值的是以"数字"形式表现出来的充值卡密码,而非充值卡本身。[1]

在论证了明文密码的财物属性之后,法院认定被告人程稚瀚的行为构成盗窃罪,并以销售获利金额377.85万元作为犯罪数额。

但本书认为,法院将充值卡明文密码作为犯罪对象是不适当的,因而犯罪数额的认定并不正确。尽管明文密码是持卡人获取服务的途径,但这只表明行为人通过某种方式(比如支付对价)获得了享受

---

[1] 程稚瀚盗窃案,载中华人民共和国最高人民法院刑事审判第一、二、三、四、五庭主办:《中国刑事审判指导案例4·侵犯财产罪》(增订第3版),法律出版社2017年版,第302—303页。

电信服务的资格,真正具有财产价值的仍然是充值金额所代表的电信服务。用一个比喻来讲,密码相当于金库的钥匙,窃取钥匙并不等于窃取了金库内的财物。只有当行为人真正占有了金库中的财物,盗窃行为才告结束。同样地,行为人占有明文密码而没有享受其所代表的电信服务的,电信公司就没有遭受财产损失。如果将明文密码视作财物,则行为人获取了该密码时,就等于获取了相应金额的电信服务,犯罪已然既遂,即使行为人没有事后充值行为(电信公司也没有遭受财产损失),也要将之计入犯罪数额,这显然是不妥的。

因此,真正的犯罪对象应当是行为人在使用过的充值卡内重新填写充值数据所代表的电信服务,相应地,犯罪数额也应当以重新填写的充值金额来计算。

5. 彩票

彩票是一种较为特殊的不记名有价证券。[1] 其特殊性表现在,不同时期,彩票所代表的权利内容不一样。从彩票的定义来看,彩票购买者拥有彩票获得的是一项"中奖机会"。彩票上所记载的权利即为"中奖权"。这种中奖权的性质,有学者从抽象和具体的层面分别进行探讨。[2] 所谓抽象的中奖权是指彩票购买者基于彩票持有人的资格和地位而享有的获取特定利益的期待权。所以,抽象的中奖权应当是一种债权期待权。具体的中奖权,又称中奖金额支付请求权,指当彩票购买者获奖时,所享有的请求发行机构按其获奖类别和金额向其支付特定奖金的权利。因此,具体的中奖权属于具有既得权性质的债权。

抽象中奖权和具体中奖权之间应当是互斥的关系,两者界分的标准则是彩票所附中奖条件的成就。当中奖条件尚未成就时,彩票持有人掌握的彩票所记载的权利只具有期待权的性质。当中奖条件成就时,彩票所记载的权利将发生变化,这种变化有两种后果:第一,符合中奖条件的彩票,其所记载的期待权转化为债权;第二,不符合中奖条件的彩票,其

---

[1] 参见韩世远:《彩票的法律分析》,载《法学》2005年第4期。
[2] 参见邢军:《彩票法律问题探微》,载《法学评论》2005年第3期。

所记载的期待权归于消灭,彩票本身也丧失价值。

搞清楚了这一点,我们就可以具体判断彩票的经济价值了。作为债权记载的彩票,其价值应当等于持有人向彩票发行机构请求支付的金额,这一点毫无疑问。而不符合中奖条件的彩票则失去了其作为权利载体的法律资格,没有承载权利,彩票自然也无价值可言,等同于废纸。问题是承载期待权的彩票,其价值如何认定?对此,我们可以这样解读:彩票购买者购买彩票,是为了获取一个"中奖机会",并且为了这个"机会",其需要支付相应的对价。同时,彩票作为有价证券,虽然不能流通变现,但是可以有偿转让,而接受转让的一方同样必须支付相应的对价来获得这项"机会"。因此,我们可以将承载期待权的彩票的价值,等同于购买者或者接受转让者所支付的对价,也即彩票的票面价值。

相应地,在以彩票为对象的财产犯罪中,我们首先需要搞清楚,作为犯罪对象的彩票的性质如何,而后才能计算犯罪数额。按照本书的观点,在所附条件未成就时,彩票代表的是期待权,当条件成就时,则根据彩票游戏规则,期待权或者转化为债权,或者归于消灭。据此,盗窃彩票的行为可以分为针对期待权的盗窃和针对债权的盗窃。如果是前者,则其犯罪数额应以彩票的票面价值来计算;如果是后者,则应按照中奖金额来计算。

这里有一个问题需要说明。如果行为人窃得的彩票日后中奖了,那么奖金应否计入盗窃数额之中?本书认为,该奖金属于违法所得,而非犯罪数额。[1] 因此,行为人只需要承担民事上的返还责任,无须为此承担刑事责任。这样认定的理由是:第一,根据2013年"两高"《关于办理盗窃刑事案件适用法律若干问题的解释》规定第5条,"盗窃有价支付凭证、有价证券、有价票证的,按照下列方法认定盗窃数额:(一)盗窃不记名、不挂失的有价支付凭证、有价证券、有价票证的,应当按票面数额和盗窃时应得的孳息、奖金或者奖品等可得收益一并计算盗窃数额"。彩票作为一种有价证券,由于获取特等奖的

---

[1] 参见陈兴良:《判例刑法学》(下),中国人民大学出版社2009年版,第480页。

概率很低，在开奖前，奖金不可能是彩票"盗窃时应得的孳息、奖金"，最多只是"可得收益"。因此，不能计入犯罪数额之内。第二，《刑法》第14条第1款规定："明知自己的行为会发生危害社会的结果，并且希望或者放任这种结果发生，因而构成犯罪的，是故意犯罪"。可见，刑法中的危害行为，是指表现人的意志或意识、危害社会的行为，理论上称之为"同时发生原则"，即追究刑事责任要求单个的犯罪行为和犯罪意图同时具备或同时发生。具体到盗窃罪，行为人在实施盗窃行为时，必须同时意识到其行为所造成的社会危害性（即非法占有他人一定数额的财物），而且，这里所说的社会危害性是客观存在的，而不是虚无缥缈的或几乎不可能的。彩票的中奖概率非常低，因此，行为人对非法占有他人一定数额的财物这一后果不大可能有较为明确的认知，所以，根据主客观相统一原则，不能让行为人对此承担刑事责任。

在行为人对彩票的权利内容没有明确认知时，应如何认定犯罪数额？比如行为人窃得被害人的钱包，发现其中没有现金，只有彩票，而彩票可能是未开奖的，也可能是已开奖并中奖的，还可能是已开奖而未中奖的。此时，能否以彩票所处的具体权利形态根据上文确立的原则来认定行为人的盗窃数额？

对此，本书的答案是肯定的。行为人此时的犯罪心态属于不确定的故意。所谓不确定的故意，即行为人明知自己的行为会发生危害结果，却不明确会发生何种具体结果，而希望或放任这种结果发生的心理态度。[1] 在不确定故意的场合，事实上所发生的任何结果应当都在行为人的认识范围之内，因此，行为人应就具体结果承担故意犯罪的刑事责任。在彩票犯罪的场合，即使行为人并不明确彩票所代表的权利内容，但其对于非法占有被害人的财物是有认识的，只是在具体内容上不确定而已。因此，无论彩票是作为期待权的表征还是作为债权的表征，都没有超出行为人的认识范围。所以，应就具体情形来认定犯罪数额。

---

[1] 参见齐文远主编：《刑法学》，北京大学出版社2007年版，第128页。

6.小结

概括来讲,在权利寄托型财产的场合,我们必须清楚权利凭证与权利之间的关系,如果两者高度融合,可以视为一体时,可以将权利凭证等同于权利本身,在计算数额时,以权利凭证的记载为标准。如果两者可以分离,则在计算数额时,应当以行为人实际占有(或行使)的财产权利作为计算数额的依据。

据此,前述1997年盗窃解释的规定仍有可疑之处。该解释第5条第(二)项中规定,"记名的有价支付凭证、有价证券、有价票证,如果票面价值已定并能即时兑现的,如活期存折、已到期的定期存折和已填上金额的支票,以及不需证明即可提取货物的提货单等,按票面数额和案发时应得的利息或者可提货物的价值计算"。依本书的主张,即便是在这种场合,只要权利凭证的合法持有人能够通过其他方式行使权利(比如以身份证明代替权利凭证)或者能够阻止行为人行使权利(比如挂失),就表明其并未丧失对权利凭证所代表的财产权利的占有,就不能以权利凭证所记载的金额来计算犯罪数额。也正因如此,后续2013年的司法解释取消了该规定。

(三)特殊情况下的数额认定

按照本书的立场,当行为人的犯罪对象特定,并且对财物的占有关系单一时,犯罪数额的认定当不存在疑问;但若犯罪对象具有复合特征,或者对财物的占有关系呈现复杂性时,就需要更为审慎地认定了。

1.针对复合型财物的财产犯罪

这主要是指作为犯罪对象的财物本身具有一定的经济价值,但同时也具有财产权利凭证的特性。此时,如何计算犯罪数额?

例5-9:犯罪嫌疑人艾某于2004年11月25日下午4时许,在上海市国定路、政民路路口处,盗窃被害人沈某诺基亚8250型手机一部。该手机经估价价值人民币780元(含SIM卡),卡内话费余额为人民币40元,共计人民币820元。[1]

---

[1] 参见曾国东、黄敏:《盗窃(扒窃)案件中手机SIM卡卡内话费是否应计入盗窃数额》,载《检察实践》2005年第4期。

本案的问题在于 SIM 卡内的 40 元应否计入盗窃罪的犯罪数额中？一方面手机本身是有价值的，另一方面，SIM 卡又承载了使用话费的功能，手机与 SIM 卡在物理形态上又结合为一体，于是可能会形成这样一种认识，即盗窃手机的同时，也占有了 SIM 卡内的话费。

但是，我们必须看到，手机与 SIM 卡内的话费虽然在物理形态上结合，但实际上对它们的使用和控制可以实现机费分离。从性质上讲，它们并非同一物，而是性质不同的两个物，分属于有形资产和无形资产。手机是有形资产，它虽然被盗窃者所占有，但其本身并不包含话费的价值，只是使用话费的物理媒介。话费是手机所有人享受电信服务预存的服务费，属于无形资产。手机所有人对于服务费的支配并不必然需要借助手机这个媒介。因为一旦手机遗失或者被盗，手机所有人可以在电信部门办理停机手续并将话费转移到新的存储介质。从这个意义上讲，话费虽然以手机为载体，但并不随着手机的转移占有而转移，手机所有人失去对手机的占有并不意味着失去了对话费的占有。

对于行为人而言，只要其并未使用预存话费，就没有破坏手机所有人对话费的占有，因此，就不能将预存话费计入犯罪数额。这是处理类似案件的一个基本原则。就本案而言，行为人的盗窃数额只能认定为 780 元。

如果说在本案当中，我们还可以以手机和 SIM 卡来区分实物财产与权利财产的话，那么在两者完全融合的场合，如何来计算盗窃数额？

例 5-10：2010 年 8 月 1 日 2 时许，犯罪嫌疑人曾某窜至北京市石景山区某超乐场游戏厅，发现并拿到了可以打开游戏机的钥匙。曾某便用偷来的钥匙打开两台游戏机的 8 个投币口，共窃取游戏铜币 12455 枚（游戏铜币只能在该超乐场游戏厅使用，游戏币采购价格每枚 0.37 元，消费者购买游戏币每枚 2 元）。事后查明,曾某在被抓获前,在该超乐场游戏厅共消费100枚游戏铜币。[1]

关于本案犯罪数额的认定有四种意见:

第一种意见认为,行为人曾某对游戏铜币本身没有非法占有目的,只想利用窃取的游戏铜币达到"免费"玩游戏的目的。因此,其盗窃数额应为零。

第二种意见认为,盗窃数额应按照游戏铜币成本价进行计算。理由是:根据1997年11月4日最高人民法院《关于审理盗窃案件具体应用法律若干问题的解释》第五条关于被盗物品的数额计算方法第(一)项中"单位和公民的生产资料、生活资料等物品,原则上按购进价计算,但作案当时市场价高于原购进价的,按当时市场价的中等价格计算"的规定,本案中的游戏铜币可重复使用,属于生产资料,因此,其价值应根据被害人对被盗窃游戏铜币的采购价格予以确认,即 12455×037=460835 元人民币。

第三种意见认为,盗窃数额应按照游戏铜币市场流通价进行计算。理由是:根据《解释》第五条关于被盗物品的数额计算方法第(一)项中"流通领域的商品,按市场零售价的中等价格计算"之规定,曾某的盗窃数额应根据被害单位出售游戏铜币每币2元的价格计算,即 12455×2=24910 元。

第四种意见认为,盗窃数额应分别按照游戏铜币市场流通价加成本价的方式进行计算。曾某已经消费的100枚游戏铜币,使被害人失去了对这100枚游戏铜币代表消费价值的实际控制,应按照其代表的消费价值(一枚游戏铜币2元)进行计算;其他没有消费的12355枚游戏铜币,被害人没有丧失这部分游戏铜币代表的消费价值,因而这部分游戏铜币代表的消费价值不能计入盗窃数额,但是游戏铜币本身的价值应计入盗窃数额,即 100×2+

---

[1] 佟齐、关振海:《从一起盗窃游戏铜币案件看盗窃数额的认定》,载《人民检察》2011年第5期。

12355×0.37=4771.35。[1]

就该案而言,显然可以肯定的是,这里的铜币并非单纯的实物财产,而是代表了一定的财产权利,即消费者可以凭借铜币享受店家提供的游戏服务,持有1枚游戏铜币即可以在超乐场消费价值2元的游戏,从这个意义上讲,游戏铜币也属于财产权利凭证。只是这种权利凭证不同于其他凭证之处在于它本身是有价值的。此时的铜币就具有了双重身份,一方面,作为实物财产,可以用货币衡量其价值;另一方面,作为权利凭证,它又代表了一定金额的财产权利。这两种价值都值得刑法保护。

既然如此,在认定数额时,就必须同时考虑到这两层属性。首先,对于作为实物财产的铜币而言,当行为人占有了铜币之时,也同时占有了铜币的实物价值,应当以此来计算犯罪数额,即12455×0.37=460835元。其次,对于作为权利凭证的铜币,根据本书的观点,当其未使用时,被害人尚未失去对其所代表的财产利益(即消费价值)的占有,只有当行为人使用该铜币进行消费时,被害人对有偿游戏服务这种财产利益的占有才被侵犯,应以此来计算犯罪数额,即100×2=200元。本案的犯罪数额应为:12455×0.37+100×2=4808.35元。

需要说明的是,本书的计算与上述第四种意见相比,多增加了100枚铜币的实物价值,对此,是否有重复评价的嫌疑?对此的解释是,当行为人占有了12455枚铜币时,盗窃罪已然既遂,我们应当就其占有的财物来认定犯罪数额。至于事后使用其中100枚铜币的行为,则是利用铜币作为权利凭证的属性来占有其所代表的消费价值,理当另行计算犯罪数额。虽然,从形式上看,被害人又重新获得了对100枚铜币的占有,但这属于行为人在犯罪既遂之后处分赃物的行为,并不影响足以影响对先前盗窃行为的评价。

2. 侵犯共同占有的财物

在侵犯共同占有财物的场合,犯罪数额究竟应当以共同占有财物的整体价值来认定,还是按照行为人所占有的份额来认定,在解释上

---

[1] 佟齐、关振海:《从一起盗窃游戏铜币案件看盗窃数额的认定》,载《人民检察》2011年第5期。

存有疑问。司法实务对于这个问题也没有统一的立场。

在刘汉福等抢劫案[1]中,对于丈夫伙同他人抢劫夫妻共同财产的行为,法院认为被告人刘汉福(被害人的丈夫)及其他被告人应对所抢劫的夫妻共同财产10万元全额负刑事责任。理由是:

> 首先,……夫妻共同财产在析产前是无法分割的,就被告人所抢劫的10万元而言,认为其中必然包含有属于被告人的份额的看法是武断的,夫妻共同财产并非简单的一分为二或者按照某种比例将某项财物予以分割。该10万元最终可能完全归属于被告人或者被害人,也可能由双方分割后各自拥有一部分。从被害人的角度讲,自己被抢的是10万元,而非只损失了其中仅属于自己的份额。从民事法律关系看,如果行为人抢劫10万元的事实未被发现,那么,被害人在损失共同共有财产10万元中属于自己的份额之外,还应在以后的生活中承担起共同归还10万元债务的责任。
>
> 其次,《最高人民法院关于审理盗窃案件具体应用法律若干问题的解释》第一条第(四)项中所规定的对盗窃家庭共有财产行为的处理方式中,并没有作出被告人仅对共同共有财产中不属于自己的份额负责的规定,在司法实践中,对于以共有财产或公共财产为犯罪对象的犯罪,如以混合所有制企业中的公共财产为对象的贪污行为,对行为人的犯罪数额的认定也都是全额认定。上述处理情形可以为我们认定抢劫共同共有财产的犯罪数额提供参照。实际上,按照共同共有财产分割后的数额认定罪与非罪、罪重和罪轻不具有操作上的可行性。共同共有财产由于共有状态的复杂性,夫妻共同财产更是在分割之前处于一种复杂状态,如果按照财产分割后的数额认定犯罪,势必带来操作上的困难。[2]

---

[1] 刘汉福等抢劫案,载中华人民共和国最高人民法院刑事审判第一、二、三、四、五庭主办:《中国刑事审判指导案例4·侵犯财产罪》(增订第3版),法律出版社2017年版,第13页以下。

[2] 刘汉福等抢劫案,载中华人民共和国最高人民法院刑事审判第一、二、三、四、五庭主办:《中国刑事审判指导案例4·侵犯财产罪》(增订第3版),法律出版社2017年版,第17页。

法院是从罪刑相适应原则、与民法相协调以及实践操作的便利性角度来论证应就全额认定犯罪数额的妥当性。但在此前的王菊牙盗窃自己与他人共有的耕牛案[1]中,法院却采纳了按共有份额认定犯罪数额的立场。法院的裁判理由是,本案被告人拥有被盗耕牛一般的所有权,因此在认定数额时,应当将其享有所有权的份额排除在外。[2]

从法院的裁判来看,他们都关注到了共同占有财产在民法上的价值属性,但却忽视了占有这一成立财产犯罪的核心构成要件要素。其实,无论按照侵占罪说还是盗窃罪说的立场,我们都可以确定的是,在共同占有的场合,无论是重叠占有,还是统一占有,行为人对财物的支配力,都及于财物的整体,所属份额不会影响对财物整体的支配力。换言之,即使是在共同占有的场合,占有人也是对财物整体行使排他性的支配,只是这里的"排他性"在理解上有所不同而已。因此,在侵犯共同占有财物的场合,仍然应当就财物的整体价值来认定犯罪数额。前文所述法院的裁判将注意力都放在占有人的占有份额上,从逻辑上讲,这是以共同占有人对财物享有合法权利为前提的。但是,在共同占有非法财物的场合(如违禁品、盗赃等),我们如何来认定占有人的份额呢?因此,法院的裁判逻辑实际上很难贯彻到底。

3. 重复盗窃

这是指行为人针对同一财物实施数次盗窃行为。在该场合中,应当如何计算数额?

> 例5-11:2004年8月6日,王某窃得一辆摩托车(价值5000余元)。8月12日,王某骑该摩托车时因闯红灯被交警查获,交警发现王某没有驾照,遂将此摩托车扣留。8月15日,王某趁车辆扣留场所管理人员不注意又将此车偷回。次日,王某被公安机关抓获。[3]

---

[1] 参见王菊牙盗窃自己与他人共有的耕牛案,载最高人民法院中国应用法学研究所编:《人民法院案例选》(2004年刑事专辑),人民法院出版社2005年版,第353—356页。

[2] 本案中,作为犯罪对象的耕牛价值1800元,最终法院只认定了900元的犯罪数额。

[3] 案例来源:刘月祯、王波:《两次盗窃同一财物如何认定作案数额》,载《检察日报》2004年12月6日。

关于本案的犯罪数额,在认定上有两种意见:第一种意见认为成立盗窃罪的连续犯,应累计数额;第二种意见认为不应累计数额,第二次盗窃行为只应作为量刑情节来看待。反对累计数额的观点,其最根本的理由是:在该场合中,被害人的财产并没有因行为人的重复盗窃行为而遭受数次损害,因此,累计数额违反罪刑均衡原则。

也有观点认为,盗窃罪是对所有权的侵犯,因此,行为人针对同一财物实施的重复盗窃行为,应当区别对待:如果财物的所有权归属一致,则不应累计数额;如果财物的所有权归属发生变化,则应累计数额。

本书认为,反对累计数额的观点没有考虑到盗窃罪的构成要件,是跟随朴素的法感情而得出的结论。盗窃罪的本质是转移占有,根据我国刑法对盗窃罪的罪状描述,财产损失并非本罪的构成要件要素,因此,在判断行为是否成立盗窃罪时,不应当将损失作为考量因素。[1] 据此,当行为人完成第一次盗窃行为之后,犯罪已然既遂,就可以进行独立的刑法评价。此后针对同一所有权人的同一财物所实施的盗窃行为,仍然符合盗窃罪的构成要件,同样要进行独立评价。所谓连续犯者,是出于诉讼便利的考虑,但其并没有改变行为成立数罪的实质。因而,在计算犯罪数额时,理当累计数额。

如果按照相反的立场,则在连续犯的场合,这种主张可能会成立,但在另外的场合中恐怕会产生疑问。比如,甲窃取乙的贵重财物后被抓获并判处刑罚,赃物也已交还被害人。在刑罚执行完毕之后,甲又窃取了乙的同一贵重财物。此时,对甲的行为是否还需要进行再次评价?如果需要,则与原本的立场不相符合。难道就因为行为人实施行为的时空条件发生了变化,就要改变刑法评价?如果不需要,则有放纵犯罪之嫌,也难以为人所接受。再比如,A窃取了B的信用卡,通过猜配密码,取出5000元后,心生悔意,将这5000元重新存入B的信用卡。之后又因急需而重新取出5000元,此时,A的犯罪数额应如何计算?如果按照反对累计数额的观点,对被害人而言,只有5000元的损失,所以不应累计数额。但是,一方面,当行为人第一次取

---

[1] 这一立场可以推广适用于所有取得型财产犯罪。

款之时，犯罪已然既遂，事后是否有还款的行为不应当影响对行为的刑法评价；而另一方面，真正造成财产损失的是第二次取款的行为。如何化解这里的逻辑矛盾？我们只能归结于反对累计数额的立场本身存在问题。

当然，如果考虑到针对同一财物的重复盗窃在客观上的危害程度相对较轻，那么，我们可以在累计数额的范围内，将其作为酌定的量刑情节加以考虑，也并不违反罪刑均衡原则。

4. 替代盗窃

这是指行为人以劣质财物替换他人优质财物而实施的盗窃行为。在该场合中，成为问题的是，计算犯罪数额之时应否扣减用以替换的劣质财物的价值？我们看一个案例：

> 例5-12：村民吴某与其子携带工具，窜至当地驻军部队营房内，盗走该部队解放141牌汽车上的4只后轮胎，价值3280元，随后将自己家中的4只同样规格的价值为2020元的旧轮胎安装在那辆汽车上。[1]

如果站在被害人遭受损失的立场，则应当将用以替换的旧轮胎的价值从盗窃数额中扣减。但如果站在盗窃罪的构成要件符合性的立场，则应以被盗财物的价值来计算犯罪数额，不应扣减替换财物的价值。本书持后一种立场。

5. 小结——重申立场

认定财产犯罪的数额，应当严格按照构成要件要素的立法规定来进行。行为人非法占有财物的价值是我们认定犯罪数额的唯一标准，除此之外，行为人是否有销赃行为、被害人的损失程度高低以及行为人是否获利等都不应成为认定数额的考量因素，这才是坚持构成要件的定型机能，也恪守了罪刑法定原则的基本立场。

二、财产犯罪的对象认识错误与数额认定

根据犯罪构成必须是主客观相一致的原理，"数额较大"是财产犯

---

[1] 本刊学习问答组：《吴某盗窃案的数额应如何认定？》，载《人民检察》1996年第7期。

罪客观方面不可缺少的要件，相应地，行为人在主观方面也必须对犯罪对象的价值有认识，这样才能主客观相统一。但如果行为人对财物的价值认识发生偏差，能否影响对犯罪数额的认定，就成为问题。

这种行为人对财物价值的主观认识与其客观价值发生分歧的状况，大致可以分为以下两种情形：

第一，行为人意图非法取得价值较大的财物，但由于认识错误，实际上取得的财物价值较小。

> 例5-13：2008年10月12日，被告人王武军、张海洋以买青花瓶等瓷器的名义，在浙江省台州市临海一家宾馆内与被害人聂武波取得联系，对聂武波所带的7件瓷器进行看货、谈价，并提出带着瓷器到上海市进行真伪鉴定。当晚，两被告人商定，在去做鉴定的路上将这批瓷器盗走。王武军将此意图告知了被告人陈欢本，并让陈欢本及王秀东开车带着被害人聂武波等人及要鉴定的瓷器到上海市做鉴定。王武军将陈欢本所开车辆的备用钥匙交给被告人张海洋。10月13日，按约定由王武军通过电话指挥，张海洋事先在高速公路绍兴市三江服务区等候，陈欢本带被害人聂武波等人鉴定返回至此处停车吃饭，张海洋即趁机用王武军给的备用钥匙，将放在陈欢本驾驶的轿车后备厢内的7件瓷器全部窃走。后经鉴定，该7件瓷器均系非文物，价值2.25万元。[1]

行为人由于认识错误，对盗窃犯罪对象的价值作出过高的错误估计，这种情形事实上构成了对象不能犯。所谓对象不能犯，是指由于行为人的错误认识，使得犯罪行为所指向的犯罪对象在行为时不在犯罪行为的有效作用范围内，或具有某种属性，使得犯罪目的不能得逞的情形。将赝品作为古董进行盗窃的情况，就是一种典型的对象不能犯未遂。在盗窃犯罪中的对象不能犯未遂的场合，因为积极追求的犯罪结果并未发生，所以行为人主观上意欲非法占有财物的价值就成为衡量行为主观恶性和社会危害性的主要标准。1997年盗窃解释也明

---

[1] 案例来源：聂昭伟：《盗窃误以为是价值特别巨大的古董赝品如何认定盗窃数额》，载《人民法院报》2010年5月20日，第6版。

确了这一立场:"盗窃未遂,情节严重,如以数额巨大的财物或者国家珍贵文物等为盗窃目标的,应当定罪处罚。"该立场也被2013年的司法解释继承。

不过,在量刑原则上,需要强调的是,应当采取根据行为人意欲窃取的财物数额作为犯罪未遂法定刑选择的量刑原则。在该案的场合中,行为人意图窃取数额巨大(因案情并未交代被告人意欲盗窃的真实古董的价值,所以被告人的意图也可能是"数额特别巨大")的古董,因此,应在"数额巨大"或"数额特别巨大"的量刑范围内,适用总则关于未遂犯的处罚原则。[1]

第二,行为人意图非法取得价值较小的财物,但由于认识错误,事实上取得了价值较大的财物。

这种情形通常是指行为人对财物有明确的认识,但是对财物的价值产生认识错误,比如,流浪汉甲某日傍晚潜入一企业家家中,将其宠物犬偷走,回去后将狗杀掉吃了。事后查明,该宠物犬系名贵品种,市值10万元。对于这种情形,通常的认识都是以社会一般人能够认识到的财物价值作为认定数额的依据。在该案的场合中,由于流浪汉不可能认识到宠物犬的名贵性与市值,因此,只能以其所能够认识到的动物的价值来认定犯罪数额,可能达不到"数额较大"的要求,只能作无罪处理。

但在另外的场合,能否也作同样的认定,还需要细致的分析。

例5-14:甲在公共汽车上扒窃了一只大哥大包,下车后行至偏僻处,打开拉链,发现其中有5000元人民币,便将其装入口袋,然后以为包中没有其他值钱财物,便将包扔入下水道冲走。事实上,包的里层还装有10000元。[2]

例5-15:乙潜入商店盗窃待售的旅行包,标价1000元。得手

---

[1] 还需要说明的一点是,该案中赝品古董的实际价值为2.25万元,已经达到"数额巨大"的标准,因此可能存在盗窃数额特别巨大财物的未遂与盗窃数额巨大财物的既遂的竞合。本书认为,可以适用想象竞合犯的原理"从一重罪"处断,但与上述处断原则并不违背。

[2] 参见张明楷、黎宏、周光权:《刑法新问题探究》,清华大学出版社2003年版,第192页。

后发现内装2000元现金,继而据为己有。

这两个案例的共同之处都在于,行为人在行为之时对于行为对象的认识发生疏漏;不同之处在于,前者没有占有遗漏的财物,而后者则占有了遗漏财物。这种认识错误对于行为的定性以及数额的认定有无影响?

在例5-14的场合中,行为人对于包裹及其内装的现金在客观上已经形成了占有,并且依据一般的社会观念,也可以肯认其对该包裹及内装现金具有占有意思(即使他并不知道现金的具体数额),因此,行为人的行为在客观上符合盗窃罪的转移占有的要求;从主观上讲,盗窃罪的犯罪故意可以是一种不确定的故意,在此情形下,行为人的认识错误并不影响具体数额的认定。但这并不意味着在行为人对内装财物没有明确认识的情况下,也要就财物的整体价值承担刑事责任。就该案而言,行为人抛弃包裹的举动表明,其主观上只有占有其所能发现的特定金额的财物的故意(即5000元),对于未发现的财物,并没有窃取的故意,因此,对于抛弃的10000元,不应承担盗窃罪的刑事责任。在数额认定上也应如此解读。这就好像饥饿的乞丐潜入商店窃取盒装饼干,却意外发现盒内装有店主的私房钱若干,之后乞丐归还了现金。在此场合,我们只能就饼干的价值来判断乞丐的行为是否成立盗窃罪,对于现金则不能要求其承担刑事责任。原因是,乞丐事后的归还行为,正如例5-14中甲的抛弃行为一样,均证明其对该财物没有窃取的故意。

但在例5-15的场合中,情形却有不同。行为人占有了行为时并没有明确认识到的财物。对此,有观点认为,将窃取时没有认识到的财物占为己有,应当根据行为人的后续行为推定其在实施盗窃行为时对全部财物有所预见,这属于一种特殊的"事后故意"盗窃,行为人应按照实际窃取的财物数额承担既遂的责任。[1]

但根据行为与故意同时存在的原则,让行为人对行为时没有认识的犯罪对象承担刑事责任,是不合理的。因此,就该案而言,乙只就

---

[1] 参见董玉庭:《盗窃罪研究》,中国检察出版社2002年版,第80页。

1000元的旅行包承担盗窃罪的刑事责任,对于包中的2000元现金则不应以盗窃罪论处。当然,行为人占有这2000元现金没有合法的依据,但根据现行刑法的规定,难以对该行为进行刑法评价,只能追究其民事责任。[1]

---

[1] 有观点认为,在此场合中,可以扩张侵占罪的适用范围,就该2000元成立侵占罪。不过,就本案而言,既不存在行为人与被害人之间的代为保管关系,也难将旅行包视为遗忘物,站在恪守罪刑法定原则的立场,只能作无罪处理。

第六章
财产犯罪基础理论解读（一）：财产罪的保护法益

财产犯罪的法益是指刑法规定财产犯罪所要保护的利益。就该问题，理论上存在重大分歧。在德国有法律的财产说与经济的财产说之间的对立，在日本有本权说与占有说之间的对立。在我国，所有权说是历来的通说，但近来受日本刑法的影响，占有说逐渐成为更有力的主张，所有权说则成为被批判的对象。不过，必须指出的是，我们对于日本刑法理论（包括德国）的借鉴，从目前来看，更多停留在解决具体问题的层面，而德日刑法理论关于财产犯罪保护法益的学说对立，有着更为深刻的背景与理论支撑。并且，事实上，学说之间的分歧并没有我们想象中的大。因此，要真正吸收外国刑法理论的合理成分为我们所用，就必须深入探究学说背后的理论根源。同时，任何一种主张都必须结合现有的刑事立法，这样才是更为稳妥的做法。

第一节 国外理论的梳理

一、德国财产犯罪的保护法益论

德国判例和学说对于财产犯罪保护法益的理解，是以财产的含义为中心的，关注财产损害的意义[1]，由此展开了法律的财产说与经济

---

[1] 如《德国刑法典》第263条第1款规定："意图为自己或第三人获得不法财产利益，以欺诈、歪曲或隐瞒事实的方法，使他人陷入错误之中，因而损害其财产的，处5年以下自由刑或罚金刑。"这里明确将对财产的损害作为成立犯罪的构成要件要素，因此，学说的分歧很大程度上表现为在理解何谓"财产损害"上的差异。与之相对，(转下页)

的财产说之间的对立。

(一)法律的财产说

法律的财产说是德国刑法学较早的立场,但学说内容的最终完成则要归结于宾丁(Binding)。法律的财产说认为,经济生活中有各种经济利益,规范私人财产关系的民法,在保护这些经济利益时起到了决定性的作用。受到民法保护的经济利益就是民法上的权利,财产犯罪就是为了保护这些民事权利而规定的犯罪,刑法中的财产就是民事法上权利的总体。"抽象化的无形态的价值总量,或者事实上持有的财产价值在金钱意义上的评价,不是刑法上的财产。"[2]财产犯罪的本质是对这些民事权利的侵害。[3] 宾丁还认为,财产犯罪侵害的法益不是权利的整体,而是权利的构成要素。[4] 根据法律财产说的观点,只要有权利的侵害,即便没有经济的损害也成立财产犯罪。无论是针对有经济价值的物品的所有权,还是全然没有经济价值的物品的所有权,在权利侵害这一点上并无不同,都可以成立财产犯罪。据此,窃取他人送给女友的情书的行为,也成立盗窃罪。并且,只要侵害了财产权,即使提供了相应对价且被害人的财产整体经济价值没有减少,也成立财产犯罪。[5]

法律的财产说认为财产犯罪的本质是对财产权利的侵害,紧接着的问题就是,被侵害的对象(或曰权利)为何? 以诈骗罪为例,该说认为,被保护的权利(或者受侵害的权利),并不是被害人交付的财物或

(接上页)我国刑法在财产犯罪的罪状描述上并没有明确财产犯罪的成立是否需要有损害,在解释上,能否照搬德国的学说就成为问题。但这一点往往为学者所忽略。

[2] Karl Binding, Lehrbuch des gemeinen Straftrchts, Besonderer Teil, 1.Band, 2. Aufl, 1902, S. 239 f,转引自童伟华:《财产罪基础理论研究:财产罪的法益及其展开》,法律出版社2012年版,第15—16页。

[3] 参见张明楷:《刑法学》(第四版),法律出版社2011年版,第835页。

[4] 参见童伟华:《财产罪基础理论研究:财产罪的法益及其展开》,法律出版社2012年版,第16页。

[5] 宾丁曾举例说,以诈骗的方式取得别人亡父的遗发,尽管支付了20马克,被害人的财产价值没有减少,但仍然可以说遭受了法律上的损害。因为刑法上被害人财产的减少,与财产的金钱价值的减少是不同的。这种主张的理论依据,宾丁认为,个别性是权利的必然属性。参见童伟华:《财产罪基础理论研究:财产罪的法益及其展开》,法律出版社2012年版,第16页。

利益,而是被害人应该从交易中得到的财物或者利益。例如,行为人欺骗被害人说标的物是 A 国的刀,其实是经济价值相等的 B 国的刀,被害人受到欺骗后支付对价购买。在这种情形下,被侵害的是被害人对 A 国的刀的权利,而不是其已经支付的对价上的损失。另外,对于财产损害而言,法律的财产说认为,财产权利必须受到"现实侵害"才能说有损害发生,从权利的角度来看只不过发生了"危险"时,即便从经济的角度来说发生了某种损害,也不能说有刑法意义上的"损害"存在。以信用欺诈为例,甲以个人信用为担保向乙借款,乙从甲处取得了同额的债权。当甲没有返还意思或者返还能力时,从实质的、经济的见地来看,债权的价值很低,乙可以说发生了经济的损害。但是,从债权的法律性格角度来看,与接受信用担保时有返还的意思和能力相比没有差别。据此,由于法律上的价值没有降低,从权利的角度看不能说发生了损害。

正因为法律的财产说立足于财产的权利属性,所以该说尤其强调财产在民法上的合法性。凡民事上无权利依据的财产都不能成为财产犯罪的行为客体。对于意图不支付报酬欺骗他人提供卖淫服务的,或者以欺骗手段雇佣他人犯罪而意图不支付报酬的,不成立诈骗罪。对于没有本权的占有,该说也不认为是财产。因此,所有人从盗窃犯处骗回财产的,不成立诈骗罪。但第三人从盗窃犯处窃取财产的,是对原所有人权利的侵犯,成立盗窃罪。[1]

考校法律的财产说的理论根源,可以发现,其基本立场是以刑法从属性为根据的,即刑法的保护法益应该根据民法上的权利来认定。宾丁认为,作为保护法之一的刑法,必须在规范的关系上把握。所有的保护法都是从属法,法益和权利是由刑法所保护的规范规定的,分散在各个不同的法律领域。不能孤立地看待刑法。刑法与其他法律

---

[1] 但是,对于第三人从盗窃犯处骗取财产的行为,法律的财产说认为没有欺骗所有人,因此,不成立诈骗罪。参见童伟华:《财产罪基础理论研究:财产罪的法益及其展开》,法律出版社 2012 年版,第 18 页。

紧密合作,是所有实体法体系中的一部分。[1] 对此,日本学者林干人教授认为,自由主义和形式主义思想,是法律财产说的根本思想基础。刑法介入活跃的经济生活界限必须明确,以财产权作为财产犯的保护法益也许是基于这一考虑。[2]

法律财产说的最大问题是对民法权利的保护过于形式化,只要民事权利在形式上受到了侵害,不问有无实质的经济损害,都认定有刑法上的损害;民事权利没有受侵害时,即便有重大的、实质的损害,也不承认有刑法上的损害。这一过于形式主义的主张,受到德国刑法学者的批判,判例基本上也没有采纳。法律的财产说已完全崩溃。[3]

(二) 经济的财产说

该说也称纯粹经济的财产说,认为财产就是有经济价值的利益。所谓经济价值,一般是指能以金钱衡量的价值。经济的财产说认为,金钱损害的有无才是判断财产损害的标准,完全不用从法律权利的角度考察经济的损害。根据经济的财产说,第一,没有金钱价值的财物,即使作为民事权利也不是财产,侵害这种权利的行为不成立财产犯罪。另外,侵害具有金钱价值的利益时,如果提供了相当的对价,即整体上的金钱价值没有减少,就没有刑法上的损害。第二,所谓不法的财产利益,如卖淫女应该获得的对价,虽然在民事诉讼上得不到保护,但由于有金钱上的价值,也是刑法上的财产。盗窃犯占有的赃物,由于其能从占有中享受金钱上的利益,同样是刑法上的财产,第三人对盗赃的骗取行为也成立财产犯罪。第三,所有权人从盗窃犯处取回自己的财物的行为也成立盗窃罪,因为盗窃犯对财产的占有具有金钱上的利益。同样,债权人欺骗债务人实现债权的行为也成立财

---

[1] 参见童伟华:《财产罪基础理论研究:财产罪的法益及其展开》,法律出版社 2012 年版,第 18 页。
[2] 参见〔日〕林干人:《财产罪的保护法益》,东京大学出版会 1984 年版,第 37—38 页。转引自童伟华:《财产罪基础理论研究:财产罪的法益及其展开》,法律出版社 2012 年版,第 19 页。
[3] 参见张明楷:《刑法学》(第四版),法律出版社 2011 年版,第 836 页。

产罪。[1]

经济财产说的思想基础是刑法的绝对独立性理念以及事实主义、行为无价值论。但是,这种绝对主义的立场并非没有问题。所以经济财产说的主张并没有被贯彻到底,比如,施罗德(Schröder)就认为通过欺诈手段免除无效的债权,或者骗取不法的劳动力的场合,不能认为发生了财产上的损害。[2] 纯粹经济财产说的重大缺陷在于否定了法的共同价值和法律应有的共同准则,这就为法律的·经济的财产说的产生创造了契机。

(三)法律经济财产说

该说是在批判法律的财产说与经济的财产说的基础上发展起来的。该说不同于法律财产说之处在于,后者对财物的经济价值没有要求,对财产的经济损害也没有要求,而前者则将财物的经济价值作为判断是否构成财产的基本要素,并且在损害的认定上,也要求有经济损害的存在。特别是在诈骗罪的场合,该说认为,如果侵害了根据民事法秩序应当保护的"正当的金钱"又没有提供对价,就没有理由否定损害;反之,如果行为人提供了相当的对价,就不能说对被害人的给付造成了财产损害。

法律经济财产说对经济财产说的批判主要集中在作为后者的思想基础的事实主义和行为无价值上。首先,经济的财产说认为,只要在事实上有经济价值就是刑法上的财产,债权能否成为刑法上的财产,关键在于债权事实上有无实现的可能。而这一点受债务人的人品、支配能力以及与当事人的关系等因素影响,这些都是偶然的因素。如果债务人凭借体力的优势使债权人断绝索债意愿,根据经济的财产说,债权人的债权就不是财产。在诈骗卖淫女的场合,如果卖淫场所的卖淫女能够凭借他人的力量实现债权,待支付的嫖资就属于刑法上

---

[1] 参见童伟华:《财产罪基础理论研究:财产罪的法益及其展开》,法律出版社2012年版,第20页。
[2] 参见童伟华:《财产罪基础理论研究:财产罪的法益及其展开》,法律出版社2012年版,第26页。

的财产;反之,街头拉客的卖淫女由于不能得到他人的帮助,对嫖客享有的债权就不是刑法上的财产,这一区别显然是不妥的。[1] 其次,与法益侵害无关的纯粹的行为无价值,不能作为可罚性的基础。要想说明行为的可罚性,应该证明行为对法益的侵害或者危险。如果主张刑法中的法益是共同体认可的。达到应受刑法保护程度的利益,就应该首先考虑某种利益是否是法益、是否值得保护。基于违反公序良俗的契约而无效的债权,可以确定无社会价值和意义,不值得保护。在此基础上,法律经济财产说认为,刑法最重要的任务是保护法益免受侵害,要成为法益就必须得到法的认可。法秩序否定的利益即使从纯粹的经济观点来看有价值,也不值得刑法保护。这一点,要归结于法秩序统一原则。因此,克莱默(Cramer)认为,所谓财产就是"人们在法律承认之下所持的有经济价值的利益全体"[2],此即实质的财产概念。据此,卖淫女的不法劳动力在法律上缺乏正当性,因而其对嫖客的债权不是刑法上的财产。

法律经济财产说的思想基础是法秩序的统一性、实质主义和结果无价值理念。[3] 在以法益为重的刑、民关系上,法律经济财产说主张刑法上的利益即便不是民法上的权利,至少也不是民法上不保护的违法利益。这一点可以说是该学说与经济财产说的根本区别。[4]

从德国的判例和学说来看,刑法中的财产概念所要解决的问题主要包括两个方面:一是经济损害的要否,二是民事上不法的经济利益能否被视为刑法上的财产。就前者而言,法律经济财产说与经济财产说的立场一致,就后者而言,法律经济财产说与法律财产说的立场接

---

[1] 参见童伟华:《财产罪基础理论研究:财产罪的法益及其展开》,法律出版社 2012 年版,第 29 页。
[2] Peter Cramer, Vermögensbegriff und Vermögensschaden im Strafrecht, 1968, S. 91 f, S.100, 106 f.转引自童伟华:《财产罪基础理论研究:财产罪的法益及其展开》,法律出版社 2012 年版,第 31 页。
[3] 参见童伟华:《财产罪基础理论研究:财产罪的法益及其展开》,法律出版社 2012 年版,第 31 页。
[4] 参见童伟华:《财产罪基础理论研究:财产罪的法益及其展开》,法律出版社 2012 年版,第 32 页。

近(也存在一些具体差异)。[1]

二、日本财产犯罪的保护法益论

与德国理论不同的是,日本学界对于财产犯罪保护法益的理解,最早出现在关于盗窃罪的法益是所有权还是占有权的争议中,即所谓本权说与占有说的对立。后来,这种争论逐渐扩展到强盗、诈欺、背信、恐吓等财产犯罪,成为所有财产罪保护法益的学说之争。[2]

本权说与占有说的对立,最初是由于对《日本刑法典》第242条的理解存在分歧。[3] 这种对立被称为狭义的本权说与占有说的对立。[4] 狭义的本权说认为这里的占有只限于有权源的占有,占有说认为这里的占有包括事实上的占有(即无权源的占有),争论点仅限于此。随后的争论才扩展到关于财产犯罪的保护法益上来。

(一)本权说与占有说的内容

1. 本权说

该说认为,财产犯罪的法益是所有权及其他本权。本权是指合法占有财产的权利,包括物权、债权等。在本权说看来,只要是基于权源的合法占有,都受刑法的保护;只要侵害了财物之上的财产权利,就具有构成财产犯罪的可能性。如此一来,非法占有即被排除在财产犯罪的保护范围之外。根据本权说,盗窃罪的被害人从盗窃犯处窃回被盗财物的,不成立盗窃罪;侵占或骗取不法原因给付物的,不成立财产犯罪;等等。

本权说的形式根据是现行《日本刑法典》第235条的规定,盗窃罪的对象是"他人财物"。从一般语义上分析,他人的财物即他人具有所

---

[1] 参见张明楷:《刑法学》(第四版),法律出版社2011年版,第836页。
[2] 参见刘明祥:《财产罪比较研究》,中国政法大学出版社2001年版,第11页。
[3] 《日本刑法典》第242条规定,"虽然是自己的财物,但由他人占有或者基于公务机关的命令由他人看守时,就本章犯罪,视为他人的财物。"参见《日本刑法典》(第2版),张明楷译,法律出版社2006年版,第90页。
[4] 参见童伟华:《财产罪基础理论研究:财产罪的法益及其展开》,法律出版社2012年版,第34页。

有权的财物。[1] 本权说的实质根据,根据学者的概括,主要有以下几点:第一,法秩序统一原则的需要。法秩序统一性即主张民法、刑法等"不同领域之间,应当相互之间没有矛盾,并最终作为法秩序的整体,具有统一性"[2]。一个行为,只有首先构成民事违法,才可能成立犯罪,刑法的保障以民法的保护为前提。据此,本权说认为,只有基于权源的合法占有才受刑法的保护,只有侵犯合法占有的场合才能构成财产犯罪。第二,本权说能够合理地解释为什么夺取财物后的毁弃行为不可罚。传统的见解认为,毁坏财物罪的法益是财物的所有权。如果将取得型财产犯罪的法益解读为本权,就能够在构成要件上将毁坏财物罪的行为包含进去,不需要另外处罚。第三,单纯的占有本身没有独立的价值。本权说认为,占有只是表明对财物的持有状态,其本身并无独立的价值。财产罪确实侵害了他人对财物的占有,但是仅仅侵害了占有还不足以成为构成财产犯罪的理由,只有通过侵害占有实质上侵害了财产权利,才能构成财产犯罪。

  本权说在坚持法秩序统一性原则这一点上具有妥当性,但仍然存在理论上的缺陷,因而受到学者的批评。首先,将无权源的占有一概排除在财产犯罪的保护范围之外,没有合理性。如果坚持彻底的本权说,第三人从盗窃犯处窃取赃物的行为,因为没有侵犯到本权,不能评价为盗窃罪。以往的观点认为,在此场合下,第三人的行为是对原所有权的侵犯。但盗窃犯的行为已然侵犯了原所有权,其何以能够二次被侵犯,这一点,本权说并不能给出合理的解释。而且,正如大谷实教授所说,根据本权说,"没有正当授权的占有在刑法上不受保护,财物的合法主人在任何时候、采用任何手段夺回该财物,均不构成犯罪。但是,这样的话,便会引起财产秩序的混乱,明显不妥"[3]。其次,本

---

[1] 从法律沿革的角度来讲,日本原刑法将盗窃罪等财产犯罪的犯罪对象规定为"他人占有的财物",而现行刑法将其修改为"他人的财物"。从形式上着眼,刑法特意将原有条文中的"占有"二字删除,即表明刑法所保护的是财产占有背后的本权而非占有自身。

[2] [日]曾根威彦:《刑法学基础》,黎宏译,法律出版社2005年版,第212页。

[3] [日]大谷实:《刑法讲义各论(新版第2版)》,黎宏译,中国人民大学出版社2008年版,第175页。

权说不能解释侵夺违禁品的行为的处罚根据。在违禁品的场合,不可能有合法的本权存在。因此,如果将本权说贯彻到底,则侵夺违禁品的行为不能成立财产犯罪。可是,在日本,侵夺违禁品的行为成立财产犯罪是判例和学说的一致见解。例如日本的最高裁判所在诈取作为禁制品隐匿物质的原军用酒精的案件中认为行为人成立诈骗罪(最判昭和24年2月15日刑集3卷2号175页)。[1] 再次,在本权之间存在对抗关系时,无法依据本权说得出合理结论。比如,所有权人在质押合同期限内,从质权人处窃取其所有的质押物的行为,是否成立盗窃罪?在该场合下,所有权是本权,质权也是本权,无论是支持还是反对成立犯罪的主张都是合乎逻辑的结论。[2] 这个矛盾在本权说的内部无法化解。最后,本权说认为刑法对民法具有绝对的从属性的立场并不合理。尽管从法秩序统一性的角度来看,强调刑法对民法的从属性,可以避免法律之间的冲突,及其进而造成的公民在适法上的障碍和无法对自己行为作出合理预见。但是,将该立场绝对化,否认无民事权利的非法占有也能享受刑法的保护,则过分限缩了刑法对法益保护的功能。

2. 占有说

该说认为,财产犯罪的保护法益与民事法上的权利义务关系不同,必须根据刑法的机能来确定。刑法规定财产犯罪主要是为了实现财产秩序维持机能,为此必须保护占有或者所持,事实上的占有是财产犯罪的保护法益。不论行为人与被害人之间的民事关系如何,侵害事实上的占有时就成立财产犯罪。[3] 根据占有说,财产犯罪的法益不限于在民法上有权源的利益,他人没有合法根据占有的利益乃至非法利益也是财产犯罪的法益。[4] 当自己的所有物为他人不法占有

---

[1] 参见〔日〕大塚仁:《刑法概说(各论)(第三版)》,冯军译,中国人民大学出版社2003年版,第204页。
[2] 从所有人的角度讲,所有人的行为是行使权利的行为,没有侵犯本权,所以不成立犯罪。从质权人的角度讲,所有人的行为是对本权(质权)的侵夺,当然成立犯罪。
[3] 参见童伟华:《财产罪基础理论研究:财产罪的法益及其展开》,法律出版社2012年版,第37页。
[4] 参见张明楷:《刑法学》(第四版),法律出版社2011年版,第835页。

时,如果窃取了它,只要没有特别的阻却违法的事由,仍成立窃盗罪。[1] 占有说的形式根据是现行《日本刑法典》没有如同《(旧)日本刑法典》第366条一样明文规定盗窃罪的对象是"他人的所有物",根据立法旨趣,盗窃罪的对象不应限定为他人的所有物[2]。另外,根据现行《日本刑法典》第242条的规定,虽然是自己的所有物,但如果在他人占有时将其窃取的,仍应成立盗窃罪,这就表明盗窃罪是把侵犯占有而不是把侵犯所有权作为本质。[3] 占有说的实质根据之一是禁止私力救济,即认为在法治国家中被害人为了恢复权利,应该遵循法定的救济方式,即便是所有人,也应禁止通过私力救济恢复权利。[4] 第二,所有权制度的确是市民社会的基础,但这种所有权仅止于抽象的权利,财物的经济效果是由财物被持有、管理而形成的。不用说,为了保护所有权,首先必须保护占有自身,更何况,如果以欠缺本权为理由而允许侵犯他人占有的话,其结果就会产生无秩序的实力斗争,因此,占有本身必须作为独立的价值在刑法上得到保护,像民法中本权和占有都可以得到独立保护那样,在刑法中也应把所有权及其他本权和独立的占有自身解释为盗窃罪的法益。[5] 换言之,与本权说不同的是,占有说认为单纯的占有本身也具有独立的保护价值。第三,当第三人从违禁品或赃物占有人手中窃取违禁品或赃物时,本权说也不得不承认盗窃罪的成立,其结果就意味着放弃了本权说。[6]

对占有说的批判主要集中在两个方面:第一,占有说不能合理解

---

[1] 参见[日]木村龟二主编:《刑法学词典》,顾肖荣、郑树周译校,上海翻译出版公司1991年版,第686页。
[2] 参见童伟华:《财产罪基础理论研究:财产罪的法益及其展开》,法律出版社2012年版,第37页。
[3] 参见[日]木村龟二主编:《刑法学词典》,顾肖荣、郑树周译校,上海翻译出版公司1991年版,第686页。
[4] 参见童伟华:《财产罪基础理论研究:财产罪的法益及其展开》,法律出版社2012年版,第37页。
[5] 参见[日]木村龟二主编:《刑法学词典》,顾肖荣、郑树周译校,上海翻译出版公司1991年版,第686页。
[6] 参见[日]木村龟二主编:《刑法学词典》,顾肖荣、郑树周译校,上海翻译出版公司1991年版,第686页。

释财产犯罪中不可罚的事后行为。根据占有说,盗窃罪的保护法益是占有,毁坏财物罪的法益是所有权,盗窃罪与毁坏财物罪的法益不同,盗窃罪的评价不能包括毁坏财物罪,对于盗窃后又毁坏财物的行为,要作为两罪处罚。但是财物的毁坏行为不过是盗窃延长线上的行为,主张另外成立毁坏财物罪,有违刑法谦抑性原则。[1] 占有说对此反驳认为,保护占有归根到底是为了保护所有权,通过保护占有连带也保护了所有,从占有说的角度出发,毁坏行为也是不可罚的事后行为。对此,批判的观点认为,如果这样理解,那占有说与本权说就没有实质的差别了。[2] 第二,占有说过分扩张了对法益的保护(即过剩保护)。根据占有说,被害人从盗窃犯处窃回自己所有的财物的行为,也成立盗窃罪,但这明显不妥当。即使占有说的支持者也认为这种情况不可罚。保护法益的扩大化,使得以保护个人财产为目的的财产罪单纯发挥了"财产制度维持"的作用,与财产罪本来的旨趣不符。[3]

日本的判例经历了由本权说向占有说的转变。在"二战"之前,本权说是主流的立场;"二战"之后,占有说取得了压倒性的优势。[4]

3. 中间说

由于本权说和占有说都存在无法回避的缺陷,于是就产生了形形色色的中间说。中间说包括从本权说出发的修正的本权说(如"大致有理由的占有"说、扩张的本权说等),以及从占有说出发的修正的占有说(如"平稳的占有"说)。前者扩张了本权,后者则限缩了占有。各方主旨都是想把财产犯罪的法益限定在合理的范围之内。但是,中间说的问题在于:首先,具体问题解释上的不明确。比如,根据修正的

---

[1] 参见童伟华:《财产罪基础理论研究:财产罪的法益及其展开》,法律出版社2012年版,第42页。
[2] 参见童伟华:《财产罪基础理论研究:财产罪的法益及其展开》,法律出版社2012年版,第42页。
[3] 参见童伟华:《财产罪基础理论研究:财产罪的法益及其展开》,法律出版社2012年版,第43页。
[4] 判例态度的转变有其社会背景。首先是日本战后社会秩序的混乱,导致财产关系处于无序状态,因而有必要借助对占有的保护,以恢复财产秩序;其次是日本战后经济的高速增长,导致财产利用关系的复杂化,使得本权与占有分离成为常态,出于维护财产秩序的目的,也有必要保护占有。

本权说,债权人擅自取走担保物的行为成立犯罪,理由是即便超过了债务的履行期限,占有人(即债务人)的法益仍然应被保护(即债务人对担保物的占有是"有理由的")。但是,债务人的占有超过履行期限以后为什么可以视为基于本权的占有,修正的本权说不能提供令人信服的解释。在修正的占有说中也存在同样的问题。[1] 其次,中间说的目的是想在本权说和占有说之间寻求妥协,但妥协的后果就是在不同程度上背离了各自的基本立场,这就导致占有的"相对化"。比如,根据平稳的占有说,第三人从盗窃犯处夺取赃物时,盗窃犯对赃物的占有是平稳的,所有人取回被盗物品时盗窃犯的占有不是平稳的,两者的刑法评价不同,但从客观上看,占有的状态并不因行为人的身份而有不同。

4. 小结

追究本权说与占有说对立的根源,我们发现说到底是理念上的分歧。本权说更重视刑法对民法的从属性,同时注重对个体权利的保护,而占有说则更强调刑法的独立性,关注财产犯罪的秩序维持功能。但有意思的是,当我们深入分析两种观点对于具体问题的解读时却发现,本权说与占有说在解释结论上的分歧并不大。也即,本权说没有如想象中过分限缩对法益的保护(比如本权说也承认对违禁品的刑法保护),占有说也没有过分扩张对法益的保护(比如占有说也认为财物所有人从盗窃犯处窃回财物的行为不可罚)。这种吊诡的现象需要我们深入发掘,由此才可能寻找出本权说与占有说真正的分歧点所在。

(二) 本权说与占有说对立的实质

本权说与占有说并不必然是对立冲突的。山口厚教授就认为,采取本权说,也没有必要否定占有本身属于保护法益(的一部分),采取占有说,也可认为保护对象还包括本权(毋宁说,本权才是最终的保护对象)。[2] 我国台湾地区学者林山田也认为,"窃盗罪的刑法条款为

---

[1] 何谓"平稳的占有",其判断基准仍然是不明确的。
[2] 参见〔日〕山口厚:《刑法各论(第2版)》,王昭武译,中国人民大学出版社2011年版,第216页。

了达成对于物的法律保护目的,其可罚性的范围,不能只局限于民法上的所有权的概念;况且,刑法上对于物的窃取行为的核心概念乃在于对物的持有支配关系的破坏,故物若系在所有权人以外的第三人持有之中的情形,则窃盗罪所要保护的法益,除所有权之外,尚包括持有权"[1]。

从根本上讲,本权说与占有说的对立表现在对财产犯罪的构成要件的不同理解上,即要成立财产犯罪,前者要求侵犯本权,后者则认为只要侵犯了占有即可。[2] 以所有人从盗窃犯处窃回被盗财物为例,本权说的分析逻辑是:盗窃罪的构成要件要求,行为人必须破坏本权人对财物的占有,案例中所有人的行为并没有破坏本权,因此不符合盗窃罪的构成要件。而占有说的分析逻辑是:盗窃罪的构成要件要求,行为人必须破坏占有人对财物的占有,案例中所有人的行为符合该构成要件,但是,在违法性的判断中,因为所有人的行为属于行使权利,没有造成实质的法益侵害,因而阻却违法。大谷实教授就认为,只要事实上的占有受到了侵害,原则上所有权等合法权益便受到了侵害,而作为行使权利所实施的行为等属于例外情况,所以,只要在违法性的判断阶段,考虑行使权利等正当化事由就够了。[3] 换言之,本权说将行使权利等行为作为阻却构成要件的事由,而占有说则将其视为阻却违法的正当化事由来对待。

如何看待这种分析思路上的差异,就涉及构成要件与违法性的关系了。按照罗克辛的观点,"行为构成(即构成要件——引者注)和违法性的意义不仅在于为了查明不法,而且还具有特殊的刑事政策的功能。"至于这种功能,罗克辛认为,"一个被正当化的举止行为是法律制度所允许的,并且原则上必须为有关人所接受,然而,一个无行为构成的作为并不一定是被允许的,而只能在'无法范围'(rechtsfreien

---

[1] 参见林山田:《刑法各罪论(上)》(修订五版),北京大学出版社2012年版,第209页。
[2] 参见[日]山口厚:《刑法各论(第2版)》,王昭武译,中国人民大学出版社2011年版,第216页。
[3] 参见[日]大谷实:《刑法讲义各论(新版第2版)》,黎宏译,中国人民大学出版社2008年版,第176页。

Raum)内活动或者甚至能够是违法的"[1]。对此,许玉秀教授概括为:(1)构成要件不合致的行为不一定是被容许的,例如使用窃盗刑法不罚,不可能符合构成要件,但仍然是民法上的侵权行为,而能对之主张正当防卫,反之,阻却违法的行为必定是法秩序所接受容忍的,不能对它主张正当防卫。(2)构成要件阶层决定行为是否具有刑事不法,违法性阶层则解决法域的冲突,避免法秩序的矛盾,例如注意其他法律领域所许可的行为,刑法上是否予以禁止。[2]

按照这个逻辑,根据本权说的立场,所有人从盗窃犯处窃回被盗财物的行为,因阻却构成要件而无罪。但盗窃犯可能对所有人进行正当防卫。根据占有说的立场,所有人的行为符合盗窃罪的构成要件,但行使权利作为正当化事由,阻却了该行为的违法性,盗窃犯对所有人不得进行正当防卫。由此推演,我们可以认为,本权说与占有说的根本分歧在于:刑法的机能更看重的是对财产利益的保护还是对财产秩序的维系。与通常的见解恰恰相反,占有说相比本权说更加重视对财产利益的保护(否认了盗窃犯可以对本权人进行正当防卫)。而且,这也并没有放弃占有说维持财产秩序的理论初衷。这也意味着,保护法益与维持秩序在某种程度上的融合。循着这个思路,我们可以更进一步说,占有是否具有独立的保护价值成为本权说与占有说在观念上的分水岭。

这样看来,本权说与占有说的对立并不表现在对具体问题的解释结论上,而在于其背后的理论支撑。无怪乎山口厚教授将本权说与占有说的争议焦点概括为:第一,可在何种限度之内适用禁止私力救济这种法律原则?第二,判断是否成立财产犯罪,究竟应从属于民事法

---

[1] 为此,罗克辛举例说:"为了单纯的使用而拿走他人的东西,通常是无行为构成的,因此是无罪的。但是,它作为被禁止的擅自使用行为(《德国民法典》第858条)还是违法的,并且引起了有关人的紧急防卫权,同时,一个作为例外的符合行为构成的使用性盗窃(Gebrauchsentwendung)(如使用他人的机动车,第2486条),如果被一种正当化根据所支持(例如,通过《德国民法典》第904条,只要该汽车是抢救人的生命所需要的),就提供了一种一般的容忍性义务。"〔德〕罗克辛:《德国刑法学总论(第1卷)》(1997年第3版),王世洲译,法律出版社2005年版,第187页。

[2] 参见许玉秀:《当代刑法思潮》,中国民主法制出版社2005年版,第88页。

律关系,还是可独立于民事法律关系?[1] 如果引申到犯罪论体系的语境之下,我们还必须澄清,构成要件的实质化应当扩展到何种程度?能否在根本上替代违法性的规范判断?本权说的立场就表现出对构成要件作实质化解释的倚重(将阻却违法事由纳入构成要件的判断之中),这种思路是否妥当呢?

第二节 我国刑法中的财产犯罪保护法益

一、学说的分歧

所有权说本是我国财产犯罪保护法益的通说,但随着德日刑法理论的不断引入,法律财产说与经济财产说、本权说与占有说的学术争论也影响了我国的刑法理论,逐渐形成了在这个问题上的学术对立。

(一)所有权说

该说认为,"侵犯财产罪侵犯的主要客体是公私财产所有权。财产所有权是指所有人依法对自己的财产享有占有、使用、收益和处分的权利,包括占有、使用、收益和处分四项权能。最核心的是处分权,即按照所有人自己的意志对财产进行自由处置的权利。一般说来,对任何一种权能的侵犯,都是对所有权不同程度的侵犯,而对处分权的侵犯,则是对所有权整体的最严重的侵犯,也是绝大部分侵犯财产罪的最本质的特征"[2]。

根据所有权说,如果没有侵犯所有权,就可以排除侵犯财产罪的成立。因此,如果第三人以非法手段取得他人(无论是否是所有权人)合法占有下的财物,可以构成盗窃罪、抢劫罪等侵犯财产罪;而所有权人实施上述行为,又没有借此勒索等后续行为的,由于没有侵犯

---

[1] 参见〔日〕山口厚:《刑法各论(第2版)》,王昭武译,中国人民大学出版社2011年版,第216页。
[2] 这是所有权说最权威的主张。参见高铭暄、马克昌主编:《刑法学》,高等教育出版社2000年版,第504页。

到财产所有权,就不构成侵犯财产的犯罪。[1]

学者对所有权说的批判大致集中在以下几个方面:第一,所有权说作为比本权说更为极端的学说,否认他物权(如质权)和债权也有给予刑法保护的必要,明显不妥当。比如,第三人窃取质权人所占有的质物的行为,侵害了质权人对质物的占有与收益,应当成立盗窃罪。但所有权说无法解释这一点,从而在事实上缩小了刑法的保护范围。第二,根据所有权说,对于盗窃自己所有而由他人合法占有的财物的行为,不能认定为盗窃罪,因而缺乏合理性。例如,所有人在租赁期内,盗窃租赁人合法占有的所有人的财物的,由于没有侵犯所有权,因而该行为不成立盗窃罪,这样的结论难以被接受。第三,所有权说难以说明盗窃或抢劫他人占有的违禁品的行为的可罚性。因为对于违禁品,占有人不可能有所有权。[2] 第四,所有权说不能回答行为人骗取盗窃犯所占有的盗赃的行为,是否成立诈骗罪的问题。因为在此情形下,盗窃犯对盗赃没有所有权。若以三角诈骗来解释,盗窃犯为受骗者,盗赃的所有人为被害人,但盗窃犯并无处分所有人财物的权限与地位,但若以无罪论处,实属不当。第五,所有权说不能说明正当防卫问题。根据所有权说,甲盗窃了乙的财物,丙在盗窃甲的盗赃时,甲不能进行正当防卫,这显然存在疑问。[3]

对于反驳的观点,所有权说的回应是:第一,所有权说不会缩小刑法的保护范围。因为所有权说并不否认或排斥对占有的保护,只是刑法对占有的保护应该有一个限度或者范围,而这个范围就是所有权人之外的人对占有的侵犯。也就是说,在侵犯财产罪中,对所有权的保护也当然

---

[1] 参见于志刚、郭旭强:《财产罪法益中所有权说与占有说之对抗与选择》,载《法学》2010年第8期。

[2] 权利者,必须为法所承认。在违禁品的场合,自然不可能有法所承认的权利存在。所有权说通常认为这种行为侵犯了国家的财产所有权,因为国家对违禁品有没收的职责。但就没收而言,国家现实地实施了没收行为时,才取得对所没收之物的所有权;在国家应当没收而还没有没收的情况下,国家对应当没收之物实际上并没有所有权。参见张明楷:《刑法学》(第四版),法律出版社2011年版,第837页。

[3] 以上观点的概括,参见张明楷:《刑法学》(第四版),法律出版社2011年版,第836—838页。需要说明的是,张明楷教授对于所有权的批判,在某些理由上存在瑕疵,留待后文论证。

涵盖了对占有的保护,二者并不是非此即彼的关系。刑法在保护所有权的前提下,对他人的占有也是一并保护的,因此,按照所有权说的观点,刑法对质权、担保权等他物权以及相关的占有权也是予以保护的,承认侵犯财产罪的法益是所有权与保护占有并不矛盾,所有权说并不会缩小刑法的保护范围。因此,他人盗窃质权人占有的质物的行为,固然侵犯了质权人的占有,但最终仍然使所有权受到侵犯,自然成立盗窃罪。只是在所有权人采取非法手段取回他人占有下的本人财物的情形下,出于处罚的必要性、刑法谦抑性等的考虑,单纯的占有在刑法上并不能对抗所有权,如果所有权人没有后续的索赔等行为,就不应作为财产犯罪处理。[1] 第二,反对所有权说的一个现实理由是,当今社会中围绕着所有权产生的相关法律关系呈现出多样的形态,所有与占有分离的现象十分普遍,因此,占有是最直接、最现实的权利,刑法应予保护。但是,在所有权与占有分离的场合,对财产没有任何权利的第三人从占有人处非法取得了财物,直接受到侵犯的的确是占有权,在这个范围内刑法对于占有应当予以保护,所有权说对此并不否认。但是应当认识到,刑法之所以将这种行为作为犯罪处罚,实质上仍在于这类行为侵犯了所有权或使所有权处于面临丧失的严重危险之中。比如,对于特定物,上述行为最终侵犯了所有权;对于种类物,占有人可能负有赔偿、返还等义务,实际上侵犯的是占有人可能用于赔偿的自有财物的所有权。因此,上述行为在表象上侵犯的是占有权,但实质上侵犯的仍然是所有权,"刑法保护之所以不以所有权为限,对占有也予以同等的保护,根本原因就在于维持一个有利于保护所有权的法律秩序。"[2]因此,就侵犯财产罪而言,所有权仍然是刑法保护占有的落脚点和根本所在。[3]

如果我们考察上述回应,就会发现,所有权说通过将占有引入所

---

[1] 参见于志刚、郭旭强:《财产罪法益中所有权说与占有说之对抗与选择》,载《法学》2010年第8期。

[2] 周光权、李志强:《刑法上的财产占有概念》,载《法律科学(西北政法学院学报)》2003年第2期。

[3] 参见于志刚、郭旭强:《财产罪法益中所有权说与占有说之对抗与选择》,载《法学》2010年第8期。

有权说的理论框架,从而部分消解了对该说的批判,但这种捆绑论证,事实上已经在很大程度上接受了占有说的主张,从而软化了所有权说的立场。这至少表明所有权说在解释上的无力。更重要的是,它并没有彻底解决所有权说的固有弊端,比如,在解释侵犯违禁品的行为的可罚性、不法原因给付物的诈欺,以及财产犯罪的正当防卫问题上,所有权说就难以保证逻辑上的自洽。所以,有学者明言,所有权说是"戴着脚镣跳舞"[1],应当予以彻底抛弃!

(二)占有说

在我国,对于占有说的支持理由多数源于日本刑法对占有说的肯认,具体理由在此不赘述。陈洪兵博士则在此基础上,另行阐述了坚持占有说的根据:

> 第一,在现代社会,随着经济条件的显著变化,财产关系日益复杂,采用占有说是现实的需要。如民法学者所言,"随着股份公司的出现和信托业的发展,出现了所谓'债权物权化'和'物权债权化'现象。之所以如此,是因为:第一,经济形态由'相对静态'到'频繁交易'。第二,价值目标由'归属'到'利用'……现代市场经济的社会化、高效化,使物的充分利用成为首要价值目标。要求摆脱所有权的羁绊,由支付等价来获取权利已成为一种趋势。第三,利益实现由'自主管理'到'价值支配'。传统的财产权制度并非注意到财产经营管理者同财产价值支配是可以分开的,物的最终处分权也可由他人行使。显然,当这种核心支配权依法可让渡给他人时,原所有人是否仍享有所有权便值得怀疑"[2]。我国2007年通过的《物权法》第1条就规定:"为了维护国家基本经济制度,维护社会主义市场经济秩序,明确物的归属,发挥物的效用,保护权利人的物权,根据宪法,制定本法。"该

---

[1] 陈洪兵:《财产罪法益上的所有权说批判》,载《金陵法律评论》2008年春季卷,第141页。
[2] 马俊驹、梅夏英:《财产权制度的历史评析和现实思考》,载《中国社会科学》1999年第1期。

法专门将占有作为第五编加以规定。这也充分说明,保护占有,发挥物的效用,在现代经济社会极为重要。

第二,债权、股权也同样需要刑法保护。作为我国全面规定债权的1999年通过的合同法,洋洋洒洒四百二十八个条文,条文数量与刑法四百五十二条相差无几。这说明现代社会债权是何等的重要!不保护债权,只保护所有权,这无论如何都是刑法对现代经济社会要求的背离。再则,股份制于现代社会的重要性不言而喻,公司法也在大张旗鼓地订立和修改,刑法对于股权的保护能够袖手旁观吗?而股权到底是所有权还是债权,是"说也说不清楚"。不管怎么说,刑法都必须进行保护。传统的所有权说不能反映现实社会的要求,不能有效保护债权、股权,这是显而易见的。

第三,从前述介绍的日本在财产罪法益理论和判例主张上的变化,也可以看出,财产关系的复杂化是本权说衰退的根本原因,说明财产关系越复杂,财产罪的法益范围就越扩大。我国现在的财产关系也已经非常复杂,所有权说当然得退出历史舞台,财产罪的法益范围当然得扩大,即刑法对财物的占有、利用关系以及债权本身都必须进行保护。

第四,保护占有,禁止私力救济,维护法制的权威,促进良好的财产秩序,对于我国来说尤其具有现实意义。如前所说,"二战"后,日本鉴于当时混乱的财产秩序状况,法院判例立即由本权说转向占有说。在我国……在民间借助黑恶势力讨债还具有相当的普遍性。如果我们还是坚持传统的所有权说,纵容私力救济,则无异于是火上浇油。[1]

这种对于占有说的支持论证,更多是从社会背景与刑事政策的角度展开,这固然不错,但由于缺少教义学上的论证,难免让人感觉理论说服力不强。也因此,才出现了形形色色的中国式的中间说。

---

[1] 陈洪兵:《财产罪法益上的所有权说批判》,载《金陵法律评论》2008年春季卷,第142页。

(三)中间说

中间说的基本出发点是,一方面认为所有权说(狭义的本权说)过分缩小了刑法的保护范围,另一方面认为占有说过于扩张刑法的保护范围,二者都失于偏颇。于是,该说采取了一种缓和的立场,企图在调和所有权说与占有说的基础上,合理划定刑法对于财产的保护边界。

有一种中间说从所有权说出发,被称为修正的所有权说,认为财产罪的法益原则上是所有权,例外地从维持秩序的需要的角度保护占有。[1]

依据该观点:第一,对于盗窃自己所有而由他人占有的财物的行为,不以盗窃罪处理。行为人隐瞒事实向占有者索赔或者接受占有者之赔偿的,成立诈骗罪。第二,对于盗窃或抢劫他人占有的违禁品的行为,从秩序维持的角度出发,应肯定刑法对违禁品占有的保护,对该行为以盗窃等罪论处。第三,以诈骗方法取得他人基于不法原因给付的财物的行为,根据民法规定,不法原因的给付者并没有丧失返还请求权,在国家没收之前对其权利仍应保护,因此有成立诈骗罪的余地。第四,即使是涉嫌违法犯罪的财物,被害人也拥有所有权,在国家依据法定程序没收之前,被害人对用于违法犯罪的财物的所有权也应得到法律保护,行为人盗窃该财物的,可以肯定盗窃罪的成立。第五,第三人从盗窃犯处骗取盗赃的行为,根据修正的所有权说也有成立诈骗罪的余地。这种情况可以作为三角诈骗对待:第三人是欺诈者,盗窃的被害人即盗赃所有人是诈骗罪的被害人,盗窃犯是处分者,其处分权限源自占有财物的事实。第六,行为人故意毁坏他人盗赃的,仍成立故意毁坏财物罪。理由是:就同一行为人而言,"所有权不能受到两次侵犯"的观点可以成立,因此盗窃后毁坏财物的行为被视为不可罚的事后行为;就不同行为人来说,只要所有权还存在,就有被数次侵犯的可能性。第七,行为人为保护非法占有的财产仍可实行正当防卫,这主要是出于维持财产秩序的需要,是财产罪法益的例外。[2]

---

[1] 参见童伟华:《财产罪的法益——修正的"所有权说"之提倡》,载李明发主编:《安徽大学法律评论》(总第 16 辑),安徽人民出版社 2009 年版,第 245 页。

[2] 参见童伟华:《财产罪的法益——修正的"所有权说"之提倡》,载李明发主编:《安徽大学法律评论》(总第 16 辑),安徽人民出版社 2009 年版,第 245—246 页。

还有一种中间说立足于占有说。如张明楷教授认为,财产犯(取得罪)的法益首先是财产所有权即其他本权,其次是需要通过法定程序恢复应有状态的占有;在相对于本权者的情况下,如果这种占有没有与本权者相对抗的合理理由,对于本权者恢复(行使)权利(占有物取回权)的行为而言,则不是财产犯的法益。[1] 根据该观点,在侵犯违禁品的场合,由于对违禁品的占有,需要通过法定程序改变现状,因此,这种占有能够成为刑法保护的对象。盗窃犯对盗赃的占有,也需要通过法定程序恢复原状,因此,第三人窃取盗赃的行为仍然成立盗窃罪。只在所有人行使权利的场合,盗窃犯的占有不是被保护的法益。因此,这种观点的实质是将被害人恢复权利的行为排除在财产罪之外。[2] 此外,黎宏教授认为,财产犯罪的保护法益,首先是公私财产的所有权以及租赁权、借贷权等本权,其次是"未经法定程序不得没收的利益"[3]。表述虽然不一样,但实质内容并无二致,都是通过一定的标准来限制占有说的适用范围。

应当说,中国刑法理论上的财产犯罪保护法益的争论,染上了浓厚的日本刑法的特色,那么,司法实践又是什么状况呢?

二、判决的立场

在我国的司法实践中,最能反映实务界对于财产犯罪保护法益的立场的情形,当属所有人以非法手段取回他人合法占有的本人财物。为此,本书选择了5个具有代表性的案例进行观察。

例6-1:江世田等妨害公务案[4]

1999年11月间,被告人江世田与张信露(在逃)等人合伙购买了YJ14型卷烟机和YZ23接嘴机各一台用于制售假烟。11月

---

[1] 参见张明楷:《刑法学(下)》(第六版),法律出版社2021年版,第1224页。
[2] 参见张明楷:《刑法学》(第四版),法律出版社2011年版,第838页。
[3] 参见黎宏:《论财产犯罪的保护法益》,载《人民检察》2008年第23期。
[4] 江世田等妨害公务案,载中华人民共和国最高人民法院刑事审判第一、二、三、四、五庭主办:《中国刑事审判指导案例5·妨害社会管理秩序罪》(增订第3版),法律出版社2017年版,第1页。

10日,该设备被政府相关部门组成的联合打假车队查获。张信露与被告人江世田得知后,纠集数百名不明真相的群众拦截、围攻打假车队,将查扣的载有制假烟机器的农用车上的执法人员董金坤等人拉出驾驶室并进行殴打。被告人黄学栈与江传阳等人乘机开走3部农用车。随后,张信露与被告人江世田又聚集鼓动黄学栈、黄海兵等人,毁损、哄抢执法人员的摄像机、照相机等设备,并对执法人员进行殴打,直至公安人员赶到现场时才逃离。

本案的核心问题是,对于行为人聚众以暴力手段抢回被依法查扣的制假设备的行为应如何定罪。涉及的罪名有妨害公务罪、抢劫罪与聚众哄抢罪。最终法院以妨害公务罪定罪,认为本案不构成抢劫罪与聚众哄抢罪。理由是:该两罪是以非法占有公私财物为目的,侵害的主要客体是公私财物的所有权,与妨害公务罪有本质的区别。本案被告人并不是要非法占有公私财物,而只是在不法对抗国家机关的打假执法公务活动,意欲夺回自己已被国家机关工作人员依法查扣的制假设备。即,被告人只有妨害公务的目的,并无强占公私财物的目的。同时,"被告人欲强行夺回的制假设备,是犯罪工具,虽属不法财产,但毕竟为被告人自有。抢回自有物品与强占他人所有或公有财物显然不同,被告人不具有非法占有目的。"[1]

例6-2:陆惠忠、刘敏非法处置扣押的财产案[2]

2005年5月10日上午,因被告人陆惠忠未按时履行民事判决,江苏省无锡市开发区人民法院依法强制执行,扣押了陆惠忠所有的起亚牌轿车一辆,并加贴封条后将该车停放于法院停车场。当天下午5时许,陆惠忠至停车场,趁无人之机,擅自撕毁汽车上的封条,将轿车开走并藏匿于无锡市某宾馆停车场内。

---

[1] 江世田等妨害公务案,载中华人民共和国最高人民法院刑事审判第一、二、三、四、五庭主办:《中国刑事审判指导案例5·妨害社会管理秩序罪》(增订第3版),法律出版社2017年版,第3页。

[2] 陆惠忠、刘敏非法处置扣押的财产案,载中华人民共和国最高人民法院刑事审判第一、二、三、四、五庭主办:《中国刑事审判指导案例4·侵犯财产罪》(增订第3版),法律出版社2017年版,第257页以下。

第六章 财产犯罪基础理论解读(一):财产罪的保护法益

本案的核心问题是,对于行为人秘密窃取、转移本人被司法机关扣押财物的行为应如何定性。这里就涉及窃取他人合法占有的本人财物的行为是否成立盗窃罪的问题。

在本案的裁判中,法院较为细致地论述了财产罪的保护法益。法院认为,盗窃罪的客体(即保护法益)在理论上有三种观点:一是所有权说,二是占有说,三是区别对待说。前两说的认识与理论界的通识一致,第三说则比较有特色。区别对待说认为,应当根据行为人是否具有非法占有目的进行分别处理,无论是所有权还是一定的占有关系,均受刑法保护。对于行为人具有非法占有目的的,应当以盗窃罪论处;对于行为人不具有非法占有目的的,不应以盗窃罪论处。[1] 法院认为,前两种观点片面强调所有权或者占有事实本身,容易导致过分缩小或扩大盗窃罪的处罚范围,不适应目前社会中财产关系的复杂现实,有失妥当,相比之下,区别对待说是较为合理的。在进行合理性的论证时,法院这样认为:

> 一方面,对于行为人以非法占有目的从财产占有人处窃财的,这种情况一般表现为行为人从财物占有人处秘密窃取了本人的财物后,还以索赔等手段,要求保管人赔偿损失的情况。由于本人的财产在他人的合法占有之下,他人就对该财产负有保管的责任,在保管期间财物丢失,属于保管不当,应负赔偿责任。所以这种情况表面上看来窃取的是自己的财物,但实际上侵犯了他人的财产权,符合盗窃罪的本质特征,应当以盗窃罪处理。另一方面,因为在我国刑法理论和司法实践上,侵犯财产罪的犯罪客体一直被认为是他人对财产的所有权,而且需要被害人有实质的财产损害或损害危险。盗窃他人占有的本人财物的行为中,有的行为人主观上不具有非法占有的目的,其行为客观上也不会造成占

---

[1] 陆惠忠、刘敏非法处置扣押的财产案,载中华人民共和国最高人民法院刑事审判第一、二、三、四、五庭主办:《中国刑事审判指导案例4·侵犯财产罪》(增订第3版),法律出版社2017年版,第258页。

有人财产的损失,因而不宜以盗窃罪论处。[1]

据此,法院认为,在本案中,由于没有证据证明陆惠忠有向法院索赔的目的,不能认为其有非法占有目的,故而只能以非法处置扣押财产罪论处。[2]

例6-3:王彬故意杀人案[3]

1997年3月28日10时许,被告人王彬无照驾驶自己的一辆简易机动三轮车在204国道上行驶,其所驾车辆被执勤交通民警查扣,停放在交警中队大院内。当晚10时许,王彬潜入该院内,趁值班人员不备偷取院门钥匙欲将车开走。值班人员吕某发现后上前制止。王彬即殴打吕某,并用绳索将吕某捆绑,用毛巾、手帕、布条堵、勒住吕某口鼻,致吕某窒息死亡。

本案的核心问题是,被告人以暴力手段夺回本人所有的财物的行为,是否构成抢劫罪。法院在裁判时,以被告人取回本人所有财物不具有非法占有目的为由,否定了抢劫罪的成立,最终以故意杀人罪定罪。

例6-4:叶文言、叶文语等盗窃案[4]

2000年10月5日,被告人叶文言驾驶与叶文语、林万忠共同购买的浙CD3587号桑塔纳轿车进行非法营运,轿车被苍南县灵溪交通管理所查扣,存放在三联汽车修理厂停车场。后叶文言、

---

[1] 陆惠忠、刘敏非法处置扣押的财产案,载中华人民共和国最高人民法院刑事审判第一、二、三、四、五庭主办:《中国刑事审判指导案例4·侵犯财产罪》(增订第3版),法律出版社2017年版,第259页。

[2] 在与本案类似的罗扬非法处置查封的财产案中,法院仍旧以被告人没有非法占有目的为由,否认被告人的行为成立合同诈骗罪,最终以非法处置查封财产罪认定。参见罗扬非法处置查封的财产案,载中华人民共和国最高人民法院刑事审判第一、二、三、四、五庭主办:《中国刑事审判指导案例5·妨害社会管理秩序罪》(增订第3版),法律出版社2017年版,第240—245页。

[3] 王彬故意杀人案,载最高人民法院刑事审判第一庭、第二庭编:《刑事审判参考》(总第16辑),法律出版社2001年版。

[4] 叶文言、叶文语等盗窃案,载中华人民共和国最高人民法院刑事审判第一、二、三、四、五庭主办:《中国刑事审判指导案例4·侵犯财产罪》(增订第3版),法律出版社2017年版,第250页以下。

叶文语与被告人王连科、陈先居、叶启惠合谋将该车盗走。10日晚,几名被告人趁停车场门卫熟睡之机打开自动铁门,将轿车开走。该轿车价值9.2万元,叶文言销赃后得款2.5万元。2001年1月8日,被告人叶文言、叶文语以该车被盗为由,向灵溪交通管理所申请赔偿,经多次协商获赔11.65万元。

本案的核心问题是,窃取被交通管理部门扣押的自己所有的车辆后进行索赔的行为如何定性。法院认为:

> 根据刑法第二百六十四条的规定,盗窃罪的犯罪对象是"公私财物"。这里的公私财物实际上是指他人占有的公私财物。所谓他人,是指行为人以外的人,包括自然人、法人和其他组织。他人占有意味着他人对该财物可能拥有所有权,也可能没有所有权。对没有所有权的财物,他人基于占有、控制之事实,负有保管和归还财物的义务。如果在占有期间财物丢失或毁损,占有人依法应负赔偿责任。从这个意义上说,没有所有权的财物在他人占有、控制期间应当认为是他人即占有人的财物。这样理解基于以下理由:第一,刑法第九十一条第二款规定,"在国家机关、国有公司、企业、集体企业和人民团体管理、使用或者运输中的私人财产,以公共财产论"。这里所言"管理、使用或者运输",都有占有的含义。既然由国家或者集体占有之私人财产以公共财产论,那么由他人占有之财物以他人财物论,亦在情理、法理之中。第二,"以公共财产论"或"以他人财物论"是针对所有权人以外的人而言的,并未改变财物的权属,意在强调占有人对该财物的保管责任。盗窃罪侵犯的客体是公私财产所有权。刑法第九十一条第二款之所以如此规定,正是考虑到如果这类财物被盗或者灭失,国家或集体负有赔偿的责任,最终财产受损失的仍是国家或集体。同理,他人占有、但非所有的财物被盗或者灭失,他人依法承担赔偿责任,实际受损失的仍是占有人即他人的财产所有权。可见,行为人自己所有之物以及行为人与他人共有之物,在他人占有期间的,也应视为他人的财物,可以成为盗窃罪的对

象……当然,本人所有的财物在他人合法占有、控制期间,能够成为自己盗窃的对象,并不意味着行为人秘密窃取他人占有的自己的财物的行为都构成盗窃罪。是否构成盗窃罪,还要结合行为人的主观目的而定。如果行为人秘密窃取他人保管之下的本人财物,是为了借此向他人索取赔偿,这实际上是以非法占有为目的,应以盗窃罪论处。相反,如果行为人秘密窃取他人保管之下的本人财物,只是为了与他人开个玩笑或逃避处罚,或者不愿将自己的财物继续置于他人占有、控制之下,并无借此索赔之意的,因其主观上没有非法占有的故意,不以盗窃罪论处。

据此,法院认为叶文言等人的行为符合盗窃罪的构成要件。[1]

例 6-5:李某抢劫案[2]

2006 年 10 月至 2007 年 5 月间,李某先后将一颗自称价值十几万元的裸钻和其他物品陆续质押给俞某,借款 5.35 万元,其间支付借款利息数千元,后因无力赎回且又需支付利息而感到吃亏。2007 年 7 月,吕某得知此事,表示愿意为李某出面解决,李某同意。7 月 20 日,李某以赎回质押物为由,与俞某约定于当晚 10 时在某酒店内结算清账。吕某当着李某的面打电话纠集数人至约定的酒店帮忙,授意他人订下酒店客房,并与李某在房间等候。俞某与其女按约到达,李某向俞某展示皮包内用于赎回质押物的 3 万元。俞某通知其妻将质押物品送来后,数名陌生男子冲入房内,胁迫俞某等不准动。俞某欲将桌上裸钻等物拿回,被吕某抢走。俞某质问李某,李某不予搭理而离开。吕某制止俞某报警,将他们押送下楼。次日零时许,吕某将质押物交给李某(后均未查获)。10 月 23 日,李某得知吕某被公安机关抓获后逃逸。

---

[1] 同样的立场,参见孙伟勇盗窃案,载中华人民共和国最高人民法院刑事审判第一、二、三、四、五庭主办:《刑事审判参考》(总第 84 集),法律出版社 2012 年版,第 44 页以下。

[2] 章丽斌:《出质人抢回质押物的行为性质及数额认定》,载《人民法院报》2009 年 4 月 15 日,第 6 版。

本案的核心问题是,出质人以暴力方式夺回质权人合法占有的质押物的行为应如何定性。对此,法院的论证逻辑是:在认可了财产性利益也能成为抢劫罪的对象的前提下,认为质押物的所有权虽然还属于李某,但该质押物为俞某实现债权起到担保作用,也是李某、俞某在无借据的情况下借贷关系确立的依据。吕某、李某以胁迫方式劫取质押物后,俞某不仅丧失实现债权的保障,更是丧失了借贷关系确立的依据,吕某、李某行为的结果与当场劫取俞某5万余元的财物没有实质区别,是对被害人财产权利的侵犯。[1] 也就是说,在法院看来,本案的犯罪对象从表面上看是质押物,但实质上却是俞某的借款,李某抢劫质押物的行为尽管侵犯了俞某对质押物的占有,但更重要的是消灭了他们之间的债务,因而给俞某造成财产损失。在抢劫罪的数额认定上,法院也认为,本案中,吕某、李某主观上是想强行取回质押物品,使俞某丧失追讨借款的凭证,达到不还款的目的。实质上,俞某损失的财产利益也仅限于借款,并非其临时占有的质押物价值,因此,李某等人只就5.35万元承担刑事责任。

上述判决比较一致地反映了法院的立场。即,所有人以非法手段取回他人合法占有的本人财物的行为,在没有造成被害人财产损失的情况下,均不认为成立财产犯罪。但裁判结论无一例外都是以行为人是否具有"非法占有目的"作为判断财产犯罪成立与否的根本标准。但若追究其实质,则仍然坚持了所有权说的主张。正如叶文言一案的判决认为的,在行为人事后索赔的情况下,扣押机关由于负有赔偿责任,因而遭受了财产损失,实际被侵犯的仍然是占有人的财产所有权。[2] 换句话说,将财产损失作为财产犯罪的构成要件要素,成为支持所有权说的最大理由。

---

[1] 章丽斌:《出质人抢回质押物的行为性质及数额认定》,载《人民法院报》2009年4月15日,第6版。

[2] 于志刚教授也持此观点。参见于志刚、郭旭强:《财产罪法益中所有权说与占有说之对抗与选择》,载《法学》2010年第8期。同时,这一逻辑在李某抢劫案中也得到了印证。

三、小结

通过对我国刑法理论和司法实践的简要梳理，我们发现，无论是学术界还是实务界对于财产犯罪保护法益的争论都是在本权说与占有说相互对立的大背景下展开的。[1] 尽管这种学术争论具有强烈的日本刑法理论的色彩，但其根本的逻辑支撑并不相同。由于日本刑法理论坚持阶层式的犯罪论体系，因而本权说与占有说的区别主要集中在对财产犯罪的构成要件的理解上。我国长期以来恪守四要件的犯罪构成理论，过分强调主客观相统一原则，忽视了客观判断与主观判断的位阶性。因此，在具体问题的讨论上，表现出对本权说与占有说的僵化解读，人为制造了本权说与占有说在解释结论上的差别，而忽视了它们之间的分歧并不在于对具体案件的解释结论，而在于解释过程。尤其是司法机关对主观因素过分偏重，这一点在陆惠忠一案的裁判理由中表现得尤为突出。司法机关将非法占有目的作为判断是否成立盗窃罪的标尺，甚至取代了对构成要件的客观判断。无怪陈兴良教授认为所谓区别对待说，以行为人主观上是否具有非法占有目的作为对所有权说与占有说取舍的根据，这实际上是把客观判断与主观判断混为一谈了。[2] 对构成要件作平面式解构，掩盖了真正的理论分歧，也使得对具体问题的探讨无法深入。

此外，从上述梳理中我们还可以发现，无论是刑法理论还是司法实践都无例外地将财产损失作为判断是否成立财产犯罪的一个重要因素。换言之，财产损失成为必备的构成要件要素。[3] 但如果我们阅读刑法文本，就会发现，刑法对财产犯罪的描述，并不能必然得出其

---

[1] 实务界对本权的理解更多只限于所有权。
[2] 参见陈兴良：《判例刑法学》（下），中国人民大学出版社2009年版，第286页。
[3] 比如在叶文言案中，法院之所以认定被告人的行为成立盗窃罪，一个极其重要的理由是被告人的行为造成了司法机关的财产损失，对此，学者也表示了认可。参见陈兴良：《判例刑法学》（下），中国人民大学出版社2009年版，第300页。

中包含有财产损失的意思。[1] 尽管这种理解符合我们的一般生活经验,但人为地添加构成要件要素是否有足够的依据?[2] 比如在叶文言一案中,司法机关以行为人是否有索赔的行为,作为判断是否成立盗窃罪的依据,究其实质,仍然是将财产损失作为成立财产犯罪的考量因素。并且,将索赔的数额作为盗窃罪的犯罪数额来看待,忽略了行为人的行为对象是被扣押的车辆。这其中的逻辑转换是否妥当,不无疑问。

总之,以四要件的犯罪构成理论为分析框架,并不能准确地说明本权说与占有说的实质分歧。而忽视刑法文本对财产犯罪的罪状描述,更让我们的理论分析缺少实在法的根据,并不能真正指导实践活动。

第三节 本书的立场:占有说之提倡

一、支持占有说的理由

如果我们认可了本权说与占有说的根本区别在于对财产犯罪的构成要件理解不同,那么,认为本权说缩小了刑法的保护范围或者占有说扩张了刑法的保护范围的说法就不具有妥当性。因此,选择何种立场就必须从刑事立法以及刑法的保护目的乃至刑法和民法的关系入手进行考量,这样才更有说服力。本书认为,无论从何角度出发,占

---

[1] 这与德国刑法和日本刑法都不相同。在德国刑法中,法律明文规定财产损害是诈骗罪、敲诈勒索罪及背信罪的构成要件要素,其余财产犯罪(如盗窃罪、抢劫罪、侵占罪等)均无此要求。在日本刑法中,只有背任罪要求必须给被害人造成财产上的损害,其余财产犯罪皆无此要求。我国刑法在财产犯罪的罪状描述中,只有数额规定,没有损失的规定。

[2] 德国刑法理论中关于财产犯罪的保护法益,之所以会出现法律的财产说与经济的财产说之间的对立,就在于"损失"系明文的构成要件要素。对于损失的不同理解,成为两派学说对立的根源之一。而在日本刑法理论中,并没有就损失问题形成激烈的学说对立,原因仍在于刑事立法。我们一方面全面继承了日本刑法关于财产犯罪保护法益的学术对立,另一方面又将损失当然地理解为财产犯罪的构成要件要素,这是颇为吊诡的。

有说都是更为妥当的主张。

(一)立法上的理由

1. 对《刑法》第91条第2款的解读

该款规定,"在国家机关、国有公司、企业、集体企业和人民团体管理、使用或者运输中的私人财产,以公共财产论。"在我国,对本款的不同理解成为本权说与占有说各自的形式依据。

持占有说的学者认为,根据这一条款,在国有单位合法占有下的私人财产已经失去了私人财产的属性,而被刑法拟制为公共财产,由此可以看出至少在公共财产上,刑法保护的是事实上的占有而并非所有权,此时如果所有权人采用非法手段将财产取回,应当构成侵犯财产罪。[1] 坚持所有权说的学者则认为,这一条款强调和宣示的是财产性质的临时性转换状态,并没有保护占有权的特别意思。刑法规定该条款,一方面是因为"这部分财产虽然属于私人所有,但当交由国家机关、国有公司、企业、集体企业和人民团体管理、使用、运输时,上述单位就有义务保护该财产,如果丢失、损毁,就应承担赔偿责任"[2]。另一方面,本款的主要目的是将此类私人财产视为公共财产,以保护国有单位对私人财产的合法占有以及清晰地界定贪污罪等职务犯罪。例如,经手、管理此类财产的国家工作人员利用职务上的便利非法占有此类财产的,应当定性为贪污。即,立法的本意并没有侧重保护占有的意思。基于此,如果所有权人以非法手段取回自己的此类财产,且没有借此索赔等进一步行为的,国有单位并不会涉及赔偿的问题。因此,根据这一条款,无法得出国有单位的占有可以对抗所有人的所有权的结论,更无法得出以非法手段取回国有单位占有下的本人财产一定会构成侵犯财产罪的结论。[3]

---

[1] 参见张明楷:《骗取自己所有但由他人合法占有的财物构成诈骗罪——对〈伪造公章取走暂扣车辆是否构成诈骗罪〉一文结论的肯定》,载《人民检察》2004年第10期。

[2] 胡康生、郎胜主编:《中华人民共和国刑法释义》(第3版),法律出版社2006年版,第87页。

[3] 参见于志刚、郭旭强:《财产罪法益中所有权说与占有说之对抗与选择》,载《法学》2010年第8期。

就此争论,我们发现,无论是本权说(所有权说)还是占有说都承认本款规定的"以公共财产论"意指国有单位合法占有的私人财产,并未改变财产的权利属性。本权说与占有说的区别只在于所有人以非法手段取回该财产时,能否论以财产犯罪。依本权说,既然取回行为没有侵犯所有权,自然无财产犯罪之谓。而依占有说,则所有人的行为系对国有单位占有之财产的侵犯,符合财产犯罪的构成要件。[1]

不得不说,本权说的立场过于片面,如果我们考察《刑法》第238条第3款的规定[2]以及最高人民法院关于抢劫罪的司法解释[3],就会发现,行为人以非法债务为对象,对被害人实施暴力的行为,并不会被评价为相应的财产犯罪。那么,为何所有权人以非法手段取回自己财物的行为能被论以财产犯罪? 无论是从法益保护的角度来看,还是就秩序维持的立场而言,后者对于财产的侵害程度都要大得多。

当然,本权说认为在该场合中,所有人的行为没有侵犯所有权,因而不成立财产犯罪的结论固然正确,只是该说没有意识到,本权说的根本立场在于将侵犯他人享有本权的财物作为构成要件要素,这使得这种笼统的认识无法与占有说形成有效对话。

2. 对《刑法》第314条的理解

本条规定:"隐藏、转移、变卖、故意毁损已被司法机关查封、扣押、冻结的财产,情节严重的,处三年以下有期徒刑、拘役或者罚金。"

首先要澄清的一个问题是,非法处置查封、扣押、冻结的财产罪的犯罪主体是一般主体,还是特殊主体(即查封财产的所有人)? 对此,学术上有争议。有观点认为,本罪的犯罪主体是一般主体,原因是法律没有明文规定,虽然"从司法实践中的情况看,实施本罪的行为人

---

[1] 参见张明楷:《刑法学》(第四版),法律出版社2011年版,第972页。
[2] 本款规定,"为索取债务非法扣押、拘禁他人的,依照前两款的规定(即非法拘禁罪——引者注)处罚。"2000年7月13日最高人民法院《关于对为索取法律不予保护的债务非法拘禁他人行为如何定罪问题的解释》规定,"行为人为索取高利贷、赌债等法律不予保护的债务,非法扣押、拘禁他人的,依照刑法第二百三十八条的规定定罪处罚。"
[3] 2005年6月8日最高人民法院《关于审理抢劫、抢夺刑事案件适用法律若干问题的意见》第7条规定,"抢劫赌资、犯罪所得的赃款赃物的,以抢劫罪定罪,但行为人仅以其所输赌资或所赢赌债为抢劫对象,一般不以抢劫罪定罪处罚"。

主要是与被查封、扣押、冻结的财产有直接或间接利害关系的人,但将本罪的主体限于诉讼利益相关人则于法无据。事实上,其他人出于种种动机而对已被司法机关查封、扣押、冻结的财产予以隐藏、转移、变卖、故意毁损的,也可构成本罪"[1]。

如果我们仔细研究法条,就会发现本罪与盗窃、抢劫等财产犯罪存在竞合关系。行为人(包括财物原所有人)采取符合本条的行为方式取得财产的行为,同时也符合了财产犯罪的构成要件,这属于想象竞合犯,应从一重罪论处。若行为人系所有人,则因其对财产享有本权,故可依此出罪,有成立本罪的可能。若行为人非为所有人,依同理,只能论以财产犯罪,并无适用本罪的可能。这样一来,结论在事实上与特殊主体说的主张并无二致。因此,更多人主张本罪"主体是特殊主体,即其财产被司法机关依法查封、扣押、冻结的个人或单位"[2]。

在此基础上,我们认为,占有说相比本权说更为妥当。在单人犯罪的场合,无论是依照占有说还是本权说,都可以肯认成立犯罪。但在所有人与非所有人共同实施本罪的场合中,本权说与占有说的结论将有不同。比如,甲的财物被司法机关依法扣押,甲约不知情的乙共同潜入司法机关,取回该财物。甲的行为在评价上并无异议,问题是乙成立何罪?甲的行为从客观方面讲,符合非法处置扣押财产罪的构成要件,但不符合盗窃罪的构成要件,因其行为属于恢复权利,所以阻却构成要件。乙的行为则符合盗窃罪的构成要件(因其并无恢复权利的阻却构成要件事由),但不符合非法处置扣押财产罪的构成要件,因本罪系特殊主体。结论是:甲成立非法处置扣押财产罪,乙成立盗窃罪,甲、乙不成立共同犯罪。这个结论合乎逻辑,但很难被接受。

如果按照占有说,我们则能很好地解决这个矛盾。在该案中,甲的行为既符合非法处置扣押财产罪的构成要件,也符合盗窃罪的构成

---

[1] 吴占英:《妨害司法罪立案追诉标准与司法认定实务》,中国人民公安大学出版社2010年版,第209页。

[2] 陆敏主编:《刑法原理与案例解析》,人民法院出版社2001年版,第760页。

要件,但其行为属于恢复权利,故而阻却盗窃罪的违法性,不成立本罪。乙的行为符合盗窃罪的构成要件,但不符合非法处置扣押财产罪的要件。依照最小从属性说[1]的立场,甲、乙在盗窃罪的范围内成立共同犯罪,对甲以非法处置扣押财产罪论处,对乙以盗窃罪论处。这样的结论更具合理性。

3. 对"财产损害"的理解

本权说的一个重要理由是:在所有人以非法手段取回他人合法占有的本人财物的场合,如果没有后续的索赔行为,就不能说被害人遭受了财产损害,因而没有成立财产犯罪的余地。这一点在叶文言案的裁判意见中表现得尤其突出。在该案中,法院认为叶文言窃回交通管理部门扣押的本人财物并在事后索赔的行为只成立盗窃罪一罪,理由是"行为人进行索赔虽然存在诈骗行为,但该诈骗行为是其盗窃的后续行为,表明了其主观上的非法占有之目的,是实现非法占有意图的关键,直接促进了实际危害结果的发生"[2]。表面上看索赔行为是证明行为人具有"非法占有目的"的表征,但其实质是将财产损害作为盗窃罪成立的要素来看待。因为若无索赔的行为,交管部门就无财产损害,难以认定成立财产犯罪。在犯罪数额的认定上,法院也以交通管理部门的赔偿数额作为犯罪数额,而非所有人财物的价值本身。对此,在理论上也有人支持这种观点。[3]

但必须说这种观点并不妥当。首先,我国刑法在财产犯罪的构成

---

[1] 在正犯与共犯的关系上,历来存在共犯从属性说与共犯独立性说之间的争议。在共犯从属性说的内部,关于从属性程度,又有四种主张:第一是最小从属形态,认为正犯只要符合构成要件就够了;第二是限制从属形态,认为需要正犯符合构成要件并且是违法的;第三是极端从属形态,认为需要正犯具有构成要件符合性、违法性和责任;第四是夸张从属形态,认为正犯除具备构成要件符合性、违法性和责任之外,还必须具备一定的可罚条件。参见陈兴良:《教义刑法学》,中国人民大学出版社2010年版,第643页。尽管对于坚持何种从属形态,在学说上存在分歧,但就本书而言,依据占有说,至少有成立共同犯罪的可能,而依本权说,则无此可能性。这间接说明了占有说主张的妥当性。

[2] 叶文言、叶文语等盗窃案,载中华人民共和国最高人民法院刑事审判第一、二、三、四、五庭主办:《中国刑事审判指导案例4·侵犯财产罪》(增订第3版),法律出版社2017年版,第253页。

[3] 参见陈兴良:《判例刑法学》(下),中国人民大学出版社2009年版,第300—301页。

要件描述上,没有将财产损害规定为构成要件要素。[1] 当然,也有学者认为,可以从"数额较大"中推导出财产损害的要件。如童伟华教授认为,"数额较大"是指金钱上的评估,也就是说,必须在金钱上的损害达到一定程度才可能认定成立财产罪,对他人财产没有造成金钱价值上的损害的,没有成立财产罪的余地。此外,我国刑法和相关司法解释规定财产的实际评价降低或者使财产权的行使陷入危险状态的,都是财产损害。[2] 但这种解释过于牵强。"数额较大"只是对行为的评价,并非对结果的评价,我们对财产犯罪的认定,考虑的是行为人转移财产占有的行为所导致的财产价值的转移,而非因财产价值的转移所造成的被害人的损失。至于将财产的实际评价降低或者使财产权的行使陷入危险状态理解为财产损害,则混淆了民事纠纷与刑事不法的关系,并不足取。其次,按照财产损害必要说的观点,如果行为人的行为并未造成被害人财产损失,就无法认定财产犯罪,这可能导致刑法保护财产的不利。例如,甲有一名贵古董,市价100万元,乙屡次求购,为甲所拒绝。于是,乙潜入甲家,偷走该古董,同时将100万元的支票留在甲家,作为支付对价。就该案件而言,乙取财留钱的行为,并没有造成甲的财产损害,应当不成立盗窃罪。但如果这样认为,推而广之,以诈骗、抢劫、抢夺的方式取得财物,只要支付了相应对价的,都不能论以财产犯罪。其后果是鼓励违背所有人意志的交易行为,不利于对财产的法律保护,也违背了交易自愿的基本原则。因此,将财产损害作为财产犯罪的构成要件要素,于法无据,于理不通。

在所有人窃回他人合法占有的本人财物,事后索赔的场合,我们应当将取财行为与索赔行为分别评价。就取财行为而言,行为人的行为客观上打破了他人对本人财物的合法占有,符合盗窃罪的构成要

---

[1] 比如《刑法》第266条关于诈骗罪的规定,"诈骗公私财物,数额较大的,处……"。这与德国刑法关于诈骗罪的规定并不一样。

[2] 如根据《刑法》第224条第(三)项的规定,没有实际履行能力,以先履行小额合同或者部分履行合同的方法,诱骗对方当事人继续签订和履行合同的,是合同诈骗罪。行为人"没有实际履行能力",意味着被害人的财产权行使会陷入危险状态,即被害人名义上的财产权(债权)会丧失实际上的经济价值。参见童伟华:《财产罪基础理论研究:财产罪的法益及其展开》,法律出版社2012年版,第56页。

件,但因属权利行使,故而阻却违法,不成立盗窃罪。但事后索赔的行为,则是隐瞒真相,使合法占有人陷入错误认识,从而主动交付财物(赔偿款),符合诈骗罪的构成要件,当以诈骗罪论处。犯罪数额则以赔偿数额来认定。因此,法院对叶文言一案的裁判结论是有疑问的。

4. 小结

通过对立法的解析,我们认为,就立法的语义而言,从中并不能必然推导出占有说或者本权说的结论。换言之,立法并不拒绝站在占有说的立场来解读财产犯罪的保护法益。但通过对立法目的和解释的合逻辑性的考察,占有说更具优势。

(二)刑事政策上的理由

本权说与占有说在实质根据上的重要区别之一就是对待私力救济的态度不一。占有说通常禁止私力救济,而本权说则对此表现出更为宽容的态度。这里讲的私力救济应当是指,在不符合正当防卫和自救行为的前提下,被害人依靠自己的力量,恢复对财产的控制的行为。比如,甲窃取了乙的汽车,数日后,乙发现了甲事实上占有的该汽车,于是行使私力,驱逐了甲对汽车的控制,重新实现其对汽车的占有。我们可以将这种情形视作行使权利。因此,从内容上讲,私力救济包括了正当防卫、自救行为与行使权利三种形式。并且,这三种形式之间具有互斥性。正当防卫和自救行为的共同特征是,权利人在通过法律程序、依靠国家机关不可能或者明显难以恢复权利的紧迫情况下,依靠自己的力量救济权利的行为。从这一点来看,承认正当防卫与自救行为的正当性是出于弥补法律保护漏洞的考虑。也因此,正当防卫与自救行为在成立条件上有着严格的限定。但行使权利的行为则不然,它的成立条件要宽松许多,既不要求有财产侵害的紧迫性,也不考察有无求诸法律救济的可能性,这意味着对个人力量的极力推崇,以及对法律保护的不信任。

从犯罪论体系的角度来考察,正当防卫、自救行为与权利行使都具有排除犯罪成立的功能。只是前两者是学术上公认的违法阻却事由。但对于权利行使的体系定位,本权说与占有说之间存在分歧。根本权说,权利行使被当作阻却构成要件的事由来看待。而根据占有说,权利行使则被当作阻却违法事由。这样看来,在被害人实施正当防卫、自救行为的场合,该行为仍符合财产犯罪的构成要件,就没有理由认为被害人行使权利的行为能阻却财产犯罪的构成要件。因为在这种情况下,被害人可寻求的救济途径更多,相应地,其行为的社会容忍程度也更低。所以,占有说的理解更具合理性。

从刑事政策的角度来考察,对行使权利行为的纵容,就是对法治的淡漠。这一点在现代法治社会是无法被接受的。在公权力羸弱的时代,公民不大可能寄希望于法律的正义,因此有必要认可公民的私力救济;而在公权力强盛、法治保障日臻完善之时,如再强调公民的私力救济,就是为法律的怠惰寻找借口了。

(三)占有具有独立的保护价值

本权说的一项理由是,刑法并非不保护占有,只是通过占有实现对本权的保护,因此,本权具有终极的法益属性。换言之,占有缺少独立的保护价值。并且,本权说从民法的角度为这一论断寻找依据。有观点认为,民法保护占有只是例外的规定,且民法保护占有是通过占有诉权,如返还占有、排除妨害等方式,不涉及实体的本权内容,占有人也不能基于占有主张损害赔偿。民法对占有的保护主要是基于秩序维持的需要,同时也有诉讼技术上的考虑。由于民法主要是保护实体的本权,所以对占有的保护只是例外的规定。因此,"占有说"的立场将财产罪的法益空洞化了。[1]

这种理解其实是对民法的误读。自罗马法以来,占有的保护就是民法上的一项重要制度。在罗马法上,占有一开始就受到令状的保护。[2] 依照优士丁尼《法学总论——法学阶梯》的划分,占有令状包括"占有取得令状""占有保持令状""占有恢复令状"。这些与罗马法对所有权的保护没有太大的区别,实际上是以相同的手段适用于保护

---

[1] 参见童伟华:《财产罪的法益——修正的"所有权说"之提倡》,载李明发主编:《安徽大学法律评论》(总第16辑),安徽人民出版社2009年版,第244页。
[2] 参见周枏:《罗马法原论》(上册),商务印书馆1994年版,第441页。

不同身份者:所有人和占有人。这表明从罗马法开始,占有就具有重要的法律地位。后世各国的民法对于占有的保护更加完善,包括物权法上的保护与债权法上的保护。前者包括占有人的自力救济权与占有的保护请求权,后者包括占有人对不当得利与侵权行为的损害赔偿请求权。[1] 尤其是对占有的债权法的保护,使得占有本身可能产生同本权一样的财产上的利益。

另外,在民法上,占有是可以继承的,即被继承人死亡时,其一切占有,无论是自主占有还是他主占有、善意占有还是恶意占有,或者合法占有与非法占有,均应移转给继承人。如果发生占有诉讼,继承人获得被继承人的地位成为诉讼当事人。[2] 通过继承移转占有的方式,对于民法上取得时效占有期间的计算具有重要意义,这主要体现在占有的合并之中。所谓占有的合并,是指继承人将自己的占有与前占有人(被继承人)的占有合并(时间合并),以完成取得时效。具体来讲,因时效而取得财物的所有权,需要占有人善意且公开、和平占有财产持续经过一段时间。各国民法大多将时效取得的时间规定为 10 年或 20 年。当前占有人在生前未能完成占有时间时,通过占有的继承,将前占有与后占有的时间合并计算,以满足时效取得的要求。

这样看来,民法对于占有保护的程度丝毫不亚于对财产权利的保护。如果再坚持占有没有独立的保护价值,就是无视法律的明确规定了。

(四) 对占有说之缺陷的再解释

本权说对占有说的一个重要批评是,认为占有说无法解释行为人盗窃财物后毁坏行为的可罚性。因为,公认的毁坏财物罪的保护法益是所有权。盗窃罪若只侵害了被害人的占有,则对于毁坏财物的行为当另行评价。但即便是占有说的支持者也认为这种场合属于不可罚的事后行为。

---

[1] 参见刘智慧:《占有制度原理》,中国人民大学出版社 2007 年版,第 324 页。
[2] 参见刘智慧:《占有制度原理》,中国人民大学出版社 2007 年版,第 243 页。

本权说批判的理论基础是所有权不能两次被侵犯。但若细究,这种主张也有疑问。比如,甲窃取了乙的手机,据为己有。丙又以毁坏的目的从甲处窃取该手机,并加以毁坏。丙的行为是否成立故意毁坏财物罪?依本权说的立场,甲的行为已然侵犯了乙的所有权,则丙毁坏财物的行为不可能再次侵犯同一所有权,只能以无罪论处。想来这个结论不会有人赞同,本权说对此也难自圆其说。由此看来,所有权不能被两次侵犯的观点本身存在疑问。因此,本书赞同童伟华教授的观点,就同一行为人而言,所有权不能两次被侵害的观点可以成立。但就不同行为人而言,则应对其数次侵犯所有权的行为分别评价。这与侵犯人身权利的情形类似,甲伤害乙的行为,固然成立伤害罪,但并不妨碍同时丙伤害乙的行为也成立伤害罪。同样地,只要所有权还存在,就有再次受到侵犯的可能性。[1]

其实,本权说对占有说的批判存在一个内在的逻辑疏漏。根据占有说的立场,盗窃他人所有财物的场合固然是对占有的破坏,但是,这种破坏同时也侵犯了所有权。不可能存在破坏占有而不侵犯所有权的情形。因此,事后的毁坏行为仍旧是对同一所有权的侵犯而已,对此,不能作重复评价,只能作为不可罚的事后行为来对待。占有说的立场仍然能够贯彻到底。

二、占有说的理论适用

这里,主要涉及的问题是不法原因给付与财产犯罪的成立,以及行使权利行为的可罚性。过往的学说多数都是孤立地探讨该问题,很少放在财产犯罪的保护法益这个背景下展开,其实是有缺陷的。本书将结合财产犯罪的保护法益对这两个问题展开细致的分析。

(一)不法原因给付与财产犯罪

所谓不法原因给付,是指被害人给予行为人的财物或者利益是基于不法原因。如委托他人交付贿款而给予资金,交付贿款是不法原

---

[1] 参见童伟华:《财产罪的法益——修正的"所有权说"之提倡》,载李明发主编:《安徽大学法律评论》(总第16辑),安徽人民出版社2009年版,第246页。

因,给予资金是给付。在刑法上,我们需要考虑的是,站在被害人的角度,基于不法原因给予他人的财物能否得到刑法的保护?站在行为人的角度,取得基于不法原因给予的财物是否成立财产犯罪?实践中,不法原因给付与财产犯罪主要涉及两种类型,即不法原因给付与侵占、不法原因给付与诈骗。

1. 不法原因给付与侵占

行为人接受给付后不履行被害人的委托事项,并将资金和财物据为己有,就有可能发生刑法上的(委托保管物)侵占(或曰"横领")。在此场合中,行为人对财物的占有以委托关系为前提,委托的原因可以是契约或者事务管理等。但在不法原因委托的情形下,按照许多国家民法的规定,委托者与受托者的法律关系在民法上不受保护,不法原因给付者(即委托人)丧失了对财物的返还请求权,不能获得私法上的救济。受托人擅自将财物据为己有时能否获得刑法上的保护,即该行为是否成立财产犯罪在大陆法系国家存在学说上的分歧,判例也有反复。

(1) 德国的状况。

在德国,关于侵占罪,历来的通说都认为是对所有权的犯罪。[1] 德国关于不法原因给付与侵占罪的讨论主要围绕来自所有权人的不法委托以及来自非所有权人(如盗窃犯)的委托而展开。在委托来自所有权人的场合,比如甲委托乙代为购买管制用品,而给付乙一定金额的款项,乙将其据为己有。判例认为,在此情形下,被告人接受的委托人的金钱没有法律根据,应作为不法利得返还给委托人,这是被告人的义务。委托人并未将金钱的所有权转移给被告人,因此,不适用民法关于不法原因给付的规定,从而肯定了成立单纯的侵占罪的结论。[2] 在学说上,也有观点认为基于不法交易关系的缘故,"委托"的

---

[1] 参见童伟华:《财产罪基础理论研究:财产罪的法益及其展开》,法律出版社2012年版,第125页。

[2] 《德国刑法典》第246条规定,"对于自己占有或者保管的他人动产,不法领得的,处3年以下轻惩役;接受委托而横领的,处5年以下轻惩役。"第1款被认为是单纯的侵占罪,第2款是委托物侵占罪。

要件没有满足,即在此场合中,没有需要法律保护的委托关系存在,因此,只成立单纯的侵占罪。

在委托来自非所有权人的场合中,如盗窃犯甲将赃物委托给乙保管,乙擅自据为己有,判例也认为成立单纯的侵占罪。理由是,这里的"委托"关系并非侵占罪所要求的,学说也持此见解。

大体上说,在德国,对于侵占不法原因给付物的行为,一致的观点都认为成立单纯的侵占罪。理由是,这里不存在法律所保护的委托关系,但行为人的得利系来自他人的委托,与民法上所讲的不法原因给付不同,因此委托人不丧失所有权,对受托人只能以单纯的侵占罪论处。

(2)日本的状况。

在日本,判例和学说上也同样涉及来自所有权人的不法给付与来自非所有权人的不法给付两种情形。对于前者,如行为人将他人委托自己转交的贿款据为己有,或行为人将在违法交易中受托的物品据为己有,判例都认为成立委托物侵占罪。[1] 对于后者,如行为人将盗窃犯委托保管的赃物据为己有,判例则认为只成立赃物犯罪,不成立侵占罪。

在学说上,关于侵占不法原因给付物的行为能否成立犯罪,存在三种观点:肯定说、否定说与两分说。

肯定说的理由是:第一,根据民法规定[2],委托人虽然没有给付物的返还请求权,但并未失去所有权,因此,有值得保护的法益存在。第二,委托关系的判断应当独立于民法,单纯就刑法上是否成立犯罪作判断。"委托关系在民法上不受保护不一定妨碍刑法上成立横领罪。"[3]

---

[1] 《日本刑法典》第252条规定,"侵占自己占有的他人的财物的,处五年以下惩役",此为委托物侵占罪;第254条规定,"侵占遗失物、漂流物或者其他脱离占有的他人的财物的,处一年以下惩役或者十万元以下罚金或者科料",此为脱离占有物侵占罪。

[2] 《日本民法典》第708条规定:"因不法原因实行给付者,不得请求返还。"

[3] [日]小野清一郎:《新订刑法讲义各论》,有斐阁1950年版,第267页。转引自童伟华:《财产罪基础理论研究:财产罪的法益及其展开》,法律出版社2012年版,第129页。

否定说的理由是:第一,委托物侵占罪以委托关系的存在为前提,而在不法原因给付中,没有符合刑法规定的委托关系。第二,在不法原因给付的场合,委托人没有对给付物的返还请求权,就意味着其所有权不受民法保护,如果刑法给予保护则形成法规范之间的冲突,破坏了法秩序的统一性。否定说的结论是,不法原因给付物的给付人,既然不能请求受托人返还,受托人对给付人就不负担任何义务,给付人对受托人不拥有应该得到法律保护的所有权,受托人的行为没有成立侵占罪的余地。[1]

两分说的立场则是区分不法原因给付与不法原因委托。在不法原因给付的场合中(如甲为收买公务员乙为自己牟利,而给付给乙一定金钱,乙却私吞的情形),没有委托关系存在,根据民法,给付人也没有返还请求权,因此不成立侵占罪。而在不法原因委托的场合,可以不适用《日本民法典》第708条的规定,肯定委托人的返还请求权。同时,委托人与受托人之间的信赖关系也值得刑法保护,因此能够成立委托物侵占罪。而区分不法原因给付与不法原因委托的关键则在于财物的领受人是否"获得了事实上的终局的利益"。[2] 两分说的最大特点是至少在形式上满足了法秩序统一性的要求。

(3)问题的根本及结论。

从上述学说的梳理中,我们会发现,肯定说与否定说对立的实质其实在于,对于民法不予保护的利益,刑法是否有必要进行干预。如果强调刑法的独立性,则会倾向于肯定说;如果强调刑法对民法的从属性以及严格坚持法秩序统一原则,就更倾向于否定说。这其实与财产犯罪保护法益的学说争议的实质是相互对应的。[3]

在我国,由于民法没有关于不法原因给付的规定,有学者从相关规定出发,得出了肯定说的结论。童伟华教授认为,根据《民法通

---

[1] 参见童伟华:《财产罪基础理论研究:财产罪的法益及其展开》,法律出版社2012年版,第130页。
[2] 参见童伟华:《财产罪基础理论研究:财产罪的法益及其展开》,法律出版社2012年版,第131页。
[3] 这也是本书为什么会在财产犯罪的保护法益这个大背景下讨论不法原因给付与财产犯罪问题的原因。

则》第58条(现为《民法典》第153条)的规定,违反法律或者公共利益的行为是无效的民事行为。对此,《民法通则》第61条(现为《民法典》第157条)规定,当事人因此取得财产,应当返还给受损害的一方,有过错的一方应当赔偿对方因此受到的损失。据此,不能否定给付人在民法上应当受到的保护。即委托人并未丧失委托物的所有权。倘若这个推论成立,则侵犯不法原因给付物有成立侵占罪的可能。[1] 根据这种观点,在委托人为所有权人的场合中,行为人侵占给付物的行为成立侵占罪,在委托人为非所有权人的场合中,如果受托人对委托财物的性质有认知,则成立赃物犯罪与侵占罪的竞合,以赃物罪论处。如果受托人对委托财物的性质没有认知,则成立侵占罪。

这个观点最大的问题是,过于重视侵占罪保护财物所有权的一面,而忽视了本罪同时也保护委托关系。如果将法秩序统一原则贯彻到底的话,在不法原因给付的场合中,由于没有私法上受保护的委托关系存在,认可侵占罪的成立是不妥当。对此,童伟华教授的解释是,从日本的判例和学说来看,委托关系本身在民法上是否成立,并非考虑的重点。并且,非所有权人委托的场合,有值得保护的本犯被害人的所有权存在,因此,应当认为成立侵占罪。[2]

这个解释一方面在回避问题,另一方面,以本犯被害人的所有权需要保护为由,肯定侵占罪的观点,存在重复评价的嫌疑。因为在行为人侵占赃物的场合,本犯被害人的所有权已经因为本犯行为人的行为而受到侵害,刑法完全可以通过规制本犯行为人实现对本犯被害人所有权的救济,不需要再寄托于规制侵占赃物的行为人。

因此,本书赞同张明楷教授的观点,在来自所有权人的不法原因给付的场合中,行为人侵占给付物的,不成立犯罪。在来自非所有权人的不法原因给付的场合中(即委托窝藏、销售赃物),行为人侵占赃

---

[1] 参见童伟华:《财产罪基础理论研究:财产罪的法益及其展开》,法律出版社2012年版,第140页以下。

[2] 参见童伟华:《财产罪基础理论研究:财产罪的法益及其展开》,法律出版社2012年版,第141页。

物的,如果知道赃物性质而据为己有的,以赃物犯罪论处(不存在赃物犯罪与侵占罪的竞合);如果不知道赃物性质而据为己有的,则无罪。[1]

2. 不法原因给付与诈骗

在不法原因给付中,如果接受给付的一方没有履行对待义务的意思,只是为骗取对方的财物,就会发生不法原因给付与诈骗的问题。比如,行为人假装有毒品出售,骗取被害人付款购买,实际上以虚假毒品替代。这种情形之所以会成为问题,就是因为在该场合中,被害人一方存在不法因素,根据一些国家的民法规定,作为被害人的给付者可能丧失对受给付者的返还请求权,即被害人的给付作为不法的利益在民法上得不到保护。于是,能否给予刑法保护就成为问题。

在德国,刑法规定的诈骗罪必须"对他人的财产造成损害",财产损害是诈骗罪的构成要件要素,有关不法原因给付和诈骗主要是围绕着财产损害而展开。

根据法律的财产说,基于不法原因拥有的权利不能说是财产,被他人欺骗而交付财物时,不认为有财产上的损害,因此该说否定诈骗罪的成立。同样地,在民法上无效的请求权,也不是诈骗罪的对象。比如,以欺诈手段免除与卖淫女约定的报酬的,不成立诈骗罪。但根据经济的财产说,"欺诈者偶然地取得在法律上可疑的财产价值的,没有优待的理由。对于诈欺来说没有不值得保护的财产,被害者违反法律处分的价值物也是他的财产。这样,用欺骗的手段从盗窃犯人,诈欺者和赃物犯人处骗取财物的,也是诈骗罪"[2]。

在日本,诈骗罪包括财物诈骗和利益诈骗,相应地,不法原因给付情况下的诈骗也包括这两种类型。

在诈骗基于不法原因给付的财物的场合,早期的判例认为,只要

---

[1] 参见张明楷:《刑法学》(第四版),法律出版社 2011 年版,第 902 页。需要注意的一点是,张明楷教授认为,在行为人不知道是赃物而侵占的场合中,成立侵占脱离占有物(原所有人的遗忘物)的犯罪。对此,本书认为,将此场合下的赃物理解为"遗忘物",已经大大超出了该术语原有的概念边界,有违罪刑法定之嫌。

[2] 参见童伟华:《财产罪基础理论研究:财产罪的法益及其展开》,法律出版社 2012 年版,第 144 页。

行为人使用欺诈的手段使他人陷入错误进而使之交付财物,其行为就是不法地侵害他人财产。即便被害人不能获得民法上的救济,也不能以之作为诈骗罪的违法阻却事由。[1] 在学说上,则有肯定说与否定说的对立,肯定说是日本的通说。[2] 理由是:第一,日本刑法关于诈骗罪的规定没有将"财产损害"作为必须的构成要件要素,因此,认定诈骗罪没有必要考虑是否有财产损害。第二,被害人交付财物是由于行为人的诈骗导致的。行为人是不法原因的制造者,对方如果没有被欺骗就不会交出财物。基于不法原因给付的财物在因欺诈行为交付之前,也是民法上保护的利益。第三,从刑事政策的角度来看,对这种情况以诈骗罪论处,并不会助长不法行为,相反还会起到抑制作用。[3] 否定说的理由是不法的财产利益不应得到刑法的保护。如泷川幸辰认为,不法原因给付者的财产上的处分是在法律禁止的目的之下实施的行为,因此应处于法律保护目的之外。财产上的损害,在应受法律保护的财产不存在的前提下并没有发生。[4] 此外,还有折中说主张,根据不法原因给付的具体情况以及不法原因的反道德程度高低决定是否成立诈骗罪。比如,在地下交易场中的不法原因给付的场合下,就可以可能成立诈骗罪。[5]

在诈骗不法原因给付的利益的场合,日本的判例和学说讨论最多的当属买春者以欺骗手段免除支付卖淫对价的情形。从判例的情况来看,既有支持诈骗罪的主张,也有反对的主张。在学说上,也存在肯定说与否定说。肯定说认为,作为财产犯罪保护法益的财产,不一定

---

[1] 参见日本大审院 1910 年 5 月 23 日判决,载日本《大审院刑事判决录》第 4 卷 9 号第 7 页。转引自童伟华:《财产罪基础理论研究:财产罪的法益及其展开》,法律出版社 2012 年版,第 145 页。

[2] 参见童伟华:《财产罪基础理论研究:财产罪的法益及其展开》,法律出版社 2012 年版,第 146 页。

[3] 参见[日]西田典之:《日本刑法各论(第三版)》,刘明祥、王昭武译,中国人民大学出版社 2007 年版,第 161 页。

[4] [日]泷川幸辰:《刑法各论》,古界思想社 1951 年版,第 157 页。转引自童伟华:《财产罪基础理论研究:财产罪的法益及其展开》,法律出版社 2012 年版,第 147 页。

[5] 参见童伟华:《财产罪基础理论研究:财产罪的法益及其展开》,法律出版社 2012 年版,第 147 页。

是民法保护的财产,行为人不支付卖淫对价,就可以视为被害人遭受财产损害,应该肯定成立诈骗罪。否定说的理由是:首先,违法的经济利益在刑法上不应保护。其次,性服务本身不是财产上的利益。如西田典之就认为,既然卖淫行为有违公序良俗,则其本身并不是值得法律保护的财产性利益。因此,通过实施诈骗行为而逃避付款的行为并未产生财产上的损害。[1] 当然,从社会效果上来讲,如果认为这种场合也成立诈骗罪的话,无异于强制买春者支付卖淫费用,这促进了违反公序良俗行为的发生。

问题的关键就在于,在诈骗不法原因给付物的场合,是否存在值得刑法保护的财产。本权说多持否定态度,从而反对成立诈骗罪。而占有说则持肯定态度,主张成立诈骗罪。

在我国刑法的语境下讨论这个问题,首先需要解决的问题是,财产损害是否是诈骗罪的构成要件要素。按照本书的观点,我国刑法没有像德国刑法那样作出明文规定,就不应当从解释的角度人为地添加构成要件要素,否则就违反了罪刑法定原则。在此前提下,我们还需要搞清楚不法原因给付与诈骗之间的因果关联。与侵占的场合不同的是,后者以不法原因给付为前提,因此,可以首先肯定不存在值得刑法保护的利益。而对于前者,不法原因给付是诈骗行为的结果,在此之前,我们不能断定是否不存在值得刑法保护的利益。从这个角度上讲,仍然有必要给予给付者以刑法保护。无论是本权说还是占有说,在这一点上不应当有分歧。

据此,在财物诈骗的场合中,如以帮助被害人购买毒品为由,骗取他人支付货款的行为,成立诈骗罪。在利益诈骗的场合中,以欺骗卖淫女为例,根据山口厚教授的说法,这里存在两种情形:(1)欺骗他人,使之实施卖淫行为或者犯罪行为;(2)欺骗他人,以逃避嫖资。[2] 在(1)的情形下,我们认为性服务本身不属于刑法上的财物,因此,缺

---

[1] 参见[日]西田典之:《日本刑法各论(第三版)》,刘明祥、王昭武译,中国人民大学出版社2007年版,第162页。

[2] 参见[日]山口厚:《刑法各论(第2版)》,王昭武译,中国人民大学出版社2011年版,第290页。

少犯罪对象,不成立诈骗罪。在(2)的情形下,诈骗的对象系卖淫女的对价请求权(债权)。但由于卖淫行为的非法性,这种请求权不能获得民法上的认可。换句话说,非法债权同样不具有财物属性,因此也不成立诈骗罪。

(二)行使权利与财产犯罪

所谓行使权利,是指行为人对他人本来有财产上的权利,为了实现该权利而采取符合财产犯罪构成要件的行为方式(如盗窃、抢劫、诈骗等)时,是否成立财产犯罪?比如,债权人为了实现债权,对债务人实行胁迫的,是否成立敲诈勒索罪?所有权人从盗窃犯处窃回本人财物的,是否成立盗窃罪?等等。在此场合中,行为人没有额外得利,"被害人"也没有财产上的损害,也即并没有法益损害的结果出现,但是行为人实现权利的手段又为法规范所禁止,于是就出现了是否应以财产犯罪论处的争论。如果将行使权利的行为纳入财产犯罪的保护法益的视野中进行考察,则将涉及两个问题:第一,行为人(权利人)是否侵犯了他人的财产法益?第二,如果侵犯了他人的财产法益,权利人的行为能否被正当化?[1]

1.行使权利的类型与学说

广义的行使权利有两种类型:一是行为人有从对方那里取得财物或财产上利益的权利。例如,债权人借贷给债务人的财物已经到了归还日期,债务人不存在抗辩事由仍予拖欠,债权人采取符合财产犯罪的构成要件的手段取得了财物,实现了债权。二是行为人对占有自己所有之财物的相对方在私法上有要求交还财物的权利。如,所有人从盗窃犯处直接取回本人财物。[2] 这是以权利的属性为根据所进行的类型划分,前者属于行使债权,后者属于行使所有权。

在行使所有权的场合中,无论是判例,还是学说,都毫无异议地认为该行为不成立财产犯罪。问题主要集中在行使债权的场合。

---

[1] 参见童伟华:《财产罪基础理论研究:财产罪的法益及其展开》,法律出版社2012年版,第154页。
[2] 参见刘明祥:《财产罪比较研究》,中国政法大学出版社2001年版,第82页。

在德国,财产犯罪的法益是从财产损害方面展开的。从理论上讲,根据纯粹的经济财产说,债权人为实现权利盗窃他人财物或者通过恐吓等手段取得他人财物时,被害人虽然失去了财物或者利益,但消除了债务,总体上没有经济损害,可以认为没有侵犯他人的财产法益,不符合财产犯罪的构成要件,自然不成立犯罪。根据法律经济财产说也能得出相同的结论。而根据法律的财产说,以不正当的手段行使权利的行为毕竟侵犯了他人的财产权,符合财产犯罪的构成要件,只是作为权利行使行为可能阻却违法性。由此看来,在财产法益是否受到侵害的判断上,法律的财产说与经济的财产说立场不一,前者认为法益受到了侵害,后者则认为法益未受到侵害,只是前者通过将行使权利作为违法阻却事由,与后者一样都否认了财产罪的成立。

在日本,根据本权说,债权人以不当手段行使权利,并没有侵犯他人的本权。如债权人盗窃他人财物以实现债权的,一般认为该财物只是权利的标的物,债权人并没有侵害属于债务人的权利。据此,行使权利的行为没有成立财产犯罪的余地。[1] 如果将本权说与法律的财产说相比照,我们就会发现,后者承认行使债权的行为符合财产犯罪的构成要件,只是因行使权利而阻却违法。前者则认为,在行使债权的场合,甚至不符合财产犯罪的构成要件。这种差异的根源在于德国民法与日本民法中物权变动规则的不同规定。日本民法采取物权变动的意思主义规则[2],即在债务人交付财物之前,根据当事人的约定,标的的所有权已经转移给债权人。如果采取形式主义的理解,则债权人行使权利的行为就不能被认为侵犯了债务人的本权。而德国民法采取物权变动的交付主义规则。[3] 债务人将动产交付给债权人之前,所有权仍然归债务人。据此,债权人行为当时的所谓"权利"就不具有权利的合法属性,不属于法律上的财产,因而只能将其作为违

---

[1] 参见童伟华:《财产罪基础理论研究:财产罪的法益及其展开》,法律出版社2012年版,第185页。
[2] 《日本民法典》第176条,"物权的变动及移转,只因当事人的意思表示而发生效力。"
[3] 根据《德国民法典》第929条的规定,为转让一项动产的所有权,必须由物的所有人将物交付于受让人以及双方就所有权的移转达成合意。

法阻却事由来对待。

根据占有说,行为人以不正当的手段行使债权时,侵犯了债务人的占有,符合财产犯罪的构成要件。只能将行使权利作为违法阻却事由来看待,从而进行出罪处理。[1]

概括来讲,通过对德日学说的简要考察,我们可以认为:在行使权利的场合,通常没有财产犯罪成立的余地。[2] 但在具体分析路径上,则可以根据所采取的保护法益论,将行使权利分别作为阻却构成要件的事由或阻却违法的事由来看待。[3]

2. 中国语境的特殊性及结论

按照本书的观点,如果我们坚持占有说的立场,则将行使权利的行为作为阻却违法事由来看待,应当是较为稳妥的主张。无论是行使债权,还是行使所有权的行为,都可以阻却财产犯罪的违法性。其实定法的根据可以从《刑法》第238条第3款上得出。这是一般性的原则,但在一些特殊情形之下,能否将这一立场贯彻到底,还需要进一步的说明。

首先,以往学说上所讨论的行使权利的行为,其所针对的权利系合法权利,即具有民法上的权源。但在实践当中,行为人以符合财产犯罪构成要件的方式实现非法"权利"的行为[4],能否阻却违法性,就成为问题。如行为人为索取赌债等非法债务,而对债务人实施暴

---

[1] 当然,在极端的占有说看来,占有本身就是独立的法益,旨在保护抽象的财产秩序。据此,行使权利的行为在理论上成立违法阻却事由的余地较小。从根本上讲,在权利和秩序的冲突中,权利原则上应向秩序让步。但这种主张较少被接受。参见童伟华:《财产罪基础理论研究:财产罪的法益及其展开》,法律出版社2012年版,第186页。

[2] 当然,如果行使权利的行为符合其他犯罪的构成要件的,也有成立其他犯罪的可能性。比如以暴力方式行使权利的,可能成立人身犯罪。

[3] 需要说明的一点是,上述结论是当下德日学说的主流立场。但就学术史而言,在不同历史时期,无论是判例还是学说在立场上都有反复。具体内容,参见刘明祥:《财产罪比较研究》,中国政法大学出版社2001年版,第89页以下。

[4] 非法权利的称谓其实有内在的矛盾,因为权利本身就意味着必须有法律上的根据,若无法律根据,则难有"权利"之谓,本书的指称是为了说明的方便,并不意味着在该场合中确有权利存在。

力,按照司法解释的立场,不以财产犯罪论处。[1] 其合理性何在?如果按照行使权利的本意,在权利系非法的场合,行为人行使的所谓"权利",是对他人财产的侵犯,不具有法秩序上的正当性,不能阻却违法。于是,有学者认为,可以从主观层面来考察,在该场合中,以行为人不具有"非法占有目的"作为出罪事由。[2] 但行为人明知自己实现的是法律所不保护的利益,因而所谓的行使权利根本不具有正当性,如何能够排除"非法占有目的"的认定?这种解读并没有从根本上解决问题。

其次,在实践中经常有这种情形,行为人行使权利的对象并非作为权利客体的标的物,而是被害人的其他财物。例如,甲窃取了乙价值1万元的摩托车,乙发现之后,窃取了甲的1万元现金作为补偿。[3] 在该场合,乙的行为能否阻却违法,就成为问题。因为"财产损害"并非我国刑法所规定的财产犯罪的构成要件要素,所以,我们不能以被害人的财产在整体上没有遭受损害,即没有法益侵害的结果存在,将这种行为作为阻却违法事由来看待。但是,如果将这种行为作为财产犯罪来对待,又与司法解释的精神有悖。

因此,考虑到我国刑法以及司法解释关于财产犯罪的特殊规定,我们有必要对行使权利阻却违法的基本观念作一定程度的修正。

根据本书的看法,在犯罪论体系的定位上,可以将行使权利区别对待,即区分作为违法阻却事由的行使权利与作为责任阻却事由的行使权利。

---

[1] 根据2000年7月13日最高人民法院《关于对为索取法律不予保护的债务非法拘禁他人行为如何定罪问题的解释》,"行为人为索取高利贷、赌债等法律不予保护的债务,非法扣押、拘禁他人的,依照刑法第二百三十八条的规定定罪处罚。"类似地,2005年6月8日最高人民法院《关于审理抢劫、抢夺刑事案件适用法律若干问题的意见》第7条规定,"抢劫赌资、犯罪所得的赃款赃物的,以抢劫罪定罪,但行为人仅以期所输赌资或所赢赌债为抢劫对象,一般不以抢劫罪定罪处罚"。
[2] 参见徐凌波:《刑法上的占有》,载陈兴良主编:《刑事法评论》(第25卷),北京大学出版社2009年版,第489页。
[3] 这是行使所有权的情形。在行使债权的场合中,也存在同样的问题。如甲对乙负有1万元的债务,乙无力偿还,甲就窃取乙价值1万元的摩托车作为补偿。在此,仍有是否成立盗窃罪的问题。

当行为人所行使的权利系合法权利,并且行使权利的对象系权利标的,则可以阻却该行为违法性,因其在根本上不具有整体法秩序下的一般违法性。当行为人所行使的权利没有法律上的根据,或者行使权利的对象并非权利标的,而是代之以与之等价的其他财物,则不阻却该行为的违法性,因其在整体法秩序上不具有正当性。但是,从非难可能性的角度来看,行为人在此场合中缺少可非难的主观意思,因而能够阻却行为的有责性。

这样,从结果上讲,上述情形都可以作无罪处理,一方面消除了法秩序统一原则下的逻辑矛盾,另一方面也与司法解释的立场相契合。

当然,阻却违法的行使权利与阻却责任的行使权利在法律效果上仍然是有差别的。对于前者,因为不存在整体法秩序下的一般违法性,所以对该行为不能进行正当防卫。但对于后者,则不能排除被害人的正当防卫权。还需要说明的一点是,如果行为人在行使权利的过程中,超出了权利范围,仍有成立财产犯罪的可能。[1]

---

[1] 参见刘明祥:《财产罪比较研究》,中国政法大学出版社2001年版,第107页。

第七章
财产犯罪基础理论解读（二）：非法占有目的

非法占有目的，又称不法领得意思[1]，是财产犯罪中讨论较多的问题。尽管存在少数的不同意见，但在学说上，认为成立财产犯罪必须具有非法占有目的是多数学者的主张[2]，也是通说的立场。[3] 司法实践对此也持肯定态度，从前文对相关判决的解读中，我们可以很清楚地看到这一点。然而，立法在财产犯罪的罪状表述中并没有明确规定非法占有目的，通过理论阐释人为地增加构成要件要素是否有违罪刑法定原则，并非没有疑问。[4] 此外，对于非法占有目的的内容、与构成要件故意的关系，乃至其在区分罪与非罪、此罪与彼罪的过程中所可能发挥的功能，也并没有在学说上形成普遍的共识。这就表明对该问题仍有深入探讨的必要。

---

[1] 参见〔日〕山口厚：《从新判例看刑法（第2版）》，付立庆、刘隽译，中国人民大学出版社2009年版，第137页脚注[2]。
[2] 参见张明楷：《刑法学》（第四版），法律出版社2011年版，第846页。
[3] 参见高铭暄、马克昌主编：《刑法学》（第五版），北京大学出版社、高等教育出版社2011年版，第496页。
[4] 一些国家的刑法明文规定了非法占有目的的内容，如《德国刑法典》第242条把"意图自己不法所有"作为盗窃罪的构成要件要素；英国《1916年盗窃法》也把永久取得他人财物的意图，作为盗窃罪的成立条件；《瑞士刑法典》第137条则把"为自己或第三人不法之利益"作为盗窃罪的要件；《俄罗斯联邦刑法典》第158条所规定的盗窃罪要求"以贪利为目的"。参见刘明祥：《刑法中的非法占有目的》，载《法学研究》2000年第2期。日本与我国的情况类似，在立法上，都没有明文规定非法占有目的的内容，但在学说和判例上，坚持非法占有目的为财产犯罪之构成要件要素的观点则占据了通说的位置。

第一节　非法占有目的的基本问题

在学说上,关于非法占有目的有两个基本的争论点,一是非法占有目的是否必要;二是非法占有目的的内容如何认定,其内部又存在排除意思说、利用意思说以及排除意思加利用意思说之间的分歧。

一、非法占有目的的立场之争——必要说与不要说的对立

(一)争论的焦点

非法占有目的必要说认为,成立盗窃、诈骗等罪要求行为人在故意之外还需具有非法占有目的。依据之一是,从犯罪个别化的角度来讲,作为取得型财产犯罪的盗窃罪、诈骗罪与毁弃、隐匿型财产犯罪在客观上都表现为排除了原占有人的占有,它们的区别只能诉诸是否具有主观上的非法占有目的。此外,同样是对所有权的侵犯,盗窃等取得型财产犯罪的法定刑要重于故意毁坏财物罪,这种法定刑上的差异也只能通过非法占有目的加以解释;第二,从限定财产犯罪的处罚范围来说,一时使用而非永久占有的"使用盗窃"行为对法益的侵害还没有达到值得科处刑罚的程度,需要通过非法占有目的的实现出罪。[1]

具体而言,首先,非法占有目的的犯罪个别化机能是就区分取得型财产犯罪与毁坏财物罪而言的。山口厚教授就认为,如果不考虑非法占有目的,那么基于毁弃、隐匿意思而夺取财物的场合也会被认为成立盗窃罪,这样就无法从实质上区别盗窃罪与毁弃罪了。"为了能够从根本上区别盗窃罪与毁弃犯罪,就有必要以利用意思作为盗窃罪的主观要件。其内容可以理解为,'享受由财物所产生的某种效用的

---

[1] 在早期,关于非法占有目的是否必要的争论,是从财产犯罪保护法益的角度展开论述的。但后来学者们发现,这两个问题分属不同层面,之间没有必然联系,所以,在后来的讨论中,就很少涉及法益之争了。对此,后文将有论述。

意思'。"[1]此外，在《日本刑法典》的规定中，取得型财产犯罪的法定刑要重于故意毁坏财物罪[2]，对此，学者们认为取得型财产犯罪中的非法占有目的是对盗窃罪加重处罚的根据。西田典之教授认为，在法益侵害这一点上，可以说并无恢复可能性的损坏罪要更为严重，然而盗窃罪的处罚却比损坏罪要更严厉，这是因为试图利用财物这一动机、目的更值得谴责，并且从一般预防的角度来看，这也更有抑制的必要性。[3] 因而，利用处分的意思就被当作责任要素来看待。[4]

其次，非法占有目的能够将不可罚的使用盗窃行为排除在盗窃罪的规制范围之外。所谓使用盗窃，是指短时间内擅自使用他人财物的行为。之所以认为该行为不可罚而将其从盗窃罪中排除出去，是因为这种情况下的损害相对轻微，而没有必要动用刑罚，也就是出于可罚的违法性的考虑。例如，短时间内借用他人的橡皮擦或拖鞋并马上归还的行为就是典型例子。在这种情况下，由于其利用意思并没有达到排除权利人的程度，非法占有目的也具有了从主观方面排除盗窃罪的机能。[5]

与之相对，非法占有目的不要说认为，必要说在解释论上的目的是想以是否存在非法占有目的为标准，区分盗窃罪与故意毁坏财物罪，以及想以非法占有目的为理由给使用盗窃的不可罚性奠定基础。

---

[1] [日]山口厚：《刑法各论（第2版）》，王昭武译，中国人民大学出版社2011年版，第236页。同样地，大谷实教授也认为，"利用处分的意思，是区分非法占有型犯罪和破坏、隐藏型犯罪所必不可少的。"参见[日]大谷实：《刑法讲义各论（新版第2版）》，黎宏译，中国人民大学出版社2008年版，第183页。

[2] 这一点，日本刑法与我国刑法相类似。以我国刑法而言，如盗窃罪的基本犯的法定刑为"三年以下有期徒刑、拘役或者管制，并处或者单处罚金"。故意毁坏财物罪的基本犯的法定刑为"三年以下有期徒刑、拘役或者罚金"。而在作为"数额巨大或者有其他严重情节"的加重犯场合，盗窃罪的法定刑为"三年以上十年以下有期徒刑，并处罚金"，故意毁坏财物罪的法定刑为"三年以上七年以下有期徒刑"，诈骗罪的法定刑与盗窃罪相仿。

[3] 参见[日]西田典之：《日本刑法各论（第三版）》，刘明祥、王昭武译，中国人民大学出版社2007年版，第124页。

[4] 参见[日]大谷实：《刑法讲义各论（新版第2版）》，黎宏译，中国人民大学出版社2008年版，第180页。

[5] 参见[日]西田典之：《日本刑法各论（第三版）》，刘明祥、王昭武译，中国人民大学出版社2007年版，第125页。

但是，无论在哪一点上该说都不具有充分的理由。[1]

第一，关于盗窃罪与故意毁坏财物罪的区别，既然以非法占有为目的实施盗窃行为的成立盗窃罪，以毁坏为目的实施毁坏行为的成立故意毁坏财物罪，那么，在行为人以毁坏为目的夺取他人对财物的占有时，就应当认为成立故意毁坏财物罪。但是，这样的话，如何处理行为人以毁坏为目的取得他人对财物的占有之后却没有实施毁坏的行为？即，关于故意毁坏财物罪，只有在开始了具体的毁坏行为时，才认为存在实行行为的着手，因此，行为人仅仅夺取了财物而没有毁坏的，就不得不认为其行为不可罚。这样就有缺乏对被害人的保护之嫌。[2] 另外，当行为人以毁坏为目的夺取他人对财物的占有后，进行了符合财物经济用途的利用、处分时，如何解决行为的定性？如果通过肯定利用、处分意思从而认可存在非法占有目的，就可能论以盗窃罪。但是，在该场合中，并不存在盗窃行为。如果认定成立侵占罪，则又缺乏作为其前提的对财物的委托信赖关系，两者都不适当。或者，可以将以毁坏为目的夺取占有的情形，也认定为存在非法占有目的，借此来解决上述问题。但这与认为成立盗窃罪不需要非法占有目的的不要说的见解实质上并无不同。[3] 至于盗窃罪的法定刑重于故意毁坏财物罪的理由，曾根威彦认为，"从那些不能通过客观事实证明的内心动机、意图来导出两罪法定刑的差异是不妥当的，对于盗窃罪法定刑较重的根据应该从客观的情形来寻找，即伴随着客体占有的转移利益也同时被转移，行为人取得了正当利益（产生了这样的可能性）这样的客观事实"。[4] 并且，必要说将利用意思理解为责任加重要素，但这将无法解释，与盗窃罪同属于取得型财产犯罪的侵占遗失

---

[1] 参见〔日〕大塚仁：《刑法概说（各论）（第三版）》，冯军译，中国人民大学出版社2003年版，第230页。

[2] 参见〔日〕大塚仁：《刑法概说（各论）（第三版）》，冯军译，中国人民大学出版社2003年版，第231页。

[3] 参见〔日〕大塚仁：《刑法概说（各论）（第三版）》，冯军译，中国人民大学出版社2003年版，第231页。

[4] 〔日〕曾根威彦：《刑法各论（第三版）》，弘文堂2001年版，第122页，转引自王充：《论盗窃罪中的非法占有目的》，载《当代法学》2012年第3期。

物等罪的法定刑,为什么会轻于毁坏财物罪。

第二,暂时擅自使用他人财物的行为,只要财物的物体和价值都几乎未被夺取,就应该认为其不可罚。但是,理由不是行为人缺乏非法占有目的,而是其行为本身不能被认为是可罚的财物窃取行为。例如,擅自借用他人桌上的刀子削铅笔或者随意骑他人放在广场角上的自行车绕行广场一周等行为,虽然都是按照财物的经济用法实施的利用行为,并且在行为时是像所有人那样以利用的意思而使用的,但是,仅凭此尚不能说行为人取得了对财物的占有,不属于可罚的窃取行为。

针对不要说的诘难,必要说的反驳是:首先,如果不要求非法占有目的,仅从客观行为上来区分盗窃罪与故意毁坏财物罪,那么,只有在客观上没有夺取对财物的占有而直接毁坏财物时,才成立故意毁坏财物罪;夺取了财物后予以隐匿、毁坏的,都成立盗窃罪,这显然不合理。而且,在这一点上,非法占有目的不要说不能说明取得型财产犯罪与故意毁坏财物罪的法定刑差异。至于行为人以毁坏的意思取得了他人财物后却没有毁坏的,当然成立故意毁坏财物罪;同样,行为人起初以毁坏的意思夺取了他人财物,其后遵从财物的经济用途进行利用、处分的,理应成立侵占脱离占有物罪。[1] 至于同为取得型财产犯罪的侵占遗失物罪的法定刑为何会轻于故意毁坏财物罪,必要说的解释是:在侵占遗失物等罪中,并不存在占有侵害,因而其违法性程度相对要轻;侵占遗失物等罪具有"诱惑性",是一种更容易诱惑人实施的犯罪,因而其责任也相对要轻。[2] 其次,如果不要求非法占有目的,仅从行为本身区分盗窃罪与不可罚的盗用行为是相当困难的。因为盗窃罪是状态犯,盗用行为的可罚性要根据夺取占有时的情况进行判断,即使是对事后的客观利用程度是否具有可罚的违法性的判断,也必须考虑行为人夺取占有时的利用意思。所以,将非法占有目的作为主观要件是必要的。

---

[1] 参见张明楷:《诈骗罪与金融诈骗罪研究》,清华大学出版社2006年版,第288页。
[2] 参见〔日〕山口厚:《刑法各论(第2版)》,王昭武译,中国人民大学出版社2011年版,第237页。

(二) 争论的实质

非法占有目的不要说和必要说争论的对象都集中在能否借此发挥犯罪个别化与限定处罚范围的机能。就前者而言,能否从客观方面区别取得型财产犯罪与故意毁坏财物罪成为争论的焦点。从构成要件上讲,取得型财产犯罪是夺取(转移)占有的犯罪,而故意毁坏财物罪则是破坏占有的犯罪,但问题是夺取占有与破坏占有之间是否界限分明呢?尤其是在行为人先夺取财物的占有,而后加以毁坏的场合,其实也符合盗窃罪的客观构成要件。依不要说的观点,对此只能以盗窃罪论处。这样一来,只有在不转移财物占有的情形下,才有成立故意毁坏财物罪的余地,必要说认为这不当地限缩了毁弃罪的范围,并不妥当。

就后者而言,以非法占有目的在盗窃罪中排除使用盗窃的情形是否必要?当然,这个问题的前提是使用盗窃不会被作为盗窃罪处罚。那么,何以如此?必要说认为是因为行为人缺乏非法占有目的,而不要说认为主要是由于使用盗窃的情形在客观上没有达到盗窃罪的可罚的违法性程度。但事实上,即使是在使用盗窃的场合,必要说也没有一概否认成立盗窃罪的可能。比如,在日本有这样的判例:对于夜间擅自动用他人汽车,早上归还原处,如此反复多次的行为,法院认为,"开车用于搬运所盗物品,或者出于该种目的在相当长的时间内四处转悠,擅自使用之后,即便将车还回原处,也能肯定被告人具有非法占有的意思"[1]。这样看来,必要说与不要说在限定盗窃罪的处罚范围这个问题上的分歧,不在于解释结论,而在于解释逻辑。在必要说看来,可罚的使用盗窃被当作判断是否具有非法占有目的的素材来看待。如林幹人教授认为,"实际上在认定非法占有目的的时候,夺取

---

[1] 参见〔日〕大谷实:《刑法讲义各论(新版第2版)》,黎宏译,中国人民大学出版社2008年版,第182页。还有类似的判例,如日本东京地方法院1980年2月14日在行为人将公司机密资料拿到外面复印,两小时之后将原稿放回原处的案件中,认为将上述资料的经济价值即记载内容自身复制之后,意图转让给自己将要跳槽的新单位,在出于这种目的的利用中可以认可非法占有的意思,成立盗窃罪。参见〔日〕大谷实:《刑法讲义各论(新版第2版)》,黎宏译,中国人民大学出版社2008年版,第183页。

占有后的行为人的行为大多被作为非常重要的判断资料。"[1]而不要说则将其作为判断是否成立盗窃罪的依据来看待。

当然,这种争论只是一种表象,其背后还有更深层次的理念分歧。首先,非法占有目的是否必要同财产犯罪的保护法益有无关联?对此,持不要说立场的大塚仁教授认为,"围绕是否需要不法领得的意思的见解的对立,其实在根本上与关于窃盗罪的本质的本权说与占有说的对立相联系。在本权说的立场上,窃盗罪的主观要件不只是以仅仅表象侵害财物的占有为内容的故意,而且需要也对侵害本权加以表象的不法领得的意思;在占有说的立场上,只要行为人仅仅表象侵害财物的占有这种事实而行为,就足以存在故意。因此,窃盗罪的法益虽然最终是所有权及其他本权,但是,作为其前提也是关于财物的具有相应合理性的占有本身,这样理解时,既然表象侵害这种占有而实施了行为,那么,原则上就必须认为成立窃盗罪,所以,当然应采取认为不需要不法领得的意思的立场"[2]。而持同样立场的曾根威彦教授则认为,"自来,有关盗窃罪保护法益的本权说被理解为是与非法占有目的的不可分的,但是这种结合未必是必然的。围绕保护法益的问题是有关被害者一方的情况,而非法占有目的的内容中,被害者一方的情况只有消极的'权利者的排除'部分,其他都是属于积极的行为者一方的情况,两者在对象领域上是不同的。在仅仅追究本权侵害的侵占罪中有观点认为不需要领得意思,另外,在最彻底的以本权侵害为内容的器物损坏罪中非法占有目的也成为问题,这也是与上述结论相悖的。问题是'排除权利者的意思'这一(消极方面的)部分,对本权的侵害或者危险并行于对占有的侵害是客观上存在的事情,(与利益的转移共同)构成盗窃罪的独立的违法要素,如果这样理解的话,上述的部分就并非超过客观违法要素的意思,而只要作为(责任)故意的一部分就可以。非法占有目的作为侵害、危及本权的认识,倒不如说在本

---

[1] [日]林幹人:《刑法各论》,东京大学出版社1999年版,第201—202页,转引自王充:《论盗窃罪中的非法占有目的》,载《当代法学》2012年第3期。
[2] [日]大塚仁:《刑法概说(各论)(第三版)》,冯军译,中国人民大学出版社2003年版,第232—233页。

权说中一开始就能够被消解在责任故意中"[1]。换句话说,之所以将非法占有目的是否必要与财产犯罪的保护法益勾连起来,是因为我们将非法占有目的定义为主观违法要素,并在此前提下展开问题的讨论。如果换一个立场,将非法占有目的作为责任要素而非违法要素,那么非法占有目的就不是影响行为的违法性而只是反映行为者的应受非难程度的因素了,于是,从保护法益出发进行的所有论证和争议就变成了无的放矢。[2] 并且,如前文所述,在必要说那里,非法占有目的中的"利用意思"原本就被当作责任要素来看待,并且承担了说明盗窃罪的法定刑为何重于故意毁坏财物罪的功能。

二、非法占有目的的内容

(一)学说的概况

在理论上,对于非法占有目的的内容,存在着排除意思与利用意思说、排除意思说以及利用意思说三种不同的理解。

1. 排除意思与利用意思说

该说是日本判例和学界的通说。1915 年日本大审院在"教育诏书"一案中表明了这个立场,认为非法占有目的的内容是"排除权利人,将他人的财物作为自己的所有物(或者与自己的所有物同样看待),并遵从财物本身的经济用途,对其进行利用、处分的意思"。[3] 据此,非法占有目的由两个要件构成:其一,排除权利人,将他人之物作为自己的所有物处置的意思(排除意思);其二,将他人之物,按照其经济用途进行利用或者处分的意思(利用意思)。具体而言,根据排除意思这一要件,可将不具有可罚性的暂时性使用行为排除在财产犯罪之外;根据利用意思这一要件,可以将故意毁坏财物罪与取得型财产犯罪区别开来。

---

[1] 〔日〕曾根威彦:《刑法各论(第三版)》,弘文堂 2001 年版,第 120—121 页,转引自王充:《论盗窃罪中的非法占有目的》,载《当代法学》2012 年第 3 期。

[2] 参见王充:《论盗窃罪中的非法占有目的》,载《当代法学》2012 年第 3 期。

[3] 〔日〕山口厚:《从新判例看刑法(第 2 版)》,付立庆、刘隽译,中国人民大学出版社 2009 年版,第 137 页。

在德国，由于刑法在盗窃罪中规定了"为自己或第三人违法取得之意图"，于是在解释论上可将"违法取得意图"[1]分解为积极要素与消极要素。取得意思的积极要素系指行为人意图使自己或第三人长期或短暂地取得物的本体或所体现的经济价值。因此，若是行为人的目的在于损坏、丢弃或藏匿动产而加以窃取的，即不具备积极取得的意图，只能视情形论以毁弃罪。在学说上通常以此来区分盗窃罪与故意毁坏财物罪。在盗窃罪中，行为人同时具备消极要素与积极要素；而在故意毁坏财物罪中，行为人则只具有消极要素。此外，通过取得意图的积极要素，也能区别盗窃罪和不罚的单纯剥夺占有的行为。因为后者的行为人并未将他人之物短暂或长期地纳入自己的占有之下。[2] 取得意图的消极要素系指行为人意图长期地排斥原所有权人或占有人对物的本体或物所体现的经济价值的支配地位。消极要素的存在，使得盗窃罪与仅具有使用意图的使用盗窃有所区别。因为在使用盗窃的情形中，行为人主观上仅具有短暂地排斥原物所有权人或占有人的占有的意图，而不具备长期地排除消极取得意图，因此不成立盗窃罪。这是因为使用盗窃的行为人并无取得意图，并且系在不使该物发生质变或降低其经济价值的条件下加以使用的，而且又具有使用后交还原所有权人或持有人的交还意思。[3]

从这个表述中我们可以看出，德国刑法中关于非法占有目的的解读与日本刑法的通说大体一致。并且，应当指出的是，对于排除意思和利用意思的强调，都与非法占有目的的机能实现有关。

2. 排除意思说

该说认为，非法占有目的，是指将自己作为财物的所有人进行支

---

[1] 相当于我们这里讲的"非法占有目的"。
[2] 参见林山田：《刑法各罪论（上）》（修订五版），北京大学出版社2012年版，第227页。在此，林山田教授举了一个例子加以说明：学生A恶作剧，在B教授上课之前，将B的讲义偷偷地夹藏在其座前的书堆中，使B教授遍寻不获。参见林山田：《刑法各罪论（上）》（修订版），北京大学出版社2012年版，第227页。在此场合中，A没有占有讲义的意思，只是单纯地剥夺了B对讲义的占有。
[3] 参见林山田：《刑法各罪论（上）》（修订五版），北京大学出版社2012年版，第227—228页。

配的目的(以排除意思为已足)。因为诈骗、盗窃等取得型财产犯罪的本质是侵犯财产,使自己或者第三人成为财物的所有权人。例如,团藤重光教授认为,"所谓领得的意思是指对财物像所有者那样的支配的意思。如果是所有者,就会根据物的经济的用法来进行利用、处分,或者单纯的废弃。如果具有这样的意思的话,当然也是具有领得的意思。因此,暂时的利用然后废弃的场合当然也是如此,不是基于利用而仅仅是放弃、破坏、隐匿的意思而盗取,也必然具有领得的意思。领得的意思与利得的意思不同。另外,对于领得的意思存在从财物的物质着眼(物质说)还是从价值着眼(价值说)的争论。倒不如说应该从两个方面着眼,无论是针对目的物的物质的领得意思还是价值的领得意思都应该看作领得的意思。因此,所谓使用盗窃的场合,如果伴随着并非轻微程度的价值的消费的话,就不仅仅是使用了,如果存在这样的价值消费的意思的话就应该认定存在领得的意思,应该认定成立盗窃罪。对于长时间的使用他人的汽车,从这个观点出发就应该认为构成盗窃罪"[1]。再如,福田平教授指出,"如果像判例那样,要求非法占有目的具有遵从财物的经济用途进行利用、处分的意思,那么,以毁弃、隐匿的意思夺取他人财物的人,其后没有实施毁弃、隐匿行为的,就不得不认为不可罚,但这样的结论并不妥当。另一方面,将他人的财物像自己的所有物那样进行利用、处分,也包含没有遵从财物的经济用途的处分行为,如单纯废弃的行为,所以,像判例那样限定为遵从财物的经济用途的利用、处分是没有理由的。因此,如果行为人具有作为自己的所有物进行支配的意思时,具有遵从财物的经济用途、处分他人的财物的意思的,当然具有非法占有目的,单纯以放弃、破坏、隐匿的意思夺取的,也可谓具有非法占有目的"[2]。

根据排除意思说,"像所有人一样支配财物的意思"不仅包含了排斥原所有权人支配财物的意思,也包含了毁弃、隐匿的意思,因此,想

---

[1] [日]团藤重光:《刑法纲要各论》(第三版),创文社1990年版,第562—563页,转引自王充:《论盗窃罪中的非法占有目的》,载《当代法学》2012年第3期。
[2] [日]福田平:《刑法各论(全订第3版增补)》,有斐阁2002年版,第230—231页,转引自张明楷:《诈骗罪与金融诈骗罪研究》,清华大学出版社2006年版,第295页。

借利用意思来实现犯罪个别化的机能是不可能的,也就没有必要承认非法占有目的当中也包含有利用意思了。

3. 利用意思说

该说认为,非法占有目的是指遵从财物的用途进行利用的意图。因为诈骗、盗窃等罪不是单纯地转移财物的占有,而是以转移占有后积极地利用财物为目的的。前田雅英教授认为,对占有的侵害只有达到值得科处刑罚的程度时,才具有构成要件符合性;一时使用他人财物的行为的可罚性,由对权利人利用的实际侵害程度来决定。所以,非法占有目的并不要求有"作为所有人进行支配的意思"。但是,仅从客观面还不能区分毁坏行为与盗窃、诈骗行为,所以,行为人需要具有遵从财物的本性进行利用的意思。此外,遵从财物的本来的用途进行利用、处分的意思,并不影响违法性,取得型财产犯罪与毁弃物罪对他人财产的法益侵害性没有差异,甚至可以说毁弃罪的法益侵害性更严重。尽管如此,取得型财产犯罪的法定刑依然重于毁坏财物罪,这是因为对于国民来说,取得型财产犯罪是具有诱惑性的、容易实施的行为,需要严厉禁止。但是,在这种场合中,不需要具有经济上利得的意思,只要具有符合财物本性的利用意思即可。[1] 可以看出,前田雅英教授在对非法占有目的的理解上,是彻底的机能论者,即之所以认为排除意思不属于非法占有目的的内容,是因为区分不可罚的使用盗窃与可罚的盗窃行为完全可能通过对盗窃罪的客观构成要件进行分析而得出,无须借助于行为人是否具有排除意思的判断,因此,非法占有目的仅具有利用意思即足。

与前田雅英教授的解释不同,平野龙一教授认为,"虽然盗窃罪以占有的取得作为成立的要件,但占有的取得必须体现非法占有目的。对于这一点,在一定程度上与盗窃罪的保护法益仅是占有还是包括本权有关系,但并不是必然的联系。即便保护法益仅为占有,非法占有目的也是必要的。那么,非法占有目的到底是什么呢?对此有两种思

---

[1] 参见〔日〕前田雅英:《刑法各论讲义(第3版)》,东京大学出版社1999年版,第161、164页,转引自张明楷:《诈骗罪与金融诈骗罪研究》,清华大学出版社2006年版,第295页。

考方法:其一,像所有权者那样的支配的意思;其二,遵从物的用法的利用的意思。采取前一种见解的场合,如果以日后返还的意思夺取占有的话,也就是在使用盗窃的情况下就不能成立盗窃罪;如果以毁弃隐匿的意思而夺取占有的话,就成立盗窃罪。毁弃隐匿是作为所有权人可以实施的行为。与此相对,如果采取后一种见解的话,若存在毁弃的意思就不成立盗窃罪。在使用盗窃的场合中,如果在所有权人没有允许的情况下,行为人具有一定程度的利用的意思的话就成立盗窃罪。如果存在毁弃的意思的场合也成立盗窃罪的话,那么毁弃罪就几乎没有成立的余地了,而且现行法中并非仅仅将所有权而是将包括使用权在内的本权作为盗窃罪的保护法益,因此,像使用权者那样支配的意思也可以说是非法占有目的。因此,后一种见解是妥当的"[1]。在平野龙一看来,仅利用意思就可以同时实现排除不可罚的使用盗窃和区别故意毁坏财物罪与盗窃罪的功能,因而排除意思是不必要的。可以说,对于排除意思的理解,平野龙一与前田雅英的见解一致,而对于利用意思的理解,则有差别。这里就涉及另外一个很重要的问题:学说上所谓的"排除意思"与"利用意思"的内涵究竟为何?

(二)排除意思与利用意思的内涵

1. 排除意思的含义

对于排除意思的通常理解是,具有排除原所有权人对财物的支配,并像所有权人一样支配财物的意思。在日本,判例最初的态度是,暂时性使用,但具有返还意思的,不成立盗窃罪;反之,若擅自使用后,具有损坏或者用后扔掉意思的,则认定具有非法取得的意思,成立盗窃罪。[2] 但在其后的判例中,即便是存在返还意思的短时间擅自使用,判例肯定存在不法领得的倾向占主流。[3]

---

[1] [日]平野龙一:《刑法概说》,东京大学出版会1977年版,第206—207页,转引自王充:《论盗窃罪中的非法占有目的》,载《当代法学》2012年第3期。

[2] 参见[日]山口厚:《刑法各论(第2版)》,王昭武译,中国人民大学出版社2011年版,第231页。

[3] 例如,①从上午7时至次日下午1时连续18个小时骑乘他人自行车,其后归还的案件;②为了搬运赃物,夜间使用他人的汽车第二天早上归还原处的案件;③驾驶他人的汽车兜风,大约4小时之后造成事故的案件;④无驾驶证驾驶他人的(转下页)

由于排除意思的机能主要是将不值得科处刑罚的骗用、盗用行为排除在犯罪之外,对排除意思的理解就必须考虑到机能的功效。山口厚教授将排除意思定义为达到可罚性程度的妨害利用的意思,以此作为划定不具有可罚性的暂时性使用与具有可罚性的盗窃罪的标准,并由此为法益侵害的危险奠定基础,从而将排除意思认定为主观违法要素。[1] 根据山口厚教授的观点,在以下三种场合中,可以认为存在排除意思。第一,即便是只具有暂时性使用的意思,但行为人若并无事后返还的意思,而是出于使用之后毁弃、丢弃的意思的,在此情形下,由于具有持续侵犯财物的利用可能性的意思,可以肯定具有排除意思,成立盗窃罪;第二,即便存在事后返还的意思,但行为人若是出于侵犯相当程度的利用可能性的意思的,则存在达到可罚性程度的法益侵害的危险,能肯定具有排除意思,成立盗窃罪。[2] 第三,即便存在事后返还的意思,对利用可能性的侵害程度也很轻微,但行为人若伴有"消耗体现于物之上的价值"的利用意思的,[3]由于存在对构成所有权之内容的利益的重大侵害,能肯定具有排除意思,成立盗窃罪。[4]

如果将返还意思作为排除意思的对立面,则排除意思的内涵将更为明晰,使用盗窃与可罚的盗窃罪之间的界限也将很清楚。但从判例和学说的发展来看,返还意思的界限功能被逐渐淡化,取而代之的是从实质的角度来判断使用盗窃是否具有可罚性,并以此作为认定是否存在排除意思的标准。这种立场上的缓和与主张的模糊性,使得其与非法目的不要说的分歧在逐渐缩小,也从另一个方面扩张了不要说的

(接上页)汽车大约 4 小时之后被扣押的案件;⑤出于换取奖品的目的,用磁铁从他人的游戏机上获取弹子的案件;⑥出于复印的目的而带出机密资料,复印后大约 2 小时内归还原处的案件;⑦假装退货,实质上出于获取钱财的目的而从超市带出商品的案件。对于以上案件,判例均肯定了存在不法领得的意思。参见〔日〕西田典之:《日本刑法各论(第三版)》,刘明祥、王昭武译,中国人民大学出版社 2007 年版,第 126 页。

[1] 参见〔日〕山口厚:《刑法各论(第 2 版)》,王昭武译,中国人民大学出版社 2011 年版,第 233 页。
[2] 至于可罚性的判断标准,有必要综合考量下述因素:占有人利用财物的可能性或者必要性的程度、行为人所预定的使用或者妨害利用的时间长短、财物本身的价值,等等。
[3] 如出于使用之后返还的意思,擅自暂时性地使用他人的一次性剃须刀。
[4] 参见〔日〕山口厚:《刑法各论(第 2 版)》,王昭武译,中国人民大学出版社 2011 年版,第 233 页。

影响力。

2. 利用意思的含义

在日本,最初的判例认为,利用意思是指"按照财物的经济用途进行使用、处分的意思"。但随后的判例对此则不断地作扩大解释。在难以称之为经济用途的场合,也可以存在"按照本来的用途进行使用、处分的意思"。[1] 在对诸如为了拴住木材而割走电线的情形,判例进一步认为,还可以认为存在"享受由财物所产生的某种效用的意思"。

在学说上,出于区分取得型财产犯罪与毁弃物罪的犯罪个别化机能的考虑,对于利用意思也多采取"享受由财物所产生的某种效用的意思"的立场。如大谷实教授就认为,利用、处分意思是用以区别于隐藏、破坏型犯罪的必要的主观要素,并不一定必须是享用经济方面的利益的意思,只要是破坏、隐藏财物意图之外的意思,即只要具有享受财物所具有的某种功用的意思就够了。[2]

根据这种理解,但凡对物的利用能够获取某种利益时,都可以认为存在利用意思。并且,利用意思也并不因为行为人取得财物之时所具有的其他目的而被否定。据此,以报复的目的抢夺前女友手包的行为、男性出于癖好窃取女性内衣的行为、为燃柴取暖而窃取他人家具的行为,都可以肯认存在利用意思,从而认定成立取得型财产犯罪。甚至于在具有毁弃、隐匿意思的同时还具有其他动机,而且该动机能够被评价为享有财物的功用时,也可以承认具有利用意思。比如,"A取走与自己珍藏的高价邮票相同而属于 B 所有的邮票,并加以毁弃,而使自己所有的邮票成为世界上现存独一无二的邮票,以提高其交易价格。"在此场合中,林山田教授认为,该案在外观上虽系对于他人之物的毁损,但在实质上却系实现其经济目的的行为,因此当论以盗窃罪,而非毁损罪。[3] 张明楷教授也认为,非法占有目的,并不

---

[1] 例如,出于超额投票的目的,拿走了选票的行为。最判昭和 33 年(1958 年)4 月 17 日刑集 12 卷 6 号 1079 页。参见〔日〕山口厚:《刑法各论》(第 2 版),王昭武译,中国人民大学出版社 2011 年版,第 235 页。

[2] 参见〔日〕大谷实:《刑法讲义各论(新版第 2 版)》,黎宏译,中国人民大学出版社 2008 年版,第 180 页。

[3] 参见林山田:《刑法各罪论(上)》(修订五版),北京大学出版社 2012 年版,第 227 页。

一定意味着必须具有"增加自己的财产总量"的意思。换言之,虽然非法占有既包括积极利益的增加(如非法使他人的财物转移为自己所有),也包括消极利益的减少(如非法使他人免除或者减少自己的债务),但并非仅限于这两种情形,而是包括遵从财物可能具有的用法进行利用、处分的意思的所有情形,或者说包括取得、享受财物可能具有的利益或效用的一切情形。[1]

3. 小结

学说上对排除意思与利用意思作不断扩张的解读,非法占有目的概念被逐渐软化。这种软化处理的后果是不断地削弱非法占有目的本来具有的犯罪个别化与限定财产犯罪处罚范围的功能。这样,关于非法占有目的的必要说与不要说之间的分歧就不像想象中那么大。于是,如果我们仍然坚持非法占有目的必要说的立场,就必须寻找更为坚实的理由。

第二节 相关问题的澄清及结论

在财产犯罪中,非法占有目的主要发挥着界分犯罪与限制处罚的双重功能,但必要说不断缓和自身主张的立场,至少表明在其发挥机能的过程中还存在逻辑上不完满之处,或者说还有其他的替代手段可以实现同样的机能。若果真如此,则非法占有目的必要说就岌岌可危了。要维持必要说的见解,就必须在最根本的问题上澄清认识,包括:财产犯罪中的非法占有目的的体系性地位如何(是违法要素抑或责任要素)?判断不可罚的使用盗窃能否只依赖于对客观构成要件的分析?故意毁坏财物罪与取得型财产犯罪的区别是否只在于非法占有目的的有无?

一、中国刑法背景下的"一时使用行为"

(一)非法占有目的与构成要件故意

我们以盗窃罪为例,所谓盗窃罪,乃是行为人出于取得意图(即非

---

[1] 参见张明楷:《诈骗罪与金融诈骗罪研究》,清华大学出版社2006年版,第311页。

法占有目的),以和平的非暴力手段,破坏他人对于财物的持有、支配关系(即占有),以取得他人财物而建立自己与物的新持有、支配关系。[1] 本罪的犯罪故意可以表示为,明知自己的行为能够破坏他人对于财物的占有并实现新的占有,并且容认或追求这样的结果发生。至于非法占有目的,则可以概括为使行为人自己或第三人僭居所有权人的地位,排除原所有权人或占有人对财物的持有、支配地位,而行使类似所有权人对于物的支配权的意思。[2] 因此,非法占有目的也被称为"不法所有目的"。

按照学说通常的见解,非法占有目的是超出构成要件的客观要素范围的所谓"超过的内心倾向",与故意的性质不同。[3] 换言之,非法占有目的虽然与构成要件故意同属于主观范畴,但在内涵上具有互斥性。不过,我们仔细考察两者的内涵时,却发现两者之间存在某种程度的重合。具体来讲,非法占有目的中的排除意思可以为盗窃罪的构成要件故意所包容。

排除意思,按照大谷实教授的概括,是指排除权利人而自己作为本权人进行支配的意思,故又称"支配意思"。[4] 这里的支配,其实就是盗窃罪中所讲的打破旧的占有关系、确立新的占有关系的本意。因为,占有的实质即为对财物的排他性支配。当然,会有人认为,对财物的支配(即占有)只是所有权的权能之一,除此之外,所有权的权能还包括使用、收益、处分。盗窃罪的故意并不能将这些内容包含进去。因为,盗窃罪的行为评价只针对转移占有,并不考察事后的使用、收益、处分,所以作为构成要件行为规制对象的故意也只能容纳排他性支配的意思。这样,盗窃罪的故意恐怕无法涵盖排除意思中所谓的作为本权人的支配。但是,从排除意思的机能而言,作为区分不可罚的使用盗窃的标准,排除意思只需要考察对权利人支配财物的排除,而

---

[1] 参见林山田:《刑法各罪论(上)》(修订五版),北京大学出版社 2012 年版,第 208 页。
[2] 参见林山田:《刑法各罪论(上)》(修订五版),北京大学出版社 2012 年版,第 226 页。
[3] 参见刘明祥:《财产罪比较研究》,中国政法大学出版社 2001 年版,第 67 页。
[4] 参见〔日〕大谷实:《刑法讲义各论(新版第 2 版)》,黎宏译,中国人民大学出版社 2008 年版,第 178 页。

无须关注行为人是否具有对财物的利用、处分意思,因而所有权中的占有权能是否被剥夺,是区分不可罚的使用盗窃的关键。林山田教授也认为,将非法占有目的界定为"不法所有",极易导致以民法所有权的观念,来阐释刑法上的"所有意图",从而认为所有意图系指行为人的主观心态具有于法律上取得所有权的意图。这种认识的后果是,将破坏所有权任何权能的行为都评价为盗窃罪。比如,行为人若出于使用意图而窃取,自然也可以理解为出于所有意图而窃取,从而将使用盗窃行为,认定为行为人具有不法所有的意图,而科以盗窃罪。[1] 如果我们立足于将排除意思作为机能性的概念,就必须将排除意思的核心定位于取得类似所有权人的支配地位的意思,这样就与盗窃罪的构成要件故意没有什么差别了。

从这个意义上讲,将排除意思定义为试图引起可罚的法益侵害(利用妨害)的意思[2]可能更为妥当。这里的利用妨害,从占有概念的角度来讲,就是阻碍本权人将其自由意志无障碍地投射到财物之上,实现对财物的利用的意思。

(二)可罚的一时使用行为的判断标准

一旦否认了排除意思属于非法占有目的的内涵,就意味着非法占有目的将不能发挥界分不可罚的一时使用行为与可罚的取得型财产犯罪的功能了。问题于是出现了:我们依据何种标准来认定不可罚的一时使用行为?是客观行为还是主观意思?

仍以盗窃罪为例,在非法占有目的不要说那里,不可罚的使用盗窃的认定依据应当从客观行为入手,而不能借助于主观目的。如刘明祥教授认为,行为人同样是基于一时使用的意思擅自动用他人的财物,并且动用时就打算归还,这种主观心理状态,不会因为其所动用的财物的价值大小的差别而有所不同。比如说,某人将他人停放在同一地点的自行车和轿车,分别擅自动用了5小时,并且按原计划返还

---

[1] 参见林山田:《刑法各罪论(上)》(修订五版),北京大学出版社2012年版,第228页。
[2] 参见[日]山口厚:《刑法各论(第2版)》,王昭武译,中国人民大学出版社2011年版,第233页。

了原处。如果认为其动用自行车时无非法占有目的,动用轿车时有非法占有目的,显然是不合情理的。事实上,判断对某种使用盗窃行为有无必要动用刑罚处罚,关键要看其社会危害性程度是否严重。而决定这种行为的社会危害性程度的因素,主要来自客观方面。[1]

但是,盗窃罪是状态犯,行为人移转占有的行为一旦结束,犯罪就已既遂。事后的利用行为不应当影响对犯罪成立与否的判断。更不必说将事后的利用行为作为认定不可罚的使用盗窃的依据,等于将使用财物的行为作为盗窃罪的构成要件要素来看待,这样做是否妥当?正如山口厚教授所言,一旦取得占有即构成盗窃罪的既遂,要在盗窃罪的成立与否这一阶段,考虑既遂之后的利用妨害程度,这根本没有可能性;而且,认为只要利用妨害没有达到可罚性程度,盗窃罪就不能达到既遂,这种观点还会使得既遂时点极不明确。[2]

应当指出的是,不要说认为判断使用盗窃是否可罚的客观要素在必要说那里也是被考虑的,比如,财物的价值大小、对财物价值的损耗程度、使用时间的长短,等等。但必要说认为,所有这些内容都不过是判断是否存在非法占有目的的材料而已。换句话说,必要说一方面从"可罚的违法性"的视角,要求存在达到可罚性程度的利用妨害,另一方面将这种利用妨害提前至行为当时,以指向这种妨害的意思,来作为犯罪的成立要件。[3] 当然,这样做的理由是,主观意思(或目的)是行为人的主观心理内容。我们只能通过客观行为的表现来推定是否存在犯罪成立所要求的主观意思。从证明的角度出发,将犯罪既遂之后的客观情状纳入评价犯罪是否成立的考量就具有了逻辑上的正当性,同时也恪守了盗窃罪作为状态犯的基本属性。

概括而言,非法占有目的的不要说与必要说在使用盗窃的可罚性上其实坚持的是相同的立场,只是在论证逻辑上有别而已。在本书看

---

[1] 参见刘明祥:《财产罪比较研究》,中国政法大学出版社2001年版,第72页。
[2] 参见[日]山口厚:《刑法各论(第2版)》,王昭武译,中国人民大学出版社2011年版,第232页。
[3] 参见[日]山口厚:《刑法各论(第2版)》,王昭武译,中国人民大学出版社2011年版,第232页。

来,必要说的逻辑更为圆满,应当予以肯定。不过,这里需要强调的一点是,否认了非法占有目的具有界分不可罚的使用盗窃的机能,而将其纳入盗窃罪的犯罪故意之中进行考察,在判断不可罚的使用盗窃时,判断的对象就不应当是非法占有目的的有无,而是盗窃罪的犯罪故意是否符合的问题,这是主观构成要件要素的范畴。

当然,我们认为需要从主观意思出发,来区分不可罚的使用盗窃,但并不意味着对客观构成要件的判断就不能发挥这样的作用。盗窃罪在客观方面表现为移转占有,如果行为人一时使用他人财物不能被评价为转移他人对财物的占有,则可以直接依据不该当客观构成要件作出罪处理。如,在行为人短暂地使用他人的器具后立刻返还,或者在广场上骑他人的自行车绕场一周后将车放回原处的场合中,从客观上看,"被害人"尚未失去对财物的事实支配,据此就可以直接否定盗窃罪的成立。这也从另一个角度说明,非法占有目的从机能的角度来理解排除意思,很多时候可能会过分强调主观要素在犯罪成立过程中的评价功能,忽视了客观判断先于主观判断的基本逻辑顺序。

(三)可罚的一时使用行为的判断依据

从日本最初的判例来看,确认是否具有返还意思,是区分不可罚的一时使用行为与可罚的取得型财产犯罪的标准。但后来,学者们普遍认为,即使具有返还意思,如果行为人对财物的一时使用达到了妨害原权利人利用财物的地步,也具有可罚性。这其中有一个关键的因素,即非法占有目的中,占有的对象究竟系财物本身,还是也包含财物的价值?

在德国,关于非法占有的对象,刑法理论存在物质理论(Substanztheorie)、价值理论(Werttheorie, Sachwerttheorie)与结合理论(Vereinigungstheorie)之争。物质理论认为,所谓非法占有目的,是指行为人具有将他人的财物本身(物质、物体)非法予以占有的意思。价值理论认为,所谓非法占有目的,是指行为人具有非法占有他人财物价值的意思。结合理论认为,只要行为人具有非法占有他人的财物本身或者财物的价值的意思,就具有非法占有目的。结合理论是德国刑法理论与审判实践的通说。依据物质理论,行为人取走他人财物后,将依附于财物的经济价值抽出后将原物返还的,不成立盗窃罪。根据价值理论,取得缺乏经济价值的财物的行为,也不成立盗窃罪。这两种结论都不妥当,因此,结合理论成为唯一的选择。[1]

这种理论纷争也影响到了日本,从学说和判例的状况来看,结合理论也毫无悬念地成为通说的立场。在我国,也有学者主张这种观点。张明楷教授认为,当行为人具有排除权利人对其财物的价值的占有与利用的意思时也可以认为具有排除意思。因为权利人占有财物是为了利用财物的价值,对财物的保护实质上是为了保护权利人对财物价值的享有,所以,这种情况下的排除意思同样是达到了可罚程度的妨害他人利用财产的意思。[2]

正是这种主张,使得返还意思并不能成为判断一时使用行为的依据,比如,基于返还的目的使用了他人的一次性餐具,并且在事后予以返还的,在学说上也认为成立盗窃罪(不考虑数额),因该行为已经剥夺了他人利用财物的可能性。

如果说在财产犯罪中,这样的理解具有妥当性的话,那么在中国刑法的大背景下,恐怕就有疑问了。根据对立法的分析,我们发现返还意思是确定无疑地区分一时使用行为与可罚的侵犯财产行为的唯一根据。

第一,骗取贷款罪与贷款诈骗罪的区别。

从行为方式上看,骗取贷款罪与贷款诈骗罪并没有质的区别,两罪都要求有欺骗的手段。[3] 从定量的角度来看,骗取贷款罪的客观要求甚至比贷款诈骗罪还要严重。根据 2010 年 5 月 7 日最高人民检察院、公安部《关于公安机关管辖的刑事案件立案追诉标准的规定

---

[1] 参见张明楷:《诈骗罪与金融诈骗罪研究》,清华大学出版社 2006 年版,第 293 页。
[2] 参见张明楷:《诈骗罪与金融诈骗罪研究》,清华大学出版社 2006 年版,第 306 页。
[3] 只是贷款诈骗罪明确用"诈骗"术语来描述客观构成要件。如张明楷教授认为:骗取贷款罪的构造与普通诈骗罪的构造相同;行为人实施欺骗行为(采取欺骗手段)→金融机构工作人员产生行为人符合贷款条件的认识错误→基于认识错误发放贷款→行为人取得了贷款。参见张明楷:《刑法学》(下)(第六版),法律出版社 2021 年版,第 995 页。

(二)》第 27 条的规定,骗取贷款数额在 100 万元以上的,应予追诉。[1] 同样根据该标准的规定,贷款诈骗数额 2 万元以上的才立案追诉,即 2022 年 4 月 6 日修订后,该数额也仅为 5 万。为什么行为方式相同的两个罪,在犯罪认定上存在如此巨大的差异?原因就在于贷款诈骗罪是目的犯,法律明确规定本罪的成立必须"以非法占有为目的"。那么,对于贷款诈骗罪中的非法占有目的应如何认定呢?法律和司法解释没有明确说明,但我们可以从司法解释的相关规定中窥视其含义。《全国法院审理金融犯罪案件工作座谈会纪要》中这样规定:"对于确有证据证明行为人不具有非法占有目的,因不具备贷款的条件而采取了欺骗手段获取贷款,案发时有能力履行还贷义务,或者案发时不能归还贷款是因为意志以外的原因,如因经营不善、被骗、市场风险等,不应以贷款诈骗罪定罪处罚。"据此,我们可以合乎逻辑地认为,贷款诈骗罪中非法占有目的的判断标准是行为人是否具有归还的意思。

但是,如果根据排除意思的概念,在行为人骗取贷款,给金融机构造成重大损失的场合,完全可以认定其具有妨害利用的排除意思,不能因为有返还的意思,就阻却贷款诈骗罪的违法性。否则,将造成刑法适用的不公。[2]

第二,挪用公款罪与贪污罪的区别。

通说的见解认为,这两罪的客观构成要件是包容关系,而非对立关系,两罪区别则在于行为人是否具有非法占有目的。[3] 至于是否有非法占有目的,则要看行为人是否具有归还公款的意思。根据 2003

---

[1] 2020 年 12 月 26 日《刑法修正案(十一)》取消了本罪"或者有其他严重情节的"的入罪条件。2022 年 4 月 29 日最高人民检察院、公安部对立案追诉标准进行修订,第 22 条仅保留"给银行或者其他金融机构造成直接经济损失"这一立案追诉条件,数额修改为 50 万元以上。
[2] 试想,根据非法占有目的必要说的观点,行为人以暂时使用、事后返还的意思,窃取他人机动车,在行驶 5 个小时之后,返还原处的,仍然成立盗窃罪。与此相比,骗取贷款的行为对被害人利用财产的妨害程度要严重得多,只因为刑法的规定,便否认了非法占有目的,合理性何在?
[3] 参见张明楷:《刑法学》(第四版),法律出版社 2011 年版,第 1054 页。

年11月13日最高人民法院《全国法院审理经济犯罪案件工作座谈会纪要》第四部分第(八)项,在司法实践中,具有以下情形之一的,可以认定行为人具有非法占有公款的目的:①行为人"携带挪用的公款潜逃的";②行为人挪用公款后采取虚假发票平账、销毁有关账目等手段,使所挪用的公款已难以在单位财务账目上反映出来,且没有归还行为的;③行为人劫取单位收入不入账,非法占有,使所占有的公款难以在单位财务账目上反映出来,且没有归还行为的;④有证据证明行为人有能力归还所挪用的公款而拒不归还,并隐瞒挪用的公款去向的,应当以贪污罪定罪处罚。

从这里,我们清楚地看到,归还意思在否定非法占有目的中的决定性作用。但当我们考察挪用公款罪的构成要件行为时就会发现,按照排除意思的立场,挪用公款的行为,毫无疑问可以肯定具有妨害利用的意思。这样,就将从事实上否认挪用公款罪的存在,即凡是挪用公款罪都可以被当作贪污罪来对待。

第三,关于使用盗窃的司法解释。

1997年11月4日最高人民法院《关于审理盗窃案件具体应用法律若干问题的解释》第12条第4项规定,"为练习开车、游乐等目的,多次偷开机动车辆,并将机动车辆丢失的,以盗窃罪定罪处罚;在偷开机动车辆过程中发生交通肇事构成犯罪,又构成其他罪的,应当以交通肇事罪和其他罪实行数罪并罚;偷开机动车辆造成车辆损坏的,按照刑法第二百七十五条的规定定罪处罚;偶尔偷开机动车辆,情节轻微的,可以不认为是犯罪。"2013年4月2日公布的最高人民法院、最高人民检察院《关于办理盗窃刑事案件适用法律若干问题的解释》第10条同样规定,偷开机动车导致车辆丢失的成立盗窃罪;偷开机动车为犯罪工具,实施其他犯罪后将车送回的,仅以所实施的犯罪从重处罚,不另行成立盗窃罪。

从这里,我们可以察觉,在司法机关看来,不可罚的使用盗窃与可罚的盗窃罪的区别也在于是否具有返还意思。在1997年解释的第一种情形中,"多次偷开"与"丢失"并列,表明如果车辆未丢失,仍能归还给被害人的,就不认为成立盗窃罪。在1997年解释的第二种情形中,从上下文的表述来看,应当认为,这里的其他罪并不包括盗窃罪,这就意味着,之所以将这种情形不以盗窃罪并罚,原因就在于行为人并没有丧失归还的可能性,因而可以肯认其主观上具有归还意思。这与2013年解释第10条第(一)项也是一致的。在1997年解释的第三种情形中,车辆损失表明归还的可能性已不存在,因而可以肯定具有非法占有目的。[1] 在1997年解释的第四种情形中,可以认为行为人具有明显的返还意思,因此阻却犯罪的成立。我们再看1997年解释第10条第(三)项的规定,"为实施其他犯罪,偷开机动车辆当犯罪工具使用后,将偷开的机动车辆送回原处或者停放到原处附近,车辆未丢失的,按照其所实施的犯罪从重处罚。"该条也被2013年解释第10条第(三)项继承。这就更清楚地表明返还意思在认定非法占有目的中的重要意义。但如果从排除意思的角度来考察,并不能必然否认行为人的使用盗窃行为有成立盗窃罪的可能。[2]

立法和司法解释表明,无论是法定的目的犯,还是非法定的目的犯,在"非法占有目的"的场合,法律都坚持了相同的立场,即将是否具有返还意思作为认定非法占有目的的标准,这就意味着在立法者和司法者看来,使用盗窃从根本上不具有可罚性。这使得学说上对排除意思的理解失去了实定法的依据。

于是,我们面临着两难境地,如果恪守立法和司法解释的立场,则只能认为使用盗窃在任何情况下都不可罚(至少不能当作盗窃罪来处罚),但这样就可能放纵对一些值得处罚的行为的刑法规制;如果坚持学说关于排除意思的定义,则骗取贷款罪与挪用公款罪(还包括挪用资金罪和挪用特定款物罪)在事实上被剥夺了适用空间,只剩下法律的空壳。这种对立法的解读恐怕也难以被认可。

其实,最妥当的办法,应当是从立法上根本性地解决问题,将可罚的一时使用行为纳入刑法的规制领域,从而避免为了周延刑法保护,在解释论上大费周章,乃至以突破罪刑法定原则为代价。林山田

---

[1] 不过,这里以故意毁坏财物罪来认定,忽视了盗窃罪与故意毁坏财物罪之间可能存在的竞合关系,合理性值得怀疑。2013年的解释也取消了这一规定。
[2] 参见张明楷:《诈骗罪与金融诈骗罪研究》,清华大学出版社2006年版,第312页。

教授就认为,为了使使用盗窃行为也能受到刑法应有的制裁,自宜尽速以刑事立法手段,从事增订适当的处罚条款。[1]

(四)小结

这样看来,在中国刑法的语境之下,对于排除意思的理解,只能从返还意思的反面去理解。这就更说明排除意思与财产犯罪的构成要件故意之间不存在任何实质的区别,完全可以被包容进来。于是,"非法占有目的=排除意思+利用意思"的公式便不能成立。

二、故意毁坏财物罪与取得型财产犯罪的区别

非法占有目的必要说的一个重要理由是,借着"利用意思"可以将取得型财产犯罪与故意毁坏财物罪区别开来。同时,将利用意思作为责任要素来看待,也可以解释为什么取得型财产犯罪的法定刑重于故意毁坏财物罪。但是,当我们深究目的犯的法理,并对故意毁坏财物罪进行教义学分析时,可能会发现这种认识是有疑问的。

(一)"非法占有目的"的类型归属

刑法上的目的犯,是指以特定目的作为主观构成要件要素的犯罪。例如,《刑法》第363条规定的制作、复制、出版、贩卖、传播淫秽物品牟利罪,必须"以牟利为目的",因而属于目的犯。其中的特定目的,不是指直接故意的意志因素,而是故意的认识因素与意志因素之外的,对某种结果、利益、状态、行为等的内在意向。[2] 从目的与行为的关系来看,目的犯通常表现为两种情形:一种是只要实施符合构成要件的行为就可以实现的目的。如销售侵权复制品罪,只要行为人实施了销售侵权复制品的行为,就可以实现营利的目的。另一种是实施符合构成要件的行为后,还需要行为人或第三人实施其他行为才能实现的目的。如走私淫秽物品罪,只有在走私行为完成之后实施相关行

---

[1] 参见林山田:《刑法各罪论(上)》(修订五版),北京大学出版社2012年版,第229页。刘明祥教授也持类似立场。参见刘明祥:《财产罪比较研究》,中国政法大学出版社2001年版,第74页。

[2] 参见张明楷:《诈骗罪与金融诈骗罪研究》,清华大学出版社2006年版,第282页。

为的,才能实现牟利或传播目的。德国刑法理论称前者为断绝的结果犯(kupierte Erfolgsdelikte)、后者为短缩的二行为犯(verkümmert zweiaktige Delikte)。[1]

就非法占有目的而言,究竟属于断绝的结果犯,还是短缩的二行为犯,有检讨的必要。按照张明楷教授的观点,贷款诈骗罪属于断绝的结果犯[2],只要行为人实施了诈骗银行或者其他金融机构的贷款诈骗行为,就可以实现非法占有贷款的目的。如果将金融诈骗罪中的非法占有目的和侵犯财产罪作相同的解读,可以认为在张明楷教授看来,取得型财产犯罪中的非法占有目的也属于断绝的结果犯无疑了。这就意味着,当行为人实施完毕转移占有的行为,就可以认为实现了非法占有他人财物的目的。

但是,取得型财产犯罪的构成要件行为只要求转移占有[3],这一行为只能实现非法占有目的中的排除意思,难以体现利用意思,因为行为人排除他人对财物的占有,建立自己的全新的占有这一过程,还不能被评价为对财物的利用。陈兴良教授在论证取得型财产犯罪中的非法占有目的属于超过的主观要素时,这样认为:

> 占有状态与占有行为还是不同的,取得以后财产所处的是一种财产的占有状态,这种财产占有状态是从属于其取得行为的。例如窃取,其行为是秘密取得,而占有是取得以后财产处于非法占有的状态,不能认为这种财产占有状态就是一种行为,除非是在持有型犯罪中这种占有状态才能认为是一种特殊的犯罪实行行为。那么,什么是行为呢?占有行为是指在财产被占有之后依照财物的本来用途加以使用(本人使用或者他人使用)的行为。例如,盗窃汽车,行为人主观上的非法占有目的,是使窃取汽车以后意图归自己使用,这种使用当然是以占有状态为前提的,但使用行为与占有状态又是可以分离的。在这种情况下,我

---

[1] 大塚仁教授则将前者称为直接目的犯、将后者称为间接目的犯。参见〔日〕大塚仁:《刑法概说(总论)(第三版)》,冯军译,中国人民大学出版社 2003 年版,第 141 页。
[2] 参见张明楷:《诈骗罪与金融诈骗罪研究》,清华大学出版社 2006 年版,第 283 页。
[3] 这在抢劫、盗窃、诈骗的场合均属一致。

们仍然要把非法占有的目的作为一种主观的超过要素加以考虑,而不是从客观要素的意义上讨论占有行为。[1]

从这个论述中,我们可以感觉到,陈兴良教授将夺取占有的行为与利用财物的占有行为[2]区别对待,以此对应于非法占有目的中的排除意思和利用意思,这恰说明了取得型财产犯罪具有短缩的二行为犯的秉性。

倘若这个说法成立,按照短缩的二行为犯的构造,事后的利用财物行为就成为判断是否具有利用意思的重要素材。根据非法占有目的必要说的观点,取得型财产犯罪与故意毁坏财物罪的区别就在于是否具有利用意思,据此推演,与之对应的毁坏行为当与利用行为也属不同。但是,普遍的观点都认为,行为人以非法占有目的取得他人财物之后,加以毁坏的行为,只应被评价为盗窃罪,毁坏行为则被视为不可罚的事后行为。虽然,从保护法益的立场,按照本权说的观点,取得型财产犯罪与故意毁坏财物罪都属侵犯本权的犯罪,在此场合中,并无额外的法益侵害,故不需要对毁坏行为进行法律评价。但从非法占有目的的角度来看,事后的毁坏行为等于否定了利用意思,何以认定非法占有目的的存在呢?如果将毁坏的行为也评价为利用行为,相应地,将毁坏的意思包含在利用意思范围之内,则借利用意思界分取得型财产犯罪与故意毁坏财物罪的目的将不能实现。这种立场其实与不要说也没什么区别了。因此,能否信赖利用意思的犯罪个别化功能,还值得怀疑!

(二)故意毁坏财物罪的教义学分析

1."毁坏"的含义

由于受日本刑法理论的影响,在我国,关于故意毁坏财物罪中"毁坏"的内涵之刑法界定,学界存在"效用侵害说""有形侵害说"和"物质的毁损说"三种基本理论。首先,效用侵害说认为毁坏就是指损害

---

[1] 陈兴良:《故意毁坏财物行为之定性研究——以朱建勇案和孙静案为线索的分析》,载《国家检察官学院学报》2009年第1期。

[2] 当然,将利用财物的行为称为"占有行为"是否妥当,还有再思考的必要。

财物的效用的所有行为。也就是说,直接造成财物全部或部分毁坏进而导致其效用丧失是毁坏,即使财物外形未受毁坏而仅效用受损的,也是毁坏。这样,隐匿财物、将财物丢入湖中、放走他人豢养的池鱼或者小鸟也是毁坏财物。其次是有形侵害说。该说以对财物施加有形作用力而致财物有形价值及效用受损,或者损害物体完整性为判断标准。根据该说,隐匿、丢弃等行为因并无有形作用力而不是毁坏。第三是物质的毁损说,其主张毁损的实质是行为人采取的手段导致财物遭受不能或很难恢复原状的物质的破坏,因而无法按其本来的用法使用。据此,隐匿、丢弃、放飞等行为并未造成对财物的物质的"毁坏",不能被毁坏概念所涵摄。

仔细分析,可以发现,学说上的争议焦点在于单纯的隐匿、丢弃行为是否可罚?按照取得型财产犯罪的行为构造,在隐匿、丢弃财物的场合,只有对原占有关系的破坏,而无建立新占有关系的行为,自然不能论以取得型财产犯罪。于是,理论只能通过解释的方法,将这类行为纳入故意毁坏财物罪的规制范围,这可以说是效用侵害说的立场。但是,从处罚必要性的角度来讲,将没有造成物质损害的隐匿、丢弃财物当作犯罪来处理,是否具有妥当性,并非没有疑问。[1] 同时,将毁坏理解为包括导致财物的效用丧失或者减少的一切行为[2],从逻辑上讲,就意味着毁坏行为的含义不是由行为方式本身决定的,而是由结果决定的。这样,就使故意毁坏财物罪演变成为故意使他人财产受损罪,其实行行为的定型性就会荡然无存。[3] 并且,这种宽泛的解读,已然超越了"毁坏"这一术语本来的含义边界,有违反罪刑法定原则之嫌。另外,从相关的刑事立法中我们也可以发现,立法者对于毁坏的原本理解。《刑法》第126条之一规定的隐匿、故意销毁会计凭证、会计账簿、财务会计报告罪中"销毁"就是一种典型的毁坏行为,但

---

[1] 当然,如果隐匿、丢弃行为伴随有常人能够预见的物质损坏,也不排除有成立故意毁坏财物罪的可能。比如,将他人的精密仪器藏匿于潮湿的处所,致其因受潮而被腐蚀;或者将汽车推入山谷丢弃,以致发生部件毁损等。
[2] 参见张明楷:《刑法学》(第四版),法律出版社2011年版,第911页。
[3] 参见陈兴良:《判例刑法学》(下),中国人民大学出版社2009年版,第403页。

立法者将其与隐匿并列,从语义学上讲,就意味着两者存在互斥关系,否则,何以不能总而论之?类似的罪名还有《刑法》第253条第1款规定的《私自开拆、隐匿、毁弃邮件、电报罪》,以及《刑法》第419条规定的失职造成珍贵文物毁损、流失罪。这些都表明,立法者是站在物理损毁的立场上来定义毁坏概念的。坚持效用侵害说可能与立法本意相悖。

当然,分析毁坏行为的含义并非想寻找一个合理的概念范围,而是想说明对毁坏行为作如此宽泛的解读,其背后的可能原因。如果我们站在非法占有目的必要说的立场,或许会发现这其中的关联。根据必要说,以毁坏的意思取得他人财物之后,单纯放置或者隐匿的,仅可能按照故意毁坏财物罪来论处。换句话说,如果将必要说的立场贯彻到底,就必须对毁坏行为作扩大解读[1],否则将产生刑法规制的疏漏。在日本,坚持必要说立场的学者,多数倾向于将隐匿等行为解释为毁坏[2],而主张不要说的学者,则对此持否定态度。[3] 这也从另一个侧面表明,必要说的立场在具体问题的解释逻辑上存在障碍。

2. 故意毁坏财物罪的着手与既遂

按照通常的理解,当行为人以毁坏财物的故意,实施控制财物的行为时,就可以理解为毁坏行为的着手。当毁坏的行为完成,行为人在物理上或者价值上消灭了犯罪对象时,可认定为犯罪既遂。这种见解在一般情况下不会有问题,但若坚持效用侵害说和非法占有目的必

---

[1] 当然,这里的逻辑也可以反过来讲,正因为坚持效用侵害说扩大了故意毁坏财物罪的范围,所以必要说才需要倚重主观要素,以区别于取得型财产犯罪。无论如何,我们不能否认这两者之间的内在关联。

[2] 如大谷实教授认为,出于妨害利用的目的而将物隐匿的行为就属于损坏。参见[日]大谷实:《刑法讲义各论(新版第2版)》,黎宏译,中国人民大学出版社2008年版,第327页。山口厚教授也认为,基于侵犯效用说的立场,隐匿(并且,单纯的占有丧失也包括在毁弃之内。参见[日]山口厚:《刑法各论(第2版)》,王昭武译,中国人民大学出版社2011年版,第410页。

[3] 在不以非法占有为目的,而将文书拿到其他地方的案件中,日本最高裁判所作出了毁弃罪的判决。对此,大塚仁教授认为,"既然剥夺了公务机关的占有,把文书拿到其他地方,即使是以隐匿为目的,也应该认为构成盗窃罪。"这就表明,在大塚仁看来,毁坏行为是不能将隐匿包含在内的。参见[日]大塚仁:《刑法概说(各论)(第三版)》,冯军译,中国人民大学出版社2003年版,第383页。

要说的立场,就会产生疑问。

依非法占有目的必要说,行为人以毁坏的故意,转移财物的占有之后再加以毁坏的,确然地成立故意毁坏财物罪。如果按照上文的论述,则行为人转移占有的行为,就可以认定为毁坏的着手,在行为人实施完毕毁坏行为之前,犯罪都在进行之中,即使间隔很长时间,也不能认定为既遂,这将导致既遂的时点变得极不明确。当然,站在效用侵害说的立场,以毁坏的意思转移占有之后,单纯放置的行为或者隐匿的行为,都可以被评价为毁坏。[1] 如果这样认定,则放置或隐匿行为的结束就可以认定为犯罪既遂,至于是否有物理上或价值上的毁坏行为,已经不能影响对行为人的刑法评价了。这就等于从实质上消减了毁坏行为的刑法意义,使得原本具有定型意义的构成要件行为("毁坏"行为)成为无用的概念。[2]

3.故意毁坏财物罪与罪数

行为人以毁坏的意思取得他人财物后,又利用该财物的,依非法占有目的必要说,成立侵占脱离占有物罪。[3] 在我国,只能以侵占罪论处。[4] 但是,将行为人以毁坏的故意从原占有人处取得的财物理解为脱离占有物(或者"遗忘物"),不免过分背离我们通常对该语词的认识程度。按照这个逻辑,如果行为人以利用的意思取得财物的,就不能将之认定成脱离占有物(或者"遗忘物")。同时的行为、同样的对财物的控制状态,仅因为行为人主观意思的不同,对财物性质的判断就发生重大转变,其合理性何在? 其次,即使这个结论可以成立,那么先前的取得财物的行为是否还需要进行刑法评价? 按照效用侵害说的逻辑,当行为人以毁坏的故意取得财物后,单纯放置的,就可以认定为成立故意毁坏财物罪的既遂,之后的利用行为,并没有造成

---

[1] 参见张明楷:《诈骗罪与金融诈骗罪研究》,清华大学出版社2006年版,第310页。
[2] 只有在当场毁坏的场合中,这一概念才能发挥界定犯罪的功能。但这与非法占有目的不要说的立场有何区别?
[3] 这是日本刑法背景下的见解,参见[日]山口厚:《刑法各论(第2版)》,王昭武译,中国人民大学出版社2011年版,第237页。
[4] 参见张明楷:《诈骗罪与金融诈骗罪研究》,清华大学出版社2006年版,第310页。

新的法益侵害[1],不过是不可罚的事后行为。如果再论以侵占罪,则当与故意毁坏财物罪进行并罚,有重复评价之嫌。可是,非法占有目的必要说却只认为应以侵占罪论处,其中道理何在?

(三)小结——利用意思之不必要

利用意思的机能在于界分取得型财产犯罪与故意毁坏财物罪,但根据上文的分析,我们发现,其实这种企图难以实现。首先,利用意思并不必然能够与毁坏意思相区别。试举一例:(1)甲以利用的企图,窃取 A 的古董家具,之后作为燃料,劈柴取暖;(2)乙以报复的目的,窃取 A 的古董家具,举火焚烧;(3)丙以报复兼利用的意思,窃取 A 的古董家具,燃火取暖。按照非法占有目的必要说,在(1)的场合中,成立盗窃罪;在(2)的场合中,成立故意毁坏财物罪;在(3)的场合中,成立盗窃罪与故意毁坏财物罪的想象竞合犯,以盗窃罪论处。但在这三个场合中,行为人的行为以及造成的危害后果并无差别,仅以行为人主观意思的不同,而异其刑法评价,不免过于看重主观要素对刑法评价的作用了,有主观主义的倾向。如果站在非法占有目的不要说的立场,上述三种情形,可以毫无例外地均认定为构成盗窃罪。在前文所述焚毁邮票案中,林山田教授以毁坏的目的在于利用为由,否认该案成立故意毁坏财物罪,而论以盗窃罪,对此,张明楷教授表示赞同。[2]可站在故意毁坏财物罪的角度,我们既不能否认这里存在毁坏财物的构成要件行为,也不能否认行为人的毁坏故意,仅以存在利用意思就抹杀了毁坏的故意,其实不过是将毁坏的意思包含在利用意思之内罢了。这样看来,我们事实上很难在利用意思和毁坏意思之间划出一条明确的界限。既然如此,借利用意思来区分取得型财产犯罪与故意毁坏财物罪,有缘木求鱼之嫌。

其次,对于取得型财产犯罪和故意毁坏财物罪的区分,还是应当从客观要素入手。取得型财产犯罪的行为本质是转移占有,而故意毁坏财

---

[1] 通说的立场认为,故意毁坏财物罪是对所有权的侵犯。对于同一行为人而言,不可能同时两次侵犯同一个所有权。

[2] 参见张明楷:《诈骗罪与金融诈骗罪研究》,清华大学出版社 2006 年版,第 310 页。

物罪的本质是破坏占有。因此,但凡转移占有的行为,都可评价为取得型财产犯罪,而破坏占有的行为则需评价为故意毁坏财物罪。据此,行为人以毁坏的故意取得他人财物后,只要实现了占有的转移,就成立取得型财产犯罪的既遂,至于事后无论是单纯放置、抛弃、毁坏或者利用的,都属不可罚的事后行为,无须另作评价。这就意味着,只有在没有转移对财物的占有的场合,才有成立故意毁坏财物罪的余地。

这里需要强调的一点是,本书以是否转移占有作为区分取得型财产犯罪与故意毁坏财物罪的标准,而非以转移财物为标准。刘明祥教授在《财产罪比较研究》一书中,认为"凡是出于毁坏目的,直接毁坏他人财物(没有窃取等非法取得财物行为)的,应该定为毁坏财物罪;如果基于毁坏目的窃取他人财物的,不论事后财物是被毁坏还是被隐匿、利用,均构成盗窃罪"。同时,还认为,"基于毁坏目的而实施的移动他人财物的行为,并非在所有场合,都能评价为盗窃、抢劫等取得行为。例如,把他人财物从其家里搬到门前院子里烧毁。这里面虽然掺杂有移动财物的行为,甚至可能是采取暴力手段排除所有者的阻止搬出财物的,但却不能说是取得行为。因为行为人主观上不想得到这种财物,客观上财物也还在所有者的视线范围内。在这种情况下,出于毁坏目的毁坏了财物,应该认为构成毁坏财物罪"[1]。对此,张明楷教授认为这里存在自相矛盾之处。根据前一段话,只有直接毁坏财物的,才成立故意毁坏财物罪;换言之,凡是移动财物后再毁坏的,都成立盗窃、诈骗等取得型财产犯罪。根据后一段话,即使行为人移动了财物,也不一定成立盗窃、抢劫等取得型财产犯罪,因为"行为人主观上不想得到这种财物"。这说明,只有当"行为人主观上想得到这种财物"而移动财物时,才成立盗窃、抢劫等罪。而"行为人主观上想得到这种财物"正是非法占有目的的另一种表述,而非盗窃、诈骗的故意内容。[2]

应当说,刘明祥教授的论证是有瑕疵的,但张明楷教授的批评则有偷换概念之嫌。对于前文所述转移财物而后毁坏的行为,之所以不

---

[1] 刘明祥:《财产罪比较研究》,中国政法大学出版社2001年版,第77页。
[2] 参见张明楷:《诈骗罪与金融诈骗罪研究》,清华大学出版社2006年版,第291页。

评价为取得型财产犯罪,并非由于"行为人主观上不想得到这种财物",而是因为转移财物并没有转移占有,将财物从居室搬到院子,改变的只是占有的形式,即从实力支配变为空间支配,但并没有改变所有人对财物的占有状态,因此,行为人只有破坏占有的行为,而没有转移占有的行为,据此,可以得出成立盗窃罪的结论。[1] 张明楷教授则将转移财物解读为转移占有,从而作出刘明祥教授的观点存在自相矛盾的论断,其实是存在误解的。

当然,这种主张可能面临两个批评。第一,将故意毁坏财物罪限定在不转移占有的场合,过分限缩了本罪的适用范围。第二,否认利用意思,将无法解释为何取得型财产犯罪的法定刑重于故意毁坏财物罪。

对此,本书的回应是:第一,刑法对于财产犯罪的罪名设定,旨在周延对财产的刑法保护,而非在此罪与彼罪之间划分疆界。当我们认为利用意思不要说过分限缩了故意毁坏财物罪的适用范围时,是不是也可以反过来说,利用意思必要说也不必要地限缩了取得型财产犯罪的适用范围呢?可见,这样的争论是没有实质意义的。况且,故意毁坏财物罪相比盗窃、诈骗等取得型财产犯罪,发案率较低,在解释论上作限制认定也符合刑事政策的需要,并无不妥。第二,取得型财产犯罪的法定刑之所以重于故意毁坏财物罪,也可以从客观构成要件的区别中得到解释。取得型财产犯罪中既有破坏占有的行为,也有确立占有的行为;而在故意毁坏财物罪中只有破坏占有的行为,据此,从法益侵害的角度来看,取得型财产犯罪的违法性程度就要高于故意毁坏财物罪。[2] 而且,法定刑的设定,更可能是基于刑事政策的考虑,比如故意毁坏财物罪发案率低、反复犯罪的可能性小,而盗窃等取得罪是利欲犯,具有很大的诱惑性,反复犯罪的可能性大,从预防犯罪的角度

---

[1] 想来这也是刘明祥教授的本意。
[2] 或许有人会认为,在取得型财产犯罪的场合中,破坏占有的行为虽然剥夺了原占有人对财物的占有,但仍有恢复的可能性,而在故意毁坏财物罪的场合中,这种可能性已经不存在了。但是,必须说,恢复占有的可能性是就事后行为而言,并不能用于评价行为当时对法益造成的侵害。而且,即使在成立取得型财产犯罪的情形下,事后毁坏财物的,也只被作为不可罚的事后行为来看待,不会再以故意毁坏财物罪来评价。这就表明,所谓恢复占有的可能性只存在于观念上,并不必然成为现实。

而言,有必要重罚,等等。[1] 所以,没有必要从责任的角度进行解读。而且,以此来支持利用意思,未免基础不稳固。

三、结论

非法占有目的是机能的概念,它的本意是借助排除意思和利用意思来准确界分取得型财产犯罪与不可罚的一时使用行为以及故意毁坏财物罪。但事实上,非法占有目的并不能实现限制处罚范围与犯罪个别化的机能,我们必须另外寻找适合的界分工具。于是,非法占有目的不要说就成为妥当的主张了。

坚持这种立场更深层的原因是,此罪与彼罪的界分仍然要从客观层面进行考量,通过对类型化的构成要件行为的解读来达致区分此罪与彼罪的目的,如果过分看重主观要素的界分功能,则很难避免对客观上相同的行为,仅因为行为人主观意思的不一致而区别对待的不合理局面。更重要的是,主观意思难以直接观察,必须借助表现于外部的客观行为加以认识。既然如此,何不能直接从客观层面入手,区分此罪与彼罪?这既减少了证明的难度,也可以降低因间接证明主观意思所可能出现的错误的几率。

此外,从非法占有目的在学说和判例的发展来看,我们发现,无论是排除意思还是利用意思,在概念上都经历了不断扩张的过程,从结论上看已经逐渐和非法占有目的不要说的主张接近了。非法占有目的必要说的这种努力的初衷,应当说还是出于周延刑法保护的考虑,不致将可罚的一时使用行为和放置、隐匿、抛弃行为排除在刑法规制范围之外。但这种过度信赖解释的做法,是以牺牲概念的明确性为代价的,是以解释近乎无限的扩张来消解罪刑法定原则的明确性原则,不可否认其中隐藏着潜在的人权危机。[2] 其实,问题的解决还在

---

[1] 参见刘明祥:《财产罪比较研究》,中国政法大学出版社2001年版,第79页。
[2] 当我们考察中国有关财产犯罪的判决时,可以发现裁判机关在频繁地使用"非法占有目的"来作为定罪量刑的依据,但对非法占有目的的内涵却很少进行深入解读。当我们将"非法占有目的"作为某种定理,不加证明地加以使用时,会掩盖很多问题,使得表面上清晰的罪名之间的区分,实际上留下许多模糊地带。

于立法的完善,对于可罚的一时使用行为以及隐匿财物等行为,需要进行专门立法来进行规制[1],这样才是最稳妥的做法。在立法完善之前,对于上述可罚的行为,只能视作行政违法或民事违法加以规制。这可能会抑制刑法打击犯罪机能的发挥,但却避免了对人权保障的威胁,应当是可取的。

---

[1] 在讨论"毁坏"的含义时,山口厚教授虽然也坚持效用侵害说的立场,但仍然认为,"单纯使对方丧失对物的占有的行为,是否属于'毁弃'等日常用语的语义范围之内,仍有质疑的余地,最好是以立法形式解决此问题,即,将毁损效用的旨趣,作为构成要件要素明确规定下来。"参见〔日〕山口厚:《刑法各论(第2版)》,王昭武译,中国人民大学出版社2011年版,第410页。

第八章
占有概念的本源性思考

本书对于财物概念以及占有概念的解读,在很大程度上突破了传统理论的认识。这种突破固然是应时之举,但也带来一定风险,尤其是对占有概念的规范化界定,使其内涵具有某种不确定性,这是否符合罪刑法定原则关于明确性的要求,不无疑问。再者,本书对占有概念的理解,对于民法有较大的依赖性,这也触及刑法与民法的关系问题,刑法独立性说与从属性说的争论也是历来的学术热点,这背后的根源乃是对于违法性的解读,应当站在一元论的立场还是二元论的立场。本书关于占有的界定的合理性,也取决于对这一本源问题的合理解读。最后,占有系对财物的事实支配状态,当我们将这种状态作为财产犯罪的保护法益时,其实已然突破了对法益概念的物质化解读的本意,具有将其精神化的倾向。这也就涉及对于犯罪本质的理解,法益侵害说与规范违反说之间是否具有绝对的、泾渭分明的界限?还是说两者从根本上讲是可以并存的,或者说其实他们之间是一种互为表里的关系?借由占有概念,我们可以开辟一条观察刑法基本理论争议的新路径。

第一节 占有概念的扩张与明确性原则的紧张关系及辩解

传统见解将占有的核心内涵定义为对财物的"事实支配",并且对事实支配的理解更多限制在实力控制的范围之内,这种立场与传统上对于财物概念的定位有关。传统理论对于财产犯罪的解读,都是在有体物的意义上来理解财物概念的。[1] 可以说,实力控制是针对有体物而言的。在实物经济时代,坚持这样的立场无可厚非,但在当下,整个社会已经进入信用经济的时代,财产的存在方式已经呈多样化发展,在很大程度上剥离了物质外壳,成为纯粹观念上的事物,如果继续恪守以有体物为核心的财物概念(以及相应的占有概念),将无法适应新形势下运用刑法保护财产的时代需求。于是,我们扩张了财物的概念,必然意味着实力控制意义上的占有将无法涵盖有体物之外的财物类型(比如无体物、财产权利等),因而,必须对占有概念也作相应的扩张,引入规范的判断要素,即"一般的社会观念"。只是,在立法没有变革的情况下,通过刑法解释,扩充财物概念的内涵是否具有妥当性?以及,对占有概念的规范化理解,必然导致概念内涵的不稳定与模糊,这是否意味着与罪刑法定原则所要求的刑罚法规的明确性相背离?传统见解固然落后于时代的发展,但它更好地坚持了罪刑法定,为什么我们要抛弃传统见解?

所有这些质疑,都可以回溯到更为根本性的问题:刑法规定财产犯罪所要保护的内容究竟为何,此即财产犯罪的保护目的;以及,明确性原则的涵义究竟如何,我们应当在什么意义上来理解它?

一、财产犯罪的规范保护目的

德国学者耶林(Jhering)认为,"法律乃人类意志的产物,有一定目的,受目的律支配,与以因果律为基础,因而有必然因果关系的自然法则截然不同。故解释法律,必先了解法律所欲实现何种目的,以此为出发点,加以解释,始能得其要领。目的解释为法律之最高准则"[2]。对财物概念以及占有概念的解释,无论坚持保守的主张还是扩张的立场,都取决于刑法创设财产犯罪的规范保护目的。换言之,目的所意欲的解释才是适当的。因此,要论证本书主张的合理性,首先需明了财产犯罪的规范保护目的。

---

[1] 将财产区分为财物和财产性利益其实就包含了这层意思。
[2] 转引自梁慧星:《民法解释学》(第四版),法律出版社 2015 年版,第 228—229 页。

在此,我们遇到的第一个问题便是:财产犯罪的规范保护目的与保护法益之间是何种关系?

(一)规范保护目的与保护法益

从国内现有的文献来看,通常是在两种意义上使用规范保护目的概念:第一,作为客观归责的判断规则,从实质上界定构成要件行为,旨在对造成法益侵害的结果进行客观归责。比如,甲少量饮酒后驾车,轧死了突然出现的、事先没有任何预兆而突然左拐的骑自行车的乙。事后查明,这一事故是不可避免的。甲虽然饮酒,但他只饮了很少量的酒,其辨认和控制自己行为的能力并未减弱。甲在该路口已经减速慢行,面对突然出现的乙,甲也有效刹住了汽车;即使甲不饮酒,也不可能避免乙的死亡。所以,有些行为,即使违反了交通法规则,但是,也不能立即推断行为人可以避免结果的发生。禁止饮酒的交通规则,目的在于确保行为人具有正常的判断和控制能力,以保证在发生事故时具有正常的反应以利于避免交通事故中损害法益结果的发生。本案中,甲虽然有酒后驾车的违规行为,但乙违反交通法规突然出现是甲不可预见的,而且事后查明甲的少量饮酒根本未影响对乙突然出现这一事件的正常处理,所以甲酒后驾车的违规行为与乙死亡结果之间的因果过程并不符合禁止饮酒这一规范的保护目的,对甲不能追究交通过失犯罪的责任。[1] 第二,将规范保护目的等同于保护法益。如吴玉梅博士就认为,"不论是我国刑法在犯罪分类上所说的客体,还是德国刑法中的法益概念,实际上要说明的都是刑法规范在对社会生活的保护上所要实现的目的。"[2] 有论者在讨论行为人从合法占有人处窃回自己所有的财物是否成立盗窃罪时,认为盗窃罪的规范保护目的是"他人占有的财物","基于合法的占有可以限制原所有权人对所有权的行使(非法的占有不能对抗所有权),可以防止原所

---

[1] 参见刘艳红:《注意规范保护目的与交通过失犯的成立》,载《法学研究》2010年第4期。
[2] 吴玉梅:《中德金融诈骗罪比较研究——以犯罪分类标准和规范保护目的为视角》,载《法学杂志》2006年第3期。

有权人滥用权利破坏占有关系,防止财产秩序的混乱"[1]。从而肯认了上述情形下盗窃罪的结论。

就法益概念而言,有学者概括道:"根据法益与实定法之间关系的不同,可以将法益概念分为先法性法益概念、宪法性法益概念和后刑法法益概念三大类。"[2]这种概念划分的目的,在于强调先刑法的法益概念(包括先法性法益与宪法性法益)的立法批判功能,从而借法益概念来指导刑事立法,而强调后刑法的法益概念则旨在强调法益概念的解释论功能。从这个意义上讲,将规范保护目的等同于法益,是站在后刑法法益概念的基础上,发挥法益概念的解释论功能罢了。因为目的论解释在所有解释方法中起最终的决定作用。[3] 将规范保护目的与法益概念相勾连,就极大地扩展了法益概念在解释过程中的重要价值。正如我国台湾地区学者林山田所言:"一切犯罪之构成要件系针对一个或数个法益,构架而成。因此,在所有之构成要件中,总可找出其与某种法益的关系。换言之,即刑法分则所规定之条款,均有特定法益为其保护客体。因之,法益可谓所有客观之构成要件要素与主观之构成要件要素所描述之中心概念。据此,法益也就成为刑法解释之重要工具。"[4]

本书无意否认法益概念对于构成要件的解释功能,但将规范保护目的与法益相提并论则不免过分夸大了这种解释功能。法益的确为构成要件的解释限定了边界,但在对具体的构成要件要素的解释过程中,法益概念并不能提供充足的理由。以财产犯罪为例,无论是本权说还是占有说,都在强调财产犯罪的保护法益是财产(财物)的本权或者占有,从而在评价本权人破坏占有人对财物之占有行为时,得出肯定或否定的结论,但法益的解释过程到此为止。如果我们进一步追问,刑法所保护的财产意指为何,法益概念恐将无言以对。我们必须

---

[1] 张苏:《以法益保护为目的的刑法解释论》,载《政治与法律》2011年第4期。
[2] 刘孝敏:《法益的体系性位置与功能》,载《法学研究》2007年第1期。
[3] 参见[美]E.博登海默:《法理学——法哲学及其方法》,邓正来、姬敬武译,华夏出版社1987年版,第104页。
[4] 林山田:《刑法特论》(上),三民书局股份有限公司1978年版,第6页。

求助于刑法的规范保护目的这一终极解释方法,始能得其要旨。因此,将刑法的规范保护目的等同于法益的做法,一方面给法益概念负担了不堪承受的解释任务,另一方面也降低了规范保护目的在刑法解释中所可能发挥的终极作用。

站在后刑法的法益概念的立场,法益是刑法规范的客体,在任何刑法规范中,均可以找到所需保护的法益,法益是实定刑法保护目标之下的一个附属概念。[1] 根据德国学者罗克辛的观点,法益只是为"具体刑法条文的意义和目的"提供了一种概括性的思想方式。[2] 在这个意义上,我们可以说,法益概念作为规范保护目的的客体,其所具有的构成要件解释功能是给构成要件设定了一个目标指向,至于具体的解释结论还要取决于实定法创设刑法规范所要实现的保护目的。法益不过是规范保护目的的表象而已。第一种意义的理解更为可取。

于是,问题就出现了:刑法创设财产犯罪的规范保护目的究竟为何?

(二)财产犯罪的规范保护目的

如前文所述,从民法的角度来看,其承认的财产范围相当广泛,然而,并非所有财产都能成为财产犯罪的保护对象。财物概念为财产犯罪设置了一道外围屏障,将某些财产排除在财产犯罪的规制范围之外。要明确这道屏障,就必须借助财产犯罪的规范保护目的。但规范保护目的隐藏在实定法的文本之下,我们必须通过对实定法的解释来发现它。[3]

1. 财产性利益[4]的刑法保护

站在借鉴德日刑法理论的立场,许多学者在界定财产犯罪的"财

---

[1] 参见丁后盾:《刑法法益原理》,中国方正出版社2000年版,第16页以下。
[2] 参见[德]克劳斯·罗克辛:《德国刑法学总论(第1卷)》(1997年第3版),王世洲译,法律出版社2005年版,第14页。
[3] 在中国刑法的语境下,实定法的内涵不能不包括司法解释。
[4] 财产性利益是德日刑法的术语,具体讲,其是相对于(有体)物的概念,在我国刑法语境下并不具有实定法的根据。本书是借用这个概念来说明财产犯罪中的"财物"概念的范畴。

物"概念时,都坚持有体性说的主张,或者考虑到司法解释的立场[1],承认"物理管理可能性说"的妥当性。但从立法和司法解释的规定来看,我们无法将财产性利益排除在财物概念之外。《刑法》第210条规定,盗窃或骗取增值税专用发票或者可以用于骗取出口退税、抵扣税款的其他发票的,以盗窃罪或诈骗罪定罪处罚。按照张明楷教授的解释,增值税等发票本身虽然是有形的,但上述规定并不是旨在保护这种有形的发票本身,而是保护这种有形发票所体现的财产上的利益(抵扣税款、出口退税)。[2]《刑法》第265条规定,"以牟利为目的,盗接他人通信线路、复制他人电信码号或者明知是盗接、复制的电信设备、设施而使用的",以盗窃罪论处。2013年《关于办理盗窃刑事案件适用法律若干问题的解释》第4条第(四)项关于本条规定的数额计算,这样规定,明知是盗接他人通信线路、复制他人电信码号的电信设备、设施而使用的,按照合法用户为其支付的费用认定盗窃数额;无法直接确认的,以合法用户的电信设备、设施被盗接、复制后的月缴费额减去被盗接、复制前6个月的月均电话费推算盗窃数额;合法用户使用电信设备、设施不足6个月的,按照实际使用的月均电话费推算盗窃数额。这就表明刑法对于电信码号等的保护,不在于码号本身,而在于行为人通过复制、使用电信码号等所额外支付的财产性利益。[3]

由此,我们可以得出一项结论:刑法借用财产犯罪所保护的对象是具有经济价值的物质实体或权利,对于财物概念的理解不能局限于

---

[1] 1997年11月4日最高人民法院《关于审理盗窃案件具体应用法律若干问题的解释》(以下简称《解释》)第1条第(三)项规定,"盗窃的公私财物,包括电力、煤气、天然气等。"2013年最高人民法院、最高人民检察院《关于办理盗窃刑事案件适用法律若干问题的解释》第4条第(三)项进一步明确了数额计算原则。

[2] 参见张明楷:《诈骗罪与金融诈骗罪研究》,清华大学出版社2006年版,第23页。

[3] 类似的规定还包括:2000年5月12日最高人民法院《关于审理扰乱电信市场管理秩序案件具体应用法律若干问题的解释》第7条:"将电信卡非法充值后使用,造成电信资费损失数额较大的,依照刑法第二百六十四条的规定,以盗窃罪定罪处罚。"第8条:"盗用他人公共信息网络上网账号、密码上网,造成他人电信资费损失数额较大的,依照刑法第二百六十四条的规定,以盗窃罪定罪处罚。"

其物理属性,而应重视其价值属性。[1]

2. 知识产权的另类保护

现代民法都承认知识产权是财产,属于无形物的范畴。[2] 但我国刑法将知识产权犯罪规定在《刑法》分则第三章(破坏社会主义市场经济秩序罪)中,从体系解释的角度讲,至少知识产权就不应当被包含在财物的范畴中。于是,我们才认为,盗窃商业秘密的行为,只能被作为侵犯商业秘密罪来论处,而不能以盗窃罪处罚。就探索立法目的而言,我们必须明晰知识产权与其他财产的区别何在,以至于立法会作出这样的体系安排。

按照民法学者的观点,"一般而言,物的价值体现于使用价值和价值的统一体。所有权人自己占有、使用物即价值实现方式之一;除此之外,还有收益和处分。对于知识产权,引起客体的价值在于更广泛地为人知晓利用,因此,知识产权不存在有形物意义上的占有、使用,其价值发挥必须通过商业化利用方式——将作品出版并销售,将商标使用于企业产品的服务,将专利运用于生产过程等。因而,知识产权的价值全部寄存于它在市场中实现的价值——交换价值"[3]。也就是说,知识产权的价值实现不在于排他性支配,而在于利用。换言之,丧失对知识产权的排他性支配,并不意味着丧失了实现其所代表的利益的可能性,或者说,即使没有丧失对知识产权的排他性支配,也可能遭受财产利益的伤害。在商业秘密的场合,行为人窃取商业秘密的行为,并不意味着被害人失去对商业秘密的支配,但其却因此而遭受财产利益的损失。

并且,知识产权犯罪与财产犯罪的区别还体现在定量要素上。刑法规定的知识产权犯罪,只将"情节严重"作为基本犯的定量要素,而财产犯罪则将"数额较大"作为基本犯的定量要素。究其原因,就知识产权犯罪而言,在行为当时,我们无法用货币价值来衡量行为对象的

---

[1] 关于对财物的经济价值的理解,本书第一章有详尽的讨论。
[2] 在民法上,知识产权被认为属于知识形态的无形物。参见高富平主编:《民法学》(第二版),法律出版社 2009 年版,第 265 页。
[3] 参见高富平主编:《民法学》(第二版),法律出版社 2009 年版,第 265—266 页。

经济价值,只能结合行为人的违法所得、非法经营数额、给权利人造成的损失等对情节进行综合判断。而在财产犯罪的场合中,我们完全可以利用货币尺度来判断在行为当时行为对象的具体经济价值。

据此,我们可以认为,立法者创设财产犯罪的目的就在于保护个人对于财产的确定的归属支配,只有具有排他地支配可能性的财产才有可能成为财产犯罪的保护对象。并且,这种排他性支配的内容也要具有确定性。

3. 金融诈骗罪与诈骗罪的区别

从行为方式上讲,金融诈骗罪与诈骗罪具有同质性,行为内容里都包含了虚构事实、隐瞒真相的内容;从侵害的法益上讲,二者同样侵犯了被害人对财物的排他性支配。但是,为什么在立法者看来,金融诈骗罪与诈骗罪的法益并不相同,以至于要将前者规定在破坏社会主义市场经济秩序罪当中?[1]

于是,有学者认为,对于金融诈骗罪的客体(法益),我国刑法是从客体的主要方面和次要方面来考虑的,即金融诈骗罪侵犯的是复杂客体,主要客体是国家在金融交易秩序方面的管理制度,次要客体是公私财产所有权。[2]

这就意味着,金融诈骗罪与财产犯罪一样,都侵犯了正常的财产秩序。但金融诈骗罪侵犯的是财产的交易秩序,因为这种交易秩序必然会涉及多数人的利益。而财产犯罪所侵犯的财产秩序在性质上,应当与多数人的利益无涉,只局限于财产犯罪的行为所指向的被害人本人。因此,如果一项侵犯财产的行为,有可能涉及不特定的多数人的财产利益时,就更有可能适用其他法律条文,而非用

---

[1] 如果我们观察《德国刑法典》,就会发现,我国刑法中规定的部分金融诈骗罪的行为方式,在《德国刑法典》中与诈骗罪一同被规定在分则第 22 章(诈骗和背信)中,这表明,在德国的立法者看来,金融诈骗罪与诈骗罪在保护法益上并无不同。参见《德国刑法典》,徐久生、庄敬华译,中国方正出版社 2004 年版,第 128—132 页。

[2] 参见吴玉梅:《中德金融诈骗罪比较研究——以犯罪分类标准和规范保护目的为视角》,载《法学杂志》2006 年第 3 期。

财产犯罪加以规制。[1]

4. 小结

通过以上分析,我们可以将财产犯罪的规范保护目的作这样的概括:静态的人与财物之间的支配关系。这种静态的支配关系,一方面,是指人对于财物的支配能够在特定的时点确定其支配的对象与内容(即能够以货币衡量其经济价值);另一方面,是指与财产的交易秩序无涉。我们可以将这种静态的支配关系抽象为财产归属秩序。凡是满足该种规范保护目的的财产,都能够成为刑法上的"财物"。对财产归属秩序的保护是保护财产交易秩序的前提。这就可以解释同样是财产,为什么刑法分别用破坏社会主义市场经济秩序罪和侵犯财产罪加以规制。正是在这个意义上,那种表面上侵犯了被害人对财产的支配,但实际上却侵犯到财产交易秩序的行为,用侵犯财产罪来规制并不具有妥当性。在朱建勇故意毁坏财物案[2]和钱炳良盗窃案[3]中,司法机关对于侵入他人股票委托交易账户并篡改密码,在他人账户内高价买进低价卖出股票,造成他人资金损失的行为(朱建勇案),以及盗用多人股票账户进行非法交易,造成他人资金损失的行为(钱炳良案),都以侵犯财产罪来追究行为人的刑事责任。如果从具体的行为方式上来看,用财产犯罪来规制此类行为并无不当。[4] 但如果考虑到财产犯罪的规范保护目的,就有理由质疑这种司法立场。因为,在上述两起案件中,我们不能只看到行为人的行为对被害人的财产所造成的损失,还应该看到这种行为对于整个证券交易秩序造成的侵害。毫无疑问,上述行为已经使得持有同种股票的其他股民也遭受

---

[1] 学者们也公认,金融诈骗罪与诈骗罪的根本区别就在于,前者所保护的是超个人的社会法益(或国家法益),而后者所保护的则是个人法益。
[2] 上海市静安区人民检察院诉朱建勇故意毁坏财物案,载《中华人民共和国最高人民法院公报》2004年第4期。
[3] 钱炳良盗窃案,载中华人民共和国最高人民法院刑事审判第一、二、三、四、五庭主办:《中国刑事审判指导案例4·侵犯财产罪》,法律出版社2012年版,第312页以下。
[4] 当然,侵入他人股票账户,高价买进、低价卖同股票的行为是否符合"毁坏"的构成要件,在学说上存在争议。参见陈兴良:《判例刑法学》(下),中国人民大学出版社2009年版,第389页以下。

了财产损失,但是,在犯罪数额的判断上,无疑不能将其他股民的损失计算在内。这也就意味着,对于行为人的行为,司法者有意识地屏蔽了对案件的间接被害人的保护,这样处理的正当性何在?实践当中有很多类似的案件,行为人的犯罪行为直接作用的对象价值相对微小,但对证券交易秩序的侵害使得广大股民的财产价值受损。这就表明对此类行为仅用财产犯罪进行规制必然造成财产保护的不利。

这也从反面验证了立法者关于财产犯罪规范保护目的的基本立场。因此,从逻辑上讲,对于那种侵犯到财产交易秩序的行为,不应当使用财产犯罪加以规制。[1]

从财产犯罪的规范保护目的的角度出发,本书关于财物概念(相应地还有占有概念)的界定具有合目的性。但这种概念的扩张必然削弱了罪刑法定主义所要求的明确性原则,其是否具有合理性?

二、占有概念的重新界定及与明确性原则的关系辩证

张明楷教授在论证将财产性利益纳入财物概念的范畴并不违反罪刑法定原则时,是站在扩大解释与类推解释的界分层面展开讨论的。其基本逻辑是:财物的核心概念应当是有体物,将财产性利益引入财物范畴,是对财物概念的含义边界的扩张,由于这种扩张没有破坏公民的预测可能性,也并不与现行立法相冲突,因而属于扩大解释,而非类推解释。[2]但是,不得不说这种论证逻辑是有瑕疵的。站在德日实定法的立场,这种解释固然不错,因其民法明确将物限定在有体物的范围内,在刑法上将财产性利益解释为财物,自然需要考虑是否属于违反罪刑法定原则的类推解释。但在我国,《民法典》对物的定义只有动产与不动产的区分,并无有体物之谓,如果按照同样的逻辑进行论证,其实并不符合我国现行法。因此,财物概念的扩张以及相应的占有概念的扩张与罪刑法定原则的紧张关系,主要表现在是否

---

[1] 当然,实务部门的选择也属无可奈何,因为,倘若不用财产犯罪来规制,很难找到其他适当的罪名来处罚类似行为。这可以说是一种不得已的选择。但是,这属于立法的疏失,并不影响本书结论的妥当性。
[2] 参见张明楷:《诈骗罪与金融诈骗罪研究》,清华大学出版社2006年版,第24页以下。

违反明确性原则上。

(一)明确性原则的相对性

刑法的明确性原则,是指刑法的规定无论是关于犯罪的还是关于刑罚的,都必须尽可能是具体的,而且其意义必须明确。关于明确性的含义,最具代表性的观点认为:"所谓明确性,是指规定犯罪的法律条文必须清楚明确,使人能够确切了解违法行为的内容,准确地确定犯罪行为与非犯罪行为的范围,以保障该规范没有明文规定的行为不会成为该规范适用的对象。"[1]

尽管如此,我们仍然不得不说,明确性原则对立法的要求永远只能在相对的意义上去理解。这里主要有这样几个原因:首先,立法总是与一定的社会生活环境相对应,当社会环境发生变化时,立法也需随之而变动,否则将无法适应社会的需要。但立法又必须保持一定的稳定性,否则频繁的立法变迁,会严重削弱法的权威。于是,在立法技术上必须采取模糊立法的方式以保持法的张力。正如菲利所言:"法律总是具有一定的粗糙与不足,因为它必须在基于过去的同时着眼未来,否则就不能预见未来可能发生的全部情况。现代社会变化之疾之大使刑法即使经常修改也赶不上它的速度。"[2]也就是说,刑法条文总是抽象和概括的,不可能具体明确到可直接适用于具体的、个别的而又千差万别的案件。其次,刑法语言具有模糊性。法律都是用语言来表达的,然而,语言本身就是明确与模糊的统一体。正如有学者指出:"模糊与精确相对应,精确是对事物确定性的客观认识,模糊是对事物不稳定性、不明确性的认识。"[3]语言在其核心领域可能是明确的,但在边界范围则可能是模糊的,此即哈特所谓的语言的"空缺结构"。更何况,在刑法规范的表述中,既包括描述性要素,也包括规范性要素。对于后者而言,由于包含价值判断在内,就不得不使用模糊

---

[1] 高铭暄主编:《刑法专论》(上编),高等教育出版社2002年版,第89页。
[2] [意]恩科里.菲利:《犯罪社会学》,郭建安译,中国人民公安大学出版社1990年版,第125页。
[3] 宗建文:《刑法机制研究》,中国方正出版社2000年版,第75页。

的语言。[1] 正是站在相对主义的立场上,罗克辛教授认为,"只要从一个刑法条文中能够推断出立法者清楚的保护目的,并且原文文字无论如何还能够对一种解说的任意扩张设定界限,那么,这个刑法条文就还是充分明确的。"[2]

如果说上述对明确性原则的批评都是就立法而言的,那么,我们是不是可以通过解释的方法,使模糊的刑事立法变得明确?于是,明确性原则也成为刑法解释的基本原则。在解释的场合,能否主张绝对的明确性呢?

虽然,解释的目的包括将规范准确适用于具体案件,因此,明确性是当然的要求。但我们必须同时强调,明确性并非刑法解释的唯一准则,同时还要考虑解释的合理性与合目的性。尤其是当我们将目的解释作为终极解释方法来看待时,更意味着明确性在解释过程中仍然不具有终极价值的地位。以财物的概念为例,坚持有体性说的立场,固然满足了明确性的要求[3],然而在现代社会,财产存在方式多样化的背景下,这种解释很难满足法律对财产保护的需要。可以说,有体性说是以牺牲刑法适用的普遍性为代价来坚持明确性原则的,这其实不可取。在司法实践中,实务部门在处理具体案件时已经对财物概念作了符合时代要求的新型解读,极大地扩张了财物概念的内涵与外延,并且这样的解释并不因偏离明确性原则而遭受质疑。

于是,我们发现,站在相对主义的立场来理解明确性原则时,它其实并不具有价值上的终极性,而是服务于某种价值的实现。我们真正需要考察的,是作为明确性原则服务对象的价值取向。

(二)明确性原则的判断基准及本书主张的妥当性

从罪刑法定原则的思想基础来考察,目前被广为接受的观点

---

[1] 关于明确性原则的相对性,还有很多维度可以论证,这里只是举其最典型的表现,旨在说明本书的意图。
[2] [德]克劳斯·罗克辛:《德国刑法学总论(第1卷)》(1997年第3版),王世洲译,法律出版社2005年版,第102页。
[3] 当然,即使"有体物"这个概念也并非绝对明确,比如"不动产"是否属于"有体物",在学说上还存在很大的争议。

是,罪刑法定原则的思想基础主要是民主主义与尊重人权主义,或者说是民主与自由。[1]

明确性原则正是从尊重人权主义的理念当中推导出来的。张明楷教授认为:

> 为了保障人权,不致阻碍国民的自由行动,不致使国民产生不安感,就必须使国民事先能够预测自己行为的性质与后果,必须事先明确规定犯罪与刑罚。因为当国民事先能够根据成文刑法预测自己的行为性质时,就不会因为不知道自己的行为是否会受到刑罚处罚而感到不安,也不会因为不知道自己的行为是否会受到刑罚制裁而不敢实施合法行为,从而导致行为萎缩的后果。在此意义上,尊重人权主义与使国民具有预测可能性(预测可能性原理)具有相同含义……刑法规范是裁判规范,且暗含了行为规范,理当具有明确性;如果含混不清、模棱两可或者前后矛盾,就必然导致司法人员难以裁判,也导致国民要么仍然不能预测自己行为的性质,要么左右为难。[2]

这清楚地表明,明确性原则是为保证公民的预测可能性而服务的。也就是说,对于刑事立法和刑法解释而言,只要能够保证解释结论不违背公民的预测可能性,就可以说满足了明确性原则的要求。

正是基于此,在刑法明确性的判断基准上,尽管有"一般民众理解说"与"专业人士理解说"之间的观念对立[3],但是,前者无疑是广为人所接受的主张。如大谷实教授认为,"应当以通常的判断力者能够认识、判断的程度为明确的标准"[4]。金泽文雄教授也认为,"关于犯罪的构成要件,成为该刑罚法规的适用对象的国民层的平均人,根据

---

[1] 参见张明楷:《刑法学(上)》(第六版),法律出版社2021年版,第56页。
[2] 参见张明楷:《刑法学(上)》(第六版),法律出版社2021年版,第56—57页。
[3] 参见张建军:《刑法明确性之判断》,载《中国刑事法杂志》2010年第9期。
[4] [日]大谷实:《刑法讲义总论(第四版)》,成文堂1995年版,转引自张红艳:《论刑法的明确性原则》,载《河南省政法管理干部学院学报》1999年第1期。

法规的文字不能理解什么是被禁止的场合,是不明确的、违宪的"[1]。有学者特别强调公众认同在刑法解释中的制约作用,如周光权教授认为,"公众认同则表明社会对刑法的接受程度,强调以人权限制刑罚权……国家要把刑法作为促进长期利益的最佳方式,必须使刑法得到公众认同……刑法认同,是指公民对犯罪与刑罚之间必然的、适当的对应关系的确信和对刑法在划定国家权力和公民权利界域中的能力的期待,以及对依刑法而作出的解决社会冲突的结论的服从和尊重。这就是刑法认同的特质"[2]。其实,公众认同的前提就是刑法规范以及刑法解释必须确保公民的预测可能性。

本书对于财物概念的扩张理解,应当说是符合新形势下利用刑法周全对财产的保护的时代需要的,借助财物概念的扩张,我们可以将虚拟财产、金融衍生品等新型财产纳入刑法的规制视野,发挥刑法的社会保护功能,这既是社会发展的需要,也是公民利益的诉求。实践表明,正是在新型财产的刑法保护上,实务部门走在了理论的前边。这就需要理论对此作出回应,在解释论上固执地坚持保守的立场,恐非明智之举。相应地,在占有概念的理解上,尤其强调占有的规范特质,将"一般的社会观念"作为判断占有的重要标准,也在根本上与确保公民的预测可能性相契合,因而,并不违反明确性原则的要求。

第二节 财产犯罪中的刑民关系

一、问题的所在

在研究财产犯罪的过程中,我们会发现许多民法与刑法交错的情形,比如:第一,在财物概念的界定上,目前的刑法理论的争议焦点主

---

[1] 〔日〕中山研一等:《现代刑法讲座》(第一卷),成文堂1980年版,转引自张红艳:《论刑法的明确性原则》,载《河南省政法管理干部学院学报》1999年第1期。

[2] 周光权:《公众认同、诱导观念与确立忠诚——现代法治国家刑法基础观念的批判性重塑》,载《法学研究》1998年第3期。

要集中在有体性说与物理管理可能性说的分歧上。无论采何种立场,都至少表明刑法上关于财物的认定,在范围上要小于民法关于物的规定。[1] 虚拟财物、财产性利益在民法上都可以被称为"物",从而受到物权法的保护,但在刑法上,对于虚拟财物和财产性利益是否属于"财物"概念的范畴,却存在很大争议。这似乎表明刑法对于同一术语的界定坚持了与民法不同的立场,这种做法是否妥当?换言之,刑法与民法在法秩序上是否可以遵循不同的价值选择?

第二,在委托保管货币现金的场合中,受托人违反保管义务,擅自使用现金,拒绝返还的,是否成立侵占罪?如果站在民法的立场,依据"占有即所有"的原理,当受托人控制了现金时,同时也取得了对现金的所有权。在民法上,委托人对现金的权利保护只能通过债权请求权来实现。如果将民法关于现金的性质界定贯彻于刑法,则上述行为还能否成立侵占罪就有疑问了,因为通说认为侵占罪是对所有权的侵犯。而在侵占现金的场合,行为人已然取得了现金的所有权,自然没有成立侵占罪的可能。反之,如果不考虑民法关于现金的界定,单从刑法的立场出发,我们可以认为在委托保管金钱的场合,行为人尽管已经占有了现金,但其所有权仍然属于委托人,从而肯定侵占罪的结论。但是,如果换一个场合,行为人受托保管现金之后,擅自使用,在保管期满,又以自己的同等数额的现金交还给委托人的,无论如何不能认为成立侵占罪。这里,似乎又坚持了"占有即所有"的民法原理。于是,问题就出现了,在货币现金的权属界定上,刑法是应当脱离民法而保持独立的立场,还是在一定程度上需要与民法保持一致?如果是后者,则界限何在?

第三,在占有概念的解读上,刑法与民法存在较大的差异。按照通说,民法上的占有的观念化——如间接占有、占有改定、占有的继承等——均不能成立刑法上的占有。这是否意味着,在对同一概念进行

---

[1] 根据《民法典》第115条的规定,"物包括不动产和动产。法律规定权利作为物权客体的,依照其规定。"不仅有体物和具有物理管理可能性的物都可以成为物权保护的对象,甚至作为物权客体的财产权利也能成为民法上的物。就概念范畴而言,民法上的"物"的范畴要广于刑法上的"财物"概念。

解读时,刑法可以忽略民法的基本立场,而坚持自己的主张?再如,在非法占有的场合,一般认为民法并不保护非法占有,第三人破坏非法占有人对财物的占有的,并不能获得民法上的救济(如损害赔偿等),而刑法则对于非法占有也给予一定程度的保护,如第三人窃取盗窃犯占有的盗赃的,仍有成立盗窃罪的可能。于是,在该问题上,民法与刑法在保护立场上背道而驰,这是否意味着在对法益的保护上,刑法可以无视民法的基本原则,而坚持一种独立性的立场?

第四,在不法原因给付的场合中,如行为人侵占他人委托其交付的贿款,或者嫖客以诈骗的方式决绝给付嫖资,如果站在民法的立场上,由于被害人缺少需要民法保护的利益,在上述情形下,被害人不能就其财产损失向行为人要求损害赔偿。但在刑法上,有较多的观点主张,在上述案件中有成立侵占罪与诈骗罪的余地。于是,一项权利是否被民法所认可,能否成为判断刑事违法性的根据就成为问题。

第五,在行使权利的场合中,如所有权人以非法手段从合法占有本人财物的他人处夺回财物的行为,在民法上,由于不存在侵权行为,不产生损害赔偿的责任。但在刑法上,有观点认为,所有人的行为仍有成立财产犯罪的可能。[1] 这是否意味着刑法对于行为违法性的认定,只需考虑刑法的特殊目的与刑事政策的需要即可,而无须关注民法关于违法性的一般认定?

第六,在财产犯罪的保护法益上,法律的财产说与经济的财产说之间的对立,从根本上讲就是学者在刑法与民法之间的关系如何界定这一问题上的不同立场所导致的分歧。法律的财产说认为,只有受民法保护的财产权利,才能成为刑法保护的对象,即刑法相对民法具有从属性;经济的财产说则认为,只要具有经济上的利益,即使不受民法的保护,也能成为刑法保护的对象,即刑法相对民法具有独立性。日本刑法与我国刑法关于财产犯罪的保护法益也存在本权说与占有说的对立,这种对立虽然没有明显地体现刑法从属性说与刑法独立性说的立场对峙,但如果深入分析,就会发现,这种学说对立在很大程度上

---

[1] 参见张明楷:《刑法学》(第四版),法律出版社2011年版,第882页。

受到刑民关系的基本立场的影响。

于是,问题就变得十分明显,当我们对一项行为进行刑法评价时,应否考虑其他部门法对于该行为的评价结论。这即刑法从属性说与独立性说的本质区别。如果深究的话,我们还可以继续追问:对一项行为的违法性判断,是仅就刑法规范内部考察即可,还是应当站在整体法秩序的层面来考察一般违法性。换言之,违法性在各个部门法当中是否具有相同的秉性。在这个问题上,有违法一元论与违法相对论(多元论)之间的对立。当然,所有这些问题的根源,都可以回溯到对于法秩序统一原则的理解上。

二、法秩序统一原则的界定——以违法一元论与违法相对论的分歧为切入

一个行为的合法性或者违法性,对于全体法律制度,也就是对于全部法律领域来说,是否必须统一地加以确定?或者,它们是否能够根据部门法的特性,有区别地加以判断?这就是刑法上所谓的违法的统一性与相对性的问题。

就刑法而言,关于这一问题通常表现在以下两个方面:第一,"在刑法中,民法性的或者公法性的许可或者侵犯权,是否能够在任何情况下,都排除一个符合行为构成的举止行为的违法性?"第二,"一种对确定举止行为的民法性的或者公法性的禁止性存在,是否意味着在任何情况下,这种举止行为一旦同时满足了一个刑法规定的行为构成,也就表现了刑法上的不法?"[1]违法一元论与违法相对论在这两个问题的解释上表现出不同的取向。

(一)违法一元论与违法相对论的分歧

1. 违法一元论

在违法一元论内部,有严格的违法一元论与缓和的违法一元论

---

[1] 参见〔德〕克劳斯·罗克辛:《德国刑法学总论(第1卷)》(1997年第3版),王世洲译,法律出版社2005年版,第397页。

之分。[1]

严格的违法一元论认为,作为犯罪成立条件之一的违法性判断,应当在法秩序全体中进行一元的判断。在某一法领域违法的行为在其他法领域不能被认为是正当的;反之,在某一法领域适法的行为在其他法领域不能被认为是违法行为。违法一元论的思想基础是法秩序统一原理。所谓法秩序统一是指宪法、刑法、民法等多个法律领域构成的法秩序之间不能相互矛盾,更准确地说,这些不同的法领域在解释上不能相互矛盾和冲突。如果法领域之间不协调,在其他部门法上被容许的行为在刑法上成为处罚的对象,国民就会不知所措。

严格的违法一元论在德国是通说。[2] 之所以强调违法的统一性,主要是因为在观念上将法视为行为规范,而作为行为规范的法必须是统一的。

从严格的违法一元论出发,可以认为:(1)符合构成要件的行为在民法或者行政法容许的场合下,刑法上也应该认可其正当性;(2)民法或者行政法上禁止的行为符合构成要件的场合,在刑法上也具有违法性。

如果从严格的违法一元论出发,则在(2)的场合下,即便是轻微的违法行为,只要符合犯罪构成要件,都可能会作为犯罪来处理,这被认为不合适。[3] 严格的违法一元论没有考虑各个不同法律领域的特定目的机能以及不同法律效果性质上的差异,这是不妥的。因此,才有了缓和的违法一元论的出现。

缓和的违法一元论认为,作为一般规范违反的违法性在法秩序整体中是单一的,刑法和民法在一般违法性上并无不同。因而,违法性

---

[1] 参见童伟华:《日本刑法中违法性判断的一元论与相对论述评》,载《河北法学》2009年第11期。
[2] 参见童伟华:《财产罪基础理论研究:财产罪的法益及其展开》,法律出版社2012年版,第192页。
[3] 如盗窃一张纸的行为,可能也成立盗窃罪,因该行为具有民法上的违法性。不过,由于我国刑法关于盗窃罪的规定包含了定量因素,所以盗窃价值微薄的物品的行为,仍然不符合盗窃罪的构成要件。当然,前提是我们将作为定量因素的"数额较大"当作犯罪构成要件要素来看待,对此,在学说上还有争议。

的判断应就整体法秩序进行统一评价。但是,不同的法领域有不同的表现形式或者处于不同的阶段,有不同的目的,相应地,所要求的违法性的质和量也有所不同。在日本,学说上发展出了可罚的违法性的概念,就是指此而言。换言之,在犯罪的违法性的判断上,除要考察一般违法性之外,还要考察行为的可罚性,只有同时具备了一般违法性与可罚的违法性的行为,才具备刑事违法性。

站在缓和的违法一元论的立场,可以得出以下结论:(1)符合构成要件的行为在民法或者行政法容许的场合下,刑法上也应认可其正当性;(2)民法或行政法上禁止的行为符合构成要件的场合,在刑法上不一定具有刑事违法性,这是与严格的违法一元论的不同之处。据此,在盗窃价值微薄的财物的场合中,尽管该行为为民法和行政法所禁止,并且也符合盗窃罪的构成要件,但是,由于该行为没有达到可罚的程度,缺少刑事违法性,应以无罪论处。

2. 违法相对论

违法相对论认为,刑法上的违法性应以是否值得刑法处罚这一判断为前提。刑法上的违法性判断与民法上的违法性判断不同,违法的判断应当是相对的。概括地讲,违法相对论认为,所谓违法性在民法、刑法、行政法等领域是相对的或者多义的,相应地,法秩序也具有多义性。

根据违法相对论:(1)符合构成要件的行为在民法或行政法许可的场合,也有成立犯罪的可能性;(2)民法或者行政法上禁止的行为符合构成要件时,在刑法上也可能不具有违法性。

违法相对论的理论基础在于将法视作裁判规范,而非行为规范。同时,在违法相对论看来,尤其是缓和的违法一元论所主张的一般违法性是不存在的,具体的违法行为只可能违反具体的规范。[1]

当然,在(1)的场合,由于行为根本上违反了整体法秩序,所以,违法相对论者的主张也并没有贯彻到底,而是强调在违法性的判断

---

[1] 参见童伟华:《财产罪基础理论研究:财产罪的法益及其展开》,法律出版社2012年版,第195页。

上,应当考察整体法秩序的要求,在此限度内不应当发生部门法之间的冲突。并且,在违法性的评价上,也应尽可能地避免不同法领域之间的冲突。[1]

(二)问题的根源

通过对违法一元论与违法相对论的简要梳理,我们发现,两者的根本区别在于:(1)是否承认存在超脱于具体法规范之上的一般规范?相应地就有一般违法性的存在与否;(2)法规范的性质是行为规范还是裁判规范?

就(1)而言,我们可以从实定法层面和理论层面分别加以分析。从实定法层面来看,宪法作为根本法,是一切部门法的终极法源。就对财产的保护而言,无论刑法和民法均以宪法为根据。宪法提供了一般规范的实体存在。从宪法中寻求立法和解释的正当性,是对各个法领域的共同要求。[2] 从理论层面来看,虽然各个法领域的文本表现形式不同,但规范意义未必有冲突。刑法规定的财产犯罪与民法规定的侵犯他人财产权的行为应承担相应的民事责任,目的都在于保护财产权。我们所谓的一般违法性,是就隐藏在法律文本背后的法规范而言,并非指向文本自身。在这个意义上讲,不能否认一般规范的存在。

就(2)而言,我们不否认法规范具有裁判规范的性质,法规范的存在主要表现在约束司法者的行为。但法规范更为重要的是作为行为规范而存在。法规范确立了公民的行为准则。这是法治社会的基本要求。在这个意义上,法规范应当具有统一性,如果一个行为在被禁止的同时又被允许,则必然导致公民行为的紊乱与无所适从。相应地,法规范所具有的指引功能与预测功能将不复存在。因此,有学者

---

[1] 参见童伟华:《财产罪基础理论研究:财产罪的法益及其展开》,法律出版社 2012 年版,第 195 页。

[2] 梁根林教授主张合宪解释是刑法解释的终极方法,其实就表明了宪法作为一般规范的实定法定位。参见梁根林:《罪刑法定视域中的刑法适用解释》,载《中国法学》2004 年第 3 期。

称,"统一的一般的违法性的观念是有用的,并且是不可欠缺的。"[1]以正当防卫为例,正当防卫的前提是存在不法侵害,所谓不法,只需要具有一般的违法性即可,没有理由要求达到成立犯罪的程度。例如,窃取一张纸的行为固然不具有刑事违法性,但其具有一般的违法性,因此,理当认可针对该行为的正当防卫。如果一方面认为上述行为在民法上具有违法性,另一方面又否定针对该行为的防卫行为的正当性,则对公民权利的保护将处于不明确的状态,法规范也就失去了作为行为规范的功能。

这样看来,违法相对论的立论基础其实是不稳固的,违法一元论才是妥当的主张。不过,这里还需要明确一个问题:如果我们坚持违法一元论的主张,那么如何解释不同法领域在违法性上的差异?

(三)法秩序统一原则的内涵——缓和的违法一元论的妥当性

当我们强调法秩序统一时,并非指对违法性的判断,在任何法领域都要坚持统一的标准,而是要在强调一般违法性的基础上,关注不同法领域的特殊性。正如有学者所言,"所谓统一性,是指从某种视角观察才能肯定其存在的事项。这与人们辨别测试眼力的图画一样,只有以该图画中肯定有某些形象为前提,凝神察看,才能发现隐藏于图画中的真实意图。法秩序也一样,以这种秩序蕴含着某种意义为前提,努力去发现其中的含义,才能明确其所蕴含着的意义上的统一性。这一统一性虽然已经包含在法本身,但是,只有通过人们有目的的意识活动,才能把握其真实意图"[2]。"法律有着以宪法为顶点的阶层构造。当具有阶层构造而存在的法规范成为一个体系的时候,被称为'法秩序'。法秩序是由复数的法规范构成的,形成各自的领域,在多数场合下受按照一定事项所系统制定的法规群的制约。一个法秩序,本来应当是一个统一的体系。一个国家的法秩序,在其内部,根据

---

[1] 〔日〕井由良:《刑法总论の理论构造》,成文堂2005年版,第142页。转引自童伟华:《财产罪基础理论研究:财产罪的法益及其展开》,法律出版社2012年版,第196页。
[2] 〔日〕京滕哲久:《法秩序的统一性与违法判断的相对性》,载《平野龙一先生古稀祝贺论文集(上卷)》,有斐阁1990年版,第197页。转引自郑泽善:《法秩序的统一性与违法的相对性》,载《甘肃政法学院学报》2011年第4期。

民法、刑法不同,按照各自不同的原理而形成独立的法领域。这些不同法领域应当相互之间没有矛盾,并最终作为法秩序的整体具有统一性。"[1]换言之,我们所讲的法秩序统一原则,是就一般规范而言的,而非就具体的部门法规范而言的。违法一元论也是在这个意义上才能成立。

换一种表达方式,在任何部门法领域的视野中,违法性均由两部分组成:质的违法性与量的违法性。我们所讲的法秩序统一原则是就前者而言的。后者则表现出部门法之间的差异性。以刑法和民法的关系为例,单纯的债务不履行与通奸行为,在民法上是违法行为,在刑法上却不成立犯罪。但这不过是表明法律效果的相对性,并没有否定违法性本身。单纯的债务不履行或者通奸行为都违反了一般规范,在整个法领域都是违法行为,但只是民法上应当承担损害赔偿责任或者能够作为离婚的法律原因,而在刑法领域没有规定法律效果而已。这是因为,在刑法看来,单纯的债务不履行和通奸行为虽然满足了质的违法性的需要,但没有满足量的违法性的需要,因此,不作为刑事违法行为来对待,自然不会出现刑罚制裁的法律后果。这是刑法谦抑性原则的直接后果。按照卢梭的说法,"刑法在根本上与其说是一种特别的法律,还不如说是对其他一切法律的裁定。"[2]作为保障法的刑法,只能是在其他部门法无法为法益提供充足保护的前提下才能介入,这也是严格的违法一元论之所以被抛弃的根本理由。可罚的违法性乃至社会相当性理论并未否认整体法秩序下的一般违法性,只不过是在此基础上强调刑事违法性的特殊性。在此,刑法的特定的保护目的乃至刑事政策才成为违法性判断的考量因素。站在这个立场上,缓和的违法一元论既坚持了法秩序统一原则,又考虑到不同法领域的特定目的和机能,是妥当的主张。[3]

---

[1] 〔日〕京藤哲久:《法秩序的统一性与违法判断的相对性》,载《平野龙一先生古稀祝贺论文集(上卷)》,有斐阁 1990 年版,第 212 页。转引自郑泽善:《法秩序的统一性与违法的相对性》,载《甘肃政法学院学报》2011 年第 4 期。

[2] 〔法〕卢梭:《社会契约论》,何兆武译,商务印书馆 2016 年版,第 70 页。

[3] 参见童伟华:《财产罪基础理论研究:财产罪的法益及其展开》,法律出版社 2012 年版,第 199 页。

三、结论：刑法从属性说的坚持

（一）刑法从属性说的基本立场

刑法从属性说的基本观点是，刑法并非独立的法律部门，只有依附于行政法、民法等其他部门法，并作为其他部门法的补充才可能存在。[1] 这是站在刑法作为保障法和第二次法的角度得出的当然结论。由刑法的从属性观念可以得出两个结论：一是刑法的补充性，即当某种利益完全可以由其他部门法来保护时，就不得运用刑法进行保护；二是刑法只能保护其他法律保护的利益，如果某种利益得不到其他法律的保护，那么刑法也不得保护。[2]

与之相对，刑法独立性说认为，当一个法律规范因规定了刑事制裁而成为刑法规范时，它就与其他刑法规范结成一个整体，该规范的适用对象和范围都要随着刑法特有的性质和需要而发生变化。刑法的概念、构成、功能都具有独立性，不从属于其他法律领域，自成思想体系。[3]

当下，刑法独立性说日渐成为有力的主张。并且有学者从多方面进行了论证。陈忠林教授认为：

其一，刑法有自己独立的行为规范。如禁止杀人、抢劫、强奸等就是其他部门中没有的行为规范。其二，刑法有自己特有的任务和功能。尽管人们对刑法的任务有不同的理解，但不管刑法的任务是保卫社会还是预防犯罪或者与犯罪作斗争，它们都是维护社会存在必不可少，而其他部门法又不可能具有的功能。其三，刑法规范具有将其他法律规范改造为具有独立含义的刑法规范的作用。如在日本民法中，"财产"既包括有形财产也包括无形财产，可以是动产也可以是不动产；但在日本刑法中，作为盗窃罪的对象的财产就只能是有形的动产。其四，刑法作为一个科学体系具有完全独立的价值。从体系结构

---

[1] 参见〔意〕杜里奥·帕多瓦尼：《意大利刑法学原理（注评版）》，陈忠林译评，中国人民大学出版社2004年版，第3—4页。
[2] 参见张明楷：《诈骗罪与金融诈骗罪研究》，清华大学出版社2006年版，第218页。
[3] 参见张明楷：《诈骗罪与金融诈骗罪研究》，清华大学出版社2006年版，第213页。

来考察,刑法有系统完整的总则规范;从具体内容来考察,刑法有犯罪的预备、未遂、共同犯罪等任何其他部门法都不可能存在的特有制度;从理论体系的角度考察,刑法中关于犯罪成立条件的理论,是所有部门法中唯一分析全部具体规定的逻辑体系。[1]

以上是刑法从属性说与刑法独立性说的大致主张。如果我们仔细分析会发现,两种学说其实是站在不同的层次进行各自立场的阐明,并没有形成有效的对话。刑法从属性说强调的对民法的依附性,是就保护对象而言,站在第二次法的立场,当一项法益在其他部门法中没有得到体现时,就不能进入刑法的规制领域。[2] 而刑法独立性说则强调刑法在调整范围以及思维逻辑上的特殊性。比如,禁止杀人、抢劫、强奸固然是刑法特有的行为规范,但这种规范背后所体现的是对人身法益和财产法益的刑法保护,这些也都是民法及其他部门法同样保护的;再比如,犯罪预备、未遂、共同犯罪等制度确为刑法所独有,但这些制度都是为了保护法益而存在,离开了保护对象,这些制度将失去其意义。这就表明,刑法独立性说并没有否认从属性说的根本立场。换言之,刑法独立性说与刑法从属性说并非对立的概念范畴,而是站在不同侧面展现了刑法的理论秉性。

因此,对于刑法独立性说我们应当持谨慎的态度。虽然,刑法独立性说的本意是强调刑法思维方式的独特性,但推向极端就可能导致在具体行为的刑法评价上,完全无视民法、行政法等其他作为第一次法的部门法对刑法的制约,从而在违法性的判断上得出破坏法秩序统一原则的结论。试举一例:一些国家民法规定了取得时效制度,即财产的占有人以所有的意思(即以所有人的名义),善意地、公开地、和平地持续占有他人财产达到法定期间,即依法取得对该项财产的所有权。假设行为人拾得被害人遗失的财物,善意、公开、和平地持续占有,达到法定期间之后,行为人就取得了该项财产的所有权。此时,遗

---

[1] 参见陈忠林:《刑法散得集》,法律出版社2003年版,第116—117页。
[2] 张明楷教授对此持不同观点,他认为存在虽然不具有其他部门法的违法性,但也可能成立刑事犯罪的情形,但他并没有作出进一步的说明。参见张明楷:《诈骗罪与金融诈骗罪研究》,清华大学出版社2006年版,第218页。

失物的原所有人向行为人就不能主张民法上的返还请求权。在刑法上，一旦考虑到民法关于取得时效制度的规定，在该情形下，就没有侵占罪成立的余地。而如果不考虑民法关于取得时效的规定，行为人的行为完全符合侵占罪的构成要件，没有理由不按照侵占罪来处理。这样就会造成财产秩序的紊乱。

强调刑法对民法的从属性，只是在坚持法秩序统一原则的前提下，认为对行为的违法性判断应当坚持刑法与民法的一致性，其中最核心者当是：一项在民法上被许可的行为，即使符合某罪的构成要件，也无论如何不能成立刑法上的犯罪。[1] 在此前提下，本书并不否认刑法基于保护目的的特殊性，对法益的保护呈现出与民法的区别。

(二) 刑法从属性说的澄清

如果承认了上述论断的妥当性，我们就可以解释，为什么在刑法上对同一概念的解读与民法存在不同的情形了。

比如财物概念，在民法上，知识产权可以是物，但在刑法上财物概念不包括知识产权，这并非是因为刑法不保护知识产权，而是因为财产犯罪所保护的对象是静态的人对财物的归属支配关系，知识产权不存在归属支配，因此，刑法不以财产犯罪来保护，而是将其纳入破坏社会主义市场经济秩序罪的规制领域。财物概念在刑法和民法界定上的区别，并没有违背作为整体的法秩序对财产的同一保护，因此，并不构成对刑法从属性说的挑战。

占有概念也是如此。民法上的占有与刑法上的占有，最大的区别不在于是否承认占有的观念化，而在于各自所要实现的目的不同。最典型的当属间接占有。民法承认间接占有，是为了实现对权利人的周延保护，从而维系平和的社会秩序。当占有受到侵害时，直接占有人

---

[1] 有人认为，可能存在民法上适法而刑法上违法的情形，比如，在开枪杀人未遂（被害人未受伤）的场合中，在民法上不产生损害赔偿的责任，但在刑法上却成立犯罪。对此，我们认为，开枪杀人未遂的行为应该看作违反所有法秩序的违法行为，在民法上不存在损害赔偿，并非表明行为就是合法的，只是表明这样的违法行为不产生民法上的法律效果而已。这其实并不与法秩序统一原则相背离。参见童伟华：《财产罪基础理论研究：财产罪的法益及其展开》，法律出版社 2012 年版，第 199 页。

和间接占有人都可以依据占有向侵犯者主张权利。而刑法不承认间接占有,是出于明确财物占有归属的需要,从而为区分罪与非罪、此罪与彼罪划分明确的界限。这两项目的并不矛盾,因此,也并不足以否认刑法对民法的从属性。就非法占有而言,并非只有刑法才保护非法占有,民法同样保护非法占有。第三人从盗窃犯手中窃取盗赃的,不仅成立刑法上的盗窃罪;而且在民法上,盗窃犯也可以基于对盗赃的占有,向第三人主张返还请求权。

在侵占委托保管的金钱的场合,必须承认的是,刑法理论对于民法存在误解。虽然民法在一般情况下认可"占有即所有"的原理,但并未将这一立场绝对化,而是考虑了货币的特殊性。概括来讲,金钱的保管存在两种情形——作为其价值而被置于流通领域产生为本人利益保管一定数量金钱关系的情形,以及作为其价值并未被置于流通领域而仅仅产生保管金钱这种关系的情形。对于前者,"占有即所有"的原理可以适用;而对于后者,占有与所有权则是分离的。[1] 换句话说,在第二种场合下,当金钱被特定化时,占有即所有的理论是不适用的。将该理论适用于刑法,就可以得出以下结论:在代为保管金钱的场合中,也有成立侵占罪的可能。

在侵占不法原因给付物的场合中,坚持刑法从属性说的观点,就可以否定侵占罪的结论。原因是在该场合中,并没有值得民法保护的利益存在,刑法介入干预可能破坏法秩序统一原则。而在以欺诈方式取得他人不法原因给付物的场合中,即使站在从属性说的立场,也有成立诈骗罪的余地。比如,行为人将虚假的物质当作毒品,出售给被害人,骗取其对应给付。在该场合中,犯罪对象是被害人的对待给付。而该给付在交付之前,其所有权是受民法保护的,因此,在刑法上肯认诈骗罪的结论也符合法秩序统一原则的要求。

在行使权利的场合,一旦肯认了行为人行使的权利在民法上的正当性,如果再将该行为作为犯罪来处理,就明显地违背了法秩序统

---

[1] 参见〔日〕佐伯仁志、〔日〕道垣内弘人:《刑法与民法的对话》,于改之、张小宁译,北京大学出版社2012年版,第4页。

一原则的要求。因此,将行使权利作为违法阻却事由,从而在整体法秩序的视野中考察行为的违法性,进而作出罪评价,就是妥当的做法。

(三)小结

一般来讲,各个法领域的共同目的都是保护法益,因此,刑法与民法的根本区别不是保护目的的不同,而是保护手段的差异。刑法主要以刑罚手段保护法益,民法主要以承担民事责任的方式保护法益。刑罚的目的包含了预防犯罪的内容,因此,是否需要以刑罚处罚违法行为,应当考虑预防犯罪的需要。同样,民法以承担民事责任的方式保护法益,使受到损害的权利尽可能恢复到本来的状态。民事责任的目的是恢复受到损害的权利,是否需要就不法行为承担民事责任,应当考虑民事责任的目的。这就意味着,一项行为依照刑法可能成立犯罪,需要承担刑事责任,但在民法上却不需要承担民事责任(如损害赔偿)。这并不是因为民法和刑法对于同一行为在违法性的判断上有不同,而是该违法行为在刑法上和民法上所可能产生的法律效果不同。责任承担的区别并没有否认违法性判断的同一性。因此,刑法和民法在目的、功能上的差别,也主要是这种意义上的差别。而这种差别并不背离法秩序统一原则的初衷。

第三节　犯罪本质的再思考

关于犯罪的本质,在学说上历来有法益侵害说与规范违反说之间的对立。[1] 但根据本书对财产犯罪的研究,尤其是表明在财产犯罪当中,法益侵害说并不具有很强的说服力。或者说,将犯罪的本质界定为法益侵害,并不能真正揭示刑法创设财产犯罪的目的之所在。首先,法益侵害说不能为刑法上的财物概念提供明确的界限划分。因为刑法分则在不同章节的罪名设定中,都包含了对财产法益的保护,如

---

[1] 在学说史上,还有权利侵害说、义务违反说以及我国的社会危害性说等诸多学说,但就学术争论的现状而言,对立主要集中在法益侵害说与规范违反说之间,其他学说只具有学术史上的意义,故本书不予涉及。

果我们认为法益概念具有类罪划分的机能,那么为何在财产犯罪的设定中,这一机能失效了?于是,我们不得不借助于规范保护目的进行更为深入的探讨。其次,在对待违禁品的态度上,根据法益侵害说的立场,我们不能获得满意的解读。违禁品并非法律所保护的生活利益,为什么以符合财产犯罪构成要件的方式取得违禁品的行为,要被当作财产犯罪来对待?法益侵害说的解释是:在侵犯违禁品的占有的场合中,没收违禁品也需要通过法律程序,故对违禁品的占有也是财产罪的法益。[1]也就是说,这里通过对违禁品的保护,事实上保护的是一种国家对于违禁品的管理秩序。当然,根据法益侵害说的立场,秩序也可以是一种法益。然而,根据广为接受的法益概念——根据宪法的基本原则,由法所保护的、客观上可能受到侵害或者威胁的人的生活利益[2]——国家利益和社会利益只有在能够还原为个人利益时,才能成为刑法所保护的法益。[3]但在违禁品的场合中,我们无法透过国家对违禁品的管理秩序找到具体的个人利益。并且,将秩序视作法益的法益概念,与规范究竟有多大区别,恐怕就值得怀疑了。更重要的是,尤其是在财产犯罪的场合,民法和刑法一样,都是为保护法益服务的。如果将法益侵害作为犯罪的本质,如何将犯罪(刑事不法)与民事不法区分开来?当然,我们可以用"严重侵害"来修饰法益侵害,以突出刑事不法与民事不法在法益侵害程度上的区别,将之作为两者界分的标准。但是,"不论将刑法的调整范围限制于对宪法利益的严重侵害,还是将宪法性利益的工具性利益也视为宪法性利益,如果希望以它们来作为立法者发动刑罚权的限制,都未免荒唐。认为犯罪行为是对宪法利益的'严重'侵害,本身就是一个无底的口袋,所有立法者的任意妄为都可能以此为借口来逃避违宪审查。"[4]

因此,以法益侵害作为犯罪的本质,以此作为罪与非罪的划分标

---

[1] 参见张明楷:《刑法学》(第四版),法律出版社 2011 年版,第 844 页。
[2] 参见张明楷:《刑法学(上)》(第六版),法律出版社 2021 年版,第 78 页。
[3] 参见张明楷:《刑法学(上)》(第六版),法律出版社 2021 年版,第 78 页。
[4] 参见[意]杜里奥·帕多瓦尼:《意大利刑法学原理(注评版)》,陈忠林译评,中国人民大学出版社 2004 年版,第 81—82 页。

准并不具有妥当性,我们必须重新思考界定犯罪本质的标准。

一、法益侵害说与规范违反说的基本内容

在刑法理论中,法益侵害说与规范违反说的分歧表现在两个方面:一是关于犯罪的实质概念的界定(即犯罪的本质);二是关于实质违法性的解说(表现为行为无价值论与结果无价值论之间的对立)。在犯罪本质问题上的法益侵害说与规范违反说的立场分歧直接影响到对于实质违法性的判断,两者之间有一种内在的逻辑关系。

(一)犯罪本质的立场之争

1.法益侵害说

法益概念最早是由德国学者毕恩·鲍姆(Birn baum)提出来的。[1] 他认为,犯罪的本质是侵害或者为了应当由国家保护的"财"(Gut),即"从事物的本性来看应当作为犯罪的、或者根据理性国家应当处罚的是,对于财的侵害或者危险。"[2] 至于"财"的内容,不仅包含了个人利益,而且包含了社会秩序,如民族对宗教、道德确信的总体等公共利益。这样,法益概念就定位在抽象的意义上。[3]

真正把法益概念运用于刑法解释学的,当属宾丁与李斯特。

因宾丁主张规范违反说,所以法益概念在其不法论当中处于附属地位。宾丁认为,法益是"规范和刑法规定保护的法益和权利,分散在所有的法律领域","法益同时构成了实际可能被损害的合法性所存在的组成部分",其"利益侵害停留在不服从的表面,而不是在其核心"。他反对抽象的法益概念,因为抽象概念,如国家、公共秩序、道德这些概念外延过大,没有确定性,在实定法中加以规定并无太大的现实意义,所以这些抽象概念都应该分解

---

[1] 参见王安异:《法益侵害还是规范违反》,载赵秉志主编:《刑法论丛》(第11卷),法律出版社2007年版,第285页。

[2] 〔日〕内藤谦:《刑法中的法益概念的历史的展开(一)》,载《东京都立大学法学会杂志》1966年第6卷第2号,第242页。转引自张明楷:《法益初论》,中国政法大学出版社2000年版,第18—19页。

[3] 参见王安异:《法益侵害还是规范违反》,载赵秉志主编:《刑法论丛》(第11卷),法律出版社2007年版,第285页。

为具体的法益。[1]

李斯特则将法益作为刑法的基本概念。他认为,"所有犯罪都包含着对法律所保护利益的侵犯,对国家规定的违反","所有对法律保护利益的侵害本身都是违法的,即使无须法秩序的特别禁止"。他的法益概念包括两方面的含义:一方面,"所有的法益,无论是个人的利益,还是集体的利益,都是生活的利益,这些利益的存在并非法制的产物,而是社会本身的产物";另一方面,"法律的保护将生活利益上升为法益"[2]。这样,法益概念就不仅有了社会基础,而且有了法律根据,不仅有实质的依托,而且有形式的表现。所以,李斯特的法益概念具有二重性,侧重点在于"生活利益",理论上也称为"利益说"。[3]

此后,霍尼希(Honig)和施温格(Schwinge)更进一步对法益概念进行了精神化理解。霍尼希主张,法益概念应该被看成刑法规定中所包含的立法目的这种观念性的东西。施温格也认为,法益是刑法解释和概念构成上的指示。"从刑法学和刑罚法规的'保护客体'或称'法益'出发,整个刑法在'法益保护说'的观点之下加以考察的场合,刑罚法规的固有意义及其立法者所承认的目的,就通过法益这一最简洁的定式表达出来。所有预告刑罚的法规,都是为了努力预防对法的生活上的重要价值的侵害或者威胁,保护客体的概念不过是法律学的思维对各个刑罚法规的意味与目的进行压缩的形式来把握的范畴的统合。""保护客体只不过是特殊——法律学的概念构成的产物,或者说,保护客体(法益)本身是不存在的,只有当将共同体价值作为刑罚法规的目的客体纳入视野时,保护客体才获得生命。"这样就给法益概念

---

[1] 参见王安异:《法益侵害还是规范违反》,载《刑法论丛》(第11卷),法律出版社2007年版第285—286页。

[2] [德]弗兰茨·冯·李斯特著、[德]埃贝哈德·施密特修订:《德国刑法教科书》,徐久生译,法律出版社2000年版,第4页。

[3] 参见王安异:《法益侵害还是规范违反》,载《刑法论丛》(第11卷),法律出版社2007年版第286页。

赋予了立法目的和价值的意义。[1] 不过将法益概念作精神化的理解,使得法益与规范之间的界限变得不清楚,进而法益侵害说在立场上也很难同规范违反说明白地加以区分。

在日本和我国,也有学者主张法益侵害说的立场。[2]

2. 规范违反说

规范违反说的基本观点是,犯罪是对规范的不服从。[3]

法规范违反说是对犯罪最早的实质解释。宾丁认为,规范就是行为的命令及禁止,它是作为一定的刑罚法条的前提而存在的行为法即行为规范。它体现为国家为实现自己的目的而命令其国民及国家机关为实现目的而进行必要的行为,禁止实行被认为有害的行为,体现的是国家意志。[4] 犯罪的本质在于蔑视法规范的要求,即违反规范性。

不过将规范界定为法规范并没有从实质上解说犯罪的本质,于是,更一般的解释认为,所谓规范违反是对隐藏在法规范背后的文化、伦理规范的违反。迈尔(Mayer)曾经指出:"犯罪是侵犯法益,但另外还难以忍受地侵害了伦理秩序。"[5] 按照这种立场,法益侵害对于犯罪的认定而言,仅仅是一个非独立的要素,是认定行为是否违反社会伦理道德的素材。刑法的根本任务是维护社会道德的有效性,只有在社会道德得到保护的情况下,法益才可能得到保护。[6]

将规范违反的本质界定为对文化、伦理规范的违反,不得不说使犯罪的界限变得十分模糊,并且可能违背行为刑法的基本原理。按照日本学者平野龙一的说法,将维持国家道义与社会伦理作为刑法的任

---

[1] 霍尼希语,参见〔日〕伊东研祐:《法益概念史研究》,成文堂1984年版,第123页,转引自王安异:《法益侵害还是规范违反》,载《刑法论丛》(第11卷),法律出版社2007年版,第287页。
[2] 参见张明楷:《刑法学》(第四版),法律出版社2011年版,第111页。
[3] 参见刘孝敏:《论法益侵害说与规范违反说之争》,载《法学论坛》2006年第1期。
[4] 参见马克昌主编:《近代西方刑法学说史略》,中国检察出版社1996年版,第208页。
[5] 迈尔·赫尔穆特:《刑法教科书》(总论),斯图加特1953年,第50页。Mayer, Hellmuth, Lehrbuch des Strafrechts(AT), Stuttgart 1953, P.50.转引自〔德〕卡尔·恩吉斯:《法律思维导论》,郑永流译,中国政法大学出版社2004年版,第120页。
[6] 参见周光权:《新行为无价值论的中国展开》,载《中国法学》2012年第1期。

务,不仅是对刑法的过分要求,而且是在法的名义上强迫他人接受自己的价值观。[1]

(二)违法性本质领域中的法益侵害说与规范违反说

李斯特将违法性区分为形式违法性与实质违法性,形式违法是指违反国家法规、违反法制的要求或禁止规定的行为;实质违法是指危害社会的(反社会的)行为。[2] 法益侵害说与规范违反说的分歧就反映在对实质违法性的界说上。

法益侵害说认为,违法性的实质就是对法益的侵害或威胁。前田雅英认为,"刑法是为了更好地保护更大多数国民的利益而统制社会全体的手段,故国民的利益受到侵害是违法性的原点。因此,首先将违法行为定义为导致法益的侵害或者危险的行为。"[3]规范违反说认为,违法性的实质是违反了法规范背后的社会伦理规范。团藤重光指出,违法性是指违反整体的法秩序,从实质上说是违反作为法秩序基底的社会伦理规范或文化规范。[4] 规范违反说将违法性的实质解释成违反伦理规范。此外,还有二元说的观点。如大塚仁教授认为,违法性的实质是违反国家、社会的伦理规范,给法益造成侵害或者威胁。[5]

在将规范理解为伦理规范的基础上,实质违法性之争事实上是法益侵害说与伦理规范违反说之间的争论。由此,法益侵害说与规范违反说的分歧在于,国民的具体生活利益没有受侵害的危险却违反伦理秩序的行为"是否是处罚的对象"。[6]

法益侵害说与规范违反说的理论之争,最终在违法性的判断

---

[1] 参见〔日〕平野龙一:《刑法总论1》,有斐阁1972年版,第43页,转引自周光权:《论刑法学中的规范违反说》,载《环球法律评论》2005年第2期。
[2] 参见〔德〕李斯特:《德国刑法教科书》,徐久生译,法律出版社2000年版,第201页。
[3] 〔日〕前田雅英:《刑法总论讲义》,东京大学出版会1998年第3版,第53页以下,转引自张明楷:《刑法的基本立场》,中国法制出版社2002年版,第154页。
[4] 参见李海东主编:《日本刑事法学者》(上),法律出版社1995年版,第337—338页。
[5] 参见〔日〕大塚仁:《刑法概说(总论)(第三版)》,冯军译,中国人民大学出版社2003年版,第349页。
[6] 参见张明楷:《刑法的基本立场》,中国法制出版社2002年版,第157页。

上，发展出结果无价值论与行为无价值论之间的对立。支持法益侵害说的学者认为，违法性的实质在于对法益的侵害或威胁，因此，应当以结果为中心考虑行为的违法性问题，该理论称为结果无价值论；而规范违反说认为，违法性的实质是对法规范背后的伦理规范的不服从，因此，应当以行为的规范性为中心，考虑违法性问题，该理论称为行为无价值论。[1]

行为无价值论与结果无价值论在以下几个方面表现出尖锐的对立。第一，在违法性的判断上，结果无价值论认为不需要考虑行为人的主观因素，不承认主观的违法要素，而行为无价值论则普遍承认主观的违法要素。第二，在违法性的判断标准上，结果无价值论认为应以科学的一般人为标准，而行为无价值论则主张以社会一般人为标准。第三，在违法性的判断时间上，结果无价值论一般主张对违法性的有无进行事后判断；而行为无价值论主张以行为时为基点进行判断。第四，在如何理解刑法目的的问题上，结果无价值论将刑法的目的首先理解为保护法益，所以违法性的本质是对法益的侵害或者威胁。行为无价值论则认为刑法的目的是保护社会伦理秩序，因此违法性就是对作为秩序基础的社会伦理秩序的违反。[2]

在行为无价值与结果无价值的对立中，持行为无价值论的学者认识到这种学说忽视法益侵害的缺陷，因而对自己的学说作了相应修正，从而产生了兼采结果无价值与行为无价值的二元的行为无价值论。二元的行为无价值论认为结果无价值与行为无价值都为不法奠定根据。它认为，通过引起事态无价值而违反评价规范的是结果无价值，而违反以平均人为对象的作为命令的决定规范的则是行为无价值，原则上必须综合两者才能认定不法。据此，这里的行为无价值论具有三个特征：第一，承认主观的要素是不法的根据；第二，单纯违反行为规范也可以是不法；第三，这种意义上的违反行为规范，是指平均

---

[1] 参见刘孝敏：《论法益侵害说与规范违反说之争》，载《法学论坛》2006年第1期。
[2] 参见[日]曾根威彦：《刑法学基础》，黎宏译，法律出版社2005年版，第36页。

人都可以遵守规范,而该行为人却不遵守规范,因而具有"规范违反性"。[1]

(三)小结

通过对法益侵害说与规范违反说的简要梳理,我们可以这样说,在犯罪本质的界定上,法益侵害说坚持一种自由主义和个人本位的立场,力图实现刑法保障人权的机能,而规范违反说则站在国家主义和社会本位的立场,主张的是一种积极的刑法观。规范违反说强调的是:刑法规范是一种命令或者禁止,赋予了规范接受者以具体的义务,以发挥刑法规范的积极作用,促使人们自觉遵守法律,维护社会秩序。坚持规范违反说,对防止一些犯罪有特别重要的意义,如风俗犯罪、扰乱秩序类犯罪、渎职犯罪,因为在这些犯罪中要么没有被害人,要么有较大危险,刑法必须进行事前防范,应该发挥刑法规范命令和禁止的功能,督促可能的行为人遵守法律,不得实施禁止的行为。[2] 在实质违法性的判断上,法益侵害说倾向于将结果不法作为违法性的基础,而规范违反说则倾向于在违法性的判断上,不仅要考虑结果不法,同时还要考虑行为不法。

从价值取向来看,法益侵害说所坚持的自由主义与保障人权的立场似乎更适合当下的社会状况,但是,法益概念本身是不确定的,尤其是将法益概念作精神化的解读之后,其就与规范违反说的立场相当接近了,该说还能否恪守自由主义的初衷,就值得怀疑。正如学者所言,"法益概念的精神化可能导致将宗教的、伦理的价值观本身也作为法益进行保护,从而导致刑法干预国民生活的一切领域,扩大刑法的处罚范围"[3]。然而,反对法益概念的精神化,又要面临法益概念不具备对所有犯罪的违法性本质进行定义的能力的困局,尤其是不能犯。还有扰乱秩序的犯罪,如风化犯罪,也很难以具体

---

[1] 参见陈家林:《论我国刑法学中的几对基础性概念》,载《中南大学学报(社会科学版)》2008年第2期。
[2] 参见王安异:《法益侵害还是规范违反》,载赵秉志主编:《刑法论丛》(第11卷),法律出版社2007年版,第284页。
[3] 张明楷:《法益初论》,中国政法大学出版社2000年版,第156页。

的生活利益之侵犯来概括其犯罪的本质。正如有学者所言,对法益概念的解释已陷于两难境地。[1]

因此,我们必须从法益与规范的关系入手,重新界定犯罪本质的立场。

二、法益与规范的关系——法益侵害说与规范违反说之协调

(一)法益概念的伦理属性

抛开一切细节,我们可以将法益定义为:法所保护的生活利益。[2] 法益的实质是利益。那么,何谓利益?利益的属性是否绝对客观,必然不包含人的价值评判在内?

在法益侵害说看来,所谓利益是指在一定社会形式中满足社会成员生存、发展需要的客体对象。[3] 这种利益概念是纯粹客观的、不以人的意志为转移的对象存在。与之相对的伦理,则是观念上的事物,与现实的客观存在没有必然的一一对应关系。基于这种认识,利益无疑具有确定性,因而符合罪刑法定主义关于刑罚法规明确性的要求,而伦理观念的模糊性,导致以维持伦理秩序为初衷的规范违反说理当被抛弃。但这恰恰是对利益与伦理概念的误解。

利益与伦理(道德)其实具有同质性。这是因为伦理规范的形成与对生活利益的认识紧密相连。换言之,伦理规范是对人们所认识到的生活利益的认可。因而,利益在法律上的确认,与社会成员的整体认识水平(即"一般人的认识",由此形成伦理规范)有关。这表明法律上的利益注定是个规范性的概念,与自然意义上的纯粹的利益观念有别。即使主张法益侵害说的学者也认为一定的社会形式是利益的社会基础。[4] 换言之,同样的利益内容,处在不同的社会关系中,价值评判标准是不一样的,因而法律待遇也不同。在奴隶社会,奴隶主

---

[1] 参见王安异:《法益侵害还是规范违反》,载赵秉志主编:《刑法论丛》(第11卷),法律出版社2007年版,第296页。
[2] 参见张明楷:《法益初论》,中国政法大学出版社2000年版,第167页。
[3] 参见张明楷:《法益初论》,中国政法大学出版社2000年版,第169页。
[4] 参见张明楷:《法益初论》,中国政法大学出版社2000年版,第171页。

和奴隶的生命利益,从自然意义上讲并无差别,但法律保护截然不同,谋害奴隶主与谋害奴隶所获得的法律评价也不一样。在今天的民主社会,法律面前人人平等的观念深入人心,社会成员对利益的整体认识也发生变化,进而修正了伦理观,并影响到法律对利益的界定。所以,利益"已经超脱地体现为规范……社会的秩序不能单独地对利益进行定义,人的角色同时在最早就参加进来了"[1]。这正好是规范违反说的主张。

法益侵害说对法益的理解缺陷就在于,将法益当作一个与社会关系无关的、亘古不变的纯粹事实,超越社会成员的整体认识水平来定义法益,因此,会不可避免地与社会认识脱节。以此为基础构建的结果无价值论,也难以适应新时期刑法发展的需要。试举一例:秩序是否是法益?秩序对人类生活具有重要意义,使人们具有行为预测可能性,给人们带来安全感[2],符合利益的属性。但秩序的内容非常抽象和宽泛,更重要的是,秩序本身已经超越个人利益,构成社会整体的需要[3],与伦理规范有天然的亲和性,这是法益侵害说不得不面临的一个难题。若否认秩序是法益,就无法解释现行立法。若承认秩序也是一种法益,就不得不在坚持法益的客观性与承认法益的价值属性之间做出选择。

从另一个角度讲,缺乏伦理上的可谴责性的犯罪化,必然难以获得民众的认可,这是民主主义的当然要求。法益侵害说的支持者可能会以自然犯与法定犯的区分来反驳。因为法定犯是从法律禁止才开始成为非难的对象[4],与伦理规范并无关联。但事实却是,法律禁止的目的在于保护人们的生活利益,这种保护会逐渐形成社会成员的整体认识,并最终赋予法定犯以伦理内涵。换言之,法定犯的可罚性,最终取决于社会整体是否给予其特定的伦理评价。因此,自然犯与法定

---

[1] 陈兴良、周光权:《刑法学的现代展开》,中国人民大学出版社 2006 年版,第 271 页。
[2] 参见张明楷:《法益初论》,中国政法大学出版社 2000 年版,第 171 页。
[3] 秩序对整体人类社会的存在而言才是有意义的,因此不可能被还原、分解为个人利益。
[4] 参见〔日〕大塚仁:《刑法概说(总论)(第三版)》,冯军译,中国人民大学出版社 2003 年版,第 106 页。

犯的区别在今天已经没有多少理论意义了。

伦理与利益的同质性,表明单纯从法益侵害的角度理解违法性的本质,无视伦理规范对利益的制约,注定不能妥善地应对社会关系的变化,从而导致刑法的停滞不前!

(二)规范对法益的指向作用

法益侵害说最大的问题在于,如果将法益侵害这一客观存在作为界分罪与非罪的唯一标准,很可能会不当地扩张刑法的干预范围。按照雅各布斯的说法,"如果人们认为应当把受保护的全部利益都无条件地,即无限制地算成法益,那么,就立即会发生这样的问题:这些法益中的绝大多数将因为法律,尤其是刑法,对它们一点也不会有进行干涉的兴趣,而以某种方式和途径崩溃。人会死于各种在年老时仅仅在器官上一次性表现出来的毛病,或者死于严重的疾病;机器在使用中如果被关闭就无法使用,精心耕作的土地被雷雨摧残,或者被大水淹没就会荒芜,等等。如果这一切都应当是法益的损害,那么,时光的流逝就要表现为一个侵害法益的巨大的武器库"。[1] 因此,就必须对法益侵害作某种程度的限制,那么,限制的标准如何确定呢?

"一个老弱人员的死是一个利益的丧失,但是,谋杀者的暗杀行为是法益的损害;一辆锈蚀的汽车是一个正在消逝的利益,但是,将其故意捣毁的行为是对法益的侵害。因此,刑法的服务功能……不是笼统地保护被宣布为法益的利益,而是保护各种利益免受特定的攻击,并且,只有在关系到这种保护时,这些利益才会在法律的焦点上显现出来,成为法益。"由此,雅各布斯认为,"法律不是一堵放置在利益周围的保护墙,相反,法律是人的关系的结构。""刑法作为对法益的保护也就意味着(充其量!),一个人,只有体现在其利益中时,在面临他人攻击的时候才是受保护的。"[2]也就是说,只有在关系的场域中,法益才是有意义的,这恰恰是规范违反说的立场。

---

[1] 〔德〕G.雅各布斯:《刑法保护什么:法益还是规范适用?》,王世洲译,载《比较法研究》2004年第1期。

[2] 〔德〕G.雅各布斯:《刑法保护什么:法益还是规范适用?》,王世洲译,载《比较法研究》2004年第1期。

换言之,在规范违反说看来,刑法保护法益只是表象,通过对侵害法益的行为进行惩罚,证明规范的有效,以促进国民认同和尊重规范,形成对法律的忠诚,防止规范网络被再次冲破,才是问题的实质。[1] 正是规范为刑法所保护的法益设定了边界。

在这个意义上,法益是用来说明行为本身的违法性程度的工具。即使承认法益概念,也只是将其解释为规范关系的体现。可以这样说,刑法并不一般化地保护抽象的利益,而是保护利益背后的规范关系。因为利益永远是相对的利益,仅仅处于与另一个人的确定行为的联系之中。一个处于特定利益"漩涡"中的人,只有面临他人的现实攻击时才是在法律上受保护的,此时法律对他的保护,最终不是为了保护法益,刑法保护的是"对利益的侵害不应该发生"这样一种期待。从刑法上看,这个利益仅仅表现为所有权人要求他人尊重他的权利,换句话说,在刑法意义上,这个利益不是作为外在的对象或者类似的东西表现的,而是作为规范,作为有保证的期待来表现的。[2]

以财产犯罪为例,当我们讨论财产犯罪的保护法益时,并不是单纯地强调财产犯罪是对财产利益(无论是本权还是占有)的侵犯,而是必定受一定规范的制约,这就是财产犯罪的规范保护目的。当我们将财产犯罪的规范保护目的定义为对财产的静态归属秩序的维持时,我们才能准确地划定刑法上的财物概念的边界,从而将知识类财产排除在财产犯罪的保护范围之外。违禁品正是体现了这种归属秩序,才能够成为刑法上的财物。没有规范保护目的的限定,法益将只有空洞的概念躯壳。[3]

直观地看,犯罪是对一种生活上的利益的侵犯。但是,还应该进一步看到,犯罪通过对个别化的生活秩序的侵害,破坏了存在于社会

---

[1] 参见周光权:《行为无价值论的法益观》,载《中外法学》2011年第5期。
[2] 参见[德]G.雅各布斯:《刑法保护什么:法益还是规范适用?》,王世洲译,载《比较法研究》2004年第1期。
[3] 那种认为在财产犯罪的保护法益上,持本权说的立场重视对权利的保护,而占有说的立场重视秩序维持的观点是站不住脚的。因为无论是本权还是占有,都只是规范的表象。本权说所谓的保护本权,其最终目的难道不是在维持一种平稳的财产秩序吗?这与占有说又有何区别?

中的规范联系,使整个社会陷入现实的以及未来可估算的危险,这才是问题的实质。换言之,我们必须要承认有一种共同的生活利益,但更要看到:在社会中存在规范,存在公众对维系这种生活利益的规范联系的认同,才是最为关键的。[1] 这样一来,法益侵害性并不具有独立的存在价值,而是被作为决定"行为性质"的要素来看待的,是刑法规范所设定的客观标准,是评价行为的规范前提。例如,要考虑盗窃罪的规范是否被违反,首先必须考察有没有财物被盗窃的事实存在,这是启动违法性判断的前提。若无法益侵害的事实,违法性判断将变得毫无意义。在这里,法益侵害只是被视作判断规范是否被违反的资料、要素,并不具有独立意义。[2]

这样说,并没有否认法益概念的存在合理性,只是将其作为规范违反的下位概念,正如有学者所言,法益是犯罪概念的分析性概念。[3] 由于法益概念的存在,避免了规范违反说的国家本位立场所可能导致的国家借刑法规范来强制推行伦理观,处罚没有造成法益侵害的单纯违反伦理的行为。可以说,法益概念是在规范的指引下,为刑罚权的适用设定了自由主义的屏障。在这个意义上讲,法益概念并没有因为其处于规范违反的附属地位而降低其重要性。[4]

(三)结论:以行为不法与结果不法共同奠定不法的基础

罗克辛教授明确指出:"在刑法中不存在没有行为不法的结果不法。"[5]在违法性的判断上,仅仅考虑法益侵害之有无的结果无价值论,在很多场合中都存在解释上的不足,必须和行为结合起来才能塑造不法的形象。

---

[1] 参见周光权:《论刑法学中的规范违反说》,载《环球法律评论》2005年第2期。
[2] 参见周光权:《行为无价值论的法益观》,载《中外法学》2011年第5期。
[3] 参见刘远:《规范vs法益:基于〈刑法〉第13条的司法逻辑分析》,载《甘肃政法学院学报》2011年第3期。
[4] 也有一种观点认为,规范与法益其实具有同一性,对实定刑法规范的违反只能以价值(法益)侵害为根据。参见[日]宗冈嗣郎:《犯罪论与法哲学》,陈劲阳、吴丽君译,华中科技大学出版社2012年版,第119页。这种观点虽然对规范与法益的位阶关系的理解值得商榷,但注意到了规范与法益之间的密切关联,这是值得肯定的。
[5] [德]克劳斯·罗克辛:《德国刑法学总论(第1卷)》(1997年第3版),王世洲译,法律出版社2005年版,第213页。

首先,主观违法要素在违法性判断中发挥着重要作用。对此,罗克辛教授在论证故意属于主观违法要素时作了详尽的说明。(1)行为构成(即构成要件)是将各种犯罪的应受刑事惩罚的内容典型化并确定其类型,在此过程中,就不能放弃故意。因此,故意毁坏财物在本质上就不同于不受刑事处罚的过失损害财产。同时,对符合构成要件的行为人进行描述的实行人的各种形式,就是为故意的行为构成的实施而设置的。(2)犯罪未遂、既遂都以故意为条件。一个开枪但未打中被害人的行为,是构成故意杀人罪未遂、故意伤害罪未遂还是故意毁坏财物罪未遂,或者不能以犯罪处理,都必须在考虑行为目的的指向的前提下,才能得出结论。未遂仅仅由于缺乏结果而与既遂相区别,既遂的成立也要求主观要素。(3)大多数构成要件中的行为都由立法者通过有目的地表达的动词加以限定性规定。伪造、强制、实施性行为等概念都与意思有关,故意的组成因素无可置疑地把有目的的活动性词句挪到了行为构成的中心地位。(4)有别于故意的"非法占有目的""非法牟利目的"等主观要素在违法要素中具有独立地位。在通过欺骗取得他人财产的场合中,如果没有非法占有目的,而仅仅是恶作剧的,行为不是诈骗;伪造公文的人,如果不是意图在法律事务上进行欺骗,就不会损害证据证明过程的纯洁性,就不存在伪造公文罪的不法。[1] 此外,故意行为和过失行为在违法性上的差异是显而易见的:具有杀意的行为对禁止规范的违反程度,远远重于因为对死亡结果的引起不注意而造成损害的场合。正因为出于故意意思的行为是对重大规范的违反,故意杀人行为表现出比过失致死行为更重的性质,因此值得给予更重的违法性评价。[2]

其次,刑法对许多犯罪构成要件的规定,其不法都以客观的主体要素或特殊的行为方式作为其成立条件。例如,身份犯的身份,这一要素显然属于客观不法要素,但难以划入结果无价值的范畴,而必须将其列入行为无价值的讨论要素之中。再比如,我国刑法规定了大

---

[1] 参见〔德〕克劳斯·罗克辛:《德国刑法学总论(第1卷)》(1997年第3版),王世洲译,法律出版社2005年版,第203页。
[2] 参见周光权:《新行为无价值论的中国展开》,载《中国法学》2012年第1期。

量单位犯罪,作为主体存在的单位就是行为要素。特别值得注意的是:刑法分则对许多单位犯罪中自然人的处罚轻于个人犯该罪的情况,实际上也是认可单位这一主体要素对违法性有影响。

再次,在抽象危险犯的场合,按照结果无价值的观点,很难说明抽象危险犯的正当性。因为,抽象危险犯是立法的假定,是拟制的要素。"抽象危险犯是指,立法上假定,特定的行为方式出现,危险状态即伴随而生;具体个案纵然不生危险,亦不许反证推翻。例如,血液中或呼气中的酒精含量超过一定程度而开车,立法上推测为危险状态已经出现,不再就个案判断;纵然驾驶人酒量过人,亦无改于犯罪的成立。"[1]因此,我们完全可以说在抽象危险的情况下,刑法实际上是在保护一种相当抽象的社会规范关系,而不是在保护法益。[2]

最后,在违法阻却事由的根据上,以结果无价值论为基础的法益侵害说支持法益衡量的观点,反对行为无价值论所倡导的社会相当性说。但是,法益衡量说并没有解决法益衡量的标准问题,最终不得不借助于社会相当性的评价。比如,在正当防卫的场合,如果所造成的损害大于所避免的损害,如何认可防卫行为的正当性?法益衡量说的解释是,在面临紧迫的不法侵害的情况下,防卫人没有退让的义务,因为"正没有必要向不正让步";不法侵害者的法益虽然没有被完全否定,但其利益的保护价值在防卫的必要限度内被否认,因为正与不正的冲突只能通过损害不法侵害者的利益来解决,于是应受保护的法益优越于不法侵害者的利益(也可以认为,不法侵害者的利益实质上受到了缩小评价)。[3] 在这里,我们看到的是法益衡量说在暗里运用社会相当性的逻辑来坚持法益衡量的立场。[4]

因此,在违法性的判断上,纯粹的结果无价值与纯粹的行为无价值都无法撑起违法性判断的基准,只有两者结合才能完成这项使命。更进

---

[1] 林东茂:《刑法综览》(修订五版),中国人民大学出版社2009年版,第50—51页。
[2] 参见周光权:《行为无价值论的法益观》,载《中外法学》2011年第5期。
[3] 参见张明楷:《刑法学》(第四版),法律出版社2011年版,第190页。
[4] 除此之外,在违法性的判断中应当结合行为无价值论的要素还表现在许多方面,诸如关于类型化犯罪行为的解读等,在此不予赘述。

一步,在对犯罪本质的理解上,坚持法益侵害与规范违反相结合的立场也才是妥当的主张。在此意义上,本书赞同周光权教授对犯罪的定义:"归根结底,犯罪是对隐藏于生活利益背后的法规范、社会同一性以及公众规范认同感的公然侵犯,而不仅仅是对法益本身的侵害。"[1]

---

[1] 周光权:《论刑法学中的规范违反说》,载《环球法律评论》2005年第2期。

结语——刑法学研究方法的反思

在刑法学的研究中,得出有意义的结论固然重要,但是研究过程同样具有学术价值,如果得出结论的逻辑过程不能禁得起推敲,那么结论本身的可靠性就值得怀疑。于是,方法论必然是刑法学研究的一个重要支系。[1] 这里,仅就作者关于刑法学研究的方法论作一简要总结。

一、刑法典是刑法教义学的根基

关于什么是教义学(或者说信条学),德国学者魏德士认为,"应用到法律上,信条学(即教义学)阐述的就是对现行法具有重要意义的证明和解决模式。因此,法律信条包括一切可以在法律中找到的理论规则、基本规则和原则,也包括法学与法律实践为法律增加的理论规则、基本规则和原则。可见,法律信条学在解释现行法时,应当具备理性的说服力"[2]。具体到刑法学中,罗克辛教授这样定义刑法教义学:"刑法信条学是研究刑法领域中各种法律规定(die gesetzlichen Anordnungen)和各种学术观点(Lehrmeinungen)的解释、体系化和进一步发展(Fortbildung)的学科。"[3] 同样地,陈兴良教授也认为,教义学是一个以法律为逻辑起点演绎而形成的知识体系,它包括法律,并不限于法律。法律是其中的基本框架与脉络,通过教义学的

---

[1] 陈兴良教授就认为,"刑法总论,尤其是犯罪论,实质上就是刑法方法的载体。刑法各论则是将刑法方法运用于各罪的一种应用性训练。"陈兴良:《教义刑法学》,中国人民大学出版社2010年版,第1页。
[2] 〔德〕魏德士:《法理学》,丁晓春、吴越译,法律出版社2005年版,第137页。
[3] 〔德〕克劳斯·罗克辛:《德国刑法学总论(第1卷)》(1997年第3版),王世洲译,法律出版社2005年版,第117页。

方法,使之形成一个有血有肉的理论体系。[1] 上述概念界定共同揭示了一个核心理念,即教义学必定针对教义而言,在法教义学的领域,所谓教义无疑当属实定法本身,这是教义学演绎的逻辑前提。目前的刑法学在借鉴国外理论这方面已经有了长足的进步,逐渐形成了完备的体系,但有一个倾向却不能不被注意到,即我们在接受国外刑法理论关于教义学的分析方法时,不自觉地将教义学的研究结论也一同吸收,并视之为当然,忽视了国外刑法教义学的研究背景,相应地,也忽视了国外刑事立法与本国刑事立法上的差异。这就使得我们的教义学在服务对象上产生偏差,自然难求适用结论在本土的妥当性。这一点在财产犯罪的领域表现得尤其突出。这里试作概括。

第一,财物概念的语境差异。本书第一章中曾经提到,将财物概念分解为"财物"和"财产性利益"在中国刑法的语境下没有实定法的根据。这是国外刑法教义学根据其本国的实定刑法所作的教义学总结。以德国为例,《德国刑法典》第 242 条规定:"意图盗窃他人动产,非法占为己有或使第三人占有的,处 5 年以下自由刑或罚金刑。"而在第 263 条的诈骗罪中这样规定:"意图为自己或第三人获得不法财产利益,以欺诈、歪曲或隐瞒事实的方法,使他人陷于错误之中,因而损害其财产的,处 5 年以下自由刑或罚金刑。"日本刑法也有类似规定。《日本刑法典》第 235 条规定:"窃取他人的财物的,是盗窃罪,处十年以下惩役或五十万日元以下的罚金。"而在第 246 条中,分两款规定了诈骗罪,第 1 款规定,"欺骗他人使之交付财物的,处十年以下惩役。"第 2 款规定,"以前项方法,取得财产上的不法利益,或者使他人取得的,与前项同。"正是有了这样的立法,在教义学上才发展出财物与财产性利益的区别,进而在学说上才有财产性利益能否成为所有财产犯罪的对象的讨论。但在我国刑法中,我们看到的只有关于财物的刑法规定,并没有财产性利益这样的法律术语。在学说上轰轰烈烈地

---

[1] 参见陈兴良:《教义刑法学》,中国人民大学出版社 2010 年版,第 9 页。

讨论财产性利益是否属于财物就是无的放矢[1]，此为其一。其二，有学者认为，日本刑法中盗窃罪的对象只能是动产，因此不动产不包括在财产犯罪的保护范围之内。[2] 于是，在我们的学说上，也开展了关于不动产能否成为财产犯罪的对象的讨论。必须说，这一点同样没有实定法的根据。日本刑法学之所以讨论不动产是否是财产犯罪的保护对象问题，与其立法有关。《日本刑法典》在第235条规定了盗窃罪之后，紧接着在第235条之二规定了侵夺不动产罪："侵夺他人的不动产的，处十年以下惩役。"正是基于这样的立法，在教义学上才得出了财物概念不包括"不动产"的结论。但我国刑法只是规定了笼统的针对财物的盗窃罪（以及其他财产犯罪），并且，《民法典》明确规定，物包括动产和不动产。因此，在教义学上讨论不动产能否成为财产犯罪的保护对象至少是不适宜的。[3] 其三，在国外刑法理论中，关于财物概念的本质，存在诸多学说，其中有体性说是较为普遍的主张。于是，在我国刑法界关于财物概念，也有人坚持有体性说的立场。[4] 但不得不说，这种主张同样没有依据。德日刑法之所以主张有体性说，是因为其民法对于物的概念已然作了明确的限定。《德国民法典》第90条规定，"本法所称的物为有体物"。同样地，《日本民法典》第85条也规定，"本法所称物，谓有体物"。正是有了这样的立法依据，学说上才发展出有体性说的立场。随后的诸多学说（诸如管理可

---

[1] 如张明楷教授在先前的研究中，就在讨论财产性利益能否成为财产犯罪的对象问题（参见张明楷：《财产性利益是诈骗罪的对象》，载《法律科学（西北政法学院学报）》2005年第3期），但在晚近的研究中，开始注意到我国刑法的明文规定，开始有意识地避免两个概念的学术区分。比如，他认为，"一些国家的刑法明文区分了财物与财产性利益，故财产性利益不属于财物。我国刑法分则第五章使用了'财物'一词，本书认为，财产性利益应包括在财物概念中。"这是值得肯定的研究方法。不过，他仍然将财产性利益作为工具性的概念使用。参见张明楷：《刑法学》（上）（第六版），法律出版社2021年版，第1213页。
[2] 参见陈忠林：《刑法散论集》，法律出版社2003年版，第116页。
[3] 当然，有学者可能会说，关于不动产的讨论，可能是根据实践经验得出的结论。但社会实践变化无常，财产犯罪的形式也日新月异，即使在当下，不动产不能成为某些财产犯罪的对象，但并不能保证未来就没有这种可能性。既然如此，又何必为一个没有实定法根据的问题，虚耗教义学的理论资源呢？
[4] 当然，相关论者更多是以明确性原则作为立论的依据。参见黎宏：《论财产犯中的占有》，载《中国法学》2009年第1期。

能性说)也是针对有体性说的时代局限所作出的理论拓展。而如前文所述,在我国,《民法典》以动产和不动产来定义物的概念,因此,站在有体性说的立场讨论中国刑法中的财物概念同样并非教义学的基本逻辑。

正因为如此,本书才主张从财物的立法定义中探索财产犯罪中财物概念的基本内涵。

第二,对财产犯罪的构成要件的解读。张明楷教授关于诈骗罪的经典行为构造论述——行为人实施欺骗行为—对方(受骗者)产生(或继续维持)错误认识—对方基于错误认识处分财产—行为人或第三者取得财产—被害人遭受财产损害[1]——已经成为对诈骗罪进行教义学分析的基本范式,广为人所接受。正是将"财产损害"作为(某些)财产犯罪的构成要件要素,在学说上,才发展出针对个别财产之罪与针对整体财产之罪的类型划分。[2] 放在德日刑法的语境下,这样的理论概括自然不错。如前所引,在德国,诈骗罪的立法明确规定了造成他人财产损害这样的构成要件要素。在日本刑法中,关于背信罪的立法也将财产损害确定为成立犯罪的要素。[3] 有了这样的立法依据,在理论上才能形成上述的关于诈骗罪的行为构造。德国刑法关于财产犯罪的保护法益的理论争议也围绕着如何定义"财产损害"而展开。但这一构造能否照搬用于解释我国刑法,并非没有疑问。考察我国关于财产犯罪的立法规定,我们发现,并不能从中当然地推导出"财产损害"系构成要件要素的结论。相应地,针对个别财产之罪与针对整体财产之罪的理论界分,在我国也不具有立法上的依据。因此,那种虽然没有给被害人的整体财产造成损害,但在形式上侵害了被害人

---

[1] 参见张明楷:《刑法学》(第四版),法律出版社2011年版,第889页。
[2] 参见〔日〕山口厚:《刑法各论(第2版)》,王昭武译,中国人民大学出版社2011年版,第197页。
[3] 《日本刑法典》第247条规定:"为他人处理事务的人,以谋求自己或者第三者的利益或者损害委托人的利益为目的,实施违背其任务的行为,给委托人造成财产上的损害的,处五年以下惩役或者五十万元以下罚金。"

对其个别财产的占有的行为,就有成立财产犯罪的余地。[1] 如果不加区别地将立足于国外刑事立法的教义学分析的结论直接套用在对中国刑法的解读上,很可能出现错误的解释结论。[2]

第三,"非法占有目的"在中国语境下的特殊性。在国外,非法占有目的只出现在财产犯罪中,成为构成要件故意之外的主观违法要素,对犯罪的成立起到约束作用。在学说上,关于非法占有目的内涵的界定,也会随着时代的发展而出现不同时期的扩张解读。以日本为例,关于非法占有目的中的"排除意思",由最初的作为返还意思的对立面来理解,到现今的"达到可罚性程度的妨害利用的意思"的主张[3],都是从实践的需要,将值得处罚的一时使用行为纳入刑法的规制范畴。在日本刑法的语境下,作这样的理论扩张可以被容许,这是因为日本的刑事立法没有对非法占有目的的解读作限制性的规定。但在中国,就不能坚持日本刑法的这种扩张解释的立场,原因在于,我国的刑事立法对于非法占有目的已然进行了立法规制,从而制约了教义学上的扩张倾向。首先,非法占有目的并非财产犯罪所独有,在破坏社会主义市场经济秩序罪和贪污贿赂罪中,就明文规定了非法占有目的。从体系解释的角度来讲,对于财产犯罪中非法占有目的应当与前两类犯罪作相同的解读才是符合解释规则的。其次,前文已有论证,贷款诈骗罪与骗用贷款罪的区别、贪污罪与挪用公款罪的区别就在于行为人是否具备非法占有目的,而立法对非法占有目的的界定就明确地将返还意思作为排除意思的反面。正是有了这样的立法根据,本书才作出在中国刑法的语境下,将排除意思限定在返还意思的反面的理论认定,并且认为排除意思可以为财产犯罪的构成要件故意所包容,进而得出"一时使用行为"在中国刑法的语境下,除非有法律

---

[1] 比如,以盗窃或诈骗的手段,取得他人的名贵古董,却支付了相应对价的行为,仍然有成立盗窃罪(或诈骗罪)的可能,至于是否论以盗窃罪(或诈骗罪),则需在违法性阶段或有责性阶段加以考量。
[2] 在实践中,有很多案例的裁判过程,都自觉不自觉地将"财产损害"作为当然的犯罪构成要件要素,导致许多裁判结论遭受非议。详细内容,参见前文的论述。
[3] 参见[日]山口厚:《刑法各论(第 2 版)》,王昭武译,中国人民大学出版社 2011 年版,第 232—233 页。

的明文规定，否则不具有可罚性的结论。如果不从刑法的整体和谐的角度出发，在理论上就很可能会赞同日本刑法关于非法占有目的的理论解说，这样一来，虽然从法感情上讲符合处罚一时使用行为的现实需要，但却造成刑法体系的不协调。

第四，对构成要件要素的解释应注意立法用语的限制。这一点突出地表现在对故意毁坏财物罪中"毁坏"的理解上。其中，一项关键性的争议是，"隐匿"能否被包含在"毁坏"的语义范围之内？《日本刑法典》分则第四十章规定了毁弃和隐匿罪。其中第258条至262条之二均规定了毁弃类犯罪，而在第263条规定了隐匿书信罪。于是，在解释论上，站在效用侵害说的立场上，有学者认为，隐匿也包括在毁弃之内。[1] 这是基于对立法的整体考察作出的符合体系逻辑的教义学解读，因而具有妥当性。但在中国刑法的语境下，如果也对毁坏作体系性的解读，恐怕就难以作出同样的理解。《刑法》第162条之一规定的隐匿、故意销毁会计凭证、会计账簿、财务会计报告罪，将"销毁"与"隐匿"并列，而销毁就是一种典型的"毁坏"行为。类似的法条还包括：《刑法》第253条第1款规定的"私自开拆、隐匿、毁弃邮件、电报罪"，以及《刑法》第419条规定的"失职造成珍贵文物损毁、流失罪"。这就表明，在立法者看来，毁坏与隐匿之间是一种互斥关系，不可能相互包容。在财产犯罪的解释上，将"隐匿"包含在"毁坏"的语义范围之内就是违背立法的解读，不应当被提倡。[2] 再从罪名的体系安排的角度来讲，本书的主张也具有妥当性。在日本刑法中，隐匿书信罪与毁弃类犯罪并列，因而在学理上，可以认为二者都是对财物的保

---

[1] 山口厚教授认为，对于隐匿书信罪，就可以理解为，是从轻处罚对书信的非物理性毁弃行为。反之，按照将毁弃限于物理性损坏的观点，对于隐匿书信罪，就应理解为，特别处罚这种针对书信的非物理性毁弃，然而，比书信更为重要的东西还有很多，既然连那些隐匿行为都不具有可罚性，对书信予以特别保护这种观点，就不具有说服力。参见[日]山口厚：《刑法各论（第2版）》，王昭武译，中国人民大学出版社2011年版，第410—411页。

[2] 类似地，德国刑法也表明了与中国刑法同样的立场。如《德国刑法典》第283条规定了破产罪，其中第1款第6项是这样表述的："商人将其依商法有义务保管的商业账簿或其他资料，在保管期限届满前，予以转移、隐匿、毁弃或损坏，由此而增加查阅其财产状况困难的……"这就表明，在德国立法者看来，"隐匿"与"毁弃"不具有同义性。

护,正是由于书信价值微薄,因而需要将隐匿解释进毁弃的含义当中,才能将隐匿其他贵重财物的行为纳入刑法的规制视野,实现处罚的公正。而我国刑法对于隐匿书信(如邮件、电报)的行为则是放在侵犯人身权利罪当中加以规制,注重的是书信所体现的公民的通信自由,而非其财产价值。因此,将隐匿与毁坏行为作同等对待,并不会出现处罚上的不公正。

本书认为,教义学的研究范式是将现行立法作为研究的逻辑起点,任何演绎过程都不能超脱立法的限制,否则,缺少立法依据的教义学只能是无源之水、无本之木,无法对司法实践产生助益。

二、打破学科界限

在研究财产犯罪的过程中,我们不能忽视其他部门法对于财产犯罪有关概念的界定,这也应当是一项基本的研究准则。比如,对"财物""占有"等概念进行刑法解读时,尽管考虑到刑法的特殊目的,以及法益保护的独特需要,可以与其他部门法(如民法)关于相同概念的界定保持距离,但是,断然不能抛弃其他部门法的基本常识,否则,从法秩序统一性原则的角度来看,也是不恰当的。如前文所述,对财物概念的理解,德日刑法均自有体性说展开讨论,这背后的依据就是民法关于物的界定。这种方法论就给了我们很大的启示。在中国刑法语境下,探讨财物概念的内涵与外延,也必须考虑民法关于物的界说,在方法论上才是适当的。类似地,对货币概念以及占有概念的理解也是如此。

就货币而言,考虑到刑法的特殊性,于是我们拒绝承认"占有即所有"的民法原理,将货币这种种类物作特定化解读,认为货币的所有权与占有可以分离。虽然,在一般情形下,在解释侵占货币的行为是否成立侵占罪的场合,能够得出既符合法感情也符合法理的解释结论(即肯认侵占罪的结论)。但在另外一些场合中,就存在解释障碍。如甲受托保管属于乙的货币。甲未经许可擅自使用,而在乙索要时,以自己的等额货币加以偿还的行为,如果承认货币的所有权与占有相分离的观点,则无法得出无罪的结论,但这显然不符合一般人的观念。

这样的逻辑矛盾在刑法学内部无法解决。可是,如果,我们仔细研究民法就会发现,其实,民法理论也没有将"占有即所有"的原理绝对化,而是在不同场合作区别对待。根据民法理论,在货币作为价值流通工具的场合中,"占有即所有"原理被认可,而当着眼于货币作为物的个性的场合,货币就被特定化了,此时,占有与所有权相分离就是可接受的。正是基于这样的认识,在以货币为对象的侵占罪的场合中,我们就应当首先判断货币的性质是否被特定化,而后才能得出是否成立犯罪的结论。

就占有的概念而言,刑法理论对于刑法上的占有与民法上的占有的区别,历来的认识都主张,刑法上的占有比民法上的占有更具事实特征,刑法上的占有反对民法中占有的观念化。在占有的成立要素上,刑法上的占有更为重视占有的客观要素,对于占有意思只是作为消极要素来看待,在占有事实较为薄弱的情况下,借占有意思来强化对占有的认定。而在民法上,占有意思在占有的成立中发挥着重要作用。也正是基于这种认识,刑法才将占有的对象限定在有体物的范围之内,拒绝民法上的准占有制度。

但通过对占有制度的教义学考察,我们发现,刑法上的占有与民法上的占有之间的差别,并不如传统学说所讲的那么明显。首先,就占有的本质而言,民法上的占有也十分强调占有的事实特征。这从目前刑法学界关于占有的本质,几乎一边倒地倾向于"事实说"就可见一斑,所谓占有的观念化,完全是出于民法对财产的保护需要以及财产交易秩序的便利而作的制度创造,并没有改变民法上的占有的基本事实特征。其次,就占有意思在占有成立中的地位而言,民法理论的立场与刑法理论的立场几乎不存在差别。自罗马法以来,关于占有的理解,经历了由"主观说"到"客观说"乃至"纯客观说"的发展历程,占有意思的重要性在不断降低,已然成为附属于占有事实的一项消极判断要素。有占有事实的存在,基本上就可以推定存在占有意思。这种界定与刑法理论关于占有意思的普遍认识又有何本质区别?

也因此,本书主张,对于占有在刑法与民法上的不同认定,不应当从制度内容出发,而应当从制度功能即其所欲实现的目的出发进行界定。也正是在这个意义上,本书肯认了观念上的占有以及法律上的占有也可以成立刑法上的占有,前提是满足"排他性支配"这样一项基于刑法上的占有的制度功能推导出来的本质要求。

刑法与民法同样是为了保护法益,这就为将民法的知识成果引入刑法学研究奠定了法理基础。因此,本书认为,在扩张财物概念的基础上,权利占有也可以成立刑法上的占有。这在解释诸如存款的占有之类的财物的客观存在与价值内涵相分离的场合,就显得十分便利。而以往的学说在存款的占有的认定上,之所以分歧巨大、争论不止,就是固守传统刑法的认知,将财物概念限定在有体物之上,于是在存款占有的场合,不得不解决将作为债权的存款如何物化的问题。如果借用权利占有的概念,则将很好地化解这种解释论上的困境。[1]

因此,本书认为,法秩序统一原则不仅是一项基本的理论原则,更是一项基本的方法论。恪守法秩序统一原则,就意味着在刑法学的研究过程中,必须注重对其他部门法的知识成果的借鉴,这样才能完善刑法学研究。而且,这也符合刑法作为其他部门法的保障法的谦抑本性。

三、阶层式犯罪论体系的优越性

对于阶层式犯罪论体系的思维范式与传统的平面式犯罪论体系的思维范式的优劣,本书不作价值评判,只是就本书的研究成果略作引申。本书认为,阶层式犯罪论体系的最大优势在于其讨论问题的开放性与深入性。

就开放性而言,与平面式犯罪论体系不同的是,阶层式犯罪论体系在构成要件符合性的判断之外,另有对构成要件行为的违法性判断这一独立判断过程。而在违法性判断之中,所考虑的是,行为在整体法秩序上的正当性。这样,就为超法规的违法阻却事由进入犯罪的界定过程创造了理论路径。在财产犯罪的场合中,即使坚持

---

[1] 关于存款的占有的解读,参见黑静洁:《存款的占有新论》,载《中国刑事法杂志》2012年第1期。

占有说的立场,也并不必然会扩大刑法的处罚范围,原因就在于,考虑到行使权利行为在整个法秩序上的正当性,可以通过违法性阶层的判断过程,将其排除在刑法规制之外,实现出罪的目的。这样处理的好处也在于,考虑到行使权利的特殊性,在法律后果上也区别于因不符合财产犯罪的构成要件而出罪的情形。从这个意义上讲,虽然构成要件符合性与违法性同属于对犯罪行为的客观判断,但其所发挥的功能是不一样的,仍然有区别的必要。[1] 正如罗克辛教授所言,"当人们从两级犯罪体系的立场出发,把各种正当化的举止行为作为无行为构成来观察时,那么,否定行为构成的完成和否定违法性之间在无法无罪原则的观点下,在结构方面和法律后果方面等内容上,仍然还存在着应当加以消除的区别"[2]。而平面式犯罪论体系由于没有考虑到违法性层次的功能,只在构成要件符合的范围内,同时完成事实认定与价值判断,就阻断了从整体法秩序的视野将不具有实质违法性的行为排除出刑法规制范围的可能性。这也可以在一定程度上解释,为什么我国的司法实践关于财产犯罪的保护法益更倾向于所有权说的立场。这是将原本属于违法性阶层的判断要素纳入构成要件符合性的判断之中,这样就使得构成要件符合性的判断承担了过多的内容,很可能掩盖真正的问题。

就深入性而言,阶层式的犯罪论体系坚持从事实判断到价值判断、从客观判断到主观判断的逻辑过程,能够对成立犯罪所涉及的诸多问题,充分展开讨论。精细化的思维过程可以减少判断结论上的误差。以本书关于行使权利的认定为例,正是遵循阶层式的思维逻辑,才有可能区分阻却违法的行使权利与阻却责任的行使权利。对于行为人以非法手段实现合法权利的行为,尽管符合财产犯罪的构成要件,但是,我们通过违法性的判断作出罪处理。对于行为人以非法手

---

[1] 最典型的区别就在于,阻却构成要件的行为在其他部门法领域可能仍属违法,而阻却违法性的行为则在整体法秩序上都系正当。因此,对于前者可以进行正当防卫,对于后者则没有行使正当防卫权的余地。参见〔德〕克劳斯·罗克辛:《德国刑法学总论(第1卷)》(1997年第3版),王世洲译,法律出版社2005年版,第187页。
[2] 参见〔德〕克劳斯·罗克辛:《德国刑法学总论(第1卷)》(1997年第3版),王世洲译,法律出版社2005年版,第187页。

段实现"非法权利"的行为,无论是就构成要件符合性还是违法性而言,都不具有出罪事由,但司法解释却表明了不以财产犯罪论处的立场。于是,只有通过责任阶层对行为人的非难可能性进行判断,才能够发现在该场合中,行为人实现"权利"的主观意思,不具有规范上的非难可能性,因而得出无罪的结论。这在平面式的犯罪论体系中是无法实现的。充其量只能通过对非法占有目的作扩大化的解释实现[1],这就使得作为主观违法要素的非法占有目的负担了太多的功能,有犯罪认定主观化的倾向。而这一点从保护人权的角度来看,恰恰是更具危险性的。

---

[1] 在行使非法权利的场合,如何否认行为人具有非法占有目的,其实是存在解释上的障碍的。其中,关键问题就在于,行为人对作为行为对象的财物并不具有法律所认可的权利,因此,以符合构成要件的方式取得财物的行为毫无疑问是对他人占有财物的剥夺。

参考文献

一、著作

1. 魏振瀛、徐学鹿主编:《北京大学法学百科全书:民法学、商法学》,北京大学出版社 2004 年版。
2. 美国不列颠百科全书公司编著:《不列颠百科全书:国际中文版(修订版)》,中国大百科全书出版社《不列颠百科全书》国际中文版编辑部编译,中国大百科全书出版社 2007 年版。
3. 蔡墩铭主编:《刑法分则论文选辑》,五南图书出版公司 1984 年版。
4. 陈聪富主编:《月旦小六法》,元照出版有限公司 2006 年版。
5. 陈兴良:《教义刑法学》,中国人民大学出版社 2010 年版。
6. 陈兴良:《判例刑法学》,中国人民大学出版社 2009 年版。
7. 陈兴良:《刑法的格致》,法律出版社 2008 年版。
8. 陈兴良、周光权:《刑法学的现代展开》,中国人民大学出版社 2006 年版。
9. 陈璇:《刑法中社会相当性理论研究》,法律出版社 2010 年版。
10. 陈忠林:《刑法散得集》,法律出版社 2003 年版。
11. 储槐植:《美国刑法》(第 3 版),北京大学出版社 2005 年版。
12. 褚剑鸿:《刑法分则释论》,台北商务印书馆 1984 年版。
13. 〔德〕迪特尔·梅迪库斯:《德国民法总论》,邵建东译,法律出版社 2000 年版。
14. 〔德〕弗里德里希·卡尔·冯·萨维尼:《论占有》,朱虎、刘智慧译,法律出版社 2007 年版。
15. 〔德〕G. 齐美尔:《货币哲学》,许泽民译,贵州人民出版社 2009

年版。

16. 〔德〕黑格尔:《法哲学原理或自然法和国家学纲要》,范扬、张企泰译,商务印书馆1961年版。

17. 〔德〕H. 科殷:《法哲学》,林荣远译,华夏出版社2002年版。

18. 〔德〕卡尔·恩吉斯:《法律思维导论》,郑永流译,中国政法大学出版社2004年版。

19. 〔德〕卡尔·拉伦茨:《德国民法通论》,王晓晔等译,法律出版社2003年版。

20. 〔德〕康德:《法的形而上学原理——权利的科学》,沈叔平译,商务印书馆1991年版。

21. 〔德〕克劳斯·罗克辛:《德国刑法学总论(第1卷)》(1997年第3版),王世洲译,法律出版社2005年版。

22. 〔德〕G. 拉德布鲁赫:《法哲学》,王朴译,法律出版社2005年版。

23. 〔德〕弗兰茨·冯·李斯特著、〔德〕埃贝哈德·施密特修订:《德国刑法教科书》,徐久生译,法律出版社2000年版。

24. 〔德〕曼弗雷德·沃尔夫:《物权法(2002年第18版)》,吴越、李大雪译,法律出版社2002年版。

25. 〔德〕魏德士:《法理学》,丁晓春、吴越译,法律出版社2005年版。

26. 丁后盾:《刑法法益原理》,中国方正出版社2000年版。

27. 董玉庭:《盗窃罪研究》,中国检察出版社2002年版。

28. 〔法〕卢梭:《社会契约论》,何兆武译,商务印书馆2016年版。

29. 高富平主编:《民法学》(第二版),法律出版社2009年版。

30. 高富平:《物权法原论—中国物权立法基本问题研究》,中国法制出版社2001年版。

31. 高铭暄主编:《新中国刑法学研究综述(1949—1985)》,河南人民出版社1986年版。

32. 高铭暄主编:《刑法专论》,高等教育出版社2002年版。

33. 高铭暄、马克昌主编:《刑法学》(第三版),北京大学出版社、高等教育出版社 2007 年版。

34. 高铭暄、王作富主编:《新中国刑法的理论与实践》,河北人民出版社 1988 年版。

35. 〔罗马〕查士丁尼:《法学总论—法学阶梯》,张企泰译,商务印书馆 1989 年版。

36. 〔罗马〕盖尤斯:《盖尤斯法学阶梯》,黄风译,中国政法大学出版社 2008 年版。

37. 国际清算银行:《巴塞尔银行监管委员会文献汇编》,中国人民银行国际司译,中国金融出版社 1998 年版。

38. 〔韩〕吴昌植编译:《韩国侵犯财产罪判例》,清华大学出版社 2004 年版。

39. 胡长清:《中国民法总论》,中国政法大学出版社 1997 年版。

40. 胡康生、郎胜主编:《中华人民共和国刑法释义》(第 3 版),法律出版社 2006 年版。

41. 金凯主编:《侵犯财产罪新论》,知识出版社 1988 年版。

42. 李海东主编:《日本刑事法学者》,法律出版社 1995 年版。

43. 梁慧星:《民法解释学》(第四版),法律出版社 2015 年版。

44. 梁慧星、陈华彬:《物权法》(第五版),法律出版社 2010 年版。

45. 林东茂:《刑法综览》(修订五版),中国人民大学出版社 2009 年版。

46. 林山田:《刑法各罪论》(修订五版),北京大学出版社 2012 年版。

47. 林山田:《刑法特论》,台北三民书局 1978 年版。

48. 林旭霞:《虚拟财产权研究》,法律出版社 2010 年版。

49. 刘得宽:《民法诸问题与新展望》,中国政法大学出版社 2002 年版。

50. 刘惠荣:《虚拟财产法律保护体系的构建》,法律出版社 2008 年版。

51. 刘俊海:《现代证券法》,法律出版社 2011 年版。

52. 刘明祥:《财产罪比较研究》,中国政法大学出版社 2001 年版。

53. 刘少军、王一轲:《货币财产(权)论》,中国政法大学出版社 2009 年版。

54. 刘智慧:《占有制度原理》,中国人民大学出版社 2007 年版。

55. 卢方主编:《经济、财产犯罪案例精选》,上海人民出版社 2008 年版。

56. 陆敏主编:《刑法原理与案例解析》,人民法院出版社 2001 年版。

57. 马克昌主编:《近代西方刑法学说史略》,中国检察出版社 1996 年版。

58. 〔美〕艾伦·沃森:《民法法系的演变及形成》,李静冰、姚新华译,中国法制出版社 2005 年版。

59. 〔美〕迈克尔·D.贝勒斯:《法律的原则——一个规范的分析》,张文显等译,中国大百科全书出版社 1996 年版。

60. 〔美〕E.博登海默:《法理学——法哲学及其方法》,邓正来、姬敬武译,华夏出版社 1987 年版。

61. 〔美〕弗雷德里克·S.米什金:《货币金融学(第 8 版)》,钱炜青、高峰译,清华大学出版社 2009 年版。

62. 〔美〕米尔顿·弗里德曼:《货币的祸害——货币史片段》,安佳译,商务印书馆 2006 年版。

63. 〔美〕罗伯特·S.平狄克、〔美〕丹尼尔·L.鲁宾费尔德:《微观经济学(第七版)》,高远等译,中国人民大学出版社 2009 年版。

64. 〔美〕斯蒂芬·R.芒泽编:《财产的法律和政治理论新作集》(影印本),中国政法大学出版社 2003 年版。

65. 〔美〕斯蒂芬·芒泽:《财产理论》,彭诚信译,北京大学出版社 2006 年版。

66. 〔美〕约翰·G.斯普兰克林:《美国财产法精解(第二版)》,钟书峰译,北京大学出版社 2009 年版。

67. 〔美〕约书亚·德雷斯勒:《美国刑法精解(第四版)》,王秀梅等译,北京大学出版社 2009 年版。

68. 梅仲协:《民法要义》,中国政法大学出版社 1998 年版。

69. 孟勤国:《物权二元结构论——中国物权制度的理论重构》,人民法院出版社 2002 年版。

70. 齐文远主编:《刑法学》,北京大学出版社 2007 年版。

71. 〔日〕大谷实:《刑法讲义各论(新版第 2 版)》,黎宏译,中国人民大学出版社 2008 年版。

72. 〔日〕大塚仁:《刑法概说(总论)(第三版)》,冯军译,中国人民大学出版社 2003 年版。

73. 〔日〕大塚仁:《刑法概说(各论)(第三版)》,冯军译,中国人民大学出版社 2003 年版。

74. 〔日〕木村龟二主编:《刑法学词典》,顾肖荣、郑树周译,上海翻译出版公司 1991 年版。

75. 〔日〕牧口常三郎:《价值哲学》,马俊峰、江畅译,中国人民大学出版社 1989 年版。

76. 〔日〕山口厚:《从新判例看刑法(第 2 版)》,付立庆、刘隽译,中国人民大学出版社 2009 年版。

77. 〔日〕山口厚:《刑法各论(第 2 版)》,王昭武译,中国人民大学出版社 2011 年版。

78. 〔日〕西田典之:《日本刑法各论(第三版)》,刘明祥、王昭武译,中国人民大学出版社 2007 年版。

79. 〔日〕西原春夫:《犯罪实行行为论》,戴波、江溯译,北京大学出版社 2006 年版。

80. 〔日〕曾根威彦:《刑法学基础》,黎宏译,法律出版社 2005 年版。

81. 〔日〕宗冈嗣郎:《犯罪论与法哲学》,陈劲阳、吴丽君译,华中科技大学出版社 2012 年版。

82. 〔日〕佐伯仁志、〔日〕道垣内弘人:《刑法与民法的对话》,于改之、张小宁译,北京大学出版社 2012 年版。

83. 史尚宽:《物权法论》,中国政法大学出版社 2000 年版。

84. 史尚宽:《债法各论》,中国政法大学出版社 2000 年版。

85. 孙宪忠:《德国当代物权法》,法律出版社 1997 年版。

86. 孙宪忠:《中国物权法总论》(第四版),法律出版社 2018 年版。

87. 田平安主编:《民事诉讼法学》,法律出版社 2005 年版。

88. 童伟华:《财产罪的法益——修正的"所有权说"之提倡》,载李明发主编:《安徽大学法律评论》(总第 16 辑),安徽人民出版社 2009 年版。

89. 童伟华:《财产罪基础理论研究:财产罪的法益及其展开》,法律出版社 2012 年版。

90. 王飞跃:《侵犯财产罪专题研究》,中南大学出版社 2010 年版。

91. 王利明等:《民法学》,法律出版社 2005 年版。

92. 王利明:《物权法研究》(修订版),中国人民大学出版社 2007 年版。

93. 王全弟主编:《债法》,复旦大学出版社 2010 年版。

94. 王玉珏:《刑法中的财产性质及财产控制关系研究》,法律出版社 2009 年版。

95. 王泽鉴:《民法物权 2——用益物权·占有》,中国政法大学出版社 2001 年版。

96. 王泽鉴:《债法原理 1——基本理论·债之发生》,中国政法大学出版社 2001 年版。

97. 王作富主编:《刑法分则实务研究》(第三版),中国方正出版社 2007 年版。

98. 吴占英:《妨害司法罪立案追诉标准与司法认定实务》,中国人民公安大学出版社 2010 年版。

99. 谢怀栻:《票据法概论》(增订版),法律出版社 2006 年版。

100. 谢在全:《民法物权论》,中国政法大学出版社 1999 年版。

101. 许玉秀:《当代刑法思潮》,中国民主法制出版社 2005 年版。

102. 邢海宝编著:《票据法》,中国人民大学出版社 2004 年版。

103. 杨立新:《债法总论》,高等教育出版社 2009 年版。

104. 〔意〕杜里奥·帕多瓦尼:《意大利刑法学原理(注评版)》,陈忠林译评,中国人民大学出版社 2004 年版。

105.〔意〕恩里科·菲利:《犯罪社会学》,郭建安译,中国人民公安大学出版社 1990 年版。

106.〔意〕朱塞佩·格罗索:《罗马法史》(2009 年校订本),黄风译,中国政法大学出版社 2009 年版。

107.〔意〕彼德罗·彭梵得:《罗马法教科书》(2005 年修订版),黄风译,中国政法大学出版社 2005 年版。

108.〔意〕桑德罗·斯奇巴尼选编:《物与物权(第二版)》,范怀俊、费安玲译,中国政法大学出版社 2009 年版。

109. 尹田:《法国物权法》,法律出版社 1998 年版。

110.〔英〕F.H.劳森、〔英〕B.拉登:《财产法》(第二版),施天涛等译,中国大百科全书出版社 1998 年版。

111.〔英〕J.C.史密斯、〔英〕B.霍根:《英国刑法》,李贵方等译,法律出版社 2000 年版。

112.〔英〕巴里·尼古拉斯:《罗马法概论》,黄风译,法律出版社 2010 年版。

113. 于改之:《刑民分界论》,中国人民公安大学出版社 2007 年版。

114. 于志刚主编:《网络空间中虚拟财产的刑法保护》,中国人民公安大学出版社 2009 年版。

115. 张明楷:《法益初论》,中国政法大学出版社 2000 年版。

116. 张明楷:《外国刑法纲要》,清华大学出版社 1999 年版。

117. 张明楷:《刑法的基本立场》,中国法制出版社 2002 年版。

118. 张明楷:《刑法学》(第四版),法律出版社 2011 年版。

119. 张明楷:《诈骗罪与金融诈骗罪研究》,清华大学出版社 2006 年版。

120. 张明楷、黎宏、周光权:《刑法新问题探究》,清华大学出版社 2003 年版。

121. 赵秉志主编:《犯罪停止形态适用中的疑难问题研究》,吉林人民出版社 2001 年版。

122. 赵秉志主编:《侵犯财产罪研究》,中国法制出版社 1998

年版。

123. 赵晓钧:《论占有效力》,法律出版社2010年版。

124. 中华人民共和国最高人民法院刑事审判第一、二、三、四、五庭主办:《刑事审判参考》(多集),法律出版社。

125. 周枏:《罗马法原论》,商务印书馆1994年版。

126. 宗建文:《刑法机制研究》,中国方正出版社2000年版。

127. 最高人民法院中国应用法学研究所:《人民法院案例选》(多辑),人民法院出版社。

二、论文

1. 蔡可尚、刘旭东:《论刑法明确性原则的相对性》,载《黑龙江省政法管理干部学院学报》2010年第7期。

2. 陈洪兵:《财产罪法益上的所有权说批判》,载《金陵法律评论》2008年春季卷。

3. 陈洪兵:《刑法应关注的是"损人"还是"利己"》,载《政治与法律》2002年第1期。

4. 陈洪兵:《"致人重伤、死亡"类型化研究》,载《兰州学刊》2012年第3期。

5. 陈家林:《论我国刑法学中的几对基础性概念》,载《中南大学学报(社会科学版)》2008年第2期。

6. 陈兴良:《故意毁坏财物行为之定性研究——以朱建勇案和孙静案为线索的分析》,载《国家检察官学院学报》2009年第1期。

7. 陈璇:《德国刑法学中结果无价值与行为无价值的流变、现状与趋势》,载《中外法学》2011年第2期。

8. 陈增宝:《无人售票公交车司机偷配钥匙占有票款定性分析》,载《人民司法》2004年第12期。

9. 陈正沓:《罪刑法定及其明确性原则视野中的盗窃罪立法完善问题》,载《当代法学》2003年第7期。

10. 储槐植、汪永乐:《再论我国刑法中犯罪概念的定量因素》,载《法学研究》2000年第2期。

11.〔德〕G.雅各布斯:《刑法保护什么:法益还是规范适用?》,王世洲译,载《比较法研究》2004年第1期。

12. 董玉庭:《窃取借条行为之定性》,《河北法学》2004年第7期。

13. 冯军:《论刑法解释的边界和路径——以扩张解释与类推适用的区分为中心》,载《法学家》2012年第1期。

14. 付立庆:《论刑法介入财产权保护时的考量要点》,载《中国法学》2011年第6期。

15. 郭晓红:《民、刑比较视野下的占有之"观念化"》,载《法学杂志》2011年第11期。

16. 韩世远:《彩票的法律分析》,载《法学》2005年第4期。

17. 何庆仁:《溯责禁止理论的源流与发展》,载《环球法律评论》2012年第2期。

18. 黑静洁:《论死者的占有——对"占有"概念的重新解读》,载《时代法学》2012年第2期。

19. 胡东平:《法益与伦理:实质违法性的双重选择》,载《南昌大学学报(人文社会科学版)》2008年第3期。

20. 黄明儒:《论刑法规范的性质与功能》,载《湘潭大学学报(哲学社会科学版)》2009年第2期。

21. 贾健、朱冰洁:《法益侵害论与规范违反论的后传统社会回应——以 Roxin 与 Jakobs 的理论为样本分析》,载《甘肃政法学院学报》2011年第3期。

22. 蒋熙辉:《刑法解释限度论》,载《法学研究》2005年第4期。

23. 金可可:《论支配权概念——以德国民法学为背景》,载《中国法学》2006年第2期。

24. 开声祥:《侵占罪抑或盗窃罪?——也论侵占罪的立法完善》,载《人民司法》2005年第10期。

25. 劳东燕:《刑事政策与刑法解释中的价值判断——兼论解释论上的"以刑制罪"现象》,载《政法论坛》2012年第4期。

26. 劳东燕:《罪刑法定的明确性困境及其出路》,载《法学研究》2004年第6期。

27. 李成业:《论彩票的定义和法律性质》,载《法制与经济(中旬刊)》2009 年第 6 期。

28. 黎宏:《论财产犯中的占有》,载《中国法学》2009 年第 1 期。

29. 黎宏:《论财产犯罪的保护法益》,载《人民检察》2008 年第 23 期。

30. 黎宏:《论存款的占有》,载《人民检察》2008 年第 15 期。

31. 李佳欣:《刑法解释的正义性追问》,载《法治与社会发展》2006 年第 4 期。

32. 李琦:《法的确定性及其相对性——从人类生活的基本事实出发》,载《法学研究》2002 年第 5 期。

33. 李强:《日本刑法中的"存款的占有":现状、借鉴与启示》,载《清华法学》2010 年第 4 期。

34. 李锡鹤:《对债权不可侵性和债权物权化的思考——兼论物权与债权之区别》,载《华东政法学院学报》2003 年第 3 期。

35. 李永升、徐兴华:《违法性认识之"法"的内涵解读》,载《西部法学评论》2012 年第 1 期。

36. 梁根林:《罪刑法定视域中的刑法适用解释》,载《中国法学》2004 年第 3 期。

37. 梁根林、余新喜、肖又贤、郭凯天:《盗卖 QQ 号码牟利的行为该如何定性》,载《人民检察》2006 年第 12 期。

38. 梁丽金:《论彩票的法律性质》,载《东北财经大学学报》2004 年第 5 期。

39. 刘军:《为什么是法益侵害说一元论?——以法益的生成与理论机能为视角》,载《甘肃政法学院学报》2011 年第 3 期。

40. 刘明祥:《论侵吞不法原因给付物》,载《法商研究(中南政法学院学报)》2001 年第 2 期。

41. 刘明祥:《论侵占遗忘物、埋藏物》,载《国家检察官学院学报》2001 年第 1 期。

42. 刘明祥:《论刑法中的占有》,载《法商研究(中南政法学院学报)》2000 年第 3 期。

43. 刘明祥:《刑法中的非法占有目的》,载《法学研究》2000 年第 2 期。

44. 刘霜:《刑法调整对象新论》,载《云南大学学报(法学版)》2005 年第 6 期。

45. 刘孝敏:《法益的体系性位置与功能》,载《法学研究》2007 年第 1 期。

46. 刘孝敏:《论法益侵害说与规范违反说之争》,载《法学论坛》2006 年第 1 期。

47. 刘艳红:《刑法明确性原则:形成、定位与实现》,载《江海学刊》2009 年第 2 期。

48. 刘艳红:《注意规范保护目的与交通过失犯的成立》,载《法学研究》2010 年第 4 期。

49. 刘艺兵、赵春玉:《刑法语言的困境》,载《中国刑事法杂志》2009 年第 2 期。

50. 刘远:《规范 vs 法益:基于〈刑法〉第 13 条的司法逻辑分析》,载《甘肃政法学院学报》2011 年第 3 期。

51. 路诚、周长军:《刑法的明确性新解》,载《山东警察学院学报》2009 年第 3 期。

52. 马俊驹、梅夏英:《财产权制度的历史评析和现实思考》,载《中国社会科学》1999 年第 1 期。

53. 倪浩嫣:《论金融衍生品的法律概念》,载《理论学刊》2009 年第 11 期。

54. 聂昭伟、陈玲英:《承运人盗取已封缄货物构成盗窃罪》,载《人民司法》2009 年第 10 期。

55. 欧阳本祺:《规范违反说之批判——与周光权教授商榷》,载《法学评论》2009 年第 6 期。

56. 彭斌、康纪强:《从一起案例看盗窃罪的既遂标准》,载《广州市公安管理干部学院学报》2011 年第 3 期。

57. 齐文远、周详:《论刑法解释的基本原则》,载《中国法学》2004 年第 2 期。

58. 阮齐林：《金融财产控制的特点与侵犯财产罪的认定》，载《法学》2001 年第 8 期。

59. 佘小松：《从一宗机动车盗窃案看盗窃罪的既、未遂问题——对"失控说"的主张兼对"控制说"的阐释》，载《中国检察官》2007 年第 3 期。

60. 沈解平、陈柱钊：《网络盗窃既、未遂界定》，载《人民司法》2009 年第 10 期。

61. 沈志民：《论刑法上的占有及其认定》，载《当代法学》2010 年第 3 期。

62. 宋兴林：《浅谈欠条在侵犯财产型犯罪中的价值认定问题》，载《法制与社会》2008 年第 21 期。

63. 孙放：《金融衍生品的本质特征及其监管制度——以美国资债为分析视角》，载《财经科学》2009 年第 4 期。

64. 佟齐、关振海：《从一起盗窃游戏铜币案件看盗窃数额的认定》，载《人民检察》2011 年第 5 期。

65. 童德华：《犯罪本质的新诠释》，载《湖北警官学院学报》2005 年第 3 期。

66. 童德华：《刑法中的客观归属——关于因果关联的新视角》，载《暨南学报（哲学社会科学版）》2008 年第 6 期。

67. 童伟华：《论日本刑法中的占有》，载《太平洋学报》2007 年第 1 期。

68. 童伟华：《日本刑法中违法性判断的一元论与相对论述评》，载《河北法学》2009 年第 11 期。

69. 童伟华：《所有权与占有的刑、民关系》，载《河南省政法管理干部学院学报》2009 年第 4 期。

70. 王安异：《法益侵害还是规范违反》，载赵秉志主编：《刑法论丛》（第 11 卷），法律出版社 2007 年版。

71. 王长河、应敏俊：《民法与刑法上财产占有概念之比较》，载《湖北警官学院学报》2010 年第 6 期。

72. 王充：《论盗窃罪中的非法占有目的》，载《当代法学》2012 年第 3 期。

73. 王充:《明确性与妥当性之间——论刑法解释界限的设定标准》,载《社会科学研究》2012 年第 1 期。

74. 王充:《体系与机能之间——论构成要件与违法性的关系》,载《法律科学(西北政法大学学报)》2011 年第 2 期。

75. 王海桥、马渊杰:《我国刑法解释理论变迁中的利益衡量思考》,载《中国刑事法杂志》2012 年第 5 期。

76. 王克稳:《论行政特许及其与普通许可的区别》,载《南京社会科学》2011 年第 9 期。

77. 汪明亮:《试论盗窃彩票行为的定性》,载《天津市政法管理干部学院学报》2002 年第 4 期。

78. 王鹏:《论刑法的不确定性及其有限克服——以法的相对确定性为视角》,载《中北大学学报(社会科学版)》2008 年第 2 期。

79. 王卫国:《现代财产法的理论建构》,载《中国社会科学》2012 年第 1 期。

80. 王玉杰:《网络盗窃既遂标准的确立》,载《公民与法(法学版)》2010 年第 6 期。

81. 王志祥:《盗窃罪的既遂标准新论》,载《中国检察官》2007 年第 3 期。

82. 王作富、杨敦先、张明楷:《在取款机上拾卡后恶意取款、转账如何定性》,载《人民检察》2005 年第 8 期。

83. 吴汉东:《财产的非物质化革命与革命的非物质财产法》,载《中国社会科学》2003 年第 4 期。

84. 吴汉东:《无形财产权的若干理论问题》,载《法学研究》1997 年第 4 期。

85. 本刊学习问答组:《吴某盗窃案的数额应如何认定?》,载《人民检察》1996 年第 7 期。

86. 吴玉梅:《中德金融诈骗罪比较研究——以犯罪分类标准和规范保护目的为视角》,载《法学杂志》2006 年第 3 期。

87. 邢军:《彩票法律问题探微》,载《法学评论》2005 年第 3 期。

88. 徐凌波:《刑法上的占有》,载陈兴良主编:《刑事法评论》(第25卷),北京大学出版社 2009 年版。

89. 杨立新、王中合:《论网络虚拟财产的物权属性及其基本规则》,载《国家检察官学院学报》2004 年第 6 期。

90. 杨萌:《德国刑法学中法益概念的内涵及其评价》,载《暨南学报(哲学社会科学版)》2012 年第 6 期。

91. 杨萌:《德国刑法学中法益理论的历史发展及现状述评》,载《学术界》2012 年第 6 期。

92. 杨新强:《撕毁欠条否认债务该如何定性》,载《人民检察》2006 年第 24 期。

93. 姚辉、周悦丽:《论特许经营权的法律属性》,载《山东警察学院学报》2008 年第 4 期。

94. 叶慧娟:《网络虚拟财产的刑法定位》,载《东方法学》2008 年第 3 期。

95. 于佳佳:《论盗窃罪的边界》,载《中外法学》2008 年第 6 期。

96. 于佳佳:《违法性之"法"的多元解释》,载《河北法学》2008 年第 10 期。

97. 俞小海:《刑法解释的公众认同》,载《现代法学》2010 年第 3 期。

98. 于志刚、郭旭强:《财产罪法益中所有权说与占有说之对抗与选择》,载《法学》2010 年第 8 期。

99. 袁林:《公众认同与刑法解释范式的择向》,载《法学》2011 年第 5 期。

100. 曾国东、黄敏:《盗窃(扒窃)案件中手机 SIM 卡卡内话费是否应计入盗窃数额》,载《检察实践》2005 年第 4 期。

101. 张红艳:《论刑法的明确性原则》,载《河南省政法管理干部学院学报》1999 年第 1 期。

102. 张建军:《刑法明确性原则:根基、标准及路径》,载《兰州大学学报(社会科学版)》2011 年第 1 期。

103. 张建军:《刑法明确性之判断》,载《中国刑事法杂志》2010 年第 9 期。

104. 张君周:《密取封缄委托物内财物行为的定罪》,载《福建公安高等专科学校学报》2003 年第 5 期。

105. 张明楷:《财产性利益是诈骗罪的对象》,载《法律科学(西北政法学院学报)》2005 年第 3 期。

106. 张明楷:《骗取自己所有但由他人合法占有的财物构成诈骗罪——对〈伪造公章取走暂扣车辆是否构成诈骗罪〉一文结论的肯定》,载《人民检察》2004 年第 10 期。

107. 张明楷:《新刑法与法益侵害说》,载《法学研究》2000 年第 1 期。

108. 张明楷:《刑法理念与刑法解释》,载《法学杂志》2004 年第 4 期。

109. 张明楷:《侵犯财产罪的疑难问题》,载游伟主编:《华东刑事司法评论》(第六卷),法律出版社 2004 年版。

110. 张明楷:《刑法在法律体系中的地位——兼论刑法的补充性与法律体系的概念》,载《法学研究》1994 年第 6 期。

111. 张苏:《以法益保护为目的的刑法解释论》,载《政治与法律》2011 年第 4 期。

112. 张新亚:《试论"占有"之区别——兼论封缄物的刑法属性》,载《中国刑事法杂志》2009 年第 9 期。

113. 赵德铭:《提单作为权利凭证的物权属性——关于中央法律的比较研究》,载梁慧星主编:《民商法论丛》(第 7 卷),法律出版社 1997 年版。

114. 郑泽善:《法秩序的统一性与违法的相对性》,载《甘肃政法学院学报》2011 年第 4 期。

115. 周光权:《从无占有意思的拾得者手中夺取财物构成何罪——评陈江利被控抢夺案》,载《法学》2005 年第 9 期。

116. 周光权:《当代刑法理论发展的两个基本向度》,载《江海学刊》2004 年第 3 期。

117. 周光权:《公众认同、诱导观念与确立忠诚——现代法治国家刑法基础观念的批判性重塑》，载《法学研究》1998年第3期。

118. 周光权：《论刑法学中的规范违反说》，载《环球法律评论》2005年第2期。

119. 周光权：《侵占罪疑难问题研究》，载《法学研究》2002年第3期。

120. 周光权：《死者的占有与犯罪界限》，载《法学杂志》2009年第4期。

121. 周光权：《新行为无价值论的中国展开》，载《中国法学》2012年第1期。

122. 周光权：《行为无价值论的法益观》，载《中外法学》2011年第5期。

123. 周光权、李志强：《刑法上的财产占有概念》，载《法律科学（西北政法学院学报）》2003年第2期。

124. 周少华：《刑法的目的及其观念分析》，载《华东政法大学学报》2008年第2期。

125. 朱铁军：《刑法与民法之间的交错》，载《北方法学》2011年第2期。

三、学位论文

1. 张天一：《刑法上之财产概念——探索财产犯罪之体系架构》，台湾辅仁大学法律系2007年博士论文。

2. 张红昌：《论财产罪中的占有》，武汉大学2011年博士学位论文。

3. 周旋：《"公私财物"之内涵分析——以侵犯财产罪司法适用为中心》，华东政法大学2010年刑法学博士学位论文。

四、报纸

1. 陈珍建、朱端仕：《明知他人盗窃存折帮忙取款如何定性》，载《检察日报》2005年7月7日，第3版。

2. 丁巍、汪彦：《占有他人用自己身份证办理的银行卡中存款如何定性》,载《检察日报》2006年7月31日,第3版。

3. 柳波:《从几则案例析盗窃罪的既遂与未遂》,载《人民法院报》2005年6月14日。

4. 刘月祯、王波:《两次盗窃同一财物如何认定作案数额》,载《检察日报》2004年12月6日。

5. 卫宏战:《占有他人以自己名义存入的存款如何定性》,载《检察日报》2008年10月8日,第3版。

6. 臧道玉:《盗窃赝品花瓶的数额认定》,载《江苏法制报》2009年2月24日,C01版。

7. 章丽斌:《出质人抢回质押物的行为性质及数额认定》,载《人民法院报》2009年4月15日,第6版。

8. 周光权:《财产占有与盗窃罪、侵占罪的区分》,载《人民法院报》2003年3月17日。